Paris

1863

Hoffmann, Ernst Théodor Wilhelm

Contes nocturnes

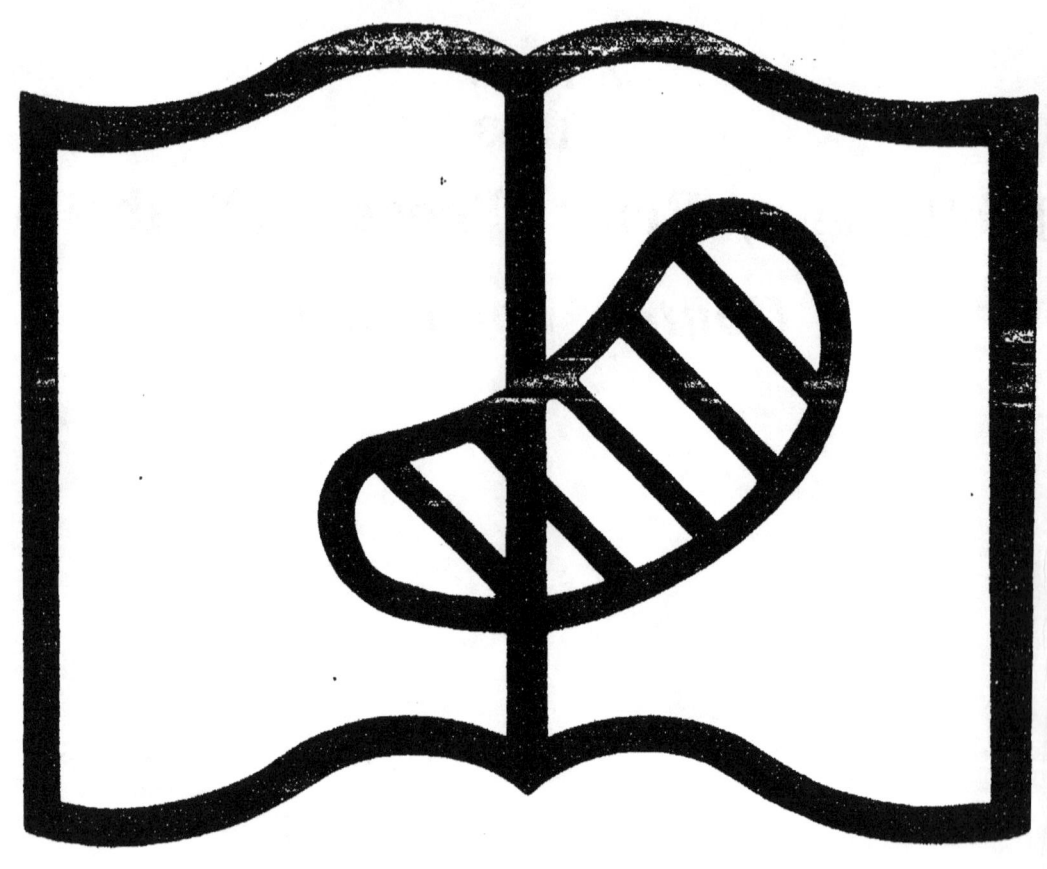

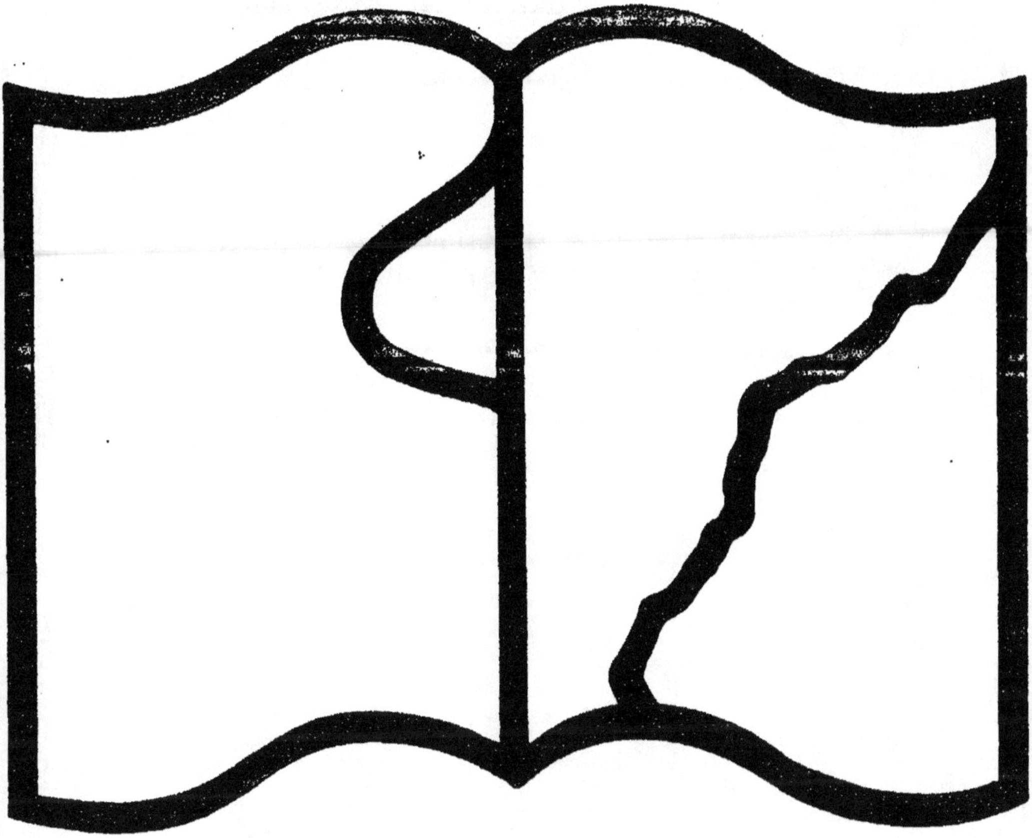

Symbole applicable
pour tout, ou partie
des documents microfilmés

Texte détérioré — reliure défectueuse

NF Z 43-120-11

CONTES NOCTURNES

D'HOFFMANN

TRADUCTION DE LA BÉDOLLIÈRE

Nouvelle édition augmentée d'une Notice sur Hoffmann

PARIS

GUSTAVE BARBA, ÉDITEUR

CONTES NOCTURNES

D'HOFFMANN

Imprimerie de Ch. Lahure (ancienne maison Crapelet)
rue de Vaugirard, 9, près de l'Odéon.

CONTES NOCTURNES

D'HOFFMANN

TRADUCTION DE LA BÉDOLLIÈRE

PARIS

GUSTAVE BARBA, ÉDITEUR

31 — RUE DE SEINE — 31

CONTES NOCTURNES.

LE MAJORAT.

I.

Sur les bords de la Baltique s'élève le château de la famille des barons de Reusch, appelé Reusitten. Les alentours en sont sauvages et déserts; à peine çà et là quelques plantes éparses percent la falaise solitaire; on n'y voit point de jardin, ornement ordinaire d'une semblable résidence, mais un bois de pins d'un aspect lugubre, adossé à une muraille nue et désolée; on n'y entend point le gazouillement des oiseaux qui chantent au matin le retour de la lumière, mais les cris sinistres des corbeaux et la voix perçante des mouettes qui annoncent la tempête.

A un quart d'heure de marche de ce lieu, la nature semble transformée. Comme par un coup de baguette, on est transporté dans des prés fleuris et au milieu d'une campagne pittoresque. Là on découvre un riche et gros bourg, où se trouve la maison spacieuse de l'administrateur des domaines. Au bout d'un joli bois sont situés les fondements d'un vaste château, dont un des anciens propriétaires avait commencé la construction. Ses successeurs, qui avaient été habiter leur domaine de Courlande, avaient renoncé à ce projet, et le baron Roderich de Reusch, qui était revenu s'installer dans le manoir de ses ancêtres, n'y avait donné aucune suite. Son caractère sombre et misanthropique s'accommodait mieux de la vieille résidence de ses pères que d'un nouvel édifice.

Le baron s'occupa donc de faire réparer l'ancien château, qui tombait en ruines, et s'y renferma avec un intendant maussade et une suite peu nombreuse de domestiques. On le voyait rarement au village, mais il errait parfois, à pied ou à cheval, sur le bord de la mer; et l'on assurait l'avoir remarqué de loin attentif au bruit des vagues qui se brisaient en bouillonnant contre les écueils, comme s'il eût écouté la voix de l'esprit des mers.

Sur l'antique plate-forme de la tour du guet, Roderich avait fait construire un cabinet, qu'il avait abondamment pourvu de télescopes et d'une collection complète d'instruments d'astronomie. Là il passait la journée à contempler les flots, à suivre de l'œil jusqu'au bout de l'horizon lointain les vaisseaux qui rasaient les vagues d'un vol rapide, comme des oiseaux de mer aux ailes blanches. Durant les nuits étoilées, aidé de son vieil intendant, il s'adonnait à des travaux astronomiques, ou plutôt astrologiques, suivant l'opinion générale. Le bruit courait en effet qu'il se mêlait de sciences occultes et de magie noire, et que le défaut de succès d'une opération, qui avait causé le plus grand tort à une famille princière, l'avait forcé de quitter la Courlande.

Pour peu qu'on réveillât en lui le souvenir de son séjour dans cette contrée, le baron semblait saisi d'horreur; mais il attribuait uniquement les malheurs qui avaient bouleversé sa vie à la faute qu'avaient commise ses prédécesseurs en abandonnant la demeure patrimoniale. Afin d'y attacher à l'avenir le chef de sa maison, il l'érigea en majorat. Le seigneur féodal du pays donna d'autant plus volontiers son assentiment à cette mesure, qu'elle fixait au sol natal une famille riche en vertus chevaleresques, dont quelques branches avaient déjà pris racine sur le territoire étranger.

Ni Hubert, fils de Roderich, ni le titulaire du majorat à l'époque de cette histoire, nommé Roderich comme son grand-père, n'habitèrent la résidence de leurs aïeux. Tous deux restèrent en Courlande. On doit présumer que, plus gais et plus amis de la joie que leur mélancolique aïeul, ils redoutaient la triste solitude de ce séjour.

Le second baron Roderich avait recueilli chez lui deux sœurs de son père, qui étaient dans un état voisin de l'indigence. Elles demeuraient avec une vieille domestique, dans un petit appartement bien clos d'une des ailes du château. Au rez-de-chaussée, le cuisinier occupait un grand local voisin de la cuisine. Le principal corps de logis n'avait d'autre habitant qu'un vieux chasseur décrépit qui remplissait en même temps les fonctions de concierge. Le reste des domestiques logeaient dans le bourg chez l'administrateur des domaines.

A la fin de l'automne, lorsque les premières neiges commençaient à tomber, et que c'était le temps de la chasse aux loups et aux sangliers, la demeure abandonnée et déserte devenait vivante et animée. Le baron Roderich arrivait de la Courlande avec sa femme, accompagné de parents, d'amis, et d'une nombreuse suite de chasseurs. La noblesse des environs et ceux des habitants de la ville voisine qui aimaient la chasse venaient s'établir au château.

Alors le principal corps de logis et les ailes pouvaient suffire à peine aux hôtes accumulés; des feux éclatants flamboyaient dans les poêles et dans les cheminées; le bruit aigu des tournebroches se faisait entendre du matin au soir; toute la journée, maîtres et valets montaient et descendaient joyeusement. Les chasseurs chantaient, les coupes s'entre-choquaient, les gais accords de l'orchestre faisaient sauter les danseurs; partout enfin retentissaient les éclats de rire et les cris d'allégresse; ce n'était plus une maison seigneuriale; durant six semaines le manoir prenait l'aspect d'une auberge de grand chemin où les voyageurs affluaient.

Le baron Roderich mettait à profit le temps qu'il passait à Reusitten pour vaquer à ses affaires, et s'éloignait souvent de ses hôtes pour remplir les obligations que lui imposait son majorat. Les revenus à percevoir, les comptes à apurer, les améliorations à entreprendre, étaient l'objet de ses soins assidus; il écoutait attentivement les réclamations de ses tenanciers, leur rendait justice, et montrait autant de sagesse que d'équité. Dans ses travaux d'administration, il était assisté par le vieil avocat Vincenz, qui de père en fils était chargé d'affaires de la baronnie de Reusch, et justicier des biens immeubles de la principauté de P***.

Vincenz avait coutume de précéder de huit jours le baron sur les terres du majorat. On était dans l'année 1797, et le moment était venu pour le vieux Vincenz de se rendre à Reusitten. Quoiqu'il ne fût pas dépourvu d'activité malgré ses soixante-dix ans, le vieillard pensa qu'une main auxiliaire lui serait utile en cette occasion.

Un jour, comme par plaisanterie, il m'apostrophe en ces termes : — Cousin !...

Il m'appelait ainsi, bien que je fusse son petit-neveu, parce que je portais le même prénom que lui.

— Cousin ! veux-tu entendre le vent de la mer siffler à tes oreilles, et venir avec moi à Reusitten ? outre que tu peux me servir dans une tâche parfois difficile, tu essayeras de la vie sauvage de chasseur, et tu verras si, après avoir le matin écrit le protocole d'un acte, tu peux le soir te mesurer avec une bête féroce, par exemple avec un énorme loup aux longs poils, ou un sanglier avide de chair; tu verras si tu es capable de soutenir l'étincelle de leurs regards, ou de les abattre d'un bon coup de fusil.

Quand même je n'aurais pas entendu faire d'étranges récits des agréables parties de chasse de Reusitten, quand même je n'aurais pas aimé de toute mon âme mon vieil et respectable grand-oncle, j'aurais été enchanté qu'il voulût bien m'emmener avec lui. Déjà assez habile à la triture du genre d'affaires dont il s'occupait, je lui promis de lui épargner toutes peines et tout tracas par ma courageuse assiduité.

Le lendemain nous étions assis dans une voiture, enveloppés d'épaisses fourrures, et nous nous acheminions vers Reusitten. La neige en tombant à flocons annonçait l'approche de l'hiver.

Chemin faisant, le vieillard me donna beaucoup de détails étonnants sur le défunt baron Roderich, qui avait constitué le majorat, et avait eu assez de confiance dans sa jeune expérience pour en faire son justicier et son exécuteur testamentaire. Il me parla de l'humeur rude et sauvage qu'avait toujours montrée le vieux seigneur, et qui paraissait s'être transmise à toute sa famille par voie de succession; le maître actuel du majorat, qu'il avait connu autrefois pour un jeune homme doux et délicat, acquérait de jour en jour plus de ressemblance avec son aïeul. Il ajouta que je devais me conduire hardiment et sans gêne pour avoir quelque valeur aux yeux du baron, et en vint à parler de son logement au château, qu'il avait choisi parce qu'il était chaud, commode et assez isolé pour que nous pussions à volonté nous dérober au tumulte d'une société livrée à une joie insensée. Ce logement situé dans une aile latérale, près de la grande salle d'audience, consistait en deux petites chambres garnies de chauds tapis; il était en face de l'endroit où demeuraient les deux vieilles demoiselles. Chaque année on le tenait prêt pour y installer le justicier.

Enfin, après un voyage rapide mais pénible, nous arrivâmes à Reusitten vers minuit; nous passâmes par le bourg. C'était un dimanche, et les accords d'un orchestre se mêlaient à de joyeuses clameurs dans la principale auberge de l'endroit. La maison de l'administrateur des domaines était éclairée de haut en bas, et retentissait de chant et de musique; ce qui nous fit paraître plus sinistre le désert dans lequel nous entrâmes. Le vent de la mer hurlait avec un lugubre fracas, et, comme réveillés d'un profond sommeil par les efforts de la lune, les sombres massifs de pins exhalaient des gémissements sourds et plaintifs. Les murailles nues et noires du manoir s'élevaient sur un sol couvert de neige.

Nous fîmes halte devant la porte fermée. Mais nous eûmes beau appeler, faire claquer notre fouet, heurter à coups redoublés, pas une fenêtre du château ne s'éclaira; le plus grand calme continua d'y régner.

— Franz! Franz! se mit à crier mon grand-oncle d'une voix forte et menaçante; Franz, où es-tu fourré? Au nom du diable, lève-toi! nous gelons ici à la porte! La neige nous bat le visage jusqu'au sang.... Au nom du diable, lève-toi!

Alors un chien de basse-cour commença à grommeler, une lumière circula dans les salles du rez-de-chaussée, les clefs crièrent dans la serrure, et bientôt les lourds battants de la porte tournèrent en gémissant sur leurs gonds.

— Eh! soyez le bienvenu, monsieur le justicier, soyez le bienvenu! Vous arrivez par un bien mauvais temps.

Ainsi parla le vieux Franz; il tenait sa lanterne élevée, et la clarté tombait en plein sur son visage ridé, qu'un sourire amical faisait étrangement grimacer.

La voiture entra dans la cour. Nous descendîmes, et je pus observer alors pour la première fois le vieux domestique enveloppé d'une livrée de chasseur de forme singulière, ample, taillée à l'ancienne mode, et chamarrée de galons et de brandebourgs. Ses cheveux gris se partageaient en deux boucles sur son front large et blanc. La partie inférieure de son visage avait le coloris foncé de celui d'un chasseur; la contraction des muscles de sa physionomie lui donnait le bizarre aspect d'un masque, mais la bonhomie un peu niaise qui brillait dans ses yeux et se jouait sur sa bouche rachetait ce désavantage.

— Eh bien, monsieur Franz, lui dit mon grand-oncle en secouant dans l'antichambre la neige qui couvrait ses fourrures, eh bien, tout est-il disposé? a-t-on mis les tapis dans ma chambre? les lits sont-ils prêts? a-t-on fait bon feu hier et aujourd'hui?

—Non, mon cher monsieur le justicier, répondit Franz très-tranquillement, rien n'est prêt, rien absolument.

— Mon Dieu! reprit mon grand-oncle, j'ai cependant écrit assez à temps, et je viens comme toujours à l'époque indiquée! Quelle sottise! Faut-il à présent que je me loge dans une chambre froide comme la glace?

Franz prit les mouchettes, ôta avec beaucoup de soin de la chandelle un lumignon fumant, et l'écrasa avec le pied en disant :

— Oui, mon très-cher monsieur le justicier; voyez-vous, ces préparatifs, et surtout le feu, n'auraient pas été fort utiles, car le vent et la neige s'engouffrent par les carreaux cassés, et...

— Quoi! interrompit mon grand-oncle en écartant sa large pelisse pour mettre ses poings sur ses hanches, les fenêtres sont dégarnies, et vous, concierge de la maison, vous n'avez pas donné d'ordres en conséquence?

— Non, mon très-cher monsieur le justicier, répondit le vieillard avec un redoublement de calme et de sang-froid, on n'y peut rien, la chambre étant pleine de briques et de décombres.

— Mille tonnerres! s'écria mon grand-oncle, des briques et des décombres dans ma chambre?

— A votre félicité constante, mon jeune monsieur! dit le vieux domestique en s'inclinant poliment vers moi qui venais d'éternuer.

— Ce sont, reprit-il aussitôt, les pierres et le ciment du mur mitoyen, renversé par la grande secousse.

— Avez-vous eu un tremblement de terre? cria mon grand-oncle irrité.

— Non, mon très-cher monsieur le justicier, répondit le vieillard la figure épanouie par un sourire, mais il y a trois jours le plafond lourd et lambrissé de la salle d'audience est tombé avec un grand fracas.

— Que le diable...!

Mon grand-oncle, vif et bouillant comme il était, allait lâcher un énorme juron; mais il leva la main droite en l'air, remua avec la gauche sur son front son bonnet de peau de renard, s'arrêta tout court, se tourna vers moi, et me dit en éclatant de rire :

— Ma foi, cousin, il faut fermer la bouche, il est inutile d'en demander davantage; nous pourrions apprendre encore qu'il est arrivé de plus grands malheurs, ou que tout le château va tomber à la fin sur nos têtes. Mais, Franz, ajouta-t-il en s'adressant au vieillard, ne pouviez-vous avoir assez de prévoyance pour nous faire préparer et chauffer une autre chambre? Ne pouviez-vous disposer à la hâte, dans le principal corps de logis, une salle pour les jours d'audience?

— Tout cela est prêt, dit le vieillard ; et, d'un air de bienveillance, il nous indiqua l'escalier, et se mit à monter devant nous.

— Voilà un drôle d'original, dit mon oncle en suivant le domestique.

II.

On traversa de longs corridors aux voûtes élevées. Le flambeau vacillant que portait Franz jetait d'étranges lueurs dans l'obscurité profonde. Parfois les piliers, les chapiteaux et les arcades paraissaient flotter dans l'air ; nos ombres marchaient près de nous comme des géants ; de merveilleuses figures semblaient s'agiter et trembler sur les murs, et chuchoter en entendant le bruit de nos pas répétés par les échos : — Ne nous réveillez pas ; nous sommes des êtres enchantés, qui dormons sous les vieilles pierres ; ayez soin de ne pas nous réveiller.

Enfin, quand nous eûmes parcouru une enfilade de chambres froides et sombres, Franz ouvrit la porte d'une salle dans laquelle un feu clair et pétillant nous accueillit avec de joyeux craquements, comme pour nous souhaiter la bienvenue.

En entrant, cet aspect me réjouit le cœur ; mais mon grand-oncle demeura immobile au milieu de la salle, en fit le tour des yeux, et d'un ton très-grave et presque solennel :

— Ainsi, dit-il, c'est ici que doit être la salle d'audience ?

Dans le fond de la pièce, sur le mur large et de couleur foncée, se voyait une place plus claire, qui avait les dimensions d'une porte. Franz attira notre attention vers cette place en se dirigeant de ce côté.

— Peut-être, murmura-t-il d'une voix sourde et douloureuse, a-t-on déjà rendu un jugement dans ce lieu.

— Quelle idée avez-vous, vieillard ? s'écria mon oncle en ôtant sa pelisse et en s'approchant du feu.

— C'est une pensée qui me vient, reprit Franz.

Sans ajouter un mot, il alluma des bougies, et ouvrit la chambre voisine, qui avait été préparée pour nous recevoir.

Peu de temps après, une table bien garnie fut placée devant la cheminée. Le vieux concierge nous servit d'excellents mets, et, ce qui nous fut très-agréable à mon grand-oncle et à moi, un énorme bol de punch préparé à la manière du Nord.

Las du voyage, mon grand-oncle passa directement de la table au lit. La nouveauté, la singularité de ce séjour, le punch que j'avais bu, avaient stimulé trop vivement mes esprits pour qu'il me fût possible de me livrer au sommeil. Franz ôta le couvert, couvrit le feu, et me quitta en me faisant de gracieuses révérences.

Je demeurai seul dans cette haute et large salle de chevaliers. La neige avait cessé de tomber, l'orage était apaisé ; le ciel avait repris sa sérénité, et la pleine lune dardait ses rayons par les larges fenêtres en ogive, éclairant d'une lueur magique tous les coins obscurs de l'étrange salle, où ne pouvaient parvenir les pâles clartés de mon flambeau et du foyer.

Les murs et le plafond étaient décorés avec la bizarrerie du genre gothique, comme ceux de quelques vieux manoirs encore debout aujourd'hui. De lourdes boiseries chargeaient les murailles, et la voûte était garnie d'images fantastiques et de sculptures peintes ou dorées. La plupart des fresques représentaient le sauvage désordre des sanglantes chasses aux ours et aux loups. Des hommes et des animaux, dont le corps était peint, avançaient hors des tableaux leurs têtes sculptées en bois, et les reflets incertains de la lune et du feu donnaient à l'ensemble de ces figures un caractère d'effrayante vérité.

Entre les tableaux se trouvaient des portraits de grandeur naturelle, des chevaliers en habit de chasse, qui étaient vraisemblablement les ancêtres de la famille, joyeux et intrépides chasseurs. Tout, peintures et sculptures, était revêtu de la couleur sombre qu'imprime la main des siècles, ce qui faisait ressortir davantage sur le mur la place claire et blanchie à la chaux entre les deux portes qui menaient aux chambres voisines.

Je reconnus bientôt qu'il devait y avoir eu en cet endroit une troisième porte, qu'on avait murée plus tard. On ne s'était pas donné la peine de dissimuler cette partie neuve du mur par des boiseries ou des peintures.

Qui ne sait quelle puissance irrésistible exerce sur l'esprit le séjour inaccoutumé d'un lieu extraordinaire ? L'imagination la moins active se réveille et ressent de vagues émotions dans une vallée entourée de rochers d'un aspect bizarre, ou sous les sombres voûtes d'une église. J'avais vingt ans et j'avais bu plusieurs verres de punch très-fort, ce qui explique aisément les rêveries fantasques auxquelles je m'abandonnai dans ma salle de chevaliers.

La nuit était sombre ; la mer mugissait sourdement ; le bruit singulier du vent de la nuit ressemblait aux accords d'un orgue puissant touché par des esprits ; les fenêtres craquaient, les nuages volaient rapidement, et, éclairés par intervalles, ils prenaient la forme de géants, et me regardaient en traversant les cieux... Qu'on songe à toutes ces circonstances; n'étaient-elles pas propres à m'inquiéter, à me causer un léger frisson ? ne devais-je pas voir s'ouvrir à mes yeux un empire inconnu, devenu visible pour moi ?

Le sentiment qui m'animait avait quelque chose du frisson qu'on éprouve sous le charme saisissant d'une histoire de revenants présentée avec art. Dans cette disposition d'esprit, il me sembla que je ferais bien de lire le livre que je portais dans ma poche, comme tous ceux qui à cette époque avaient des velléités romantiques. C'était le *Visionnaire* de Schiller. Je lus et relus, et mon imagination s'enflamma par degrés. J'en vins à cette narration si pleine d'intérêt de la fête nuptiale chez le comte de V***.

J'en étais justement au passage où apparaît la figure sanglante de Jéronimo, quand la porte s'ouvrit avec un bruit qui fit retentir toute l'antichambre...

Je tressaillis d'horreur, je me lève, et le livre me tombe des mains.

Mais, au moment même, le silence se rétablit, et j'ai honte de ma frayeur enfantine ! Il se peut que la porte ait été ouverte par le vent, ou d'une autre manière. Ce n'est rien ; mon imagination excitée outre mesure transforme en apparition fantastique les circonstances les plus naturelles.

Ainsi rassuré, je reprends mon livre et me réinstalle dans mon fauteuil. Mais on traverse le salon à pas légers, lents et mesurés ; on gémit, on soupire, et ces gémissements et ces soupirs sont l'expression de la douleur humaine la plus profonde, du plus violent désespoir.

— Ah ! me dis-je, c'est peut-être un animal malade, enfermé à l'étage inférieur. On connaît les illusions acoustiques de la nuit, qui rapprochent tous sons lointains ; qui peut se laisser effrayer par une chose d'aussi peu d'importance ?

Cependant on gratte à la porte récemment murée ; en même temps se font entendre des gémissements plus distincts, plus profonds, qui semblent exprimer les douleurs de l'agonie.

— Oui, c'est un pauvre animal emprisonné. Je n'ai qu'à crier un peu haut, qu'à frapper un peu fort du pied sur le plancher, tout se taira, ou l'animal qui est en bas se fera reconnaître en reprenant sa voix naturelle.

Telle est mon idée; mais mon sang se fige dans mes veines; une sueur froide inonde mon front; je demeure immobile dans mon fauteuil, sans pouvoir me lever, encore moins appeler.

Enfin l'horrible grattement cesse. Le bruit des pas retentit de nouveau. Il semble que la vie et le mouvement se réveillent en moi : je me lève et fais deux pas en avant; mais un courant d'air glacé passe dans la salle, et au même instant la lumière de la lune éclaire une figure d'un aspect sévère et presque terrible. C'est celle d'un homme qui tient ses yeux fixés sur moi, et, pour m'adresser un avertissement, sa voix s'élève au-dessus du mugissement des vagues et des sifflements aigus du vent de la nuit :

— Pas plus loin, pas plus loin, me dit-il, ou tu vas tomber dans l'affreux abîme du monde invisible!

Alors la porte se referme, comme elle s'était ouverte, avec un effroyable bruit. J'entends distinctement le bruit des pas dans l'antichambre. On descend l'escalier; la grande porte du château s'ouvre en criant sur ses gonds et se referme de nouveau. On fait sortir un cheval de l'écurie, et on l'y ramène au bout d'un moment; puis tout devient tranquille!...

Au même instant, j'entends mon vieux grand-oncle soupirer et gémir douloureusement dans la chambre voisine. L'idée qu'il souffre me fait recouvrer toute ma connaissance; je prends le flambeau, et j'entre chez lui. Le vieillard paraît lutter contre un rêve lourd et pénible.

— Réveillez-vous! réveillez-vous! lui dis-je en le prenant doucement par la main et en faisant tomber sur son visage la clarté de la lumière que je porte.

Le vieillard pousse un cri sourd, se lève sur son séant, et me regarde avec des yeux pleins de tendresse.

— Cousin, dit-il, tu as bien fait de me réveiller. Oui, je faisais un bien mauvais rêve; c'est la faute de cette chambre et de cette salle;

le souvenir du passé et de plusieurs circonstances sinistres s'est représenté à mon esprit, mais maintenant je vais bravement me rendormir.

A ces mots, mon grand-oncle s'enveloppa de sa couverture et parut se livrer au sommeil. Mais lorsque j'eus éteint la lumière et que je me fus mis au lit, j'entendis le vieillard prier à voix basse.

III.

Le lendemain matin, nous nous mîmes à l'œuvre. L'intendant des domaines apporta ses comptes, et plusieurs personnes se présentèrent soit pour vider un différend, soit pour mettre en ordre une affaire.

A midi, mon grand-oncle se rendit avec moi dans l'aile latérale pour rendre une visite dans toutes les formes aux deux vieilles baronnes. Frantz nous introduisit; nous fûmes obligés d'attendre quelques instants; et enfin une petite mère de soixante ans, voûtée, habillée de vêtements de soie, qui prenait le titre de femme de chambre de leurs gracieuses seigneuries, nous fit pénétrer dans le sanctuaire. Là les vieilles nous reçurent avec un cérémonial comique. Elles étaient bizarrement vêtues à la mode du vieux temps. Je fus pour elles un objet de surprise, quand mon grand-oncle me présenta gaiement comme un jeune jurisconsulte venu pour lui prêter secours. On lisait sur leur physionomie que les intérêts des tenanciers de Reusitten couraient de grands risques entre mes mains.

Somme toute, notre entrevue avec les vieilles dames eut quelque chose de ridicule. L'apparition de la nuit précédente remplissait encore mon cœur d'un frisson glacé; je me sentais comme sous le joug d'une puissance inconnue, ou plutôt il me semblait que j'approchais d'un cercle fatal, et qu'un pas de plus allait m'y précipiter et me perdre sans ressources. Je rassemblais en vain toutes mes forces pour combattre l'horreur que j'éprouvais, et qui menaçait de dégénérer en une incurable folie.

Il s'ensuivit que les vieilles baronnes elle-mêmess, avec leurs falbalas dressés comme des tours, leurs singuliers ajustements, leurs nœuds de fleurs, leurs garnitures de rubans, me firent l'effet de spectres habillés en femmes, et excitèrent en moi plutôt de l'horreur que de l'hilarité. Leurs vieux visages sillonnés de rides jaunes, leurs yeux clignotants, le mauvais français que baragouinaient leurs voix nasillardes, disaient à mes yeux et à mes oreilles qu'elles étaient sur un bon pied avec l'être mystérieux qui hantait le château, et me portaient à les soupçonner elles-mêmes de criminelles atrocités.

Mon grand-oncle, toujours disposé à rire, avec son ton d'ironie habituelle engagea avec les deux vieilles une conversation si extravagante, que dans une autre circonstance je n'aurais pu m'empêcher de rire aux éclats; mais, comme je l'ai dit, les deux baronnes, avec leur bavardage, étaient et demeuraient à mes yeux des êtres fantastiques, et le vieillard, qui avait eu l'intention de me procurer un plaisir tout particulier, me lança plusieurs fois des regards de surprise.

Quand nous fûmes dans notre chambre après le dîner, il m'apostropha en ces termes :

— Mais, cousin, au nom du ciel, dis-moi ce que tu as? tu ne ris pas, tu ne parles pas, tu ne manges pas, tu ne bois pas? es-tu malade? quelle mouche te pique, enfin?

Sans hésitation préliminaire, je lui racontai dans tous ses détails la terrible scène dont j'avais été témoin la veille. Je ne lui dissimulai rien, je lui avouai que j'avais bu beaucoup de punch et que j'avais lu le *Visionnaire* de Schiller.

— Je dois en convenir, ajoutai-je, et il est vraisemblable que cette vision, fruit d'une imagination en travail et surexcitée, n'avait d'existence que dans mon cerveau.

Je croyais que mon grand-oncle allait me railler amèrement de mes rêveries; mais il prit un air très-sérieux, fixa les yeux sur le parquet, puis releva brusquement la tête, et jeta sur moi un regard pénétrant :

— Cousin, dit-il, je ne connais pas ton livre, mais il ne faut attribuer cette apparition ni à l'influence de la lecture ni à celle du punch; sache que moi-même j'ai rêvé ce que tu viens de me raconter. J'étais assis, comme toi, du moins il me le semblait, dans le fauteuil auprès de la cheminée; mais ce qui n'était pour toi qu'un bruit vague et confus, je l'ai vu et distingué clairement par les yeux de l'intelligence. Oui! j'ai aperçu le spectre redoutable; il est entré, il s'est avancé assez péniblement jusqu'à la porte murée; avec le désespoir que donne une douleur sans remède, il s'est mis à gratter le mur au point de faire jaillir le sang de dessous ses ongles déchirés;

puis il est descendu, il a fait sortir le cheval de l'écurie et l'y a ramené. As-tu entendu le coq chanter dans une ferme voisine, c'est alors que tu m'as réveillé; et j'ai promptement cherché à oublier cette apparition terrible, qui était venue troubler la sérénité de ma vie.

Le vieillard se tut; mais je ne pus lui faire aucune question. Je pensais que s'il le jugeait à propos, il éclaircirait ce mystère à mes yeux. Après un moment de silence, pendant lequel il sembla se recueillir :

— Cousin, reprit-il, maintenant que tu sais ce qui s'est passé, auras-tu le courage de revoir encore avec moi l'apparition?

Il était tout simple de répondre que je me sentais la force d'âme nécessaire en cette occasion.

— Eh bien! reprit le vieillard, la nuit prochaine nous veillerons ensemble. Une voix intérieure me dit que ma force intellectuelle me servira moins que mon courage; j'ai la ferme conviction que le spectre maudit doit y céder, et que, loin d'être criminelle, mon entreprise est bonne et utile. Si j'expose ma tête et ma vie, c'est pour combattre un être méchant, qui a chassé les fils de la demeure de leurs ancêtres. J'augure bien de mes efforts; la fermeté que j'apporterai dans la lutte, les pieux sentiments qui m'animent mettront l'honneur et la victoire de mon côté. Mais si la volonté de Dieu permet que la puissance du mal triomphe de moi, tu devras attester, cousin, que, malgré ma défaite, j'ai du moins soutenu en honnête homme et en chrétien le combat livré au mauvais esprit dont la présence trouble la paix de ces lieux!... Quant à toi, tu demeureras loin de moi, et tu n'auras rien à craindre.

Le soir était venu; après des occupations pénibles et multipliées, Franz avait, comme la veille, desservi le souper et apporté le punch préparé pour nous. La pleine lune brillait dans tout son éclat au milieu des nuées étincelantes; les vagues de la mer grondaient; le vent de la nuit hurlait et secouait avec bruit les vitres des fenêtres ogivales. Une prédisposition intérieure nous porta à causer de choses indifférentes.

Le vieillard avait posé sur la table sa montre à répétition. Elle sonna minuit.

En ce moment la porte s'ouvrit avec un effroyable fracas, et, comme la veille, des pas lents et légers traversèrent la salle, et des gémissements et des sanglots se firent entendre.

Mon grand-oncle pâlit, mais ses yeux pétillèrent d'un feu inaccoutumé; il se leva de son fauteuil, et debout de toute la hauteur de sa grande taille, le bras gauche appuyé sur la hanche et la main droite étendue, il demeura immobile au milieu de la salle, dans l'attitude du commandement.

Cependant les sanglots et les gémissements devinrent plus perçants et plus distincts, et l'on se mit à gratter le mur en divers endroits d'une manière plus épouvantable encore que la veille.

Alors le vieux justicier s'avança vers la porte murée d'un pas ferme et retentissant. A la place où l'on continuait à gratter de plus en plus fort, il s'arrêta, et d'une voix ferme et solennelle :

— Daniel! Daniel! dit-il, que fais-tu ici à cette heure?

On jeta un cri sinistre et étrange, et nous entendîmes sur le plancher le bruit de la chute d'un corps pesant.

— Cherche grâce et miséricorde devant le trône du Très-Haut, c'est là ta place! mais sors de cette vie, où il ne t'est plus possible de rentrer.

Ainsi parla mon grand-oncle d'une voix encore plus tonnante qu'auparavant. Il nous sembla qu'un léger soupir glissait à travers les airs et se confondait avec les sifflements de la tempête qui commençait à s'élever. Le vieillard s'approcha de la porte, et la ferma avec un fracas qui ébranla l'antichambre abandonnée. Ses paroles, son maintien avaient quelque chose de surhumain qui me fit frissonner. Lorsqu'il s'assit dans son fauteuil, son regard était radieux; il joignit les mains et pria sans parler : quelques minutes après, il me dit de cette voix douce et touchante qu'il savait prendre :

— Eh bien, cousin!

Plein d'effroi, d'horreur, d'anxiété, de saint respect et d'amour, je tombai à ses genoux et baignai ses mains de larmes brûlantes. Le vieillard me serra dans ses bras, et pendant qu'il me pressait contre son cœur :

— Cher cousin, me dit-il avec calme, maintenant nous allons bien dormir.

En effet, rien d'extraordinaire ne se fit remarquer les nuits suivantes; je repris mon ancienne gaieté, et cessai de craindre les vieilles baronnes. Néanmoins elles conservaient toujours à mes yeux quelque chose de fantastique, avec leurs manières extraordinaires, et je les considérais toujours comme de comiques apparitions que mon vieil oncle savait animer d'une façon tout à fait bouffonne.

IV.

Plusieurs jours après, le baron arriva enfin avec sa femme et un nombreux train de chasse. Les hôtes qu'il avait invités se rassemblèrent; le château devint vivant, animé, et tel que nous l'avons décrit plus haut. Quand le baron, immédiatement après son arrivée, entra dans notre salle, il parut étrangement troublé de ce qu'on nous y avait installés au lieu de nous conserver l'appartement habituel du justicier. Il jeta un regard sombre sur la porte condamnée, et, se détournant brusquement, il porta la main à son front, comme s'il eût voulu éloigner un triste souvenir.

Mon grand-oncle lui parla de l'état de décadence de la salle d'audience et des chambres voisines. Le baron se plaignit de ce que Franz ne nous eût pas mieux logés, et engagea mon vieil oncle, avec beaucoup de courtoisie, à demander tout ce qui serait susceptible de rendre sa demeure plus commode et sa position plus tolérable.

En général, la conduite du baron envers mon grand-oncle était non-seulement cordiale, mais respectueuse; son maintien avait quelque chose de celui d'un fils devant son père. La déférence qu'il lui témoignait me faisait oublier les manières rudes et l'arrogance dont il donnait des preuves de plus en plus évidentes. Il eut l'air de ne pas me remarquer, et vit en moi un scribe ordinaire. Dès la première séance, pendant que je rédigeais un acte, il voulut reprendre quelques fautes de mon travail. Le sang me monta au visage, et j'étais sur le point de lui adresser quelque mordante réplique, lorsque mon grand-oncle, prenant la parole, déclara que j'agissais toujours directement d'après ses vues, et que son avis, du moins en matières judiciaires, devait être prépondérant.

Quand nous nous trouvâmes seuls, je me plaignis amèrement du baron, pour lequel mon éloignement redoublait à chaque instant.

— Crois-moi, cousin, répondit le justicier, le baron, malgré son allure peu engageante, est l'homme le meilleur et le plus bienveillant du monde. Comme je l'ai déjà dit, il n'a de semblables manières que depuis qu'il est protecteur du majorat; car auparavant c'était un jeune homme doux et modeste. Au reste, il est loin d'avoir l'humeur aussi maussade que tu le prétends; et je voudrais bien savoir pourquoi tu l'as pris en aversion.

En prononçant ces derniers mots, le vieillard laissa échapper un sourire railleur.

Mon visage se couvrit d'une vive rougeur. La situation de mon cœur ne me devenait-elle pas évidente? n'étais-je pas dans la nécessité de reconnaître que cette haine singulière avait sa source dans mon amour, ou plutôt dans mon adoration pour l'être le plus beau et le plus céleste à mes yeux qui eût jamais habité la terre? Cet être était simplement la baronne elle-même.

En effet, dès qu'elle fut arrivée, et que, revêtue d'une pelisse de zibeline russe qui dessinait les formes de sa taille élégante, la tête couverte d'un riche voile, elle eut paru dans le salon, je me sentis à son aspect sous l'influence d'un charme puissant et irrésistible. Quel contraste entre la baronne et ses deux vieilles tantes! Celles-ci, avec des fontanges et des costumes plus extraordinaires encore que ceux que je leur avais vus, piétinaient à ses côtés, et débitaient d'un ton nasillard des compliments en langue française. La baronne jetait autour d'elle des yeux pleins d'une inexprimable douceur, saluait gracieusement tantôt l'un, tantôt l'autre, et parfois prononçait d'une voix douce quelques mots allemands dans le dialecte pur et et suave de la Courlande. Involontairement mon imagination opposait l'image de cette créature charmante à celle des fantastiques vieilles. C'était à mes yeux l'ange de lumière, ayant puissance de soumettre les mauvais esprits.

Cette femme adorable est toujours vivante aux yeux de ma pensée. Elle pouvait alors avoir environ dix-neuf ans; son visage, dont la délicatesse n'était égalée que par celle de sa taille, portait l'empreinte de la bonté la plus angélique; mais il y avait surtout dans ses yeux un indicible charme; il s'en échappait des rayons humides comme ceux de la lune, qui donnaient à ses regards une expression de langueur mélancolique. Son divin sourire ouvrait le ciel à ceux auxquels elle l'adressait. Souvent elle paraissait concentrée en elle-même, et de tristes nuages ombrageaient sa ravissante physionomie. On pouvait la croire alors en proie à quelque douleur accablante; il me semblait que le triste pressentiment d'un avenir gros de malheurs se peignait dans ses regards, et j'avais l'étrange idée qu'il existait quelque corrélation entre sa tristesse et le spectre du château.

Le lendemain de l'arrivée du baron, la société se réunit pour déjeuner. Mon vieil oncle me présenta à la baronne, et, comme il arrive dans une disposition d'esprit semblable à celle où je me trouvais, je fus d'une incroyable niaiserie. La femme charmante m'ayant demandé si je me plaisais au château, je m'embarquai dans les discours les plus inconcevables; ce fut au point que les vieilles tantes, attribuant mon trouble à mon profond respect pour la maîtresse de la maison, crurent devoir me tirer d'embarras, et parlèrent de moi en français comme d'un jeune homme intelligent et éclairé, enfin d'un *garçon très-joli*.

Cette recommandation me fut désagréable, et, recouvrant tous mes moyens, je hasardai un bon mot en meilleur français que celui des vieilles dames. Elles me regardèrent avec de grands yeux, et administrèrent à leurs nez longs et pointus une ample dose de tabac. Mais un coup d'œil sévère de la baronne, qui s'éloigna pour parler à une autre dame, m'avertit que ma plaisanterie frisait l'inconséquence. Je sentis redoubler mon dépit, et donnai les deux vieilles à tous les diables.

Les railleries de mon grand-oncle m'avaient depuis longtemps guéri des passions langoureuses et pastorales, je n'étais plus un enfant disposé aux folies d'un amoureux martyr; mais je me sentais profondément blessé. Jamais femme n'avait produit sur moi cette impression vive et puissante que me causait la baronne. Je ne voyais, je n'entendais qu'elle. J'étais pleinement convaincu qu'il serait inutile et insensé de lui faire connaître mes sentiments, et, d'un autre côté, je regardais comme impossible et même comme honteux de lui vouer le culte timide et silencieux d'un écolier pour l'objet de ses premières amours. C'était contre ma volonté, il était hors de mon pouvoir de quitter mon aimable hôtesse sans lui laisser entrevoir l'état de mon cœur, sans boire le doux poison de ses regards et de ses paroles; puis je formais soudain le projet de partir, de m'en séparer peut-être pour toujours!

Cette passion romantique et chevaleresque, me poursuivant dans mes nuits d'insomnie, me troubla au point que j'avais la folie puérile de me haranguer moi-même en termes pathétiques et de m'écrier avec des soupirs plaintifs :

— Séraphine! ah! Séraphine!

Je finis par réveiller mon grand-oncle.

— Cousin, cousin, me dit-il, je crois que tu rêves tout haut. Il est permis d'extravaguer le jour, mais la nuit au moins laisse-moi dormir.

Je n'avais pas médiocrement peur que le vieillard, qui avait déjà remarqué le désordre où me jetait la présence de la baronne, ne m'eût entendu prononcer son nom, et je redoutais à ce sujet ses sarcasmes. Mais le lendemain matin, en entrant dans la salle d'audience, il se contenta de me dire :

— Que Dieu donne à chacun une suffisante provision de bon sens, et la sollicitude nécessaire pour prendre garde à ses actions! On a tort de s'exposer au ridicule en pure perte.

A ces mots, il s'établit devant la grande table.

— Cher cousin, ajouta-t-il, écris bien nettement pour que je puisse te lire sans peine.

V.

L'estime, la déférence filiale même que le baron portait à mon grand-oncle se faisait voir en toute circonstance. Ainsi il le plaçait à table à la place d'honneur, à côté de la baronne. Pour moi, l'on me mettait tantôt ici, tantôt là, et le plus souvent entre deux officiers de la ville voisine, avec lesquels j'étais obligé de causer des nouvelles du jour, de plaisanter et de boire intrépidement.

Il m'arriva donc d'être pendant plusieurs jours séparé de la baronne de toute la longueur de la table; mais enfin le hasard me plaça auprès d'elle. Au moment où la société réunie entrait dans la salle à manger, je me trouvais engagé avec la dame de compagnie de la baronne dans une conversation qui paraissait lui plaire. Cette dame n'était plus jeune, mais elle n'était dépourvue ni de charmes ni d'esprit. La politesse m'imposait l'obligation de lui donner le bras; et grande fut ma joie en la voyant prendre place à côté de la baronne, qui lui fit une inclination de tête amicale.

Comme on peut le présumer, toutes les paroles que je prononçai pendant le dîner ne s'adressèrent pas uniquement à la dame dont, j'étais le chevalier; ce fut principalement pour la baronne que je me mis en frais d'éloquence. Il paraît que mon agitation intérieure donnait à tout ce que je disais un élan particulier. En effet, la dame de compagnie me prêta de plus en plus d'attention; mes images étaient variées et brillantes, mes phrases colorées, et insensiblement elle se laissa entraîner dans le monde nouveau que je découvrais à ses yeux. J'ai dit qu'elle n'était pas sans esprit, et bientôt notre causerie, isolée de la conversation générale, acquit une animation qui lui était propre; chacune de mes saillies produisit l'effet que j'en attendais. Je remarquai fort bien que ma voisine lançait à la baronne des regards d'intelligence, et que celle-ci cherchait à nous entendre. J'en devins convaincu lorsque nous parlâmes de la musique. Je peignis avec enthousiasme la grandeur, la supériorité de cet art céleste, et j'eus soin d'ajouter que moi-même, adonné à l'étude sèche et aride de la jurisprudence, je jouais du piano avec une certaine habileté, que je chantais et que j'avais déjà composé plusieurs romances.

On passa dans une autre salle pour prendre le café et les liqueurs. La baronne se mit à causer avec sa dame de compagnie, et je ne sais comment je me trouvai tout à coup devant elle. Elle m'aborda aussitôt, et, prenant le ton amical qu'on emploie avec une ancienne connaissance, elle me demanda de nouveau comment je supportais le séjour du château.

Je répondis que, dès les premiers jours, la solitude sauvage des environs, la vétusté de l'édifice m'avaient singulièrement troublé; mais que de célestes émotions étaient venues se mêler en foule à mes impressions premières, et qu'aujourd'hui tout ce que je souhaitais c'était d'être dispensé de ces chasses barbares dont je n'avais pas l'habitude.

La baronne sourit. — Je pense bien, dit-elle, que vous ne sauriez vous accommoder de ces courses tumultueuses dans nos forêts de sapins. Vous êtes musicien, et poëte, qui plus est, si je ne me fais illusion. J'aime avec passion la musique et la poésie! Je sais jouer un peu de la harpe, mais il faut que j'y renonce à Reusitten; mon mari s'oppose à ce que j'apporte ici cet instrument, dont les doux sons s'accorderaient mal avec les sauvages hallalis et le bruit assourdissant des cors, qui doivent seuls se faire entendre en ces lieux. O mon Dieu! que la musique me serait agréable en ces lieux!

Je répliquai que j'emploierais tout mon talent pour satisfaire son désir, car il devait y avoir au château au moins un instrument, ne fût-ce qu'un vieux piano. En m'écoutant, mademoiselle Adélaïde, la dame de compagnie de la baronne, se mit à rire aux éclats, et demanda si j'ignorais que de mémoire d'homme on n'avait entendu au château d'autre musique que le retentissement des trompettes, les lamentations des cors de chasse, les cris des violons, les sons discordants des basses, et les gémissements des hautbois de quelques musiciens ambulants.

Cependant la baronne conservait le désir de faire de la musique et de m'entendre. Adélaïde et elle mirent sur le tapis la question de savoir comment on pourrait se procurer un forte-piano passable...

En ce moment le vieux Franz traversa le salon.

— Voilà, s'écria mademoiselle Adélaïde, un homme qui a toujours de bons avis à donner, et qui procure tout, jusqu'à des choses invisibles et inouïes.

A ces mots, elle lui expliqua ce dont il s'agissait; la baronne écoutait les mains jointes, la tête penchée en avant, et jetant un doux regard sur les traits du vieillard. Il était charmant de la voir ainsi, semblable à un enfant aimable et gracieux, prêt à saisir un jouet qu'il désire avec ardeur.

Franz, après avoir développé, avec sa lenteur habituelle, plusieurs motifs qui empêchaient de trouver de suite un aussi rare instrument, finit par se caresser la barbe, et laisser échapper un sourire de satisfaction.

— Mais, dit-il, madame l'intendante, qui demeure au village, est habile à taper sur la machine appelée du nom de clavecin, ou de je ne sais plus quel autre nom étranger. En outre, elle chante avec tant de charme, et une expression si lamentable, qu'elle vous fait pleurer comme un oignon, et sauter sur les deux jambes.

— Elle a un piano! interrompit mademoiselle Adélaïde.

— Oui sans doute, reprit le vieillard, un piano venu directement de Dresde, un...

— Oh! c'est parfait! dit la baronne.

— Un bel instrument, continua Franz, seulement un peu faible, car lorsque l'organiste a voulu jouer le cantique : *Dans toutes mes actions*, le piano s'est brisé en mille pièces, de sorte que...

— O mon Dieu! s'écrièrent à la fois la baronne et mademoiselle Adélaïde.

— De sorte que, poursuivit le vieillard, on a été obligé de le transporter à grands frais à la ville voisine, et de le faire réparer.

— Est-il donc de retour? demanda mademoiselle Adélaïde avec impatience.

— Oui certes, mon aimable demoiselle, et madame l'intendante se croira très-honorée...

En ce moment le baron entra; il parut surpris de voir notre groupe, et dit à la baronne en ricanant d'un air d'ironie :

— Je suis sûr que Franz vous donne de bons conseils?

La baronne sourit en baissant les yeux, et le vieux Franz demeura immobile et interdit, la tête droite, les bras pendants le long du corps, dans une attitude militaire. Les vieilles tantes, avec leurs lourds costumes, s'approchèrent de nous, et nous enlevèrent la baronne.

Mademoiselle Adélaïde les suivit.

J'étais demeuré comme retenu à ma place par un enchantement. J'étais heureux de m'être rapproché de celle qui maîtrisait tout mon être; mais je nourrissais une sombre haine et un profond dépit contre le baron, qui me semblait un despote cruel. Ce qui me déplaisait principalement, c'était la soumission abjecte que lui témoignait son vieux serviteur à cheveux blancs.

— As-tu enfin recouvré l'ouïe et la vue? s'écria mon grand-oncle en me frappant sur l'épaule.

Nous entrâmes dans notre appartement.

— Ne courtise pas tant la baronne, me dit-il quand nous nous fûmes enfermés; à quoi cela sert-il? abandonne ce métier à cette foule déjà assez nombreuse de jeunes étourneaux qui papillonnent auprès d'elle.

Je lui répondis par le récit de ce qui s'était passé, et le priai de me dire si j'avais encouru ses reproches.

— Hum! hum! répliqua-t-il.

Après cette laconique explication, il endossa sa robe de chambre, alluma sa pipe, s'assit pour la fumer dans son fauteuil, et parla des incidents de la dernière chasse en se moquant de ma maladresse.

VI.

Tout était redevenu tranquille au château; dames et messieurs s'étaient retirés dans leurs chambres pour s'occuper de leur toilette de bal. Les musiciens dont mademoiselle Adélaïde avait parlé venaient d'arriver avec leurs violons criards, leurs basses discordantes et leurs hautbois gémissants, et c'était un bal en règle que l'on préparait pour la nuit. Mon vieil oncle, préférant un sommeil tranquille à ce tumulte frivole, était demeuré dans sa chambre. Je n'étais pas encore paré, quand on frappa légèrement à notre porte. Frans entra, et m'apprit avec un sourire de satisfaction que le clavecin de madame l'intendante avait été apporté en traîneau et déposé chez madame la baronne. Mademoiselle Adélaïde me faisait dire de m'y rendre sur-le-champ.

On peut juger comme le cœur me battit, avec quelle joie intérieure j'ouvris la porte de la chambre où était l'objet de mes pensées. La baronne, déjà entièrement habillée pour le bal, était assise toute pensive devant la caisse mystérieuse où devaient être endormis les sons que je me chargeais de réveiller. Elle se leva si radieuse, dans tout l'éclat de sa beauté, que je demeurai interdit et incapable de prononcer une seule parole.

— Eh bien, Théodore... me dit-elle avec bonté; elle appelait chacun par son prénom, d'après la coutume fraternelle des Septentrionaux: coutume que l'on retrouve dans certaines parties du Midi.

— Eh bien, Théodore, l'instrument est arrivé, fasse le ciel qu'il ne soit pas totalement indigne de votre talent!

Dès que j'eus levé le couvercle, une multitude des cordes brisées en sortirent avec bruit. Je fis un arpége; mais, hélas! toutes les cordes qui n'étaient point cassées manquaient de justesse. Ce fut un horrible tintamarre.

— Les petites mains délicates de l'organiste ont encore passé par là, s'écria mademoiselle Adélaïde en riant; mais la baronne dit d'un ton de désappointement:

— Vraiment, c'est jouer de malheur! ah! il est dit que je n'aurai jamais ici le moindre plaisir!

Je visitai la boite de l'instrument et trouvai heureusement quelques cordes roulées, mais point de clef. Nouveau sujet de tristesse.

— Nous pouvons, dis-je, employer n'importe quelle clef, pourvu que la dimension du panneton permette aux chevilles d'y entrer.

Alors la baronne et mademoiselle Adélaïde se mirent gaiement à courir çà et là, et, peu d'instants après, tout un magasin d'élégantes petites clefs fut établi sur la table d'harmonie.

Je me mis à l'œuvre. Mademoiselle Adélaïde, la baronne elle-même, m'aidèrent avec empressement, essayant successivement les clefs sur chacune des chevilles. Enfin nos tentatives furent couronnées de succès.

— Elle va! Elle va! s'écrièrent-elles avec joie.

Mais la corde, qui avait été convenablement tendue et rendait un son pur, gémit, et fait en se brisant reculer les deux femmes effrayées : sans se décourager, la baronne emploie ses jolies petites mains à enlever la corde cassée; elle me donne les numéros que je demande, elle prépare les rouleaux dont j'ai besoin. Soudain l'un d'eux se dévide en entier, ce qui arrache à la baronne un hélas! d'impatience. Mademoiselle Adélaïde rit aux éclats; je ramasse au bout de la chambre la pelote, dont tous les fils sont brouillés, et nous réunissons nos efforts pour en tirer une corde intacte; nous en trouvons une, nous la posons; à notre grand désespoir, elle se casse de nouveau.

Mais enfin, après bien des peines inutiles, nous tombons sur de bons rouleaux; les cordes sont en place, et à un fracas sans harmonie succèdent des sons purs, clairs et mélodieux.

— Ah! c'est heureux! c'est heureux! l'instrument est d'accord, dit la baronne en me regardant avec un ravissant sourire.

Comme cette communauté de travaux fit rapidement disparaître la réserve et la gêne qu'imposent les convenances! comme une familiarité sans contrainte s'établit entre nous, et, me pénétrant de son souffle électrique, dissipa ce découragement qui m'oppressait la poitrine! Ce pathos bizarre que produit ordinairement une passion comme la mienne m'était complétement étranger.

Le piano étant enfin d'accord, je résolus d'exprimer mes sentiments intérieurs par des fantaisies variées, par de douces et agréables chansonnettes, comme il nous en vient du Midi. Pendant que je répétais *Senza di te* et *Sentimi idol mio, almen se non poss'io morir mi sento* et cent *addio* et *oh dio*, le regard de Séraphine devenait de plus en plus brillant. Elle s'était placée près de moi devant l'instrument; je sentais son haleine errer sur ma joue. Comme elle appuyait son bras derrière moi sur le dossier de ma chaise, les bouts d'un ruban blanc, négligemment noué sur sa riche robe de bal, tombaient sur mon épaule; les sons qui partaient de ma bouche, les légers soupirs de Séraphine faisaient flotter entre elle et moi ce ruban, et le renvoyaient de l'un à l'autre comme un fidèle messager d'amour. C'est pour moi un sujet d'étonnement que j'aie conservé mon sang-froid.

Au moment où je préludais par un accord à une nouvelle chanson, mademoiselle Adélaïde, qui était dans un coin de la chambre, s'avança vers nous, s'agenouilla devant la baronne, lui prit les deux mains, et les serrant contre son sein :

— O chère baronne! dit-elle, ma petite Séraphine, ne vas-tu pas chanter aussi?

— A quoi penses-tu, Adélaïde? répondit la baronne, comment me permettre de faire entendre ma faible voix devant notre virtuose?

En disant ces mots, elle était ravissante à voir. Comme un enfant pudique et modeste, elle baissait les yeux et rougissait, balancée entre la crainte et le plaisir.

Il est facile de concevoir quelles furent mes sollicitations. Lorsqu'elle eut parlé de petites chansonnettes courlandaises, je devins si pressant qu'elle finit par avancer la main gauche, et par faire rendre quelques sons au clavier, en manière de prélude. Je voulais lui céder ma place, mais elle refusa de s'asseoir, et m'assura qu'elle ne savait pas faire le moindre accord, et que, par suite, son chant sans accompagnement serait maigre et indécis.

Alors, d'une voix tendre, pure et argentine, qui pénétrait jusqu'au fond du cœur, elle commença une chanson dont la simple mélodie portait complétement le caractère de ces refrains populaires, propres à réveiller la poésie de l'âme humaine. Il y a un charme mystérieux dans leurs paroles insignifiantes, hiéroglyphes dont le cœur explique et développe la signification. Qui ne rêve pas en entendant chanter cette chansonnette espagnole, conçue tout simplement à peu près en ces termes :

Avec ma gente fiancée
Un jour j'étais allé sur mer.
Soudain ma barque balancée

Par la brise au large est poussée ;
La tempête siffle dans l'air.
Ma belle, de crainte oppressée,
Regardait l'onde courroucée,
Et les cieux, que fendait l'éclair.
Avec ma gente fiancée,
Non, non, je n'irai plus sur mer !

Ainsi la petite romance de la baronne n'avait pas d'autre sens que celui-ci :

A la noce, l'autre jour,
Celui qui m'aime d'amour
A danser m'avait priée ;
Nous nous tenions par la main ;
Une fleur tomba soudain
De ma couronne effeuillée.
Mon amant la ramassa,
Sourit, et la replaça
Tout doucement sur ma tête,
Disant : Mon vœu le plus doux,
C'est qu'une semblable fête
Se fasse bientôt pour nous.

Lorsque j'accompagnai le second couplet par des arpéges, lorsque, dans l'enthousiasme qui m'animait, je saisis comme au vol la mélodie sur les lèvres de la baronne, je parus à ses yeux et à ceux de sa dame de compagnie le plus habile des musiciens, et elles me prodiguèrent les louanges les plus exagérées.

On venait d'allumer les flambeaux de la salle de bal, et leur clarté se reflétait de l'aile latérale dans la chambre de la baronne ; les sons discordants des trompettes et des cors se faisaient entendre ; l'heure était venue de se rendre au bal.

— Hélas ! s'écria la baronne, il faut que je quitte le piano. Vous m'avez procuré une heure de plaisir. Voilà le plus agréable moment que j'aie jamais passé à Reusitten.

A ces mots la baronne me tendit la main, et lorsque, ivre d'amour, je la portai à mes lèvres, je sentis ses doigts trembler et frémir entre les miens.

Je ne sais comment j'atteignis la chambre de mon grand-oncle et la salle de bal. J'étais comme ce Gascon qui évitait les combats, parce qu'étant tout cœur, la moindre blessure devait être mortelle pour lui. Ma situation était analogue à la sienne : le moindre contact était mortel pour moi. La main de la baronne, ses doigts palpitants m'avaient percé comme des traits empoisonnés ; mon sang brûlait dans mes veines !

Sans m'avoir fait aucune question, le vieux justicier me prouva qu'il était instruit de mon entrevue avec la baronne. Je fus assez confus lorsque, après m'avoir parlé avec un accent d'ironie moqueur, il prit tout à coup le ton le plus sévère :

— Je t'en conjure, cousin, me dit-il, dompte la passion dont la puissance s'est emparée de toi ! Apprends que ta conduite, tout innocente qu'elle est, peut avoir les conséquences les plus terribles. Dans ta confiance aveugle, tu marches sur une glace fragile qui craque sous tes pas et menace de t'engloutir. Je me garderai bien de te retenir par le pan de ton habit, car je sais que tu te tireras toi-même de l'abîme. Sorti de là malade jusqu'à la mort, tu diras : C'est une légère indisposition qui m'est survenue en rêvant... Mais une fièvre cruelle attaquera en toi le principe même de la vie, et ta guérison ne sera complète qu'au bout de longues années. Que le diable emporte ta musique, si tu ne sais t'en servir que pour abuser de la sensibilité des femmes, et troubler le cours paisible de leur vie !

— Mais, interrompis-je, ai-je donc conçu le projet de me faire aimer de la baronne ?

— Singe ! s'écria le vieillard, si je le savais, je t'aurais jeté par cette fenêtre !

Le baron interrompit en entrant cette pénible conversation ; les affaires commencèrent et me tirèrent de mes rêveries amoureuses, qui toutes avaient Séraphine pour objet.

A partir de ce jour, la baronne m'adressait de temps à autre quelques paroles amicales en présence de la société ; mais presque tous les soirs mademoiselle Adélaïde venait secrètement m'inviter à passer chez Séraphine. Il devint bientôt nécessaire d'entamer des causeries sur divers sujets. Mademoiselle Adélaïde, qui, bien qu'elle ne fût plus jeune, avait encore de l'enjouement et de la gaieté, amenait la conversation sur des matières plaisantes et quelquefois triviales, lorsque la baronne et moi commencions à nous enfoncer dans des méditations et des rêveries sentimentales. Je reconnus bientôt à plusieurs indices que la baronne avait dans l'esprit quelque sujet de trouble, comme je l'avais remarqué dans ses regards au premier coup d'œil ;

l'influence funeste du spectre du château me parut se montrer évidemment en cette occasion. Un événement terrible était arrivé ou se préparait pour l'avenir. Souvent j'eus l'idée de raconter à Séraphine comment j'avais été en relation avec l'être invisible, et comment le vieux Vincenz l'avait banni, sans doute pour toujours; mais une crainte indéfinissable me liait la langue toutes les fois que je voulais m'expliquer.

VII.

Un jour, la baronne ne parut pas au repas de midi. On apprit qu'elle était malade, et ne pouvait quitter la chambre. Un des convives demanda au baron si cette indisposition était dangereuse. Le baron partit d'un éclat de rire sinistre, comme pour exprimer une raillerie amère.

—Ce n'est, dit-il, qu'un léger rhume causé par l'âcreté de l'air de la mer, qui ne ménage jamais ici les petites voix douces, et n'admet d'autres sons que les farouches hallalis de la chasse.

A ces mots, le baron me lança un regard perçant. L'allusion était claire et directe. Mademoiselle Adélaïde, qui était assise près de moi, devint toute rouge; immobile, regardant fixement une assiette et y traçant diverses figures avec son couteau, elle murmura tout bas : — Tu verras encore ce soir Séraphine; ce soir encore tes douces chansonnettes se feront entendre, et soulageront ce cœur malade.

Adélaïde prononça ces mots uniquement pour moi; mais en ce moment il me sembla que j'entamais avec la baronne une intrigue d'amour secrète et défendue, qui pouvait m'entraîner à quelque chose d'horrible, à un crime. Les avertissements du vieux justicier retombèrent sur mon cœur. Que devais-je faire? Ne plus la voir! C'était impossible, aussi longtemps que je resterais au château; et quitter le château pour retourner à Kœnigsberg, c'était une action au-dessus de mes forces. Je sentais vivement que je n'étais pas assez fort pour secouer les illusions du songe qui berçait mon imagination de l'espoir d'être payé de retour.

Adélaïde me paraissait une vulgaire entremetteuse, et je voulais la mépriser, et cependant, en réfléchissant un peu plus, j'étais obligé d'avoir honte de ma sottise. Quelles circonstances de ces bienheureuses soirées pouvaient faire présumer entre Séraphine et moi d'autres relations que celles qu'établissent les usages et les convenances? Comment pouvais-je croire que la baronne eût pour moi quelque tendresse? Tout cependant témoignait du danger de ma situation.

On quitta la table de bonne heure, car on devait aller à la chasse des loups qui s'étaient fait voir dans le bois de pins, tout près du château. La chasse était complétement en harmonie avec l'agitation de mon esprit; je déclarai au vieux justicier que je voulais m'y joindre. Il me sourit d'un air joyeux.

— Voilà qui est bien, dit-il; tu te décides enfin à venir prendre part au plaisir de ce lieu. Quant à moi, je demeure ici. Tu peux prendre mon arquebuse et mon couteau de chasse; en cas d'urgence, cette dernière arme est bonne et sûre quand on reste de sang-froid.

La partie du bois dans laquelle les loups devaient être à la reposée fut cernée par les chasseurs. Le froid était vif, le vent hurlait à travers les branches des pins et me poussait au visage de blancs flocons de neige; le crépuscule approchait, et je ne pouvais distinguer les objets à vingt pas devant moi. Tout transi, je quittai le poste où j'avais été placé, et cherchai un abri en m'enfonçant dans le bois.

Là, je m'appuyai contre un arbre mon arquebuse sous le bras, j'oubliai la chasse, et mes pensées me reportèrent dans la bienheureuse chambre auprès de Séraphine.

Tout à coup plusieurs coups de fusil partent à la fois; au même moment j'entends remuer dans les broussailles, et à dix pas devant moi j'aperçois un énorme loup qui cherche à passer outre. Je l'ajuste, je tire, je l'ai manqué, l'animal s'élance sur moi les yeux étincelants; j'étais perdu si je n'avais eu assez de présence d'esprit pour tirer mon couteau de chasse, et à l'instant où le loup allait m'assaillir, je le lui enfonçai profondément dans la gorge, de sorte que le sang me rejaillit sur la main et le bras.

Un des garde-chasse du baron, qui se tenait auprès de moi, arriva en poussant des cris plaintifs, et fit le signal convenu entre les chasseurs pour s'appeler; bientôt tout le monde nous entoura. Le baron s'élança vers moi.

— Au nom du ciel, vous saignez! vous saignez! vous êtes blessé?

Je lui annonçai le contraire. Alors le baron s'en prit au garde-chasse placé à mes côtés, et lui fit des reproches de n'avoir pas tiré sur l'animal que j'avais manqué. Le garde-chasse allégua qu'il lui avait été impossible de le faire, attendu qu'en cherchant à tuer le loup il eût couru risque de me tuer moi-même; mais le baron persista à dire qu'il aurait dû mieux observer mes démarches, à cause de mon inexpérience de la chasse.

Pendant ce temps, le garde avait relevé l'animal. C'était un des plus gros qu'on eût vus depuis longtemps, et on admira généralement mon courage et ma présence d'esprit. Quant à moi, ma conduite me paraissait très-naturelle; et de fait je n'avais pas été préoccupé un seul instant du danger dont mes jours étaient menacés.

Le baron me montra beaucoup de bienveillance; il ne pouvait se lasser de me demander si, n'ayant pas été blessé par le loup, je n'avais pas à redouter les effets de l'émotion. Quand on revint au château, le baron me prit par le bras comme un vieil ami, après avoir remis son arquebuse à un garde. Il parla encore de mon acte héroïque, si bien qu'à la fin je fus tenté de me prendre pour un héros. Je laissai de côté toute timidité, et sentis que je passais aux yeux du baron pour un homme de courage et de rare résolution. L'écolier avait heureusement soutenu son examen; il avait secoué la poussière des bancs, et s'était affranchi de toute crainte inopportune. Enfin il me semblait que j'avais maintenant droit aux bonnes grâces de Séraphine. On sait de quelles bizarres associations d'idées est capable l'imagination d'un jeune homme passionné.

Au château, autour du foyer et d'un bol de punch fumant, je demeurai le héros du jour. Outre moi, il n'y avait que le baron qui eût tué un loup; ses compagnons étaient forcés de rejeter la faute de leur maladresse sur la neige et l'obscurité du temps, et de raconter avec d'effrayants détails leurs succès et leurs périls passés.

Je pensais que j'allais être loué et admiré de mon vieux grand-oncle. Dans cette persuasion, je lui fis un long récit de mon aventure, et n'oubliai pas de peindre de sombres couleurs la bête féroce avide de sang. Le vieillard me rit au nez.

— Dieu est puissant dans les faibles, dit-il.

A force de boire et de causer, je me sentis fatigué; et prenant le corridor pour me rendre à la salle d'audience, je vis devant moi une espèce de fantôme qui tenait une lumière à la main. A mon entrée dans la salle, je reconnus mademoiselle Adélaïde.

— Ne faut-il pas rôder comme un revenant, comme un somnambule pour vous trouver, mon vaillant chasseur de loups?

Elle murmura ces paroles et me prit par la main.

Ces mots de somnambule, de revenant, prononcés dans ce lieu, me remuèrent profondément le cœur; ils me rappelèrent aussitôt l'apparition fantastique de ces deux nuits effrayantes. Ce soir-là aussi, la voix du vent de la mer bruissait comme les accords d'un orgue sonore; la bise faisait craquer les vitraux des fenêtres gothiques; et la lune jetait une blanchâtre lumière sur le mur mystérieux, où le grattement s'était fait entendre; je crus y découvrir des taches de sang.

Il était tout simple que mademoiselle Adélaïde, me tenant toujours par la main, sentît le froid glacial qui faisait frissonner mes membres.

— Qu'avez-vous? qu'avez-vous? me dit-elle doucement : vous êtes tout tremblant. Allons, je vais vous rappeler à la vie. Savez-vous que la baronne brûle d'impatience de vous voir? Elle ne peut s'imaginer que ce vilain loup ne vous a point fait de mal. Elle est dans une anxiété terrible! Hé, hé, mon cher ami, quelle impression avez-vous donc causée à Séraphine? Jamais je ne l'ai vue ainsi. Oh! comme votre pouls commence à palpiter! comme le mort ressuscite promptement! Venez, marchons bien doucement; nous allons chez la gentille baronne!

Je me laissai entraîner en silence; la manière dont Adélaïde parlait de la baronne me semblait indigne, et j'étais révolté de l'idée d'une intrigue entre nous.

Lorsque j'entrai avec Adélaïde, Séraphine vint à moi en poussant un léger cri, s'avança de quelques pas, et s'arrêta soudain au milieu de la chambre comme par réflexion.

J'osai saisir sa main et la porter à mes lèvres. La baronne laissa cette main reposer dans les miennes pendant qu'elle disait :

— Mais, mon Dieu! est-ce donc votre affaire de vous mesurer avec les loups? Ne savez-vous pas que le temps fabuleux d'Orphée et d'Amphion est passé depuis longtemps, et que les bêtes féroces ont absolument perdu tout respect pour les plus habiles chanteurs?

L'aménité de ces expressions, qui ne permettait point de se méprendre sur la nature de l'intérêt que me portait la baronne, me fit prendre sur-le-champ un ton et des manières convenables. Je ne sais pourquoi je ne me mis pas au piano, ainsi que j'en avais l'habitude, et pourquoi je pris place sur le canapé à côté de la baronne.

— Comment vous êtes-vous trouvé exposé ainsi? me dit-elle. Et il s'ensuivit qu'au lieu de faire de la musique, nous ne songeâmes qu'à causer. Je lui racontai donc ma rencontre du bois; et j'insistai sur l'intérêt que m'avait témoigné le baron, donnant à entendre que je ne l'aurais pas cru capable de pareils sentiments.

— Oh! dit la baronne d'une voix douce et presque plaintive, le baron doit vous sembler d'un caractère rude et hautain; mais, croyez-moi, il faut uniquement l'attribuer à la tristesse de ce manoir, à ces chasses sauvages dans nos bois de pins désolés. Le séjour qu'il habite et la vie qu'il mène altèrent complétement son humeur. S'il est sombre et peu communicatif, c'est qu'il est préoccupé de l'appréhension de quelque chose de sinistre qui doit arriver en ces lieux; c'est pour cela que cette aventure, qui par bonheur n'aura aucune conséquence fâcheuse, l'a profondément frappé. Il craint de voir le plus humble de ses serviteurs menacé du moindre accident, et à plus forte raison un ami cher et nouvellement acquis; et je suis sûre que Gottlieb, auquel il reproche de vous avoir laissé en péril, s'il n'est point puni d'emprisonnement subira le châtiment honteux, qu'on inflige aux chasseurs, de se joindre à la chasse sans fusil et un bâton à la main. Or, comment des chasses telles que celle-ci seraient-elles sans danger? comment ne serais-je pas alarmée en voyant le baron, qui prévoit toujours des malheurs, braver cependant de gaieté de cœur le démon fatal qui a jeté sur sa vie je ne sais quel nuage? On raconte bien des choses étranges de l'aïeul qui a institué ce majorat, et il y a ici, j'en suis certaine, renfermé dans ces murs, un sinistre secret de famille, qui, comme un spectre implacable, poursuit le propriétaire de ce domaine, et ne lui permet que rarement et peu de temps à la fois d'en venir animer la solitude. Mais moi! comment dois-je me trouver au milieu du tumulte qui y règne alors? comment fuir la fatalité qui pèse sur ces murs? C'est vous, mon cher ami, qui le premier avez dissipé par vos talents la tristesse qui m'accable! Saurai-je vous en remercier assez cordialement?

Je baisai la main qu'elle me tendait :

— Moi-même aussi, lui dis-je, dès le premier jour, ou plutôt dès la première nuit, j'ai éprouvé la fatalité de ce séjour, et une profonde horreur m'a saisi. Peut-être dois-je attribuer mes alarmes au lugubre aspect du château, aux bizarres ornements de la salle d'audience, aux sifflements de la brise... que sais-je?

A ces mots, la baronne me regarda en face. Le son de ma voix, mes expressions lui firent supposer que je lui dissimulais une partie de ce qui m'était arrivé.

— *Non, non*, s'écria-t-elle avec véhémence, il s'est passé quelque chose d'affreux dans cette salle, où je ne suis jamais entrée sans frissonner. Je vous en conjure, dites-moi tout.

Le visage de Séraphine était devenu pâle comme la mort; je vis clairement que ce que j'avais de mieux à faire, c'était de lui dire la verité, pour empêcher son imagination exaltée de se figurer une apparition plus terrible que celle qui s'était montrée à mes yeux. Elle m'écouta attentivement, et son agitation et son anxiété s'accrurent graduellement. Quand je vins à la circonstance du mur gratté avec les ongles, elle m'interrompit :

— C'est horrible, dit-elle; oui, oui, c'est dans ce mur qu'est enfoui ce redoutable secret!

Je poursuivis et lui racontai comment le vieux justicier avait chassé le spectre avec une grande force de caractère. Elle soupira profondément, comme si sa poitrine eût été délivrée d'un lourd fardeau. Puis, se renversant en arrière, elle se cacha le visage de ses deux mains.

Je remarquai en ce moment pour la première fois qu'Adélaïde nous avait quittés. J'avais fini depuis longtemps, et Séraphine gardait le silence. Je me levai doucement, j'allai au piano, et essayai, par des accords de plus en plus bruyants, de consoler Séraphine, et d'écarter les sombres images qu'avait fait naître mon récit. Bientôt je chantai, aussi bien qu'il me fut possible, un des hymnes saints de l'abbé Stefani.

A ces accents mélancoliques : *Occhi, perchè piangete?* Séraphine se réveilla d'une profonde rêverie, et m'écouta en souriant, les yeux brillants de perles humides. Comment se fit-il que je m'agenouillai devant elle, qu'elle se pencha vers moi, que je la pris dans mes bras, qu'un long et ardent baiser me brûla les lèvres? Comment se fit-il que je ne perdis pas connaissance quand je la sentis m'attirer doucement à elle, quand je la laissai s'échapper de mes bras, quand, me relevant précipitamment, je me remis au piano?

La baronne s'éloigna de moi de quelques pas, se mit à la fenêtre, puis se retourna et s'avança vers moi avec un maintien presque hautain, qui ne lui était pas ordinaire.

— Votre oncle, dit-elle en me regardant fixement, est le plus digne homme que je connaisse, c'est l'ange gardien de notre famille; puisse-t-il me comprendre dans ses pieuses prières!

J'étais incapable de prononcer un seul mot; le poison subtil que j'avais puisé dans ce baiser fermentait et brûlait dans tous mes nerfs, dans tous les battements de mon cœur.

Mademoiselle Adélaïde entra. La fureur du combat qui se livrait en moi s'épandit en larmes brûlantes, dont il me fut impossible d'arrêter le cours. Adélaïde me regarda avec étonnement et se mit à rire. Je l'aurais tuée volontiers.

La baronne me tendit la main :

— Portez-vous bien, mon cher ami, me dit-elle avec une inexprimable douceur, portez-vous bien; rappelez-vous que personne n'a mieux compris que moi votre talent musical! Ah! longtemps, longtemps encore, vos accords retentiront dans mon âme!

Je balbutiai quelques mots incohérents et vides de sens, et me retirai dans notre chambre. Le vieux justicier était déjà endormi. Je m'arrêtai dans la salle, je tombai à genoux, je sanglotai, je prononçai en criant le nom de ma bien-aimé; bref, je me laissai aller complétement aux extravagances de la passion, et fis tant de bruit que mon grand-oncle finit par se réveiller.

— Cousin, me dit-il, je pense que tu as perdu l'esprit? est-ce que tu te bats encore avec un loup? Va te coucher, si cela peut t'être agréable.

Là-dessus j'entrai dans ma chambre, où je me mis au lit pour rêver à Séraphine.

VIII.

Il pouvait être près de minuit; n'étant pas encore endormi, je crus entendre un bruit de voix, d'allées et de venues, de portes ouvertes et refermées. Je prêtait l'oreille, et j'entendis des pas qui s'approchaient du corridor; on ouvrit la porte de la salle, et bientôt on frappa à celle de notre chambre.

— Qui est là? m'écriai-je à haute voix.

— Monsieur le justicier, répondit-on de dehors, monsieur le justicier, réveillez-vous, réveillez-vous!

Je reconnus la voix de Franz.

— Quoi! dis-je; est-ce que le feu est au château?

— Où est le feu? cria mon grand-oncle en se réveillant; est-ce encore un revenant sorti de l'enfer?

— Ah! levez-vous, monsieur le justicier, reprit Franz, monsieur le baron vous demande.

— Que peut me vouloir le baron à cette heure de nuit? demanda mon grand-oncle. Ne sait-il pas que la justice couche avec le justicier, et que l'un et l'autre dorment paisiblement?

— Ah! s'écria Franz d'une voix lamentable, mon cher monsieur le justicier, levez-vous! Sa Grâce madame la baronne touche à sa dernière heure.

Je me levai en poussant un cri d'effroi. — Ouvre la porte à Franz, me cria mon grand-oncle. Éperdu, j'errais dans la chambre sans pouvoir trouver ni porte ni serrure. Le vieillard fut obligé de m'aider. Franz parut avec un visage abattu, et alluma le flambeau. Nous avions à peine passé quelques vêtements, quand nous entendîmes le baron parler dans la salle voisine :

— Puis-je vous parler, mon cher Vincenz?

— Pourquoi t'es-tu habillé, cousin? me demanda mon grand-oncle au moment de sortir.

Il faut que je descende... que je la voie, et que je meure! dis-je d'une voix sourde et comme anéanti par la violence de la douleur.

— Oui, c'est bien : tu as raison, cousin!

En disant ces mots, il me poussa la porte au nez, si fort que les gonds en crièrent, et la ferma après être sorti.

Au premier moment, outré de ce procédé, je voulais enfoncer la porte; mais, réfléchissant promptement aux suites funestes que pouvait avoir une semblable inconséquence, je résolus d'attendre le retour du justicier, et d'échapper ensuite, n'importe à quel prix, à sa surveillance.

J'entendis le justicier échanger de vives paroles avec le baron et prononcer plusieurs fois mon nom, sans qu'il me fût possible de savoir à quelle occasion. Mes angoisses devenaient à chaque instant plus pénibles. Enfin, je m'aperçus qu'on apportait une nouvelle au baron, et qu'il s'éloignait en courant. Mon grand-oncle rentra chez lui.

— Elle est morte! dis-je en me jetant à sa rencontre.

— Et toi, tu es fou! répliqua-t-il; et il voulut me faire asseoir.

— Il faut que je descende, répétai-je, que je la voie, dût-il m'en coûter la vie!

— C'est cela, cher cousin! dit le vieillard en fermant la porte, dont il mit tranquillement la clef dans sa poche.

Je tombai dans une épouvantable fureur; je saisis mon arquebuse chargée : — Ici, sous vos yeux, m'écriai-je, je vais me mettre une balle dans la tête si vous ne m'ouvrez la porte à l'instant!

Alors le vieillard s'approcha de moi, et me dit en fixant sur mon visage un regard perçant : — Crois-tu donc, enfant, que cette menace insensée soit capable de m'effrayer? crois-tu que ta vie ait quelque valeur pour moi si, dans un emportement puéril, tu es prêt à la jeter de côté comme un jouet hors de service? Quels rapports y a-t-il entre toi et la femme du baron? qui t'a donné le droit, mon pauvre ami, de t'introduire, comme un fat importun, dans ce château où tu n'es bon à rien, et où tu ne fais pas un brillant personnage? veux-tu jouer le rôle de berger amoureux à l'heure sérieuse de la mort?

Je tombai anéanti dans un fauteuil. Au bout de quelque temps, le vieillard reprit d'une voix plus douce : — Et d'ailleurs, pour que tu le saches, le danger mortel de la baronne est complétement imaginaire. Mademoiselle Adélaïde s'épouvante de tout. Quand il lui tombe une goutte d'eau sur le nez, elle s'écrie : Quel temps affreux! Par malheur, les cris au feu ont réveillé les vieilles tantes, qui, poussant de lamentables plaintes, sont accourues avec des gouttes fortifiantes, des élixirs de vie, et je ne sais quoi de semblable; mais ce n'est qu'un fort évanouissement.

Le vieillard s'arrêta; il avait pu remarquer le combat intérieur qui me bouleversait. Il fit quelques pas en long et en large, se replaça ensuite devant moi, et ajouta en riant de bon cœur :

— Cousin, cousin, pourquoi persistes-tu à faire des folies? Je le vois bien, Satan agit en ces lieux de plusieurs manières. Tu t'es fourré aveuglément entre ses griffes, et il fait de toi sa curée.

Il continua sa promenade dans la chambre et reprit :

— Maintenant il ne faut plus songer à dormir; je propose de fumer une pipe, et d'employer ainsi les deux heures de nuit et d'obscurité qui nous restent.

A ces mots, le vieux justicier tira de l'armoire une pipe de terre, la bourra longuement et avec soin en fredonnant une chansonnette, choisit une feuille de papier entre plusieurs autres et la tortilla avec l'habileté d'un cordier qui tresse de la ficelle.

— Eh bien, cousin! dit-il après avoir allumé sa pipe et en faisant tourbillonner autour de lui d'épais nuages de fumée; eh bien, qu'est-il résulté de ton combat avec le loup?

Je ne sais quelle étrange influence eut sur moi le calme du vieillard. Je n'étais plus à Reusitten; la baronne était à cent lieues de moi, et je ne pouvais me transporter auprès d'elle que sur les ailes de la pensée.

La question finale de mon grand-oncle me blessa : — Mais, lui dis-je, vous trouvez donc mon aventure de chasse bien plaisante, pour y revenir sans cesse?

En aucune façon, monsieur mon cousin! repartit le vieillard; mais tu ne sais pas quelle figure comique tes pareils font dans le monde, et comme ils se rengorgent quand Dieu leur permet une fois de se distinguer par une action d'éclat. J'avais un ami d'université, homme tranquille, réfléchi, conséquent avec lui-même. Le hasard l'engagea dans une affaire d'honneur. Il avait jusqu'alors été assez heureux pour éviter les querelles, et la plupart des étudiants le considéraient comme un niais sans énergie; néanmoins il se conduisit avec tant de courage, de sang-froid et de résolution, qu'il mérita l'admiration générale. Mais à partir de ce jour un changement complet s'opéra en lui. De jeune homme studieux et prudent, il devint fanfaron et ferrailleur infatigable. Il s'emportait, cherchait querelle et se battait pour des enfantillages : enfin il fut tué en duel par le doyen d'une association, qu'il avait lâchement insulté. Je te raconte simplement ce fait, mon cher ami, penses-en ce que tu voudras; et maintenant, pour revenir à la baronne et à sa défaillance...

En ce moment des pas légers se firent entendre dans la salle; et il me sembla qu'un gémissement plaintif traversait l'air, et murmurait : Elle n'est plus. Cette pensée me frappa comme un coup de foudre. Le vieillard se leva à la hâte :

— Franz, Franz! cria-t-il.

— Oui, mon cher monsieur le justicier! répondit-on du dehors.

— Franz, reprit mon grand-oncle, arrange un peu le feu dans la cheminée, et, si c'est possible, apporte-nous une ou deux bonnes tasses de thé... Il fait diablement froid, ajouta-t-il en se tournant vers moi, et nous voulons aller causer près du foyer de la grande salle.

Le vieux justicier ouvrit la porte, et je le suivis machinalement.

— Comment cela va-t-il en bas? demanda-t-il.

— Ah! répondit Franz, il n'y a rien à dire; Sa Grâce madame la baronne a repris ses sens, et elle attribue cette légère syncope à un mauvais rêve!

Dans mon ravissement, j'étais prêt à pousser des cris de joie; un regard sévère du vieillard me contint.

— Au fait, dit-il, il vaut mieux consacrer quelques heures encore au sommeil. Franz, il est inutile de t'occuper du thé.

— A vos ordres, monsieur le justicier! répliqua Franz; et il quitta la chambre en nous souhaitant une bonne nuit, quoiqu'on entendît déjà les coqs chanter.

— Écoute, cousin, me dit mon grand-oncle en secouant sa pipe dans la cheminée, il est heureux qu'il ne te soit arrivé aucun malheur avec les loups et les arquebuses chargées.

Je compris le sens de ces paroles, et j'eus honte d'avoir fourni au vieillard l'occasion de me morigéner comme un enfant mal élevé.

IX.

— Aie la bonté, mon cher cousin, me dit le lendemain matin le vieillard, de descendre et de t'informer de la santé de la baronne. Il suffit d'interroger mademoiselle Adélaïde, qui te donnera un bulletin en règle.

On se figure aisément mon empressement. Mais au moment où j'allais frapper légèrement à la porte de l'antichambre de la baronne, je me trouvai inopinément en face de son mari.

Il demeura stupefait de me voir, et me jetant un regard sombre et pénétrant : — Que voulez-vous ici? dit-il.

Mon cœur battait avec violence; cependant je recueillis mes forces et répondis d'un ton ferme : — Je viens de la part de mon oncle savoir des nouvelles de sa gracieuse seigneurie.

— Oh ! ce n'était rien que ses attaques de nerfs ordinaires. Elle dort tranquillement, et je sais qu'elle est complétement remise et se propose de paraître à table ; dites cela... dites cela.

La vivacité passionnée avec laquelle le baron s'énonçait me donna lieu de croire qu'il était plus inquiet de l'état de la baronne qu'il ne voulait le laisser voir. Je me retournai pour m'éloigner, mais le baron me saisit brusquement par le bras : ses yeux étincelaient :

— J'ai à vous parler, jeune homme! me dit-il.

Voyant en lui l'époux gravement offensé, ne devais-je pas appréhender un entretien qui pouvait mal finir pour moi ? J'étais désarmé, mais je me souvins subitement d'un beau couteau de chasse que mon oncle m'avait donné en arrivant à Reusitten, et que je portais dans ma poche. Alors je suivis le baron, qui m'entraînait violemment, avec la ferme résolution de ne marchander la vie de personne si je devais courir quelque danger ou être traité d'une manière indigne de moi.

Nous étions arrivés dans la chambre du baron, qui ferma la porte en dedans. Il croisa les bras l'un sur l'autre, se promena quelques minutes, et finit par s'arrêter devant moi.

— J'ai à vous parler, jeune homme ! répéta-t-il.

Le courage le plus déterminé m'était revenu, et je répondis d'un ton arrogant :

— J'espère entendre ce que vous avez à me dire sans être obligé de vous en demander raison.

Le baron me contempla avec surprise, comme s'il ne m'eût point compris. Son regard s'assombrit ; il baissa les yeux, et, les bras derrière le dos, se mit à arpenter la chambre de long en large. Il décrocha une arquebuse suspendue au mur, et y fit entrer la baguette comme pour savoir si elle était chargée. Le sang fermentait dans mes veines; je saisis la poignée de mon couteau, et m'approchai du baron pour l'empêcher de m'ajuster.

— Voici une belle arme, dit le baron en replaçant l'arquebuse dans un coin.

Je fis quelques pas en arrière, et le baron s'avança ; puis, me frappant sur l'épaule avec assez de force :

— Théodore, dit-il, je dois vous paraître troublé et hors de moi ; je le suis réellement, et c'est l'effet des nombreuses alarmes de cette nuit d'insomnie. L'attaque de nerfs de ma femme n'avait absolument rien de dangereux, je le vois; mais ici, dans ce château, où règne une sinistre influence, le moindre incident m'épouvante. En outre, c'est la première fois qu'elle est malade en ce lieu. C'est vous, c'est vous seul qui en êtes la cause.

— Comment est-ce possible, je ne m'en doute pas! répondis-je tranquillement.

— Oh! reprit le baron, que cette maudite caisse de l'intendante ne s'est-elle brisée en mille morceaux sur la glace! Que n'êtes-vous vous-même... Mais non, non, il en devait être ainsi, et je suis seul la cause de tout le mal. Dès l'instant où vous êtes allé faire de la musique dans la chambre de ma femme, j'aurais dû vous apprendre l'état des choses et la disposition d'esprit de la baronne.

Je fis mine de vouloir parler.

— Laissez-moi dire, s'écria le baron; je dois vous éviter d'avance tout jugement précipité. Vous me prenez pour un homme rude et ennemi des arts. Je ne le suis nullement; mais des motifs basés sur sur une conviction profonde m'ont déterminé à refuser accès en ces lieux à cette musique qui s'empare de toutes les âmes, et même de la mienne. Apprenez que ma femme souffre d'une irritabilité nerveuse, qui doit à la longue lui interdire tous les plaisirs de la vie. Dans ce bizarre manoir elle ne cesse pas d'être en proie à cette surexcitation maladive, qui ailleurs n'est qu'intermittente, et un semblable état précède souvent une grave maladie. Vous me demanderez avec raison pourquoi je ne dispense pas une femme délicate de cette triste habitation, de cette vie de chasse sauvage et agitée? Vous m'accuserez de faiblesse; mais, quoi qu'il en soit, il n'est pas en mon pouvoir de la laisser seule loin de moi. Je serais accablé de mille tourments et incapable d'aucune occupation sérieuse; car, je le sais, ce n'est point au milieu des bois, ce n'est point dans la salle d'audience que je parviendrais à écarter les images horribles qui ne manqueraient pas de m'assaillir. Je crois d'ailleurs que ce genre de vie doit agir sur cette femme débile comme un bain fortifiant. Le vent de la mer, qui mugit à travers les pins, les sourds aboiements des dogues, le bruit retentissant des cors, voilà les accords qui conviennent vraiment à Reusitten; mais loin d'ici les sons mesquins, fades et efféminés du piano, dont aucun homme ne devrait jamais jouer!

Et pourtant, ajouta-t-il d'une voix plus tonnante et avec un regard farouche, vous avez fait subir à ma femme un supplice méthodique, un supplice dont la mort peut être le terme.

Le sang me monta à la tête; je voulus parler, mais il ne m'en laissa pas le temps.

— Je vois ce que vous voulez dire, reprit-il; je sais aussi, je vous le répète, que vous étiez en chemin de tuer ma femme, et que je ne puis cependant vous en blâmer, quoique vous compreniez qu'il est de mon devoir de m'y opposer. Bref, vous avez exalté l'esprit de ma femme par la musique et le chant; et quand elle a flotté sans soutien et sans gouvernail sur la mer immense des visions et des rêveries, vous l'avez précipitée dans l'abîme en lui racontant une affreuse apparition qui s'est présentée à vous dans la salle d'audience. Votre grand-oncle m'en a dit tous les détails; mais, je vous en prie, répétez-moi encore ce que vous avez vu ou cru voir, ce que vous avez entendu, senti, présumé.

Je pris courage, et lui fis tranquillement la relation de mon aventure depuis le commencement jusqu'à la fin. De temps à autre il laissait échapper des mots isolés qui exprimaient sa stupeur. Lorsque j'en vins à raconter comment le vieux justicier avait pieusement et courageusement conjuré le spectre, et l'avait chassé par ses paroles énergiques, il leva les mains au ciel.

— Oui, s'écria-t-il avec enthousiasme, c'est le génie tutélaire de la famille! sa dépouille mortelle mérite de reposer dans le caveau de mes aïeux!

J'avais terminé mon récit.

— Daniel, Daniel, que fais-tu ici à cette heure? murmurait le baron les bras toujours croisés derrière le dos et continuant à parcourir la chambre.

— C'est là tout ce que vous désiriez savoir, monsieur le baron? demandai-je à haute voix et faisant mine de me retirer.

Le baron sembla sortir d'un songe, et me prit amicalement par la main.

— Oui, mon cher ami! dit-il, puisque vous avez sans le vouloir exposé ma femme à un bien grand péril, c'est à vous de la guérir; vous seul le pouvez.

Je me sentis rougir, et si j'avais été devant une glace, j'y aurais vu certainement une figure niaise et bouleversée. Le baron paraissait jouir de ma confusion, et me regardait en face avec un insupportable sourire d'ironie.

— Comment, seul entre tous, suis-je capable d'effectuer cette cure? dis-je enfin en bégayant.

— Rien de plus simple, reprit le baron; vous n'avez pas affaire à une patiente difficile à traiter. Je mets formellement votre talent en réquisition. La baronne est maintenant captivée par le charme de la musique, et chercher à rompre l'enchantement par la force serait une entreprise cruelle et insensée. Continuez à faire de la musique; vous serez toujours le bienvenu le soir dans la chambre de ma femme; mais lancez-vous par degrés dans des accents plus énergiques, passez habilement du plaisant au sérieux; surtout ayez soin de répéter souvent le récit de l'affreuse apparition. La baronne s'y habituera; elle oubliera le spectre qui hante notre demeure, et cette aventure ne lui sera pas plus pénible à entendre que tout autre conte de sorciers qu'elle eût pu lire avec plaisir dans un roman ou dans un recueil d'histoires de revenants. Agissez au gré de mes désirs, mon cher ami!

Le baron me congédia ainsi. Je partis; j'étais accablé, rabaissé au rôle d'un enfant sans raison et sans conséquense. Insensé, qui croyais que la jalousie pouvait régner dans le cœur de ce mari! Il m'envoie lui-même à Séraphine, il ne voit en moi qu'un instrument privé de volonté qu'il emploie et rejette comme il lui plait! Quelques minutes auparavant je craignais le baron, le remords d'une faute tourmentait ma conscience; mais cette faute même me faisait trouver de nouveaux charmes à l'existence. Maintenant tous mes songes étaient ensevelis dans une nuit profonde; et je ne voyais plus en moi qu'un bambin ridicule, qui, dans son illusion puérile, avait pris pour de l'or pur la couronne de papier dont il parait sa tête.

Je me rendis auprès du vieux justicier, qui m'attendait.

— Eh bien! cousin, d'où viens-tu, d'où viens-tu donc? me criat-il de loin.

— J'ai eu une conversation avec le baron, répondis-je précipitamment et à voix basse sans oser regarder le vieillard.

— Sacristie! dit-il en feignant la surprise; je l'aurais parié! Le baron t'a provoqué; pauvre cousin!.

Le violent éclat de rire auquel se livra mon grand-oncle me prouva que, cette fois comme toujours, il m'avait deviné complétement.

J'étais sur les épines, je ne pus répondre un seul mot; car je vis bien que c'eût été pour le vieillard l'occasion de mille railleries, qui erraient déjà sur ses lèvres.

X.

La baronne parut à table dans un déshabillé élégant, dont la blancheur surpassait celle de la neige fraîchement tombée. Elle paraissait faible et abattue; mais lorsqu'en parlant d'une voix légère et mélodieuse, elle eut levé ses yeux noirs, le feu d'un vague désir augmenta l'animation de son visage, et une rougeur passagère glissa sur son teint de lis. Elle était plus belle que jamais.

Qui peut calculer le degré de folie d'un jeune homme dont le sang ardent et rapide se porte à la tête et au cœur? L'amer ressentiment que le baron avait excité en moi se reporta sur la baronne. Tout me semblait une odieuse mystification, et je voulais prouver que je n'en étais nullement la dupe. Comme un enfant qui boude, j'évitai la baronne et je résistai aux agaceries de mademoiselle Adélaïde. Ce fut avec joie que je pris place tout au bout de la table, entre les deux officiers, avec lesquels je me mis à chopiner théologalement.

Au dessert, nous choquâmes nos verres à plusieurs reprises; et, comme c'est l'ordinaire dans une disposition d'esprit semblable à la mienne, je me montrai bruyant et d'une gaieté peu commune.

Un domestique me présente une assiette sur laquelle sont quelques friandises en me disant :

— De la part de mademoiselle Adélaïde.

Je la prends, et remarque bientôt ces mots écrits au crayon sur un bonbon : « Et Séraphine? » Mon sang bout dans mes veines; je me tourne vers Adélaïde; je la vois m'observer avec une malicieuse finesse; elle lève son verre et me salue par une légère inclination de tête. Presque involontairement je murmure tout bas le nom de Séraphine, je prends mon verre et le vide d'un seul trait.

Mon regard errait çà et là; je remarquai qu'elle avait bu en même temps que moi, et qu'elle replaçait son verre sur la table. Ses yeux rencontrèrent les miens, et un démon cruel et railleur me chuchota à l'oreille :

— Malheureux! elle t'aime pourtant!

Un des convives se leva et proposa, selon l'usage du Nord, la santé de la maîtresse de la maison; les verres s'entre-heurtèrent avec un joyeux cliquetis; la douleur et le plaisir se disputaient mon cœur; les fumées du vin m'animaient; tout pirouettait autour de moi; j'allais, devant tous les yeux, me précipiter à ses pieds, exhaler ma vie dans un soupir...

— Qu'avez-vous, mon cher ami?

Cette demande de mon voisin me rendit à la raison; mais Séraphine avait disparu.

La table était desservie; je voulais m'éloigner. Adélaïde me retint de force, et me parla de choses et d'autres; je n'entendis, je ne compris pas un seul mot. Elle me prit par les deux mains, et me cria en riant quelques paroles à l'oreille. Comme frappé de catalepsie, je demeurai sans mouvement et sans voix. Tout ce que je me rappelle, c'est que je pris machinalement un verre de liqueur des mains d'Adélaïde, que je le bus, que je m'appuyai sur une fenêtre, que je me précipitai hors de la salle, que je descendis et que j'entrai dans le bois.

La neige tombait par épais flocons; les pins soupiraient courbés par la tourmente; j'errais comme un fou en décrivant de grands cercles; je riais, je criais d'un ton sauvage : — Voyez, voyez, comme le diable fait sauter l'enfant qui voulait manger du fruit défendu!

Qui sait jusqu'à quel point eût été ma folie si je ne m'étais entendu appeler à haute voix par mon nom? Le temps s'était radouci, la lune brillait dans tout son éclat à travers les déchirures des nuages; j'entendis aboyer des dogues, et j'aperçus une sombre figure qui s'approchait de moi. C'était le vieux garde-chasse.

— Ohé! mon cher monsieur Théodore, cria-t-il, comment donc vous êtes-vous égaré au milieu de ces tourbillons de neige? Monsieur le justicier vous attend avec beaucoup d'impatience.

Je suivis sans répondre le vieux domestique. Je trouvai mon grand-oncle travaillant dans la salle d'audience.

— Tu as bien fait, me dit-il de loin, tu as très-bien fait de prendre un peu l'air pour te remettre convenablement. Ne bois plus tant de vin, tu es encore trop jeune pour le faire; cela ne vaut rien.

Je ne prononçai pas un mot, et m'assis à mon bureau.

— Mais, dis-moi, cher cousin, que te voulait donc le baron?

Je lui racontai tout notre entretien, et conclus en disant que je ne voulais pas me charger de cette guérison incertaine, dont le baron m'avait confié le soin.

Mon grand-oncle m'interrompit : — En tout cas, cher cousin, c'est un soin qu'il te serait difficile de prendre, car nous partons demain à la pointe du jour.

C'est ce qui arriva, et je ne revis plus Séraphine!

XI.

A peine arrivé à Kœnigsberg, mon grand-oncle se plaignit de se sentir incommodé plus gravement que jamais par les fatigues du voyage. Son humeur devint sombre; sa gaieté se perdit; il se montra taciturne et quinteux; ses attaques de goutte le reprirent avec violence.

Un jour je fus appelé à l'improviste, et trouvai le vieux justicier, frappé d'une attaque d'apoplexie, étendu sur son lit, muet et tenant dans sa main crispée une lettre qu'il froissait. Je reconnus l'écriture de l'administrateur de Reusitten; mais, plongé dans une douleur profonde, je n'eus pas le courage d'arracher la lettre au vieillard, dont j'appréhendais la mort prochaine. Cependant, avant l'arrivée du médecin, le pouls battit de nouveau, et la constitution prodigieusement robuste du sexagénaire le sauva sans le secours de la science.

L'hiver fut plus rigoureux que jamais; un printemps rude et brumeux lui succéda, et cette circonstance, aussi bien que la goutte, irritée par l'inclémence de l'air, retinrent longtemps mon grand-oncle sur son lit de douleur.

A cette époque il résolut de renoncer complétement aux affaires. Il remit à un autre sa charge de justicier, et je perdis ainsi tout espoir de retourner jamais à Reusitten.

Le vieillard n'avait pas d'autre garde-malade que moi; c'était avec moi seul qu'il s'entretenait et qu'il recouvrait son enjouement primitif. Aux heures où ses souffrances lui laissaient quelque relâche, quand il était redevenu tel qu'autrefois, il ne m'épargnait pas les plaisanteries mordantes, il contait même des histoires de chasse, et je m'attendais à chaque instant à lui voir faire allusion à mon combat avec le loup; mais jamais, en aucune occasion, il ne me parla de notre séjour à Reusitten.

On présume bien que, naturellement timide, je n'osais amener là-dessus la conversation. Mes amères inquiétudes, mes devoirs pénibles, mes soins pour le vieillard, absorbaient toutes mes pensées, et l'image de Séraphine n'était plus en première ligne à mes yeux. Mais, à mesure que la maladie du vieillard prit un caractère moins dangereux, je me retraçai plus vivement ce moment passé dans la chambre de la baronne, qui m'apparaissait comme un astre brillant à jamais descendu pour moi sous l'horizon. Un incident réveilla toutes mes douleurs assoupies, et, comme une apparition de l'autre monde, me pénétra d'un frisson glacé.

Un soir, en ouvrant le portefeuille que je portais à Reusitten, je vis tomber du milieu des papiers qu'il contenait une boucle de cheveux noirs nouée avec un ruban blanc, et je reconnus aussitôt ces cheveux pour ceux de Séraphine; mais, en examinant le ruban de près, j'y vis distinctement une tache de sang!

Peut-être, dans ce moment de délire où j'avais perdu connaissance, la veille de mon départ, Adélaïde m'avait-elle remis ce gage de souvenir; mais pourquoi cette goutte de sang, qui donnait lieu de pressentir d'affreux événements? pourquoi m'avait-on fait ce présent presque trop pastoral, dans le but de me rappeler une passion qui aurait pu me coûter la vie? C'était ce ruban blanc que j'avais senti flotter et se jouer sur mon épaule la première fois que je m'étais approché de Séraphine, et maintenant il me semblait un présage de mort. L'enfant ne doit pas jouer avec l'arme dont il ne peut calculer le danger.

Enfin les giboulées du printemps avaient cessé; l'été avait pris son cours, et la chaleur du mois de juillet était non moins insupportable que le froid des mois d'hiver. Le vieillard se fortifiait à vue d'œil, et, comme il avait coutume de le faire, il alla loger dans son jardin du faubourg.

Par une tiède et calme soirée, nous étions assis sous un odorant berceau de jasmin; le vieillard était d'une gaieté inaccoutumée, et son ironie sarcastique était remplacée par une humeur douce qui allait presque jusqu'à l'attendrissement.

— Cousin, me dit-il, je ne sais comment je suis aujourd'hui; je sens un singulier bien-être, tel que je n'en ai point éprouvé depuis plusieurs années; une chaleur électrique a réchauffé mes membres engourdis; je crois que c'est un symptôme avant-coureur de ma mort prochaine.

J'essayai d'écarter cette sombre pensée.

— N'en parlons plus, cousin, continua-t-il, je n'ai plus longtemps à rester ici-bas et je veux m'acquitter d'une dette envers toi. Penses-tu encore à l'automne que nous avons passé à Rensitten?

J'étais loin de m'attendre à cette question, qui me frappa comme un éclair; mais sans me donner le temps de répondre, il reprit : — Le ciel l'a voulu; un hasard tout particulier t'a amené dans cette maison, et involontairement tu as été initié à ses plus profonds mystères. Il est temps de te les révéler complétement. Nous avons parlé assez souvent, cousin, de ces choses que l'on pressent, que l'on devine sans les comprendre. La nature, dit-on, reproduit dans ses révolutions annuelles le cycle de la vie humaine; mais moi, je trouve entre les saisons et notre existence un autre point de comparaison. Les brouillards du printemps s'abaissent, les exhalaisons de l'été s'évaporent, et c'est à travers l'atmosphère de l'automne qu'on peut distinguer clairement les paysages lointains que vient obscurcir la nuit sombre de l'hiver. Ainsi, selon moi, c'est à l'esprit du vieillard que les objets apparaissent plus nets et plus distincts. Son regard pénètre jusque dans la terre promise, où nous conduit la mort au terme de notre pèlerinage. Je l'éprouve en ce moment. L'obscure destinée de cette famille, à laquelle je suis attaché par des liens plus forts que ceux de la parenté, s'éclaircit et se dévoile aux yeux de mon esprit. Mais si je ne puis énoncer par des paroles les événements que je vois si nettement, que j'envisage sous toutes leurs faces et dans leur ensemble, aucune langue humaine ne sera capable de le faire. Écoute, mon fils, ce que je puis te présenter comme une histoire digne d'attention. Interroge ta conscience, et reconnais que les mystères auxquels tu avais pris part, non point peut-être sans y avoir été appelé, étaient susceptibles de te perdre! mais ce sont des faits accomplis!...

L'histoire du majorat de Reusch, que me raconta le vieillard, me fit une impression si profonde que je crois pouvoir la répéter en conservant ses propres expressions. Il parlait de lui-même à la troisième personne.

XII.

Par une orageuse nuit d'automne de l'année 1760, un horrible fracas réveilla d'un profond sommeil les habitants de Reusitten. On eût dit que le château venait de s'écrouler et de se briser en mille morceaux.

Aussitôt tout le monde fut sur pied, on alluma les flambeaux; la figure pâle d'épouvante et d'inquiétude, l'intendant accourut avec ses clefs. Mais on fut assez surpris de parcourir toutes les chambres, toutes les salles au milieu d'un profond silence, qui n'était interrompu que par le bruit des clefs dans les serrures. On ne trouva nulle part la moindre trace de bouleversement.

L'intendant se dirigea vers la grande salle des chevaliers. A cette salle communiquait un cabinet où le baron Roderich de Reusch se retirait pour se reposer quand il s'était occupé d'observations astronomiques.

Entre la porte de ce cabinet et celle d'un autre, se trouvait une troisième porte qui menait par un escalier étroit au sommet de l'observatoire. Mais dès que Daniel (ainsi se nommait l'intendant) eut ouvert cette troisième porte, des gravois et des pierres détachés du mur furent poussés vers lui par la tempête avec des hurlements et des sifflements épouvantables. Daniel recula saisi d'effroi; il laissa tomber à terre le flambeau qu'il tenait.

— Seigneur Dieu! s'écria-t-il; le baron a péri malheureusement écrasé!

Au même instant, des lamentations se firent entendre dans le cabinet où sommeillait ordinairement le baron. Daniel y vit les autres domestiques assemblés autour du cadavre de leur maître. On le trouva habillé complétement et plus richement que jamais, le visage serein et conservant une majesté tranquille; il était assis dans son grand fauteuil magnifiquement orné, comme se reposant d'un pénible travail. Mais c'était la mort au sein de laquelle il se reposait.

Quand le jour fut venu, on reconnut que le sommet de la tour s'était affaissé. De grosses pierres de taille avaient traversé le plafond et le plancher de la chambre destinée aux observations. D'énormes poutres, dont la chute augmentait la pesanteur, avaient percé les voûtes intérieures, et renversé une partie du mur du château et de l'étroit couloir. On ne pouvait faire un pas hors de la porte de la salle sans être en danger de se jeter dans un abîme profond d'environ quatre-vingts pieds.

Le vieux baron avait prévu l'heure de sa mort, et en avait averti son fils. Wolgang, baron de Reusch, fils aîné du défunt et possesseur du majorat, arriva donc le jour suivant. Ne doutant point de la réalisation des pressentiments de son vieux père, aussitôt après la réception de sa lettre il avait quitté Vienne, où il résidait, et s'était rendu à Reusitten avec toute la célérité possible.

L'intendant avait fait décorer la grande salle de draperies noires, et placer le vieux baron, revêtu des habits qu'il portait lorsqu'on l'avait trouvé mort, sur un magnifique lit de parade environné de grands chandeliers d'argent où des cierges brûlaient.

Wolfgang monta l'escalier en silence, entra dans la salle et s'approcha du corps de son père. Là il resta les bras croisés sur la poitrine, sombre et immobile, les sourcils froncés, à contempler la blanche figure du vieillard ; on eût dit une statue ; aucune larme ne vint mouiller ses yeux. Enfin, par un mouvement presque convulsif, étendant le bras droit vers le cadavre :

— Les astres, murmura-t-il d'une voix sourde, t'avaient-ils ordonné de rendre malheureux un fils que tu aimais ?

Il abaissa la main, se recula d'un pas, jeta les yeux au ciel, et dit d'une voix faible et presque attendrie :

— Pauvre vieillard trompé ! ta vie a été comme un carnaval ; il est passé maintenant avec ses amusements frivoles ! Tu peux reconnaître à présent que les mesquines occupations d'ici-bas n'ont rien de commun avec le cours des astres. Quelle volonté, quelle puissance est capable de résister au trépas ?

Le jeune baron se tut encore pendant quelques secondes :

— Non, reprit-il brusquement, ton entêtement ne me volera pas une drachme de mon bonheur terrestre, dont tu prétendais me priver.

A ces mots, il tira de sa poche un papier plié, le prit entre deux doigts, et le mit au-dessus de la lumière d'un cierge. Le papier, consumé par le cierge, fut bientôt réduit en cendres. Le reflet de la flamme erra sur le visage du cadavre ; les muscles de sa face semblèrent se contracter, et l'on eût dit que sa bouche s'entr'ouvrait pour prononcer des sons inarticulés. Les domestiques qui se tenaient debout alentour furent saisis d'une horreur profonde. Wolfgang acheva tranquillement son œuvre, et broya sous ses pieds les débris du papier qui tombaient allumés sur le parquet. Puis il jeta sur son père mort un regard sinistre, et sortit de la salle à pas précipités.

Le lendemain, Daniel instruisit Wolfgang des circonstances de l'éboulement de la tour, et entra dans de longs détails sur la nuit pendant laquelle était mort le vieux seigneur. Il finit par dire qu'il était urgent de faire réparer la tour, dont les ruines s'accumulaient chaque jour, et mettaient le château en danger sinon d'être détruit, du moins fortement dégradé.

— Réparer la tour ! dit le baron au vieux serviteur, les yeux étincelants de colère ; réparer la tour... jamais ! Ne vois-tu pas, vieillard, ajouta-t-il d'un ton plus rassis, que cette tour n'a pu s'écrouler sans cause ? C'est mon père lui-même qui a dirigé la destruction de ce lieu où il se livrait à ses malheureuses opérations d'astrologie ; c'est lui-même qui a pris certaines mesures pour faire crouler à son gré le sommet de cette tour, pour en bouleverser l'intérieur. Mais qu'il en soit ce qu'il voudra ; que tout le château s'abîme, je ne m'en plaindrai point. Croit-on que je veuille habiter cet effroyable nid de hiboux ? Non, le sage aïeul qui a posé dans la belle vallée les fondements d'un nouveau château m'a donné une leçon dont je veux profiter.

— Ainsi donc, reprit Daniel à demi-voix, les vieux et fidèles serviteurs doivent prendre en main le bâton de voyage.

— Sans doute, répondit le baron, je n'ai que faire d'inutiles vieillards à têtes branlantes; cela s'entend, mais je n'abandonnerai personne. Vous aurez, sans vous donner de mal, assez de pain pour satisfaire votre appétit.

— Moi, s'écria le vieillard avec l'accent de la douleur, moi l'intendant, me voilà mis à la retraite ?

Le baron lui avait tourné le dos et était près de quitter la salle ; mais à ces mots il se retourna, le visage rouge de colère, montra le poing, s'avança vers Daniel, et s'écria d'une voix tonnante :

— C'est toi, vieux tartufe, qui aidais là-haut mon père à ses abominables manœuvres; c'est toi qui, comme un vampire, gardais son cœur, et as peut-être profité de la folie du vieillard pour l'entraîner dans les infernales machinations qui m'ont amené moi-même sur le bord de la fosse! Je devrais te chasser comme un chien galeux...

Le vieillard, épouvanté par ces paroles, tomba sur les deux genoux à côté du baron; celui-ci, peut-être involontairement, et par l'effet de l'action mécanique qui souvent, dans la colère, fait agir le corps de concert avec la pensée, avança le pied droit en prononçant les derniers mots, et frappa rudement le vieillard à la poitrine. Daniel poussa un gémissement sourd, et tomba. Il ne se releva qu'avec peine, fit entendre un cri singulier, semblable au hurlement plaintif d'un animal blessé à mort, et lança au jeune baron un regard où se peignaient la fureur et le désespoir.

Wolfgang, en s'éloignant, lui jeta une bourse pleine d'or; mais Daniel ne la ramassa pas.

XIII.

Cependant les plus proches parents de la maison de Reusch, qui se trouvaient dans les environs, s'étaient rassemblés à la hâte, et le défunt fut inhumé avec beaucoup de pompe dans le caveau de la famille, situé dans l'église de Reusitten.

Lorsque tous ces visiteurs furent retournés chez eux, le nouveau titulaire du majorat parut sortir de ses sombres rêveries pour jouir de la fortune qui lui était survenue. Il examina attentivement les comptes des revenus du majorat, de concert avec Vincenz, justicier du défunt, auquel, dès la première entrevue, il accorda toute sa confiance. Il calcula les dépenses qu'exigeaient les réparations à faire à l'ancien manoir et la construction d'un nouveau. Vincenz pensait qu'il était impossible que le vieux baron eût dépensé ses revenus annuels; son portefeuille ne contenait qu'un capital de peu de valeur en billets de banque, et l'on n'avait trouvé dans la caisse qu'une somme de mille écus. Il fallait donc qu'il y eût de l'or caché quelque part. Qui pouvait le savoir, si ce n'est Daniel? Mais celui-ci, avec son caractère opiniâtre et quinteux, attendrait peut-être qu'on l'interrogeât.

Wolfgang n'était pas sans alarmes. Il craignait que Daniel, maltraité par lui, refusât de donner des explications, non par cupidité, car une grosse somme d'argent était inutile à un vieillard sans enfants, qui ne songeait qu'à finir ses jours à Reusitten; mais, pour se venger du traitement qu'on lui avait fait subir, il était possible que l'intendant eût résolu de ne point découvrir les trésors enfouis.

Wolfgang raconta à Vincenz ce qui s'était passé entre Daniel et lui : — Plusieurs renseignements que j'ai reçus, dit-il en terminant, me font présumer que Daniel seul a inspiré à mon père cet éloignement qu'il a toujours manifesté pour ses fils, bannis par lui de Reusitten.

Le justicier trouva cette supposition dénuée de vraisemblance.

— Aucun être, au monde, dit-il, n'a été à même d'exercer la moindre influence sur les résolutions du vieux baron, et encore moins de lui dicter une détermination. Mais dans le cas où il y aurait un trésor caché dans un coin du château, je me charge de questionner Daniel, et de lui arracher son secret.

Il n'eut pas de peine à l'obtenir; car dès qu'il lui eut dit : — Mais comment se fait-il, Daniel, que le vieux seigneur ait laissé si peu d'espèces? Daniel s'empressa de répondre :

— Parlez-vous de ces misérables écus que vous avez trouvés dans la petite caisse, monsieur le justicier? Le reste est dans le caveau qui est près du cabinet de repos de notre gracieux seigneur. Mais ce qu'il y a de mieux, ce sont des milliers de pièces d'or ensevelies sous les gravois.

Lorsque Daniel ajouta cette dernière phrase, son sourire se changea en effroyable grincement et un feu sanglant brilla dans ses yeux.

Le justicier appela sur-le-champ le baron, et l'on se rendit dans le cabinet de repos. Daniel enleva lui-même un panneau de la boiserie, et l'on aperçut une serrure; pendant que Wolfgang dévorait cette serrure des yeux, et y essayait différentes clefs réunies dans un grand anneau, et qu'il avait tirées de sa poche avec grand bruit, Daniel, pâle comme la mort, se tenait la tête levée, et abaissait sur le baron un regard plein de malice et d'arrogance. Wolfgang s'était accroupi, pour mieux voir la serrure.

— Très-gracieux baron, dit l'intendant d'une voix étouffée, si je suis un chien, on trouve aussi en moi la fidélité d'un chien.

A ces mots, il tendit à Wolfgang une clef, propre et polie, que celui-ci lui arracha des mains avec la précipitation que donne un désir ardent.

La porte s'ouvrit après un léger effort. On entra dans un caveau, petit et peu élevé, au milieu duquel se trouvait un grand coffre de fer dont le couvercle était ouvert. Il contenait un grand nombre de sacs pleins d'or, et un billet qu'on reconnaissait aisément pour être de la main du défunt. Voici ce qu'il avait écrit en gros caractères anciens :

« Il y a ici cent cinquante mille risdales en vieux frédérics d'or, épargnées sur les revenus des biens du majorat de Reusitten. Cette somme est destinée à la construction du château. Le titulaire du majorat, mon successeur, doit, en outre, avec cet argent, faire construire sur la colline la plus élevée à l'ouest, au lieu de la vieille tour qu'il trouvera détruite, un phare pour guider les navigateurs, où l'on entretiendra du feu toute la nuit.

» Fait à Reusitten, dans la nuit de la Saint-Michel de l'an 1760.

» RODERICH, baron de REUSCH. »

Wolfgand souleva les sacs l'un après l'autre, et les laissa retomber dans la caisse, s'épanouissant aux joyeux cliquetis de l'or, puis il se retourna vers le vieil intendant, le remercia de sa loyauté, et attribua sa mauvaise humeur à de mensongères calomnies. Non-seulement Daniel demeurerait au château, mais il continuerait à exercer sa charge, et ses gages seraient doublés.

— Je te dois une réparation complète, ajouta le baron : veux-tu de l'or ? prends l'un de ces sacs.

Et baissant de nouveau les yeux, se plaçant devant le vieillard, il étendit la main vers le coffre, et lui montra les sacs amoncelés.

La figure de l'intendant se colora soudain ; il fit entendre une seconde fois ce sinistre hurlement de bête fauve dont le baron avait parlé au justicier. Celui-ci frémit d'horreur, car les mots que Daniel murmura entre ses dents lui parurent être ceux-ci : — Je veux du sang, et non de l'or.

Wolfgang, plongé dans la contemplation du trésor, n'avait remarqué ni l'émotion ni les paroles du vieux domestique. Daniel, dans une agitation fiévreuse et convulsive, qui faisait trembler tous ses membres, baissa la tête et prit une humble attitude ; il s'approcha du baron, lui baisa la main, et parla d'une voix dolente, en passant son mouchoir sur ses yeux, comme s'il eût voulu essuyer ses larmes :

— Cher et gracieux seigneur, dit-il, a-t-on besoin d'or quand on a des cheveux gris, quand on est cassé, pauvre et sans enfants? Pourtant j'accepte avec plaisir le double de mes gages, et je veux remplir ma tâche avec activité, et sans jamais m'écarter de mes devoirs.

Le baron, qui n'avait point prêté l'oreille aux paroles de Daniel, laissa retomber le pesant couvercle, dont le bruit ébranla tout le caveau.

—C'est bien, c'est bien, vieillard, dit-il en fermant le coffre et en retirant la précieuse clef : mais, reprit-il après être rentré dans la salle, tu as parlé de milliers de pièces d'or qui doivent être cachées sous les décombres de la tour.

Daniel marcha en silence vers la porte de la tour détruite, et l'ouvrit avec effort. Mais dès qu'il en eut écarté les battants, le vent en s'engouffrant dans la salle y fit pleuvoir d'épais tourbillons de neige; un corbeau passa près du groupe en croassant, battit les fenêtres de ses ailes noires, et sortant par où il était entré, s'enfonça dans le précipice.

Wolfgang fit un pas dans le corridor et regarda les ruines.

— Quelle profondeur! dit-il, quel affreux spectacle! J'ai le vertige...

En prononçant ces paroles entrecoupées, il tomba presque sans connaissance dans les bras du justicier. Mais il reprit bientôt ses sens, et jetant sur Daniel un regard scrutateur :

— C'est donc là? dit-il.

Le vieillard avait déjà refermé la porte, et, soufflant et haletant, il employait toutes ses forces à retirer la grosse clef de la serrure rouillée. Il y réussit enfin, se retourna vers le baron, et dit avec un sourire étrange, en agitant les clefs dans sa main : — Oui, là sont des milliers de trésors... Tous les beaux instruments du défunt seigneur, ses télescopes, quarts de cercle, globes, réflecteurs, tout est pêle-mêle sous les ruines entre les solives et les pierres.

— Mais le numéraire! le numéraire! répéta le baron; vieillard, tu as parlé de nombreuses pièces d'or.

— Je voulais dire seulement, reprit l'intendant, que ces objets avaient coûté de nombreuses pièces d'or.

Il fut impossible d'en savoir davantage.

Wolfgang se montra charmé d'avoir enfin les moyens d'exécuter son plan favori, c'est-à-dire de pouvoir bâtir un nouveau et magnifique château. Le justicier pensait que la volonté exprimée par le défunt n'avait rapport qu'aux réparations et à l'achèvement complet du vieux château, et que d'ailleurs cette construction nouvelle égalerait difficilement l'ancienne demeure de la famille, remarquable par sa grandeur, par sa majesté, par son caractère simple et sévère; mais le jeune baron persista dans sa résolution, et fut d'avis que les volontés dernières du défunt devaient être considérées comme non avenues dans une circonstance que ne prévoyait pas la charte de fondation du majorat. Il donna toutefois à entendre que son intention était d'embellir la résidence de Reusitten, autant que le permettaient le climat, le terrain et les environs; il songeait à y revenir sous peu pour y installer en qualité d'épouse une femme bien-aimée, digne sous tous les rapports des plus grands sacrifices.

La manière mystérieuse dont le baron s'était exprimé sur un mariage qui peut-être était déjà conclu en secret interdisait au justicier toute question ultérieure; mais il fut tranquillisé par la détermination de Wolfgand. Si celui-ci montrait une soif si vive des richesses, c'était sans doute afin de se mettre à même de faire entièrement oublier à une personne bien-aimée la patrie qu'elle allait quitter pour un plus triste séjour. La seule avarice ne le dominait pas. Le baron devait cependant paraître à Vincens très-avare, ou du moins d'une insatiable avidité; car, gorgé de richesses, maniant chaque jour ses vieux frédérics d'or, il ne pouvait s'empêcher de dire d'un ton chagrin :

— Le vieux scélérat nous a certainement caché les plus riches trésors; mais, au printemps prochain, je ferai faire dans la tour des fouilles que je dirigerai moi-même.

XIV.

Des architectes arrivèrent, et eurent des discussions fort étendues avec Wolfgang sur les meilleurs plans à suivre. Il en rejeta successivement plusieurs; aucune architecture ne lui paraissait assez riche, assez grandiose. Enfin il songea à dessiner lui-même un projet d'édifice; et, livré à cette occupation, qui lui mettait sans cesse devant les yeux l'image du plus heureux avenir, il manifesta une gaieté dont les transports allaient souvent jusqu'au délire, et qu'il savait faire partager à tous. Sa libéralité, le faste de ses réceptions ne permettaient aucunement de l'accuser d'avarice.

Daniel semblait avoir oublié le traitement injurieux qu'il avait subi; il témoignait à Wolfgang de la déférence et de la soumission, bien que celui-ci, préoccupé de la pensée du trésor caché, le poursuivît souvent de regards de méfiance. Mais ce qui étonnait tout le monde, c'est que le vieillard semblait rajeunir de jour en jour. La profonde douleur dans laquelle l'avait plongé la mort de son vieux maître commençait-elle à se dissiper? L'amélioration de sa santé provenait-elle de ce qu'il ne passait plus sur la tour de froides nuits sans sommeil, de ce qu'il avait meilleure table et bon vin? Quelle que fût la cause de sa résurrection imprévue, le vieillard se transformait en homme robuste; son teint était coloré, son corps bien nourri, sa démarche assurée, et il riait aux éclats toutes les fois qu'on lui en fournissait l'occasion.

La vie joyeuse qu'on menait à Reusitten fut troublée par l'arrivée d'un homme qu'on aurait pu croire appelé à la partager. C'était Hubert, frère cadet de Wolfgang.

— Malheureux! que viens-tu chercher ici? s'écria le baron pâle comme la mort en apercevant son frère.

Celui-ci se jeta au cou de Wolfgang, qui l'entraîna avec violence dans une chambre écartée où il s'enferma avec lui. Ils y restèrent ensemble plusieurs heures; enfin Hubert descendit, l'air troublé, et demanda ses chevaux. Il allait s'éloigner sans faire attention au justicier, qui était venu se présenter à lui; mais Vincenz, plein de l'idée que peut-être il y aurait des moyens de mettre un terme à la haine mortelle que se portaient les deux frères, l'engagea à s'arrêter au moins quelques heures.

— Reste ici, Hubert! tu réfléchiras, cria au même instant le baron, qui venait de descendre.

Hubert se décida, se remit de son trouble, ôta avec vivacité sa riche pelisse, la donna à son valet de chambre; et prenant la main de Vincenz, il se promena avec lui dans les chambres du château.

— Ainsi, dit-il avec un amer sourire, le propriétaire du majorat veut bien me souffrir ici?

Vincenz fit entendre que sans doute on allait voir finir cette malheureuse mésintelligence, qui provenait uniquement de ce qu'ils n'avaient pas vécu ensemble.

Hubert prit le fourgon au coin de la cheminée, attisa dans le foyer une bûche immense et embrasée, et arrangea le feu, tout en disant à Vincenz : — Vous voyez, monsieur le justicier, que je suis un homme d'un bon naturel, instruit de tout ce qu'il y a à faire dans le ménage. Mais Wolfgang est plein de singulières préventions, et d'une avarice...

Vincenz ne jugea pas à propos de se mêler davantage des relations des deux frères; d'ailleurs la physionomie de Wolfgang, sa conduite, ses paroles indiquaient un homme profondément absorbé par une seule passion, celle des richesses.

Vincenz monta à une heure avancée du soir dans la chambre du baron pour prendre son avis sur une affaire qui intéressait le majorat. Il trouva Wolfgang tout défait, les bras croisés derrière le dos, et arpentant la chambre à grands pas.

Enfin Wolfgang s'aperçut de la présence du justicier, s'arrêta, lui prit les deux mains, et, fixant sur lui un regard sombre, dit d'une voix cassée :

— Mon frère est arrivé... je sais ce que vous voulez dire, ajouta-t-il en voyant Vincenz ouvrir la bouche; mais vous ignorez nos rapports, vous ignorez que mon malheureux frère... car je me contente maintenant de l'appeler malheureux, que mon frère, dis-je, est toujours sur mes pas comme un mauvais génie et trouble toutes mes jouissances : il n'a pas dépendu de lui que je ne fusse accablé d'une inexprimable infortune, il a fait son possible pour me précipiter dans l'abime; mais le ciel m'a protégé. Depuis le jour de l'institution du majorat, il me poursuit d'une haine infatigable; il m'envie des richesses qui entre ses mains se seraient envolées comme de la balle. C'est le prodigue le plus insensé qu'on connaisse; ses dettes excèdent largement la moitié de ses biens libres de Courlande, et maintenant, persécuté par ses créanciers, il vient ici mendier de l'argent!

— Et vous, son frère, vous refusez...

Le baron lâcha brusquement la main de Vincenz, et s'écria avec violence en reculant de quelques pas :

— Arrêtez! Oui, je refuse! Je ne puis ni ne veux retrancher un seul thaler des revenus du majorat; mais écoutez la proposition que j'ai faite il y a quelques heures à cet insensé, et jugez de ma manière d'agir. Les biens libres de Courlande sont, comme vous le savez, considérables; d'après l'arrangement proposé, je renoncerais à la moitié qui me revient, mais en faveur de sa famille. Hubert a épousé en Courlande une demoiselle belle et pauvre. Il en a eu des enfants, et tous sont dans l'indigence. On pourvoirait à l'administration des biens, on lui assurerait sur les revenus l'argent nécessaire à son entretien; on prendrait des arrangements avec ses créanciers. Mais songe-t-il à une vie paisible et exempte de soucis? songe-t-il à sa femme et à ses enfants? C'est de l'argent, de l'argent comptant, ce sont des sommes considérables qu'il désire, afin de pouvoir s'abandonner à ses maudites folies! Quel démon lui a dévoilé le secret des cent cinquante mille écus, dont il va dans son délire jusqu'à exiger la moitié, prétendant que cet argent, en dehors du majorat, peut être considéré comme bien libre?... Je ne dois ni ne veux y consentir; mais j'ai le pressentiment qu'il médite ma perte en son cœur.

Vincenz s'efforça de détruire les soupçons que le baron avait conçus contre son frère, et eut inutilement recours aux observations, aux représentations morales, à défaut de raisons solides et basées sur des faits.

Wolfgang lui donna mission d'entrer en arrangement avec Hubert et de chercher à apaiser son avidité. Le justicier s'en acquitta avec une délicatesse dont lui seul était capable, et ne fut pas médiocrement charmé d'entendre Hubert lui répondre à la fin : — Soit, j'accepte les propositions du propriétaire du majorat, à deux conditions : premièrement, qu'il m'avancera de suite mille frédérics d'or en espèces pour satisfaire mes créanciers et sauver l'honneur de mon nom; secondement, que j'aurai la faculté de résider, au moins quelque temps, par intervalles, dans le beau château de Reusitten, auprès d'un bon frère.

— Jamais! s'écria Wolfgang en apprenant cette demande de son frère; jamais je ne souffrirai qu'Hubert passe une seule minute dans ma maison, lorsque ma femme y sera. Voyez-le, mon cher ami; dites à ce perturbateur de mon repos qu'il aura deux mille frédérics d'or, non comme avance, mais comme présent. Allez, allez vite.

Ces mots firent comprendre au justicier que Wolfgang s'était déjà marié sans le consentement de son père, et il pensa que c'était probablement le motif des discussions des deux frères. Hubert écouta jusqu'au bout Vincenz avec calme et hauteur. — Je réfléchirai, répondit-il d'une voix sourde et sinistre; mais, en attendant, je reste encore quelques jours ici.

Vincenz essaya de persuader au fougueux Hubert que le baron faisait tous ses efforts pour le dédommager en lui abandonnant la totalité des biens libres, et qu'il lui était ainsi tout sujet de plainte. Il ajouta qu'à la vérité l'institution du majorat, qui faisait pencher si fortement la balance en faveur du premier-né, et laissait les autres enfants dans une condition inférieure, avait quelque chose de haïssable.

Hubert, comme pour donner de l'air à sa poitrine oppressée, déboutonna sa veste du haut en bas. Une main posée dans son gilet ouvert, et l'autre sur sa hanche, il sauta sur un pied par un mouvement rapide, et s'écria d'une voix aiguë :

— Bah! ce qui est haïssable est le fruit de la haine!

Il poussa un bruyant éclat de rire, et ajouta : — Avec quelle grâce le maître du majorat fait l'abandon de ses sacs d'or au pauvre mendiant!

Vincenz vit bien qu'il ne fallait pas songer à opérer une réconciliation complète entre les deux frères.

XV.

Au grand déplaisir du baron, Hubert s'établit donc dans les chambres qu'on lui avait préparées dans une aile du château, de manière à faire croire qu'il avait l'intention d'y séjourner longtemps. On remarqua qu'il s'entretenait souvent et longuement avec l'intendant Daniel, et qu'il l'emmenait quelquefois à la chasse. Il se montrait rarement, et évitait de se trouver seul avec son frère; ce qui plaisait beaucoup à Wolfgang. Vincenz sentait l'embarras de cette position, et il fut obligé de s'avouer à lui-même que les manières étranges et désagréables d'Hubert en toutes circonstances étaient faites pour bannir la joie des lieux qu'il habitait. Il comprit alors les motifs de l'effroi du baron à la vue de son frère.

Un matin, Vincenz était assis seul dans la salle d'audience, quand Hubert entra plus grave et plus tranquille que de coutume.

— J'accepte les propositions du baron, dit-il d'une voix émue, faites-moi toucher aujourd'hui même les deux mille frédérics d'or; je veux partir cette nuit, à cheval et sans suite.

— Avec l'argent? demanda Vincenz.

— Vous avez raison, reprit Hubert, je sais ce que vous voulez dire, c'est un trop lourd fardeau. Envoyez-le en lettres de change à Isaac Lazare, à Kœnigsberg; je veux arriver à Kœnigsberg cette nuit. On me chasse d'ici; ce vieillard exerce en ces lieux sa fatale influence.

— Est-ce de M. le baron, votre père, que vous parlez? demanda Vincenz d'un ton sévère.

Les lèvres d'Hubert frémirent, il s'appuya fortement sur le dossier de sa chaise pour ne pas tomber; mais, se remettant promptement:

— Ainsi, ce sera pour aujourd'hui, monsieur le justicier, reprit-il.

Et il sortit, non sans faire effort pour regagner la porte.

— Il paraît qu'il ne se fait plus d'illusion, et qu'il ne peut résister à ma volonté bien arrêtée! dit le baron en envoyant les lettres de change à Isaac Lazare à Kœnigsberg. Sa poitrine était débarrassée d'un pesant fardeau par le départ de ce frère abhorré. Il y avait longtemps qu'il n'avait montré au souper plus de gaieté que ce soir-là. Hubert s'était fait excuser, et tous s'en félicitèrent.

Vincenz logeait dans une chambre un peu écartée dont les fenêtres donnaient sur la cour du château.

Pendant la nuit il fut réveillé subitement, et il lui sembla que le bruit qui l'avait arraché au repos était un gémissement plaintif et lointain. Il prêta l'oreille; mais tout demeura plongé dans un silence de mort, et il dut attribuer la plainte qui avait frappé ses oreilles à la vaine illusion d'un songe.

Cependant un indicible sentiment de terreur et d'angoisse le domina au point qu'il ne put rester au lit. Il se leva et se mit à la fenêtre. Il y était depuis peu de temps, quand la grande porte du château s'ouvrit. Une sombre figure, tenant en main un flambeau allumé, parut, et traversa la cour. Vincenz reconnut le vieux Daniel; il le vit ouvrir l'écurie, y entrer, et en sortir bientôt avec un cheval tout sellé. Une seconde figure se dessina dans l'ombre: c'était celle d'un homme enveloppé d'une pelisse et la tête couverte d'une casquette de peau de renard. Vincenz reconnut Hubert, qui échangea quelques vives paroles avec Daniel, et s'éloigna. L'intendant remit le cheval à l'écurie, la ferma, ainsi que la porte du château, et, traversant la cour, se retira comme il était venu.

Ainsi, Hubert avait voulu partir et avait tout à coup changé d'avis.

Il était évident qu'Hubert avait avec le vieil intendant quelques intelligences qu'il était à propos de déjouer. Vincenz peut à peine attendre le jour pour instruire le baron de l'aventure nocturne. Il se proposa de veiller sur les démarches d'Hubert, dont la contenance troublée lui avait déjà la veille fait soupçonner les mauvais desseins.

Le lendemain matin, à l'heure où Wolfgang avait coutume de se lever, Vincenz entendit un tumulte confus d'allées et de venues, de portes qui se fermaient brusquement, de pas et de cris. Il sortit, et rencontra des domestiques qui sans faire attention à lui, pâles et défaits, couraient çà et là, montaient et descendaient, et erraient dans les appartements. Enfin on lui apprit que le baron avait disparu, et qu'on le cherchait inutilement depuis de longues heures. Il s'était mis au lit en présence de son valet de chambre, et il fallait qu'il se fût levé pour sortir en robe de chambre et en pantoufles, avec son bougeoir à la main, car ces objets n'étaient plus dans sa chambre à coucher.

Plein d'un sombre pressentiment, Vincenz se rendit à la salle funeste dont Volfgang, à l'imitation de son père, avait pris le cabinet pour chambre à coucher. La porte qui communiquait à la tour était toute grande ouverte.

— Il est là, brisé dans ce gouffre ! s'écria Vincenz saisi d'horreur.

C'était la vérité ; il était tombé de la neige, et l'on ne voyait sortir d'entre les pierres qu'un bras roide et ensanglanté.

Les ouvriers, au péril de leur vie, au moyen d'échelles liées ensemble, employèrent plusieurs heures pour remonter le cadavre. Dans la dernière convulsion de l'agonie, le baron avait serré avec force son bougeoir d'argent; et cette main, toujours fermée, était la seule partie de tout son corps qui ne fût pas meurtrie, le reste de ses membres avait été horriblement fracassé sur les pierres anguleuses.

Hubert donna toutes les marques d'un violent désespoir, pendant qu'on retirait le cadavre, et qu'on le déposait dans la salle sur une large table, et justement à la place où le vieux Roderich avait été étendu quelques mois auparavant.

— Frère ! dit en sanglotant Hubert terrifié de cet affreux spectacle, ô mon pauvre frère ! non, je n'avais pas tant demandé au démon qui me poussait !

Vincenz frémit du sens obscur de ces paroles ; il lui sembla qu'il était de son devoir de poursuivre en Hubert l'assassin de son frère.

Hubert tomba sans connaissance sur le plancher. On le porta dans son lit, et quelques cordiaux l'eurent bientôt remis. Pâle, les yeux à demi fermés par la douleur, il se rendit dans la chambre de Vincenz. Là, incapable de se soutenir, il demeura longtemps immobile et muet dans un fauteuil.

— J'ai souhaité la mort de mon frère, dit-il enfin, parce que mon père, en vertu d'une sotte institution, lui avait donné la meilleure partie de nos biens. Il a trouvé une mort affreuse... Je suis maintenant propriétaire du majorat, mais mon cœur est brisé; je ne puis jamais être heureux, je ne le serai jamais! Je vous confirme dans votre charge; je vous remets les pouvoirs les plus étendus pour la gestion des biens du majorat, où je ne saurais plus résider!...

Hubert quitta la chambre, et deux heures après il était déjà parti pour Kœnigsberg.

Il paraissait que le malheureux Wolfgang s'était levé pendant la nuit, et avait peut-être voulu se rendre dans l'autre cabinet, où se trouvait une bibliothèque. Dans cette torpeur du sommeil, qui a les effets de celle de l'ivresse, il avait passé la porte du cabinet, avait ouvert lui-même celle de la tour, s'était avancé, et était tombé dans les ruines.

Mais cette version laissait toutefois beaucoup de choses inexpliquées. Le baron ne pouvait être endormi s'il désirait lire et allait chercher un livre dans la bibliothèque, et, quelque puissante que fût la torpeur du sommeil, elle ne l'était pas assez pour qu'il eût pu prendre une porte pour l'autre. En outre, celle de la tour était solidement fermée, et il fallait de grands efforts pour l'ouvrir.

— Ah! s'écria enfin Franz, le chasseur du baron, pendant que Vincenz faisait observer toutes ces invraisemblances, ah! mon cher monsieur le justicier, ce n'est pas ainsi que cela s'est passé!

— Comment donc? reprit Vincenz.

Franz, garçon plein d'honneur et de loyauté, aurait volontiers suivi son maître au tombeau; mais il ne voulut pas en dire davantage devant les autres domestiques, et déclara qu'il ne ferait de confidences qu'au justicier.

Vincenz apprit donc que le baron parlait très-souvent à Franz d'une infinité de trésors qui gisaient enfouis dans les ruines, et que souvent, comme poussé par un mauvais génie, il allait la nuit ouvrir la porte de la tour, dont Daniel avait été contraint de lui donner la clef, et plongeait du regard dans l'abîme pour y découvrir les richesses imaginaires.

Il fallait croire que dans cette nuit fatale le baron s'était rendu à la tour après le départ de son valet de chambre. Sans doute le vertige l'avait pris, la tête lui avait tourné, et sa chute avait été immédiate.

Daniel, qui semblait très-attristé de l'horrible mort du baron, ouvrit l'avis qu'il serait bon de faire murer avec soin la porte dangereuse, ce qui fut exécuté.

Le baron Hubert de Reusch, désormais possesseur du majorat, s'établit en Courlande et ne reparut plus à Reusitten. Vincenz reçut ses pleins pouvoirs pour gérer les biens du majorat. La construction du nouveau château fut interrompue, et l'on mit l'ancien édifice dans le meilleur état possible.

Plusieurs années s'étaient écoulées lorsque Hubert revint à Reusitten, vers la fin de l'automne, et au bout de quelques jours qu'il passa dans sa chambre, renfermé avec le justicier, il retourna en Courlande. A son passage à Kœnigsberg, il avait remis son testament aux autorités du pays.

Durant son séjour à Reusitten, le baron, qui semblait profondément changé, parla beaucoup du pressentiment de sa mort prochaine. Ses prévisions se réalisèrent bientôt, car il mourut l'année suivante.

Le fils d'Hubert, qui portait le nom de son père, vint en hâte de Courlande pour prendre possession du riche majorat. Sa mère et sa sœur le suivirent. Ce jeune homme paraissait réunir en lui tous les mauvais penchants de ses aïeux. Il se montra arrogant, hautain, avide ; dès les premiers instants de son séjour à Reusitten, il songea à faire des changements au château, qui n'était à ses yeux ni assez grand ni assez commode. Il mit le cuisinier à la porte, et essaya de battre le cocher, ce qui lui réussit mal, car le gaillard vigoureux eut la hardiesse de s'y opposer. Bref, il était en bon train de jouer le rôle de tyran, quand Vincenz le contrecarra énergiquement, et déclara avec fermeté qu'on ne toucherait pas à une chaise, que pas un chat ne sortirait de la maison avant l'ouverture du testament.

— Ainsi vous voulez faire la loi au maître du majorat ! s'écria le jeune Hubert en frémissant de rage.

— Point de précipitation, monsieur le baron, interrompit le justicier en lui lançant un regard perçant; vous ne pouvez commander ici avant de connaître les dernières volontés de votre père ; en attendant, je suis le seul maître, et je saurai, s'il le faut, opposer la force à la force. Rappelez-vous que j'ai pleins pouvoirs, comme exécuteur testamentaire du défunt ; je puis donc vous empêcher de rester à Reusitten, et je vous conseille, pour éviter des désagréments, de vous en aller tranquillement à Kœnigsberg.

La sévérité du magistrat, son ton résolu donnaient à ses paroles l'autorité convenable, et le jeune Hubert, qui avait eu l'idée de heurter de front ce mur inébranlable, sentit la faiblesse de ses armes, et, battant en retraite, dissimula par un rire de dédain sa honte et son embarras.

Trois mois se passèrent, et le jour arriva où, d'après la volonté du défunt, la lecture du testament devait avoir lieu à Kœnigsberg. Outre les gens de justice, le baron et Vincenz, se trouvait dans l'assemblée un jeune homme d'une tournure distinguée, que le justicier avait amené avec lui, et que l'on prit pour son secrétaire. En effet, on voyait sortir un rouleau d'actes de sa poche de côté.

Le jeune Hubert le regarda par-dessus l'épaule, manière d'examiner les gens qui lui était assez familière, et il demanda d'un ton bourru qu'on eût à dépêcher sans trop de phrases et d'écritures cette cérémonie fastidieuse et superflue. Il ne concevait pas l'utilité d'un testament dans cette circonstance, au moins à l'égard du majorat, et la nécessité de connaître des dispositions quelconques, qu'il dépendait de lui d'observer ou d'enfreindre. A l'ouverture du testament, il reconnut l'écriture et le cachet de son père après y avoir jeté un coup d'œil rapide.

Le greffier commença à haute voix la lecture. Le jeune Hubert regarda par la fenêtre, d'un air d'indifférence, le bras droit appuyé négligemment sur le dossier de sa chaise, et le bras gauche étendu sur la table, sur le tapis vert de laquelle il tambourinait avec les doigts.

Après un court préambule, le défunt baron Hubert de Reusch déclarait qu'il n'avait jamais possédé le majorat comme en étant le véritable propriétaire, mais qu'il l'avait administré au nom du fils unique du défunt baron Wolfgang de Reusch, lequel fils s'appelait Roderich ainsi que son grand-père. C'était à ce Roderich, héritier légitime de la famille, que le majorat était échu par la mort de son père. On trouverait dans ses papiers le compte en règle des dépenses et des recettes des biens qui composaient le majorat.

D'après le récit que contenait le testament, Wolfgang de Reusch avait connu durant son séjour à Genève mademoiselle Julie de Saint-Val, et avait conçu pour elle un amour si ardent, qu'il avait résolu de contracter avec elle une union durable. Julie était très-pauvre, et sa famille, bien que d'une noble origine, était loin de faire une brillante figure. Il ne devait donc pas compter sur le consentement du vieux Roderich, dont tous les efforts avaient pour but d'agrandir le plus possible la splendeur de sa maison.

Toutefois Wolfgang écrivit de Paris à son père pour lui faire part de son inclination ; mais ce qu'il avait prévu arriva. Le vieillard déclara positivement qu'il avait déjà choisi lui-même une femme pour le propriétaire futur du majorat, et qu'il ne voulait jamais entendre parler d'une autre.

Wolfgang feignit d'abord de se rendre en Angleterre ; mais il revint à Genève sous le nom de Born, et se maria avec Julie, qui, au bout d'un an, lui donna un fils. C'était ce fils que la mort de son père rendait titulaire du majorat.

Si le défunt, instruit de tous ces détails, les avait cachés si longtemps et s'était donné pour propriétaire du majorat, il alléguait, pour s'en disculper, différentes raisons, basées sur ses arrangements particuliers avec Wolfgang; mais ces raisons étaient vagues et insignifiantes.

Le jeune Hubert demeura immobile et comme frappé de la foudre, quand d'une voix monotone et nasillarde le greffier fit connaître le fâcheux contenu du testament paternel. Quand la lecture fut achevée, Vincenz se leva, prit par la main le jeune homme qu'il avait amené avec lui, et s'inclina devant l'assemblée.

— Messieurs, dit-il, j'ai l'honneur de vous présenter ici le baron Roderich de Reusch, titulaire du majorat de Reusitten.

Le baron Hubert regarda le jeune homme qui semblait tomber des nues pour venir lui enlever le riche majorat et la moitié des biens libres de Courlande. La fureur peinte dans les traits, il le menaça du geste, et, sans prononcer un seul mot, sortit de la salle de justice.

Interrogé par les magistrats, le jeune baron Roderich exhiba les pièces qui devaient constater qu'il était bien la personne pour laquelle il se donnait. Il montra l'extrait authentique des registres de l'église où son père s'était marié. Il résultait de cet acte que, tel et tel jour, le négociant Wolfgang Born, natif de Kœnigsberg, avait épousé la demoiselle Julie de Saint-Val, et reçu la bénédiction nuptiale en présence de témoins désignés.

Le jeune Roderich communiqua également son extrait de baptême; il avait été baptisé à Genève comme fils issu en légitime mariage du négociant Born et de sa femme Julie de Saint-Val. Il produisit aussi plusieurs lettres de son père à sa mère morte depuis longtemps, mais toutes ne portaient qu'un W. pour signature.

Vincenz examina ces papiers, et son visage se rembrunit. Puis, quand il les replia, il dit avec une douleur concentrée :

— Maintenant, que Dieu nous soit en aide !

XVI.

Dès le lendemain, le baron Hubert de Reusch présenta, par l'intermédiaire d'un avocat qu'il avait choisi pour conseil, une requête aux administrateurs de la province, par laquelle il ne demandait rien moins que d'être mis en possession du majorat de Reusitten. Il était évident, disait l'avocat, que le défunt baron Hubert de Reusch n'avait pu disposer du majorat, ni par testament, ni de quelque manière que ce fût. Son testament était donc simplement une déclaration écrite et faite dans les formes judiciaires, au dire de laquelle le baron Wolfgang de Reusch aurait transmis le majorat à son fils. Mais celui-ci n'appuyait ses prétentions d'aucune preuve valable et péremptoire, et rien ne pouvait effectuer la légitimation du prétendu baron Roderich de Reusch. Il y avait lieu d'examiner judiciairement les droits qu'il invoquait et que l'on contestait positivement, et le majorat devait par droit de succession échoir au baron Hubert de Reusch. Le fils se trouvait par la mort du père saisi immédiatement de son héritage, et comme il était impossible de renoncer à la succession du majorat, le titulaire actuel, légitime possesseur, ne pouvait être troublé dans sa jouissance par des réclamations mal fondées.

Il n'y avait pas lieu, ajoutait l'avocat, d'examiner par quels motifs le défunt avait présenté un étranger comme propriétaire du majorat; mais il était à remarquer que lui-même avait eu en Suisse une intrigue d'amour, et que peut-être le prétendu fils de son frère était le fruit d'une liaison illégitime, auquel, par un remords de conscience, il avait voulu transmettre le majorat.

Autant la vraisemblance plaidait en faveur des faits mentionnés dans le testament, autant parut révoltante aux juges cette dernière assertion d'un fils qui ne craignait pas de charger d'un crime la mémoire de son père. Toutefois, l'incertitude durait toujours; l'assurance positive de Vincenz, que la légitimité du baron Roderich de Reusch serait appuyée bientôt de témoignages irrécusables, put seule déterminer les magistrats à faire droit à la requête du jeune Hubert. Il fut décidé que provisoirement l'administration demeurerait confiée au justicier.

Celui-ci ne voyait que trop combien il lui serait difficile de tenir sa parole. Il avait fouillé dans tous les papiers du vieux Roderich, sans découvrir les traces d'une seule lettre, d'une seule note, relatives à cette liaison de Wolfgang avec mademoiselle de Saint-Val.

Absorbé dans ces pensées, il était assis, à Reusitten, dans le cabinet de repos du vieux Roderich, dont il avait examiné tous les recoins, et travaillait à une note pour le notaire de Genève, qu'on lui avait recommandé comme actif et capable, et qui devait lui communiquer certains renseignements propres à jeter des lumières sur les affaires du jeune Roderich.

Il était minuit; la pleine lune illuminait de ses feux la salle voisine, dont la porte était ouverte. Un bruit se fit entendre tout à coup; on montait lentement et péniblement les degrés, et un cliquetis de clefs retentissait sur l'escalier.

Vincenz prêta l'oreille, se leva, entra dans la salle, et s'aperçut clairement que quelqu'un s'avançait sur le palier de la porte de la salle.

Peu d'instants après, un homme se montra en costume de nuit, la figure pâle, portant d'une main un flambeau, et de l'autre un gros paquet de clefs. C'était Daniel l'intendant.

Vincenz le reconnut aussitôt, et il était sur le point de lui demander ce qu'il voulait à cette heure avancée, quand dans l'extérieur du vieillard, dans sa physionomie décomposée comme celle d'un cadavre, il remarqua une expression sinistre qui le glaça. Il vit bientôt qu'il avait sous les yeux un somnambule.

Le vieillard traversa la salle à pas comptés, et marcha droit à la porte murée qui donnait sur la tour. Là, il s'arrêta, et de sa poitrine sortit une espèce de hurlement qui fit trembler toute la salle et remplit d'effroi le justicier.

Alors Daniel posa un flambeau à terre, suspendit le paquet de clefs à sa ceinture, et se mit à gratter le mur à deux mains avec tant de force que bientôt le sang jaillit de ses ongles. Pendant ce temps il soupirait et poussait des gémissements qui dénotaient une inexprimable et mortelle douleur. Puis il appuya l'oreille contre le mur, et sembla vouloir entendre un bruit lointain. Il fit un signe de la main, comme pour faire taire quelqu'un, se baissa, ramassa son flambeau, et regagna la porte à pas légers et mesurés.

Vincenz prit une lumière et le suivit. Ils descendirent l'escalier; l'intendant ouvrit la grande porte du château et entra dans l'écurie. Au grand étonnement de Vincenz, le somnambule plaça le flambeau de manière à éclairer toute l'écurie sans risque de mettre le feu. Il prit une selle et une bride, et harnacha avec grand soin le cheval qu'il avait détaché de la mangeoire, serrant solidement la sangle et bouclant les étriers.

Après avoir remis une poignée de poils par-dessus le frontail, il mena le cheval dehors; il le tenait par la bride, lui flattant le cou avec la main et l'excitant avec la voix. Arrivé dans la cour, il y demeura quelques secondes dans l'attitude d'un homme qui attend des ordres et fait pour y répondre des signes de tête affirmatifs. Puis il reconduisit le cheval à l'écurie, le dessella, et le rattacha au râtelier. Il reprit son flambeau, ferma l'écurie, rentra au château, et retourna dans sa chambre, où il se renferma à double tour.

Vincenz se sentit profondément ému de cette scène. Le pressentiment d'un horrible forfait le poursuivit comme un spectre sombre et infernal dont il lui fut impossible de se débarrasser. Pénétré de l'idée de la position difficile de son client, il songea du moins à tirer le meilleur parti possible de ce qu'il avait vu, dans l'intérêt du jeune Roderich.

XVII.

Le lendemain, le soleil était déjà couché, lorsque Daniel vint dans la chambre du justicier pour prendre ses ordres au sujet de la tenue de la maison. Vincenz le prit par les deux bras et le fit asseoir avec un air de bienveillance :

— Écoute, dit-il, mon vieil ami Daniel, il y a longtemps que je veux te demander ce que tu penses de cette obscure discussion qu'a mise sur le tapis l'étrange testament d'Hubert. Crois-tu que ce jeune homme soit véritablement le fils de Wolfgang, né en légitime mariage?

Le vieux Daniel s'appuya contre le dossier de son fauteuil, et fit un mouvement pour éviter les regards dirigés sur lui :

— Bah! dit-il d'un ton maussade, que ce soit ou non, peu m'importe. Je ne m'inquiète pas de celui qui deviendra le maître ici.

— Mais, reprit Vincenz en se rapprochant du vieillard et lui appuyant la main sur l'épaule, je songe que tu avais toute la confiance du vieux baron, et certes, il ne t'a pas caché la liaison de son fils; t'a-t-il parlé de cette union contractée par Wolfgang contre sa volonté?

— Je n'en ai pas le moindre souvenir, répondit le vieillard; et il se mit impoliment à bâiller.

— Tu as envie de dormir, mon vieux, dit Vincenz, tu as peut-être passé une mauvaise nuit?

— Je ne sais, répliqua froidement Daniel, mais... je vais aller servir le souper.

A ces mots, il se leva de son siége avec effort, et se renversa en arrière, en soutenant son dos de ses deux mains étendues sur la partie postérieure de chacune de ses hanches. Son second bâillement fut encore plus fort que le précédent.

— Reste donc, mon vieux, s'écria le justicier en le prenant par la main et cherchant à le faire rasseoir.

Mais le vieil intendant demeura debout devant le bureau, sur lequel il appuya les poings, le corps penché vers Vincenz.

— Eh bien, dit-il avec humeur, de quoi s'agit-il? Que m'importe le testament? que m'importe ce procès pour le majorat?

— Il suffit, interrompit Vincenz, nous n'en parlerons plus. Changeons de conversation, mon cher Daniel; tu es mal disposé, tu bâilles; tout en toi dénote un étrange accablement, et maintenant je suis presque persuadé que c'est bien toi que j'ai vu cette nuit.

— Où m'avez-vous vu cette nuit? demanda le vieillard sans changer d'attitude.

— Hier sur le minuit, reprit Vincenz, j'étais assis dans le cabinet du défunt seigneur, auprès de la grande salle; tu as passé le seuil de la porte, pâle et tout effaré, tu t'es approché de la porte murée, tu as gratté le mur à deux mains, et tu as soupiré comme un homme en proie au plus profond désespoir. Es-tu somnambule, Daniel?

L'intendant tomba sur la chaise que le justicier lui avait précipitamment avancée. Il ne jeta aucun cri; la profondeur des ténèbres empêchait de voir son visage; mais Vincenz remarqua qu'il était oppressé et haletant, et que ses dents claquaient.

— Oui, reprit le justicier après un court moment de silence, c'est une particularité chez les somnambules, le lendemain ils ont oublié complétement leur étrange état et tout ce qu'ils ont fait pendant le sommeil comme s'ils avaient été éveillés.

Daniel garda le silence.

— J'ai déjà vu un exemple d'une agitation semblable à celle qui te troublait hier. J'avais un ami qui, comme toi, faisait régulièrement des promenades nocturnes au temps de la pleine lune. Oui, quelquefois il s'asseyait et se mettait à écrire; mais ce qu'il y avait de plus étonnant, c'est que, si je lui murmurais doucement à l'oreille, je l'amenais bientôt à me parler. Il répondait avec précision à toutes mes questions, et même les secrets qu'il aurait soigneusement gardés à l'état de veille s'échappaient involontairement de ses lèvres, comme s'il n'eût pu résister à la puissance qui pesait sur lui. Je crois qu'un lunatique de cette sorte, si on l'interrogeait dans cette étrange disposition, ne serait pas capable de taire un crime qu'il aurait commis même depuis longtemps! Heureux celui qui a la conscience pure, comme nous deux, mon bon Daniel! Nous pouvons être somnambules toute notre vie, sans craindre de révéler aucun crime! Quant à toi, Daniel, tu veux sans doute aller là-haut à l'observatoire, lorsque tu grattes si affreusement à la porte murée? Tu veux sans doute aller travailler comme le vieux Roderich? Eh bien! je t'interrogerai la nuit prochaine!

A mesure que Vincenz parlait, l'agitation du vieil intendant s'était progressivement accrue. Tout son corps fut saisi d'effrayantes convulsions, et il murmura des paroles sans suite et inintelligibles. Vincenz sonna les domestiques. On apporta de la lumière, et le vieux Daniel, aussi inanimé qu'un automate, fut transporté dans son lit.

Au bout d'environ une heure qu'il passa dans cet affreux état, il tomba dans un assoupissement léthargique. En se réveillant, il demanda du vin, et, après l'avoir bu, il congédia le domestique qui voulait veiller près de lui, et se renferma dans sa chambre selon son habitude.

Vincenz avait résolu de faire subir à Daniel l'épreuve dont il lui avait parlé. Toutefois il était obligé de s'avouer à lui-même que Daniel, instruit par là, peut-être pour la première fois, de sa prédisposition funeste, ferait tous ses efforts pour s'y soustraire. En outre, un aveu obtenu par un moyen semblable à celui que le justicier voulait employer n'avait pas un caractère d'authenticité bien valide.

Néanmoins Vincenz se rendit vers minuit dans la salle, espérant que Daniel serait involontairement obligé de se lever, comme le sont toutes les personnes attaquées d'une pareille affection pathologique.

A minuit, un grand bruit s'éleva dans la cour. Vincenz entendit distinctement briser les vitres d'une fenêtre; il descendit, et, traversant les couloirs, il se trouva au milieu d'une fumée d'odeur fétide, qui, comme il ne tarda pas à le reconnaître, sortait de la chambre ouverte de l'intendant.

On en sortit celui-ci roide comme un mort, et on le mit sur un lit dans une autre chambre. A minuit, racontèrent les domestiques, l'un d'eux fut réveillé au bruit sourd et étrange qu'on faisait en heurtant dans la chambre de Daniel. Il crut que le vieillard était indisposé, et il se préparait à se lever pour lui porter secours, quand la voix du portier retentit dans la cour :

— Au feu! au feu! le feu est dans la chambre de monsieur l'intendant!

A ce cri d'alarme, plusieurs domestiques furent sur pied; mais tous leurs efforts pour enfoncer la porte de la chambre demeurèrent inutiles. Ils sortirent dans la cour; le portier, en homme de résolution, avait déjà brisé la fenêtre de la chambre, basse et située au rez-de-chaussée. Il avait enlevé les rideaux embrasés, et quelques seaux d'eau qu'on y jeta éteignirent sur-le-champ l'incendie.

On trouva l'intendant au milieu de la chambre, étendu à terre, et plongé dans un évanouissement profond. Il tenait encore dans sa main crispée le bougeoir dont la flamme s'était communiquée au rideau. Des lambeaux embrasés lui avaient en tombant brûlé les sourcils et une grande partie des cheveux.

Si le portier n'eût pas aperçu la lueur de l'incendie, le vieux Daniel eût péri sans secours. Les domestiques ne furent pas médiocrement surpris de trouver la porte de la chambre fermée en dedans de deux verrous nouvellement posés, qui n'y étaient pas encore la veille au soir.

Le justicier devina que Daniel avait voulu se mettre dans l'impossibilité de sortir de sa chambre; mais il n'avait pu lutter contre son aveugle manie.

Daniel tomba gravement malade. Il ne parlait pas, il ne prenait que peu de nourriture, et demeurait immobile, fixant devant lui des yeux où se peignait la mort. D'horribles pensées semblaient l'accabler. Vincenz pensait que le malheureux ne quitterait son lit que pour le tombeau.

XVIII.

Le justicier avait fait pour son protégé tout ce qu'il était possible de faire. Il fallait attendre le résultat, et c'est dans cette intention qu'il songeait à retourner à Kœnigsberg. Il fixa son départ au matin du jour suivant.

Dans la soirée, à une heure avancée, il réunissait ses papiers en liasses, quand il lui tomba sous la main un petit paquet cacheté que le baron lui avait remis, et qui portait cette suscription : *Pour être lu après l'ouverture de mon testament*. Par irréflexion, il ne l'avait pas encore examiné.

Il était sur le point de décacheter ce paquet, quand la porte s'ouvrit. Daniel entra à pas légers comme ceux d'un fantôme. Il déposa sur le bureau un portefeuille noir qu'il portait sous son bras, poussa un profond gémissement, se laissa tomber sur les deux genoux et serra convulsivement la main du justicier.

— Hélas! dit-il enfin d'une voix creuse et sourde qui semblait sortir du fond d'une tombe, je ne voudrais pas mourir sur l'échafaud! Il y a un juge là-haut!

Puis il se releva péniblement en poussant des soupirs d'angoisse, et quitta la chambre comme il était venu.

Vincenz passa toute la nuit à lire ce que contenait le portefeuille noir et le paquet d'Hubert. Tous deux s'accordaient, et la conduite qu'il y avait maintenant à tenir était toute simple.

Dès son arrivée à Kœnigsberg, le justicier se présenta au jeune Hubert de Reusch, qui le reçut avec hauteur et rudesse. Ils eurent ensemble une entrevue qui commença à midi, et ne se termina que fort tard dans la nuit. Les résultats en furent importants. Le lendemain, le baron déclara devant le tribunal qu'il reconnaissait le prétendant au majorat en vertu du testament de son père, comme issu en légitime mariage de Wolfgang de Reusch, fils aîné de Roderich Reusch et de mademoiselle Julie de Saint-Val. En conséquence, il cessait de lui contester ses droits à la propriété du majorat.

En sortant de la salle d'audience, Hubert monta dans une chaise de poste qui l'attendait à la porte, et partit sur-le-champ, laissant à Kœnigsberg sa mère et sa sœur. Peut-être durent-elles s'attendre à ne plus le revoir, d'après ce qu'il leur avait écrit en termes énigmatiques.

La tournure que prenait l'affaire devait nécessairement étonner le jeune Roderich. Il pressa Vincenz de lui apprendre comment ce miracle avait pu s'opérer, et quels mystérieux ressorts avaient été mis en jeu. Le justicier promit de le lui expliquer prochainement, lorsqu'on l'aurait mis en possession du majorat. Rien ne semblait devoir s'opposer à la prononciation de l'arrêt des juges. Toutefois, ne trouvant pas leur conscience assez éclairée par la déclaration d'Hubert, ils retardèrent leur sentence jusqu'à la complète légitimation de Roderich.

Le justicier proposa au baron d'aller demeurer à Reusitten. Il insinua que la mère et la sœur d'Hubert, abandonnées par lui à l'improviste, préféreraient le paisible séjour d'un château patrimonial à celui d'une ville pleine de tumulte et d'agitation. L'empressement avec lequel Roderich accueillit la pensée d'habiter, au moins quelque temps, sous le même toit que la baronne et sa fille, prouva quelle profonde impression cette dernière enfant, douce et aimable, avait produite sur lui. En effet, il sut si bien employer le temps de leur séjour à Reusitten, qu'au bout de quelques mois il avait obtenu l'amour de sa cousine Séraphine et la promesse formelle de sa main.

Le justicier trouvait que c'était aller trop vite, puisque Roderich n'avait pas encore été reconnu pour propriétaire du majorat de Reusitten. Des lettres de Courlande interrompirent la vie pastorale que l'on menait au château.

Hubert ne s'était pas montré dans ses terres; il s'était rendu directement à Saint-Pétersbourg, où il s'était engagé dans l'armée russe; il faisait à cette époque la campagne de Perse.

Cette nouvelle précipita le départ de la baronne et de sa fille pour leurs propriétés, où régnaient le désordre et la confusion. Roderich, qui se considérait déjà comme le fils de la baronne, ne voulut point se séparer de sa bien-aimée, et de cette manière, Vincenz étant reparti pour Kœnigsberg, le château resta désert comme il l'avait été auparavant.

La fâcheuse maladie de l'intendant devenait de plus en plus grave, et il n'espérait plus s'en relever. Sa place fut donnée à un ancien chasseur, appelé Franz, fidèle serviteur de Wolfgang.

Enfin, après une longue attente, Vincenz reçut de Suisse les plus heureuses nouvelles; le pasteur qui avait béni l'union de Roderich était mort depuis longtemps; mais sur le registre de la paroisse se trouva une note écrite de sa main. Elle portait que celui qui s'était marié sous le nom de Born avec mademoiselle Julie de Saint-Val s'était fait authentiquement reconnaître à lui pour le baron Wolfgang de Reusch, fils aîné du baron Roderich de Reusch, de Reusitten. En outre, on retrouva les deux témoins, l'un négociant à Genève, et l'autre capitaine français en retraite, habitant de Lyon. Ils avaient eu connaissance de la qualité réelle de Wolfgang, et leurs dépositions appuyées du serment confirmèrent la note rédigée par le pasteur sur le registre paroissial.

Ces actes en main, Vincenz put donner la preuve complète des droits de son client, et rien ne retarda la mise en possession du majorat, qui devait avoir lieu l'automne suivant.

Hubert demeura sur la place à la première bataille à laquelle il assista. Il eut le sort de son frère cadet, qui avait également péri les armes à la main, un an avant la mort de leur père. Ainsi les biens de Courlande échurent à la baronne Séraphine de Reusch, et formèrent une belle dot au fortuné Roderich.

On était en novembre quand le baron Roderich et sa fiancée arrivèrent à Reusitten. Le mariage suivit de près l'investiture du majorat. Plusieurs semaines se passèrent dans l'ivresse du plaisir. Enfin tous les hôtes étrangers quittèrent le château, à la grande satisfaction de Vincenz, qui ne voulait point partir de Reusitten avant d'avoir instruit le jeune titulaire du majorat de tout ce qui avait rapport à sa nouvelle propriété.

L'oncle de Roderich avait tenu avec la plus grande exactitude les comptes de l'actif et du passif, et Roderich, en ne prenant annuellement qu'une faible somme pour son entretien, augmenta le capital en numéraire trouvé dans le coffre du vieux baron.

Pendant les trois premières années, Hubert avait consacré les revenus du majorat à ses dépenses personnelles, mais il en avait souscrit une reconnaissance, et en avait garanti le remboursement par une hypothèque sur ses propriétés de Courlande.

XIX.

Depuis le temps où le somnambule Daniel lui avait rendu visite, le justicier avait pris pour logement le cabinet de repos du vieux Roderich, afin de pouvoir épier à son aise l'intendant et de lui arracher des aveux.

Un soir Vincenz et le baron s'étaient établis ensemble dans le cabinet et la grande salle voisine. Ils étaient assis dans cette dernière, devant une grande table, auprès d'un foyer brûlant. Le justicier tenait la plume, et prenait note des sommes que rapportait le majorat. Le jeune Roderich, le bras appuyé sur la table, examinait les livres de compte et les autres pièces à l'appui. Ni l'un ni l'autre n'entendaient les sourds mugissements de la mer, et les cris d'alarme des mouettes qui présageaient un orage et battaient les vitres de leurs ailes. Ni l'un ni l'autre ne firent attention à la tempête qui s'éleva vers le minuit. Cependant elle s'était abattue sur le château, et le vent mugissait dans les longs tuyaux des cheminées et dans l'étroit espace des corridors.

Enfin un coup de vent fit retentir tout l'édifice. La pleine lune répandait dans la salle une sombre lueur.

— Voilà un vilain temps, s'écria Vincenz.

Le baron, tout occupé du calcul des richesses qu'il venait d'acquérir, tourna avec un sourire de satisfaction un feuillet du livre des recettes, et laissa échapper ces mots :

— En effet, l'orage est violent.

Soudain l'épouvante le cloua à sa place. La porte venait de s'ouvrir, et une figure blanche et fantastique, dont les traits portaient l'empreinte d'une mort prochaine, se glissa doucement dans la salle.

C'était Daniel, que le justicier et tous en général croyaient retenu au lit par la souffrance et incapable de faire un mouvement. L'influence à laquelle il obéissait l'avait poussé à faire sa promenade nocturne.

Immobile et sans voix, Roderich regardait le vieillard; mais il fut saisi d'une profonde horreur quand celui-ci se mit à gratter le mur en jetant les soupirs lamentables d'un homme à l'agonie. Pâle comme la mort, les cheveux hérissés, le baron s'avança vers Daniel avec un geste menaçant :

— Daniel ! lui cria-t-il d'une voix perçante dont les sons ébranlèrent la salle ; Daniel ! que fais-tu ici à cette heure?

L'intendant fit entendre ce hurlement de bête féroce qu'il avait poussé le jour où Wolfgang lui offrit de l'or, et il tomba sans mouvement.

Le justicier appela; on releva le vieillard, et l'on essaya inutilement de le rappeler à la vie.

— Mon Dieu! mon Dieu! s'écriait le baron hors de lui, n'ai-je pas entendu dire qu'en appelant par son nom un somnambule on pouvait le faire périr sur la place? Malheureux que je suis! c'est moi qui ai tué ce pauvre vieillard! de ma vie je n'aurai plus aucune heure de repos!

Les domestiques se retirèrent en emportant le cadavre. Vincenz prit par la main le jeune Roderich, qui continuait à se désespérer, et, sans prononcer un seul mot, le conduisit vers la porte murée.

— Baron Roderich, dit-il enfin, l'infâme qui vient de tomber mort à vos pieds était l'assassin de votre père!

Troublé comme à la vue d'un spectre sorti de l'enfer, le baron jeta des yeux hagards sur le justicier.

— Oui, continua ce dernier, le temps est venu de vous dévoiler l'effroyable mystère qui enveloppait ce misérable et le livrait aux mauvais esprits pendant les heures du sommeil. Les mots que vous avez fait entendre aux oreilles du hideux somnambule, ce sont les derniers qu'a prononcés votre malheureux père!

Frémissant, et incapable de proférer une seule parole, le baron prit place à côté de Vincenz, qui s'était assis devant la cheminée. Le justicier lui fit connaître d'abord le contenu du paquet qu'Hubert lui avait remis pour être décacheté après l'ouverture de son testament.

XX.

Hubert employait des expressions qui annonçaient le plus profond repentir, pour s'accuser d'avoir nourri contre son frère une haine insurmontable à partir du jour de l'institution du majorat. En effet, cette fondation ne lui laissait plus d'espoir; car, quand même ses manœuvres auraient brouillé le fils avec le père, celui-ci s'était ôté la faculté de priver son fils aîné de ses droits, et d'ailleurs il ne l'eût jamais fait, d'après ses principes, même sous l'influence de la colère.

Lorsque Wolfgang contracta à Genève sa liaison avec Julie, Hubert crut pouvoir en profiter pour perdre son frère. C'est alors que commencèrent ses rapports avec Daniel dans le but d'entraîner le vieux Roderich à des actes propres à réduire Wolfgang au désespoir.

Il savait qu'une alliance avec une des plus anciennes familles du pays était seule dans la pensée du vieux Roderich capable d'affermir pour longtemps la splendeur du majorat. Ce baron avait lu cette union dans les astres, et le succès de l'établissement qu'il avait fondé dépendait de l'obéissance de son aîné aux arrêts prononcés par les cieux. L'amour de Wolfgang pour Julie devait donc paraître à son père un crime contraire à la décision du pouvoir qui l'avait assisté dans ses entreprises terrestres. Ses préjugés donnèrent d'avance gain de cause à tout ce qui pouvait perdre cette Julie, qui, comme un mauvais génie, venait déranger l'exécution de tous ses projets.

Hubert connaissait la passion brûlante de son frère pour Julie, et savait que la perte de celle-ci conduirait peut-être Wolfgang au tombeau. Il entra donc dans toutes les vues du vieillard avec d'autant plus d'empressement qu'il avait un amour violent pour Julie, et qu'il espérait l'y voir répondre.

La Providence voulut que les plans d'Hubert fussent déjoués. Wolfgang éluda toutes les intrigues de son frère, et son mariage ainsi que la naissance de son fils demeurèrent un secret.

Prévoyant sa mort prochaine, le vieux Roderich eut l'idée que Wolfgang avait épousé cette Julie qu'il haïssait. Il manda à son fils de venir à un jour fixé à Reusitten prendre possession du majorat, le menaçant de sa malédiction s'il ne se conformait pas à ses ordres.

C'était cette lettre que Wolfgang avait brûlée auprès du cadavre de son père.

Le vieux Roderich avait aussi écrit à Hubert que Wolfgang avait épousé Julie, mais que ce mariage serait cassé; Hubert prit cette nouvelle pour une rêverie du vieillard, et ne fut pas médiocrement étonné quand, à Reusitten, Wolfgang en personne lui prouva par une déclaration franche que l'opinion du vieillard était fondée ; que Julie lui avait donné un fils, et que bientôt elle aurait le plaisir d'apprendre la position et l'opulence de celui qui passait à ses yeux pour le négociant Born.

Il voulait lui-même aller à Genève et en ramener sa bien-aimée, mais avant qu'il eût pu exécuter ce projet une mort affreuse vint le frapper.

Hubert cacha avec soin ce qu'il savait du fils de Julie, et s'empara du majorat qui devait revenir à ce dernier. Mais quelques années s'étaient à peine écoulées lorsqu'il fut saisi d'un profond remords. Le sort punissait sa faute d'une manière bien cruelle, car une haine de plus en plus vivace se manifesta entre les deux fils.

— Tu es un pauvre hère, disait au plus jeune l'aîné, enfant de douze ans; mais moi, après la mort de mon père, je serai propriétaire du majorat de Reusitten, et tu devras alors me montrer de la déférence et me baiser la main pour obtenir de moi de quoi acheter un habit neuf.

Outré de la hautaine insolence de son frère, le cadet lui lança un couteau qu'il tenait en ce moment à la main, et le blessa presque mortellement.

Hubert, appréhendant de plus grands malheurs, fit partir le plus jeune pour Saint-Pétersbourg, d'où plus tard il alla en qualité d'officier servir sous les drapeaux de Suwarow. Il périt dans la guerre d'Italie contre les Français.

Il était au-dessus des forces d'Hubert de dévoiler à la face du monde le mystère de sa possession illégale et frauduleuse et de braver l'ignominie d'un pareil aveu ; mais il résolut de ne rien détourner désormais des biens du majorat. Il prit des renseignements à Genève, et apprit que madame Born était morte de chagrin, par suite de l'inexplicable disparition de son mari, mais que le jeune Roderich Born avait été recueilli par un brave homme qui l'élevait.

Hubert, sous un nom supposé, se donna pour parent du négociant Born, mort, disait-il, dans un naufrage, et pourvut à l'éducation du jeune titulaire du majorat. On sait avec quel soin il tint compte des revenus, et comment il en disposa par testament.

Quant à la mort de son frère, Hubert en parlait en termes étranges et obscurs, qui donnaient à penser qu'il dissimulait une partie de la vérité, et qu'il avait pu participer à cet affreux attentat.

Le contenu du portefeuille noir éclaircissait ce mystère. A la correspondance d'Hubert et de Daniel était annexée une feuille écrite et signée de la main de ce dernier. Ce fut avec une émotion profonde que Vincenz en prit connaissance.

Hubert était venu à Reusitten sur l'invitation de Daniel ; c'était Daniel qui lui avait écrit au sujet de la découverte des cent cinquante mille écus. Nous avons dit comment Hubert avait été accueilli par son frère, et comment, trompé dans ses vœux et ses espérances, il allait s'éloigner quand Vincenz l'arrêta.

Une rage concentrée animait Daniel contre le jeune homme qui avait eu la pensée de le chasser comme un chien galeux. Il changea en brasier l'étincelle de haine qui couvait dans l'âme d'Hubert. On chassait le loup dans une forêt de sapins, et la neige tombait à flocons, quand ils conjurèrent la perte de Wolfgang.

— Qu'il meure! murmura Hubert en détournant les yeux et présentant son arquebuse à l'intendant.

— Oui, qu'il meure ! répondit Daniel en grinçant des dents, mais pas ainsi.

Et il s'engagea à tuer le baron sans qu'un seul coq chantât pour trahir le meurtrier.

Hubert avait reçu de l'argent, et voulait partir, pour ne pas succomber à une trahison criminelle. Daniel lui-même sella le cheval, et le fit sortir de l'écurie. Au moment où le baron allait s'éloigner, Daniel lui dit d'une voix perçante : — Je suis d'avis, baron Hubert, que tu restes ici, car le majorat t'appartient désormais. L'arrogant titulaire est descendu cette nuit même dans la tombe. Son cadavre fracassé gît dans les ruines de la tour!

Daniel avait observé que, poussé par la soif de l'or, Wolfgang se levait souvent pendant la nuit, allait à la porte qui conduisait autrefois à l'observatoire, et jetait des regards avides sur le gouffre que Daniel avait déclaré contenir des trésors cachés.

Pendant la nuit fatale, l'intendant se mit donc en embuscade devant la porte de la salle. Lorsqu'il entendit le baron ouvrir la porte de la tour, et qu'il le vit s'avancer dans le couloir, il se glissa derrière lui. Wolfgang se retourna et aperçut le perfide serviteur, dont les yeux brillaient d'une ardeur homicide.

— Daniel! Daniel! s'écria-t-il, que fais-tu ici à cette heure?

— Meurs, chien galeux! répondit Daniel d'un air sauvage; et d'un violent coup de pied il précipita le malheureux dans l'abîme.

XXI.

La découverte de ces tristes détails inspira au jeune baron Roderich une profonde répugnance pour le séjour du château où son père avait été assassiné. Il retourna en Courlande, et ne vint à Reusitten qu'une fois par an, pour y passer l'automne.

Le vieux Franz assurait que Daniel, dont il soupçonnait le crime, apparaissait encore souvent au temps de la pleine lune, et c'était lui que Vincenz avait éloigné par ses conjurations. C'était après avoir été instruit par le justicier de ces circonstances que le jeune Hubert était parti.

Mon grand-oncle avait terminé son récit; il me prit la main, et de grosses larmes coulèrent de ses yeux.

— Cousin, me dit-il d'une voix émue; cousin! elle aussi, cette femme céleste, a subi l'influence fatale qui régnait sur le château de sa famille! Deux jours après notre départ de Reusitten, le baron fit une dernière promenade en traîneau. Lui-même conduisait sa femme. Arrivés au chemin à la vallée, les chevaux s'emportèrent tout à coup, et il fut impossible de les arrêter.

— Le vieillard, le vieillard est derrière nous! s'écria la baronne d'une voix perçante.

Au même instant elle fut renversée de son traîneau, et on la releva sans vie. Elle n'est plus! le baron cherche en vain à se consoler, et son repos est celui de la mort! Cousin, nous ne retournerons plus à Reusitten!

Mon grand-oncle se tut. Je m'éloignai de lui le cœur déchiré. L'effet du temps, cette panacée universelle, pouvait seul calmer l'excès de ma douleur, à laquelle je crus d'abord impossible de résister.

Des années s'étaient écoulées; Vincenz reposait depuis longtemps dans la tombe; j'avais abandonné ma terre natale. Fuyant l'orage de la guerre qui bouleversait alors toute l'Allemagne, j'avais été visiter le Nord.

Je revenais de Saint-Pétersbourg. Par une sombre nuit d'été, à peu de distance de Kœnigsberg, je longeais les bords de la Baltique, quand j'aperçus devant moi, au ciel, la lumière brillante d'une grande étoile. En m'approchant, je reconnus que ce que j'avais pris pour une étoile était un foyer étincelant, mais sans pouvoir deviner comment il pouvait se soutenir en l'air.

—L'ami, demandai-je au postillon, quel est ce feu qu'on aperçoit?

—Eh! répondit-il, ce n'est pas un feu, c'est le phare de Reusitten.

Reusitten! dès que le postillon eut prononcé ce nom, le souvenir des jours passés se réveilla dans mon esprit. Je revis le baron, Séraphine, et les vieilles tantes si bizarres; je me revis moi-même avec ma figure blanche et fraîche, mes cheveux frisés et poudrés, et mon frac bleu de ciel. Je me revis amoureux, soupirant comme un soufflet de forge, et me lamentant sur la destinée de ma tendresse. Ce fut avec une profonde mélancolie que je me rappelai les saillies spirituelles du justicier, qui me parurent alors plus piquantes qu'autrefois.

Plein de douleur et d'un singulier plaisir, je m'arrêtai de bonne heure à Reusitten devant la porte. Je reconnus la maison de l'administrateur des domaines, et le demandai.

Le commis de la poste ôta sa pipe de sa bouche et porta la main à son bonnet : — Avec votre permission, monsieur, dit-il, il n'y a plus d'administrateur des domaines; cette terre est une propriété de la couronne, et monsieur le bailli n'est pas encore levé.

Je continuai mes questions, et j'appris qu'il s'était écoulé déjà seize ans depuis la mort du baron Roderich de Reusch, dernier propriétaire du majorat. Comme il n'avait point laissé de descendants, le domaine était revenu à l'État, en vertu de la charte de fondation.

Je montai au château; il tombait en ruines. On avait employé à la construction du phare une grande partie des pierres, à ce que me dit un vieux paysan qui sortit de la forêt de pins et avec lequel j'entrai en conversation. Il savait l'histoire du revenant qui avait hanté le château. Il m'assura que souvent, à l'époque de la pleine lune, d'affreux gémissements se faisaient entendre dans les ruines.

Pauvre vieillard, malheureux Roderich! en quelle puissance ennemie avais-tu donc mis ta confiance, pour que l'arbre dont tu avais cru affermir à jamais les racines fût ainsi abattu dès sa naissance!

IGNACE DENNER.

I.

Il y a bien longtemps vivait dans une forêt solitaire et sauvage du territoire de Fulda un brave garde-chasse du nom d'Andrès. Il avait été jadis valet de chambre du comte Aloys de Vach, qu'il avait accompagné durant ses voyages dans la belle Italie; il l'avait une fois sauvé des mains des brigands par son courage et sa présence d'esprit, sur une des routes dangereuses du royaume de Naples.

Dans une auberge de Naples où ils étaient logés, se trouvait une pauvre fille d'une beauté remarquable. Orpheline, elle avait été recueillie par l'hôtelier, qui la traitait durement et l'assujettissait aux travaux les plus pénibles de la basse-cour et de la cuisine.

Malgré la difficulté qu'il avait à s'en faire comprendre, Andrès la consola de son mieux, et la jeune fille conçut pour lui un tel amour, que, pour ne plus s'en séparer, elle voulut le suivre dans la froide Allemagne. Le comte de Vach, ému des supplications d'Andrès et des larmes de Giorgina, permit à celle-ci de s'asseoir sur le siége à côté de son amant, et ce fut ainsi qu'elle put faire ce long voyage.

Avant de franchir les frontières d'Italie, Andrès s'était déjà marié avec sa Giorgina, et quand ils furent enfin arrivés dans les propriétés du comte de Vach, ce dernier crut récompenser convenablement son fidèle serviteur en le nommant garde-chasse de ses réserves.

Andrès se rendit donc avec sa Giorgina et un vieux domestique dans une forêt sauvage qu'il était chargé d'interdire aux braconniers et aux voleurs de bois. Mais, au lieu du bien-être qu'il espérait et que lui avait promis le comte de Vach, Andrès ne trouva qu'une vie de fatigues, de peines et d'inquiétudes, et fut bientôt réduit à la misère et au désespoir.

Le peu d'argent qu'il recevait du comte de Vach suffisait à peine à l'entretien de sa garde-robe et de celle de sa femme. Les modiques profits que lui procuraient les ventes de bois étaient rares et incertains, et le jardin qu'il cultivait pour se nourrir était souvent dévasté par les loups et les sangliers. Bien qu'il fît sentinelle avec son valet, souvent ses dernières ressources alimentaires étaient détruites en une seule nuit.

En outre, il voyait sa vie menacée par les voleurs de bois et les braconniers. Loin d'entrer en arrangement avec eux, il refusait en brave et honnête homme de souiller ses mains d'un gain illicite, et s'acquittait de sa charge avec zèle et loyauté. Cette noble conduite l'exposait à bien des dangers, et la vigilance le préservait seul d'une attaque nocturne des brigands.

Inaccoutumée au climat et à ce genre de vie au milieu des bois, Giorgina dépérissait de jour en jour. Son teint brun prenait une couleur terne et jaunâtre; le feu de ses yeux s'éteignait; elle perdait par degrés tout son embonpoint.

Souvent elle se réveillait la nuit, à la clarté de la lune. Des coups de feu retentissaient au loin dans la forêt; les dogues hurlaient; son mari se levait doucement de son lit, et partait en murmurant avec son valet. Alors elle priait avec ferveur Dieu et les saints de la faire sortir, ainsi que son fidèle époux, de cet effroyable désert où la mort était à chaque instant suspendue sur leurs têtes.

La naissance d'un enfant jeta enfin Giorgina sur le lit de douleur; elle devint de plus en plus faible, et sentit approcher sa fin.

Le malheureux Andrès errait çà et là, l'âme remplie de sombres pensées. Tout son bonheur avait disparu avec la santé de sa femme. Les pièces de gibier semblaient le narguer; elles passaient comme des ombres dans le bois hors de la portée de son fusil, et disparaissaient en l'air dès qu'il tirait. Aucun animal ne tombait sous ses coups, et son domestique, habile chasseur, lui procurait seul le gibier qu'il était tenu de fournir au comte de Vach.

Un jour il était assis auprès du lit de Giorgina. Ses regards étaient fixés sur sa femme chérie, vouée à la mort et ayant à peine la force de respirer. Dans sa douleur sourde et muette, il lui avait pris la main, et n'entendait pas les cris de l'enfant auquel la faim arrachait des plaintes. Le domestique était allé de bonne heure à Fulda, afin d'échanger le reste des épargnes du pauvre ménage contre des vivres et des médicaments. Il n'y avait point de secours humains à attendre aux environs. Les hurlements de l'orage entre les noires branches des pins bruissaient comme des voix perçantes et lamentables, et les dogues semblaient gémir du malheureux sort de leur maître.

Andrès entendit tout à coup des pas devant la maison. Il crut que le domestique revenait, quoiqu'il ne comptât pas sitôt sur lui ; mais les chiens s'élancèrent hors du logis et aboyèrent avec violence. Ce devait être un étranger.

Andrès alla lui-même sur le seuil de la porte. Il vit s'avancer vers lui un homme grand et sec, en manteau gris, et un bonnet de voyage rabattu sur la figure.

— Eh ! dit l'étranger, comme je me suis égaré dans ce bois ! L'orage descend des montagnes, et tout présage un temps affreux. Ne puis-je vous prier, mon cher monsieur, de m'accorder un asile dans votre maison, pour me délasser d'un voyage pénible et me mettre à même de le continuer.

— Ah ! monsieur, répondit le désolé garde-chasse, vous venez dans une maison de tristesse et de misère, et, hors une chaise, sur laquelle vous pouvez vous reposer, je ne puis rien vous procurer pour vous refaire. Ma pauvre femme malade est elle-même dans le dénûment, et mon domestique, que j'ai envoyé à Fulda, n'apportera des provisions que ce soir, à une heure avancée.

Pendant ce dialogue, ils étaient entrés dans la chambre. L'étranger ôta son bonnet de voyage et son manteau, sous lequel il portait une valise et une cassette. Il tira aussi un stylet et une paire de pistolets qu'il déposa sur la table.

Andrès s'était approché du lit de Giorgina ; elle était évanouie. L'étranger s'avança également, examina longtemps la malade avec des yeux perçants et pensifs, lui prit la main, et lui tâta le pouls en homme exercé.

— Ah ! mon Dieu ! est-elle morte ? dit Andrès au désespoir.

— Il n'en est rien, mon cher ami, dit l'étranger ; soyez calme. Votre femme n'a besoin que d'une nourriture bonne et fortifiante, et, pour le moment, un médicament propre à la ranimer aurait les meilleurs effets. Loin d'être médecin, je suis tout bonnement marchand, mais l'art de guérir ne m'est pas totalement inconnu, et je possède plusieurs secrets du vieux temps que je porte avec moi et que je débite.

A ces mots, l'étranger ouvrit sa cassette, en tira une fiole, versa sur du sucre quelques gouttes d'une liqueur d'un rouge foncé, et le donna à la malade. Puis il sortit de sa valise un petit flacon taillé plein de vin du Rhin, et lui en fit prendre deux cuillerées pleines. Il conseilla de mettre l'enfant au lit, près de sa mère, et de les laisser reposer tous deux.

Aux yeux d'Andrès, l'étranger était un être céleste descendu dans sa retraite pour lui apporter des consolations et des secours. Au premier abord le regard faux et perçant de l'inconnu l'avait effrayé; mais l'intérêt affectueux qu'il témoignait à la pauvre Giorgina, dans l'état de laquelle ses soins avaient produit une amélioration sensible, détruisirent un premier mouvement de méfiance. Andrès raconta sans détour à l'étranger comment la faveur que son maître, le comte de Vach, avait voulu lui faire, l'avait plongé dans la détresse, et comment toute son existence se trouvait vouée à la douleur et à la pauvreté.

L'étranger le consola, et lui dit que souvent un bonheur imprévu rendait tous les biens de la vie au malheureux sans espérance, et qu'on devait risquer quelque chose pour se rendre la fortune favorable.

— Ah! mon cher monsieur, répondit Andrès, j'ai confiance en Dieu et dans l'intercession des saints, auxquels ma fidèle épouse et moi nous adressons chaque jour de ferventes prières. Que dois-je donc faire pour me procurer un peu d'aisance et d'argent? Je souhaite de la richesse principalement à cause de ma pauvre femme, qui s'est volontairement exilée de son pays natal pour me suivre dans cette sauvage solitude; mais : ou la sagesse divine a jugé à propos de me refuser de la fortune, et dans ce cas je deviens coupable de chercher à en acquérir; ou la Providence me réserve un avenir prospère, et alors ai-je besoin de le hâter en risquant mon âme et ma vie pour des biens terrestres et passagers?

A ces paroles du pieux Andrès, un sourire étrange contracta les traits de l'étranger. Il était sur le point de répondre, quand Giorgina se réveilla, en poussant un profond soupir, de l'assoupissement dans lequel elle était tombée. Elle sentait un merveilleux soulagement, et son enfant riait gracieusement suspendu à son sein. Andrès était hors de lui; il pleurait, il priait, il sautait de joie, et la maison retentissait de ses exclamations.

Pendant ce temps, le domestique était revenu. Avec les provisions qu'il avait rapportées, il prépara de son mieux le repas dont l'étranger devait prendre sa part. Celui-ci fit lui-même un consommé pour Giorgina, et il y mêla toute espèce d'épices et autres ingrédients qu'il portait avec lui.

Il était tard, et l'étranger fut obligé d'accepter l'hospitalité d'Andrès. Il demanda qu'on lui fît un lit de paille dans la chambre où couchaient Andrès et sa femme. Andrès, que son inquiétude au sujet de l'état de sa femme empêchait de dormir, remarqua que l'étranger écoutait avec attention la respiration pénible de Giorgina, s'approchait doucement du lit, interrogeait le pouls de la malade, et lui donnait à boire sa médecine.

II.

Le matin, Giorgina était complétement remise. Andrès remercia cordialement l'étranger, et l'appela son ange gardien. Giorgina se joignit à son mari : c'était, disait-elle, Dieu lui-même qui, cédant à ses ardentes prières, lui avait envoyé un sauveur.

Ces marques de reconnaissance paraissaient évidemment importunes à l'étranger. Il assura avec embarras qu'il n'eût été qu'un monstre s'il n'eût prêté à la malade l'appui de ses connaissances et des remèdes qu'il possédait.

— Vous ne m'avez pas d'obligations, ajouta-t-il ; mais c'est moi qui vous suis redevable de l'accueil hospitalier que vous m'avez fait malgré votre pauvreté. Je tiens à vous prouver que je ne suis pas ingrat.

Aussitôt il prit une bourse bien garnie, en tira quelques pièces d'or et les offrit à Andrès.

— Eh! monsieur, dit Andrès, comment et pourquoi recevrais-je de vous autant d'argent? Vous étiez perdu dans cette vaste forêt, la religion me faisait un devoir de vous héberger : et si vous pensez que j'aie quelques droits à votre reconnaissance, vous m'en avez déjà donné assez de preuves, homme sage et secourable, en sauvant ma chère femme d'une mort imminente! L'importance du service que vous m'avez rendu ne saurait s'exprimer par des paroles. Ah! monsieur, je n'oublierai jamais ce que je vous dois, et puisse Dieu me mettre à même de vous offrir mon sang et ma vie en récompense de votre noble action!

A ces mots, une lueur rapide comme celle d'un éclair brilla dans les yeux de l'étranger.

— Brave homme, dit-il, il faut absolument accepter cet argent. Vous le devez pour votre femme, qui a besoin de soins et d'une meilleure nourriture; à ces deux conditions seulement, elle se relèvera de la maladie qui l'accablait, et pourra continuer d'allaiter votre enfant.

— Ah! monsieur, pardonnez-moi, répondit Andrès; mais une voix intérieure me dit de ne pas accepter de l'argent que je n'ai point gagné. Cette voix intérieure, que j'ai toujours suivie comme un avertissement secret de mon saint patron, a préservé mon corps et mon âme de tout danger pendant tout le cours de ma vie. Voulez-vous vous montrer généreux et me rendre très-riche au sein de ma pauvreté, laissez-moi un flacon de votre potion merveilleuse pour achever de rétablir ma femme.

Giorgina s'était assise sur son séant, et les regards tristes et mélancoliques qu'elle lançait sur Andrès semblaient le supplier de surmonter sa répugnance, et d'accepter le don de l'homme généreux. L'étranger le remarqua.

— Eh bien! dit-il, si vous ne voulez pas absolument prendre mon argent, je l'offre à votre femme chérie, qui me saura gré du désir que j'ai de vous tirer de cet affreux dénûment.

A ces mots il fouilla dans sa bourse, et, s'approchant de Giorgina, lui donna au moins deux fois autant d'argent qu'il en avait présenté à Andrès. Giorgina regarda les belles pièces d'or avec des yeux où brillait la joie; elle ne put prononcer un seul mot de remercîment, mais des larmes limpides coulèrent le long de ses joues.

— Voyez-vous, mon cher ami, dit l'étranger à Andrès en s'éloignant promptement de Giorgina, vous pouvez accepter mes dons sans scrupule, car ils ne composent qu'une bien faible partie de mes richesses. Apprenez que je ne suis pas ce que je parais être. Je porte des habits déchirés, je voyage à pied comme un pauvre colporteur, et vous croyez d'après ces indices que je suis pauvre et que ma condition est peu supérieure à celle d'un marchand ambulant qui court les foires et les marchés : détrompez-vous. Depuis plusieurs années je suis devenu très-riche, grâce au succès de mon commerce de pierreries, et c'est par une vieille habitude que j'ai conservé un genre de vie simple et sans faste. J'ai dans mon coffre et dans cette petite valise pour bien des milliers de francs de joyaux, de pierres précieuses, et principalement de camées antiques. J'ai fait cette fois-ci de très-bonnes affaires à Francfort : ce que j'ai donné à votre femme n'est pas même la centième partie de mes bénéfices.

En outre, je ne vous donne point cet argent à titre gratuit; mais je réclame de vous toutes sortes de services. Je voulais, comme à l'ordinaire, aller de Francfort à Cassel, et depuis Schuchtern je me suis écarté de la bonne route. Cependant j'ai trouvé le chemin qui traverse cette forêt, et qu'appréhende la généralité des voyageurs, excessivement commode pour un piéton. J'ai donc l'intention de le suivre désormais, et de vous rendre visite quand je passerai par ici. Vous me verrez arriver chez vous deux fois par an, savoir : à Pâques, en allant de Francfort à Cassel, et à la fin de l'automne, en me rendant de la foire de Saint-Michel de Leipzig à Francfort, et de là en Suisse et même en Italie. Pendant ce dernier voyage, vous voudrez bien, moyennant un bon salaire, me laisser loger chez vous un, deux et même trois jours. C'est le premier service que je vous demande.

De plus, je vous prie de garder ce petit coffre, qui m'embarrasserait en route, et où se trouvent des valeurs dont je n'aurai pas besoin à Cassel, jusqu'à ce que je vienne le reprendre à l'automne prochain. Je ne vous cacherai pas que les objets qu'il contient sont d'un grand prix; mais il est à peine nécessaire de vous les recommander. Je compte sur votre loyauté; je suis sûr que vous veillerez avec soin sur les moindres choses que je vous confierai, et à plus forte raison sur les trésors renfermés dans ce coffret. Voilà le second service que je sollicite de vous.

Quant au troisième, il va vous sembler pénible; mais il est pour moi d'une importance immédiate. Il s'agit de quitter votre femme, pour aujourd'hui seulement, et de me conduire hors de la forêt jusqu'à la route d'Hirschfeld, où je veux m'arrêter chez des personnes de connaissance avant de me rendre à Cassel; car, outre que je ne connais pas bien mon chemin dans la forêt, et que je pourrais m'égarer une seconde fois sans rencontrer un homme aussi hospitalier que vous, cette route n'est pas tout à fait sûre. Votre qualité de garde-chasse vous préserve d'être attaqué; mais, moi, voyageur isolé, je suis exposé à bien des dangers. On m'a dit à Francfort qu'une bande de voleurs, qui exploitait les environs de Schaffhouse et s'étendait jusqu'à Strasbourg, venait de s'établir sur les terres de Fulda, espérant y dépouiller les négociants qui vont de Leipzig à Francfort. Il est possible que ces brigands aient déjà appris dans cette dernière ville que je suis un riche marchand de bijoux. Si j'ai donc bien mérité de vous en procurant des soulagements à votre femme, vous pouvez m'en payer largement en m'aidant à sortir de cette forêt et à retrouver mon chemin.

Andrès se prépara avec joie à satisfaire les désirs de l'étranger. Il prit son uniforme de garde, son fusil à deux coups, son grand couteau de chasse, et dit à son domestique de coupler deux de ses chiens.

III.

L'étranger avait ouvert le coffret, et en avait tiré les plus magnifiques bijoux, colliers, pendants d'oreilles, bracelets, etc. Il les étala sur le lit de Giorgina, qui ne put maitriser la surprise et le plaisir qu'elle éprouvait.

L'étranger l'engagea à orner son cou d'un des plus beaux colliers, et ses bras arrondis de riches bracelets, et lui présenta un petit miroir de poche où elle pouvait se voir à l'aise.

— Mon cher monsieur, dit Andrès en la voyant livrée aux transports d'une joie enfantine, comment pouvez-vous tenter ma femme en lui montrant d'aussi belles parures qui ne lui vont point, et qu'elle ne possédera jamais? Ne m'en voulez pas, monsieur, mais le simple collier de corail que ma Giorgina portait à son cou la première fois que je la vis à Naples a mille fois plus de prix pour moi que ces bijoux étincelants; ce sont à mes yeux de fausses et vaines frivolités.

— Vous êtes aussi trop sévère, répondit l'étranger en ricanant; quoi! vous refusez à votre femme souffrante l'innocent plaisir de se parer de mes pierreries, qui, loin d'être fausses, sont de la plus belle eau. Ne savez-vous donc pas que de semblables objets sont fort agréables aux femmes? Vous dites que tant de magnificence ne sied pas à votre Giorgina, permettez-moi d'être d'un avis contraire. Votre femme est assez jolie pour porter une telle parure, et savez-vous si un jour elle ne sera pas assez riche pour posséder elle-même un brillant écrin?

— Je vous en conjure, monsieur, dit Andrès d'un ton très-sévère, ne nous donnez point par vos paroles ambiguës des espérances illusoires. Voulez-vous éblouir ma pauvre femme, lui inspirer une vaine convoitise pour ce faste mondain, et détruire le repos de sa vie en lui faisant sentir plus vivement l'étendue de sa misère? Empaquetez vos belles choses, mon cher monsieur; je vous les garderai fidèlement jusqu'à votre retour. Mais dites-moi seulement, si, ce dont le ciel vous préserve! il vous arrivait un malheur, si vous ne reparaissiez pas chez moi, où devrais-je déposer ce coffret? Combien de temps faudrait-il vous attendre avant de le remettre à la personne que vous désignerez? Éclaircissez mes doutes à cet égard, et veuillez me dire le nom de cette personne et le vôtre.

— Je m'appelle Ignace Denner, répondit l'étranger, et je suis marchand et commerçant, comme je vous l'ai déjà dit. Je n'ai ni femme ni enfants, et mes parents demeurent tous dans le Valais. Mais je ne saurais les aimer et m'occuper d'eux, car ils ne se sont point inquiétés de moi au temps de ma misère et de mon dénûment. Si vous ne me voyez pas d'ici à trois ans, ce coffret et son contenu vous seront légitimement acquis. Je sais bien que Giorgina et vous, ferez des difficultés pour accepter de moi un legs aussi riche; eh bien! dans le cas où je ne reparaîtrais pas, bijoux et coffret échoiront à votre enfant, au nom duquel je vous prie d'ajouter celui d'Ignace, quand vous le ferez confirmer.

Andrès, ne sachant véritablement comment reconnaître la générosité rare et les largesses d'Ignace Denner, demeura devant lui la bouche béante. Giorgina le remercia de sa bienveillance, et lui assura qu'elle prierait ardemment Dieu et les saints de le protéger dans ses longs et pénibles voyages, et de le ramener heureusement dans leur maison.

L'étranger ricana avec une expression étrange, et qui lui était propre.

— Certes, dit-il, la prière d'une jolie femme a plus de puissance que la mienne. Je vous laisse donc le soin de prier, et je mets ma confiance dans mes bonnes armes, et dans mon corps robuste et endurci.

Cette assertion de l'étranger déplut au pieux Andrès; toutefois il garda pour lui ce qu'il était sur le point de répondre, et engagea le marchand à se mettre en route. Andrès fut d'autant plus pressant, que le moindre retard l'exposait à rentrer chez lui à une heure avancée; ce qui eût causé des craintes et de l'inquiétude à sa Giorgina.

En partant, l'étranger dit encore à Giorgina qu'il lui permettait formellement de se parer des bijoux, si ce pouvait être pour elle un divertissement capable de la dédommager de l'ennui qu'elle éprouvait dans cette forêt isolée.

Giorgina rougit de plaisir. Elle sentit se réveiller en elle cet amour du faste et des pierres précieuses inné chez les Italiens.

Denner et Andrès partirent, et s'avancèrent rapidement à travers le bois sombre et désert. Les dogues cherchaient dans les plus épais buissons, aboyaient, et regardaient leur maître avec des yeux expressifs.

— On n'est pas en sûreté ici, disait Andrès; et il armait son fusil, et, accompagné de ses chiens, marchait avec précaution devant le négociant. Souvent il lui semblait qu'on remuait derrière les arbres, et bientôt il apercevait dans le lointain de sombres figures qui se perdaient tout à coup dans les taillis.

Il voulait découpler les dogues : — N'en faites rien, mon cher, s'écria Denner, je puis vous assurer que nous ne courons pas le moindre danger.

A peine avait-il dit ces mots, qu'à quelques pas d'eux se montra un individu grand et basané, portant des cheveux hérissés et de grosses moustaches, et tenant un fusil en main. Andrès le coucha en joue.

— Ne tirez pas, ne tirez pas! s'écria Denner. L'homme basané lui fit un signe de tête amical, et s'enfonça dans les halliers.

Enfin ils se trouvèrent hors du bois, sur la grande route.

— Maintenant je vous remercie sincèrement de votre conduite, dit Denner; vous pouvez retourner chez vous. Si vous rencontrez des gens semblables à ceux que nous avons aperçus, passez tranquillement votre chemin, sans vous occuper d'eux. Faites semblant de ne pas les voir, retenez vos dogues à la corde, et vous arriverez à votre maison sans le moindre risque.

Andrès ne savait que penser de ce singulier marchand qui semblait, comme un conjurateur d'esprits, chasser et éloigner de lui les malveillants. Il ne pouvait deviner pourquoi Denner s'était fait escorter à travers la forêt. Toutefois il reprit son chemin, ne rencontra rien de suspect, et arriva sans encombre dans sa maison, où il retrouva Giorgina, qui avait recouvré ses forces et son activité. Elle s'était levée, et, pleine de joie à son aspect, elle se précipita dans ses bras.

IV.

Grâce à la générosité du marchand, un changement notable s'opéra dans le petit ménage d'Andrès. A peine le rétablissement de Giorgina fut-il complet, qu'elle se rendit à Fulda avec son mari, et, outre des objets de première nécessité, en acheta plusieurs autres destinés à l'ornement de la maison, qui lui donnèrent un certain air d'aisance et de bien-être.

D'ailleurs les braconniers et voleurs de bois semblèrent avoir été mis en fuite par l'apparition de l'étranger, et Andrès put sans crainte s'acquitter de sa charge. Son bonheur de chasseur était singulièrement revenu, de sorte que, comme autrefois, il ne rentrait presque jamais sans abattre du gibier.

L'étranger parut à la Saint-Michel et passa trois jours dans la chaumière. En dépit des refus obstinés de ses hôtes, il fut aussi généreux que la première fois. — Je veux, dit-il, que vous soyez à l'abri de tout besoin, afin de me rendre plus convenable et plus commode ma station dans la forêt.

La jolie Giorgina parut enfin vêtue plus convenablement. Elle avoua à Andrès qu'elle avait reçu de l'étranger une aiguille d'or artistement travaillée, semblable à celle dont se servent les jeunes filles et les femmes dans plusieurs parties de l'Italie pour relever et maintenir les tresses de leurs cheveux. Le visage d'Andrès s'assombrit; mais au même instant Giorgina s'était élancée hors de la chambre, et elle ne tarda pas à reparaître habillée et parée comme elle l'avait été à Naples lorsque Andrès l'avait connue. La belle aiguille d'or brillait dans ses cheveux noirs, au milieu de bouquets odorants de fleurs entrelacées, et Andrès fut forcé de s'avouer que le présent de l'étranger était bien choisi.

Andrès en convint sans détour, et Giorgina, regardant l'inconnu comme un ange tutélaire qui les avait fait passer de la plus profonde misère à l'aisance, dit à son mari qu'elle ne concevait pas sa mauvaise humeur, son ingratitude envers leur bienfaiteur.

— Ah! femme chère à mon cœur, dit Andrès, cette voix intérieure qui m'avait parlé si haut pour m'empêcher d'accepter les présents de cet inconnu, continue à se faire entendre. Ma conscience me fait souvent des reproches; il me semble que l'argent qui me vient de ce Denner est un bien mal acquis, et cette idée s'oppose à ce que j'en jouisse en paix. Je puis aujourd'hui me permettre de me bien nourrir, me régaler d'un verre de vin; mais, crois-moi, chère Giorgina, lorsqu'une bonne vente de bois avait lieu, et que le bon Dieu avait mis dans ma bourse quelques sous honorablement gagnés, j'avalais avec plus de plaisir un verre de piquette que je ne bois maintenant l'excellent vin dont l'étranger nous fait don. Il m'est impossible de traiter cet étranger en ami, sa présence même a pour moi quelque chose de désagréable. As-tu remarqué, Giorgina, que son regard n'est jamais assuré? et puis le feu de ses petits yeux enfoncés est parfois si étrange! il rit si malicieusement de nos paroles simples et droites, que je me sens frissonner. Ah! puissent mes alarme être sans fondement! mais souvent je suis tenté de croire qu'il a quelques noirs desseins, et qu'après nous avoir fait tomber dans ses piéges, il nous exposera à de terribles malheurs.

Giorgina chercha à dissiper les sombres pressentiments de son mari en lui assurant qu'elle avait souvent connu dans son pays, et notamment dans l'auberge où elle avait été recueillie, des personnes dont l'extérieur était encore plus ingrat, bien qu'elles fussent foncièrement honnêtes. Andrès parut s'apaiser, mais il résolut en lui-même d'être sur ses gardes.

L'étranger revint chez Andrès à l'époque où le fils de ce dernier venait d'avoir neuf mois. C'était un enfant d'une beauté rare, et tout à fait le portrait de sa mère.

Le jour anniversaire de sa naissance se trouvait être celui de la fête de Giorgina. Elle avait mis à son fils de pittoresques vêtements à la mode italienne, et elle portait elle-même son cher costume napolitain.

On prépara un repas meilleur que d'habitude, et l'étranger tira de sa valise un flacon de vin exquis. La joie régnait donc parmi les convives, et le petit garçon les regardait avec des yeux pleins de vivacité, lorsque Ignace Denner prit la parole.

—Vraiment, dit-il, les manières de votre enfant annoncent une intelligence étonnante, et il est dommage que vous ne soyez pas en état de l'élever convenablement. J'aurais bien une proposition à vous faire; mais vous ne voudrez pas y consentir, quoiqu'elle me soit uniquement inspirée, comme vous devez le penser, par le désir de vous être utile; vous savez que je suis riche et sans enfants; je ressens pour votre fils une tendresse et un intérêt tout particuliers. Donnez-le-moi! je l'emmènerai à Strasbourg, où une vénérable dame de mes amies veillera à son éducation; ce qui comblera mes vœux et les vôtres. Ce sera pour vous une grosse charge de moins; mais il importe de prendre promptement une résolution, car je suis obligé de partir dès ce soir. Je porterai l'enfant sur mes bras jusqu'au prochain village, et là je prendrai une voiture.

A ces mots, Giorgina courut précipitamment à son fils, que Denner avait pris sur ses genoux, et le pressa contre son sein en versant des larmes.

— Voyez, mon cher monsieur, dit Andrès, comme ma femme répond à votre proposition. Je partage son avis. Je ne doute point de la bonté de vos intentions, mais comment pouvez-vous songer à nous ravir ce que nous avons de plus cher au monde? comment pouvez-vous appeler une charge ce qui ferait le charme de notre vie, quand bien même nous serions encore plongés dans la plus profonde misère d'où votre bonté nous a tirés? Voyez, mon cher monsieur, vous avez dit vous-même que vous n'aviez ni femme ni enfant, vous ignorez donc cette félicité qui, comme un rayon de la gloire céleste, comble deux époux à la naissance d'un enfant; c'est l'amour le plus pur, c'est le bonheur le plus doux qu'éprouvent les parents en contemplant cet être faible, reposant sur le sein de sa mère, gage de leur tendresse mutuelle et du bonheur de leur vie. Non, mon cher monsieur, quelque grands que soient vos bienfaits, ils sont loin de mériter à nos yeux le sacrifice de notre enfant; le monde n'a point de trésors aussi précieux pour nous. Que notre enfant, mon cher monsieur, ne nous fasse point accuser d'ingratitude. Si vous étiez père vous-même, nous n'aurions pas besoin de nous excuser auprès de vous.

— Il suffit, répondit l'étranger d'un air sombre; j'ai cru bien faire en rendant votre fils riche et heureux. Puisque ma demande ne vous convient pas, qu'il n'en soit plus question.

Giorgina caressa l'enfant et le pressa contre son cœur, comme s'il lui eût été rendu après avoir échappé à un grand danger. L'étranger s'efforça de se remettre et de paraître gai comme auparavant; mais il n'était que trop facile de voir combien le refus de ses hôtes l'avait affligé. Au lieu de partir le soir même comme il l'avait annoncé, il demeura trois jours auprès d'eux. Pendant ce temps il évita Giorgina, et alla à la chasse avec Andrès; ce qui lui procura l'occasion de prendre beaucoup de renseignements sur le comte Aloys de Vach.

Dans la suite, lorsque Ignace Denner revint chez son ami Andrès, il ne parla plus de prendre avec lui l'enfant. Il montra son affabilité accoutumée, fit de riches présents à Giorgina, et l'invita de nouveau à se parer des bijoux de la cassette qu'il avait donnée en garde à Andrès, toutes les fois qu'elle en aurait envie. Elle se le permit de temps en temps et en secret.

Souvent Denner voulait, ainsi qu'autrefois, jouer avec l'enfant, mais celui-ci se débattait en pleurant, et refusait d'approcher de l'étranger, comme s'il eût deviné quelque chose du projet qu'avait eu Denner de le soustraire à ses parents.

V.

Deux années s'étaient écoulées, et deux fois l'étranger s'était arrêté chez Andrès pendant ses voyages. Le temps et l'habitude avaient dissipé les craintes et la méfiance qu'inspirait Denner, et Andrès jouissait gaiement et en paix de son bien-être.

On était dans l'automne de la troisième année, à une époque plus avancée que celle à la quelle Denner avait coutume de venir. Par une nuit d'orage, on frappa à coups redoublés à la porte de la maison d'Andrès, et plusieurs voix rudes l'appelèrent par son nom. Il sauta à bas de son lit, et ouvrit la fenêtre.

— Qui vient me déranger par cette nuit sombre? s'écria-t-il; allez-vous-en, visiteurs importuns, ou je vais lâcher mes dogues.

— Andrès, c'est un ami! dit une voix qu'il reconnut pour celle de Denner.

Il prit un flambeau et ouvrit la porte, et Denner s'avança seul à sa rencontre.

— Tiens! dit Andrès, j'avais cru entendre plusieurs voix prononcer mon nom.

— Erreur, répondit Denner, les hurlements du vent te l'ont fait croire.

Ils entrèrent tous deux, et Andrès ne fut pas médiocrement étonné en voyant le changement qui s'était opéré dans la personne de Denner. Au lieu d'un méchant habit gris et d'un manteau, il portait un pourpoint d'un rouge foncé et une large ceinture de cuir où étincelaient un stylet et une paire de pistolets; en outre, il était armé d'un sabre. Son visage avait même subi une transformation ; car d'épais sourcils ombrageaient son front, et une barbe noire couvrait sa lèvre supérieure et son menton.

— Andrès, dit Denner en lui lançant des regards étincelants, quand, il y a près de trois ans, j'arrachai ta femme à la mort, tu souhaitas que Dieu te fournît l'occasion de me donner ton sang et ta vie en échange de mon bienfait. Tes vœux sont exaucés; le moment est venu de me prouver ta reconnaissance, et de remplir tes promesses. Habille-toi, prends ton fusil, et viens avec moi; à quelques pas d'ici tu apprendras ce dont il est question.

Andrès ne savait que penser de cette demande; il répondit cependant :

— Je me souviens de ce que je vous ai dit, et je suis prêt à vous servir de tout mon pouvoir, pourvu que vos entreprises ne soient pas contraires à la probité, à la vertu et à la religion.

— Tu peux être tranquille là-dessus, s'écria Denner en riant et en lui frappant sur l'épaule.

Tremblante d'inquiétude, Giorgina s'était levée, et cherchait à retenir son mari. Denner s'en aperçut, la prit par le bras, et l'écarta doucement.

— Laissez partir votre mari avec moi, dit-il; dans quelques heures il sera de retour auprès de vous, et vous rapportera peut-être des objets précieux. Me suis-je donc jamais mal conduit avec vous? Ne vous ai-je pas toujours bien traités, même quand vous m'avez méconnu? En vérité, vous êtes des gens singulièrement méfiants!

Andrès hésitait encore à s'habiller. Denner se retourna vers lui, et le regarda avec colère.

— J'espère, dit-il, que tu tiendras ta parole; car il faut maintenant mettre tes actions d'accord avec tes discours.

Andrès fut bientôt prêt; et en sortant avec Denner, il lui dit encore sur le seuil de la porte :

— Je ferai tout pour vous, mon cher monsieur, si vous n'exigez de moi rien d'injuste ; je me refuserais à la moindre action que condamnerait ma conscience.

Denner ne répondit rien, et se mit à marcher rapidement. Ils s'avancèrent à travers les halliers jusqu'à une clairière assez vaste. Là, Denner siffla trois fois ; au bruit du sifflet, qui retentit dans les cavités des rochers, des torches brillèrent de toutes parts dans le taillis ; un tumulte confus troubla les sombres et silencieuses allées du bois, et des figures noires, hideuses et fantastiques se rangèrent en cercle autour de Denner.

— Voilà sans doute notre nouveau camarade, n'est-ce pas, capitaine ? dit l'un des nouveaux venus en regardant Andrès.

— Oui, répondit Denner ; je viens de le faire sortir du lit ; il va faire son coup d'essai ; on peut marcher à présent.

A ces mots, Andrès se réveilla comme d'un étourdissement profond. Une sueur glacée lui couvrit le front, mais il ne tarda pas à se remettre.

— Quoi ! s'écria-t-il avec véhémence, infâme imposteur, tu te donnais pour marchand, et tu mènes cette vie criminelle et maudite, et tu n'es qu'un vil brigand ! Jamais je ne serai ton complice ; jamais je ne prendrai part à tes iniquités, quoique tu aies voulu me tenter par des artifices aussi odieux que ceux de Satan en personne. Laisse-moi partir, misérable, et quitte le pays avec ta bande ; sinon je découvrirai ton repaire aux magistrats, et tu recevras le prix de tes forfaits ! car je vois maintenant qui tu es ; c'est toi, le cruel Ignace, dont la bande infeste les environs, et signale son passage par des assassinats ! Laisse-moi partir, et que je ne te revoie jamais !

Denner accueillit cette harangue par un éclat de rire.

— Quoi ! lâche coquin, dit-il, tu entreprends de me braver ? tu oses t'opposer à ma volonté, à ma puissance ? N'es-tu pas depuis longtemps notre complice ? Ne vis-tu pas depuis près de trois ans de notre argent ? Ta femme n'est-elle point parée du fruit de nos rapines ? Maintenant que tu es avec nous, ne veux-tu pas travailler en raison de la part qui t'est échue ? Si tu ne nous suis pas, si tu ne te conduis pas comme notre brave camarade, je te fais enchaîner et jeter dans notre caverne, et mes complices iront brûler ta maison, et tuer ta femme et ton enfant. Je veux bien pour le moment différer ces mesures de rigueur, qui ne seront que la suite de ta résistance. Eh bien ! choisis ! il est temps ; nous allons partir.

Andrès vit de suite que la moindre hésitation coûterait la vie à Giorgina et à son enfant. Il maudit dans son cœur le perfide Denner; mais il résolut de se soumettre en apparence à ses volontés, de rester pur de vol et de meurtre, et d'obtenir accès dans la demeure des brigands pour être à même de les faire arrêter à la première occasion favorable. Après qu'il eut pris à part lui cette détermination :

— Ma conscience répugne à vous suivre, dit-il à Denner; mais il faut bien que je risque quelque chose pour le sauveur de Giorgina; je consens donc à faire partie de l'expédition; mais comme je suis novice, j'ai lieu de croire que vous me dispenserez, autant que possible, d'y prendre une part active.

— Sans doute, répondit Denner; ne crains pas d'être formellement attaché à la bande; il importe au contraire que tu restes garde-chasse de la réserve; tu peux nous être dans ce poste de la plus grande utilité. Partons!

VI.

Il ne s'agissait rien moins que de livrer assaut à la demeure d'un riche fermier, située à quelque distance du bourg et voisine de la forêt. On savait qu'outre beaucoup d'argent et d'objets précieux que possédait ce fermier, il venait de toucher une somme considérable pour prix d'une vente de blé, et les voleurs se promettaient un riche butin.

On éteignit les torches, et les brigands s'acheminèrent vers la ferme par d'étroits sentiers qui n'étaient connus que de la bande. Une partie d'entre eux escalada les murs et força la porte d'entrée; d'autres furent placés en sentinelle, et Andrès se trouva du nombre de ces derniers.

Il entendit bientôt les brigands briser les portes et se précipiter dans la maison; il distingua les jurements, les cris, les gémissements. On tira un coup de fusil; le fermier, homme de cœur, était peut-être sur ses gardes... Le silence se rétablit, mais il fut presque aussitôt interrompu par un bruit de serrures brisées et de caisses que les voleurs traînaient hors de la maison.

Un des gens du fermier s'était sans doute enfui dans l'obscurité, et avait couru au village; car les tintements du tocsin troublèrent le calme de la nuit, et bientôt après une troupe de gens, portant des armes et des flambeaux, suivait le chemin qui menait à la ferme.

Les coups de feu se multiplièrent; les voleurs se retranchèrent dans la cour et renversèrent tous ceux qui s'approchaient du mur. Ils avaient rallumé leurs torches. Andrès, qui se tenait sur une hauteur, pouvait tout apercevoir. Il reconnut avec effroi parmi les paysans des chasseurs à la livrée de son maître, le comte de Vach!

Que faire? se joindre à eux était impossible, et la fuite la plus prompte pouvait seule le sauver; mais il demeura comme cloué à sa place par l'effet d'un enchantement, les yeux fixés sur la cour de la ferme, où la mêlée était sanglante. Les chasseurs du comte avaient découvert une petite porte de derrière, et en étaient venus aux mains avec les voleurs. Ceux-ci furent obligés de battre en retraite, sortirent de la maison en combattant, et se dirigèrent vers l'endroit où se trouvait Andrès.

Denner chargeait et tirait sans relâche, et tous ses coups frappaient une victime. Un jeune homme, richement vêtu, semblait être le chef des chasseurs du comte de Vach; Denner le mit en joue; mais, avant d'avoir tiré, il reçut une balle qui le renversa. La douleur lui arracha un cri étouffé.

Les voleurs fuyaient; déjà les chasseurs du comte s'élançaient pour s'emparer du blessé, quand Andrès, par un mouvement dont il ne fut pas maître, courut à Denner, et avec une force surhumaine le chargea sur ses épaules. Il disparut en l'emportant, et atteignit heureusement le bois sans être poursuivi.

Quelques coups de fusil se faisaient entendre par intervalles, et bientôt tout devint silencieux. C'était une preuve que les voleurs qui n'étaient pas restés sur la place étaient parvenus à gagner le bois, et que les chasseurs et les paysans n'avaient pas jugé à propos de les poursuivre à travers les taillis.

— Maintenant mets-moi à terre, Andrès, dit Ignace Denner; je suis harassé de fatigue, et c'est une fatalité que je sois tombé; car, bien que ma blessure me fasse souffrir, je ne la crois pas dangereuse.

Andrès fit ce que désirait Denner. Celui-ci tira de sa poche une petite fiole, et lorsqu'elle fut ouverte, il en rayonna une lumière claire, à la faveur de laquelle Andrès put examiner la blessure.

Denner avait raison; il n'avait qu'une forte éraflure au pied droit, d'où le sang ruisselait avec violence. Andrès banda la plaie avec son mouchoir. Denner fit entendre le bruit de son sifflet, auquel on répondit dans le lointain.

— Aide-moi à gravir ce sentier, dit-il ensuite à Andrès ; nous serons bientôt au lieu du rendez-vous.

En effet, peu de temps après, la lueur des torches éclaira la forêt obscure ; ils atteignirent la clairière d'où ils étaient partis, et retrouvèrent le reste des voleurs rassemblé dans cet endroit. Tous accueillirent Denner par des acclamations de joie, et prodiguèrent des éloges à Andrès, qui, absorbé dans ses réflexions, était incapable de prononcer un seul mot.

Il se trouva que la bande avait éprouvé une perte de plus de la moitié de son effectif, tant en morts qu'en blessés restés sur le champ de bataille. Cependant quelques-uns des voleurs chargés de mettre le butin en lieu de sûreté étaient parvenus à emporter pendant le combat plusieurs caisses d'objets précieux, ainsi qu'une importante somme d'argent. Malgré la non-réussite de l'entreprise, le fruit du pillage était encore considérable.

Après un moment d'entretien nécessaire, Denner, dont la blessure avait été pansée, et qui paraissait s'en ressentir à peine, se tourna vers Andrès et lui dit : — J'ai arraché ta femme à la mort, et tu m'as sauvé cette nuit de la captivité et par conséquent d'une mort certaine ; nous sommes quittes ! Tu peux retourner chez toi. Au prochain jour, dès demain peut-être, nous aurons quitté le pays. Tu n'as donc pas à craindre que nous ayons recours à toi comme aujourd'hui. Tu n'es qu'un bigot imbécile, et tu ne nous serais bon à rien. Pourtant il est juste que tu aies ta part du butin d'aujourd'hui, et qu'en outre je récompense celui à qui je dois la vie. Prends cette bourse pleine d'or, et garde de moi un bon souvenir, car l'année prochaine j'espère t'aller rendre une visite.

— Que le Seigneur mon Dieu me préserve, répondit Andrès avec emportement, de prendre jamais un denier du fruit de vos abominables vols ! Vous avez employé les plus terribles menaces pour me déterminer à vous accompagner, ce dont je me repentirai toujours. C'est peut-être un crime, misérable, de t'avoir soustrait à l'échafaud qui t'attend ! Mais que Dieu me fasse miséricorde ! il m'a semblé en ce moment que ma Giorgina, préservée par toi, m'implorait pour ta vie, et je n'ai pu m'empêcher de te sauver au péril de mes jours et de mon honneur, au risque même de l'avenir de ma femme et de mon enfant. Car, dis-moi, que serais-je devenu si l'on m'avait blessé? Que seraient devenus ma pauvre femme et mon enfant si on m'avait trouvé sur la place parmi les assassins tes complices? Va, sois certain que, si tu ne quittes pas le pays, si un seul vol, un seul assassinat commis ici parvient à ma connaissance, je vais sur-le-champ à Fulda, et je dénonce ton repaire aux magistrats!

Les voleurs allaient s'élancer sur Andrès pour le punir de ses paroles; mais Denner les en empêcha.

— Laissez, leur dit-il, déraisonner cet imbécile. Andrès, poursuivit Denner, tu es en ma puissance, toi et ta famille; mais aucun de vous n'aura rien à redouter de moi si tu me promets de te tenir en repos dans ta demeure, et de ne jamais rien révéler de ce dont tu as été témoin. Ce dernier avis est d'autant plus important, que, si tu ne le suivais pas, ma vengeance te poursuivrait partout. D'ailleurs l'autorité te laisserait-elle en paix? Ne te demanderait-elle pas pourquoi tu nous as prêté le secours de ton bras, pourquoi tu as longtemps vécu de mes bienfaits? Obéis-moi donc, et je m'engage encore une fois à quitter à jamais la contrée; s'il s'y fait quelque expédition, ni moi ni ma bande, je te l'affirme, n'y prendrons aucune part.

Les circonstances obligèrent Andrès à souscrire aux propositions du chef de brigands et à promettre solennellement de se taire. Deux voleurs le conduisirent par des sentiers escarpés jusque sur la grande route de la forêt. Il faisait jour depuis longtemps lorsqu'il entra chez lui et pressa dans ses bras Giorgina, pâle comme la mort de douleur et d'inquiétude.

VII.

Andrès dit sommairement à sa femme que Denner s'était fait connaître à lui comme le plus infâme des scélérats, et que toute relation était désormais rompue entre lui et cet homme, qui ne passerait plus le seuil de leur demeure.

— Mais la cassette aux bijoux? interrompit Giorgina.

Ces paroles tombèrent comme un lourd fardeau sur le cœur d'Andrès; il ne se souvenait plus des bijoux que Denner lui avait laissés, et c'était un problème pour lui que Denner ne lui en eût pas dit un mot. Il se demanda ce qu'il devait faire de cette cassette; il eut un moment l'idée de la porter à Fulda et de la remettre entre les mains des magistrats; mais comment expliquer les circonstances qui l'en avaient rendu possesseur sans s'exposer à rompre la promesse qu'il avait faite au chef des brigands?

Il résolut enfin de garder fidèlement les bijoux jusqu'à ce que le hasard lui fournît l'occasion de les rendre à Denner, ou mieux encore de les livrer à la justice sans manquer à sa parole.

L'assaut de la ferme avait épouvanté toute la contrée; car depuis longues années les voleurs n'avaient point formé d'entreprise aussi périlleuse et aussi hardie, et c'était une preuve certaine que la bande, qui s'était contentée jusqu'alors de dévaliser les voyageurs isolés, devait s'être considérablement renforcée.

Par hasard le neveu du comte de Vach, accompagné de plusieurs domestiques de son oncle, avait passé dans le village voisin de la ferme la nuit même de l'expédition. Au premier cri d'alarme des paysans qui marchaient contre les voleurs, il accourut à leur secours, et le fermier lui dut la conservation de sa vie et de la majeure partie de ses biens.

Trois des voleurs qui étaient demeurés sur la place vivaient encore le lendemain du combat, et l'on conçut l'espoir de les guérir de leurs blessures. On les pansa avec soin, et on les transféra dans la prison du village; mais lorsque le troisième jour, de grand matin, on voulut les interroger, on les trouva percés de plusieurs coups de poignard, sans qu'on pût deviner comment ce meurtre avait eu lieu. Cet événement détruisit l'espérance qu'avaient conçue les magistrats d'obtenir des renseignements sur la bande.

Andrès frémit intérieurement en entendant raconter ce dernier crime, et en apprenant que plusieurs paysans et chasseurs du comte de Vach avaient été les uns tués et les autres grièvement blessés. De fortes patrouilles de cavaliers de Fulda firent des battues dans le bois, et s'arrêtèrent souvent chez lui. A chaque instant Andrès devait craindre de voir amener chez lui Denner lui-même, ou du moins quelqu'un de la bande, pour le reconnaître et le dénoncer comme complice de leur audacieux forfait.

C'était la première fois de sa vie qu'Andrès éprouvait les tortures d'une mauvaise conscience; et cependant son amour pour sa femme et pour son enfant l'avait seul déterminé à se rendre aux criminelles provocations de Denner.

Toutes les recherches demeurèrent infructueuses; il fut impossible de découvrir la trace des voleurs, et Andrès fut bientôt convaincu que Denner lui avait tenu parole et avait quitté le pays avec sa bande. Il renferma dans la cassette avec les bijoux le reste de l'argent qu'il tenait de Denner, ainsi que l'aiguille d'or; car il ne voulait plus avoir la moindre chose à se reprocher, ni consacrer le bien d'autrui à l'amélioration de son sort. Par suite de cette conduite, il retomba bientôt dans sa pauvreté primitive; mais plus il passait de temps sans que rien vînt troubler le cours pénible de son existence, plus le calme et la joie rentraient dans son cœur.

Au bout de deux ans sa femme lui donna encore un fils. Les couches de Giorgina ne furent pas aussi pénibles que les premières, quoiqu'elle eût retrouvé volontiers cette nourriture substantielle et ces médicaments qui lui avaient fait tant de bien.

Un soir, à l'heure du crépuscule, Andrès était assis familièrement à côté de sa femme, qui tenait sur son sein le nouveau-né; l'aîné s'amusait avec un gros chien qui, à titre de favori de son maître, était toléré dans la chambre. Tout à coup le domestique entra et dit qu'un homme, dont la mine lui paraissait éminemment suspecte, rôdait depuis près d'une heure autour de la maison.

Andrès était sur le point de sortir avec son fusil, quand il entendit une voix prononcer son nom devant la chaumière; il regarda par la fenêtre, et reconnut au premier coup d'œil l'odieux Ignace Denner, qui avait repris son habit gris de commerçant et portait une valise sous son bras.

— Andrès, s'écria Denner, il faut que tu m'héberges cette nuit même; je me remettrai en route demain.

— Quoi ! scélérat déhonté, s'écria Andrès au comble de la fureur, tu oses encore te faire voir ici? Ne t'ai-je pas tenu fidèlement parole, à la seule condition que tu quitterais le pays pour toujours? tu ne dois plus approcher du seuil de ma demeure; va-t'en vite, ou je te tue comme un misérable assassin! Mais attends, je vais te jeter ton or et tes bijoux, au moyen desquels tu as voulu éblouir ma femme, et tu t'éloigneras promptement. Je te laisse trois jours pour disparaître avec ta bande; mais si au bout de ce temps j'apprends que vous infestez encore la contrée, je cours de suite à Fulda et je découvre tout ce que je sais à la justice. Dans le cas où tu voudrais mettre à exécution tes menaces contre ma femme et moi, j'ai confiance dans la protection de Dieu, et dans mon bon fusil, dont les coups sauront t'atteindre!

Andrès alla aussitôt chercher la cassette; mais quand il revint à la fenêtre Denner avait disparu. Les dogues du garde-chasse furetèrent inutilement dans tous les environs; il fut impossible de le retrouver.

Andrès vit bien qu'il courait désormais de grands dangers; car toute la méchanceté de Denner devait se tourner contre lui; il se mit donc toutes les nuits sur ses gardes. Toutefois rien ne troubla la tranquillité de la forêt, et Andrès se convainquit que Denner seul y avait reparu. Pour mettre un terme à ses angoisses, et apaiser en même temps les remords de sa conscience, il résolut de ne pas garder plus longtemps le silence, d'aller se présenter aux autorités de Fulda, de leur exposer naïvement les circonstances de ses rapports avec Denner. Andrès savait bien qu'on lui infligerait un châtiment quelconque; mais il comptait pour désarmer les juges sur la sincérité de ses aveux, et sur le crédit de son maître le comte de Vach, qui ne pouvait manquer de rendre hommage à sa fidélité. D'ailleurs, s'il était répréhensible, il n'avait fait que céder à la violence et aux embûches sataniques du maudit Ignace Denner.

Andrès avait fait plusieurs battues dans la forêt avec son domestique, et il n'avait rien rencontré de suspect. Il n'y avait donc point de danger imminent pour sa femme, et il se détermina à partir immédiatement pour Fulda, afin d'exécuter son projet.

Le matin du jour où Andrès devait se mettre en voyage, un messager du comte de Vach vint lui enjoindre de se rendre aussitôt au château de son maître. Au lieu d'aller à Fulda, Andrès suivit donc le messager au château, non sans se demander avec inquiétude ce que signifiait cet ordre inusité. A son arrivée, il fut conduit dans la chambre du comte de Vach.

—Réjouis-toi, Andrès, dit celui-ci en l'apercevant; il vient de t'arriver un bonheur inattendu. Te souviens-tu bien de notre vieil aubergiste bourru de Naples, père adoptif de ta Giorgina? Il est mort; mais à ses derniers moments, il a éprouvé des remords d'avoir maltraité la pauvre orpheline, et lui a légué deux mille ducats. Cette somme est maintenant à Francfort en lettres de change, et tu peux la toucher chez mon banquier. Si tu veux partir de suite pour Francfort, je vais te faire délivrer sur-le-champ le certificat nécessaire pour qu'on te remette l'argent sans difficulté.

La joie empêchait André de répondre, et le comte de Vach était loin de ne point partager l'émotion de son fidèle serviteur. Quand Andrès eut recouvré un peu de calme, il résolut de surprendre sa femme en lui apprenant cette bonne nouvelle. Il accepta donc la bienveillante proposition de son maître, et prit la route de Francfort, après s'être pourvu de la pièce indispensable pour se faire reconnaître comme légitime légataire.

Il fit dire à sa femme que le comte de Vach l'avait chargé d'une mission importante, et que par conséquent il s'absentait pour quelques jours. Quand il arriva à Francfort, le banquier du comte, chez lequel il se présenta, l'adressa à un autre négociant chargé d'acquitter le legs. Andrès le trouva enfin, et toucha la totalité de la somme. Songeant toujours à sa Giorgina, et voulant compléter sa joie, il acheta pour elle toute espèce de jolis objets, et une aiguille d'or tout à fait semblable à celle que Denner lui avait donnée. Comme il ne pouvait faire la route à pied avec une lourde valise, il se procura un cheval, et, après six jours d'absence, il s'occupa joyeusement du retour.

VIII.

Andrès eut bientôt atteint la forêt et sa demeure; mais il trouva la porte fermée avec soin ; il appela à haute voix son domestique, sa Giorgina; personne ne répondit. Les chiens seuls aboyèrent dans la maison. Il pressentit un grand malheur, et frappa avec violence à la porte.

— Giorgina ! Giorgina ! s'écria-t-il.

Un léger bruit se fit entendre à la fenêtre du grenier.

— Ah, mon Dieu ! Andrès, est-ce toi ? s'écria Giorgina après avoir jeté un coup d'œil au dehors; le ciel soit loué ! Tu es donc de retour !

Lorsque la porte fut ouverte, Giorgina, pâle comme la mort, se précipita en sanglotant dans les bras de son mari. Quant à lui, il demeura interdit; Giorgina n'avait plus la force de se soutenir; il la prit et la porta dans sa chambre.

Mais en y entrant une horreur profonde le saisit. Le plancher et les murs étaient teints de sang, et son plus jeune fils était étendu dans son berceau, la poitrine déchirée.

— Où est George? où est George? s'écria Andrès au comble du désespoir.

Au même instant il entendit l'enfant marcher dans l'escalier en appelant son père.

Des verres brisés, des bouteilles, des assiettes gisaient çà et là. La grande et lourde table, ordinairement adossée à la muraille, avait été transportée au milieu de la chambre. On avait posé dessus un réchaud de forme étrange, plusieurs fioles, et une terrine pleine de sang caillé.

Andrès prit dans son berceau son pauvre petit enfant. Giorgina le comprit; elle lui présenta un drap, dans lequel ils ensevelirent le cadavre, et ils l'enterrèrent dans le jardin. Giorgina tailla une petite croix de bois, et la planta sur la terre de la fosse. Aucune parole, aucun cri ne sortit des lèvres des malheureux parents. Ils achevèrent leur pénible travail dans un sombre et morne silence, et s'assirent devant leur porte à l'heure du crépuscule, les yeux fixes et les regards dirigés à l'horizon lointain.

Le lendemain Giorgina put enfin raconter à Andrès ce qui s'était passé depuis son absence. Le quatrième jour après le départ de son mari, vers midi, le domestique avait vu plusieurs individus de mauvaise mine rôder dans la forêt, ce qui faisait vivement désirer à Giorgina le retour d'Andrès.

Au milieu de la nuit, elle fut réveillée par un grand bruit et des cris qui partaient de devant la porte. Le domestique se précipita dans la chambre et lui annonça avec terreur que toute la maison était cernée par des brigands, et qu'il était inutile de songer à la résistance. Les dogues aboyaient avec fureur, mais bientôt ils se turent comme si on les eût apaisés.

— Andrès! Andrès! s'écria-t-on à haute voix.

Le domestique prit courage, ouvrit une fenêtre, et cria à tue-tête:

— Le garde de la réserve, Andrès, n'est pas chez lui.

— Eh bien! qu'importe? répondit une voix d'en bas; ouvre seulement la porte, car nous allons nous arrêter chez vous; Andrès ne tardera pas à revenir.

Il ne restait au domestique d'autre parti que l'obéissance. Les brigands se ruèrent donc en foule et tumultueusement dans la maison, et saluèrent Giorgina comme la femme de celui de leurs camarades auquel leur chef devait la liberté et la vie. Ils enjoignirent à Giorgina de leur apprêter un bon repas, car ils avaient mis à fin la nuit précédente une pénible entreprise, dont heureusement le succès n'avait pas trompé leur attente.

Tremblante et palpitant de frayeur, Giorgina fit un grand feu dans la cuisine, et prépara le festin. Un des voleurs, qui paraissait être le maître queux et le sommelier de la bande, lui fournit du gibier, du vin et toute espèce d'ingrédients.

Le domestique était obligé de mettre la table et le couvert. Il saisit un moment favorable, et se glissa dans la cuisine auprès de sa maîtresse.

— Ah ! dit-il, savez-vous bien quel crime ont commis les brigands cette nuit ? Après une longue absence et de grands préparatifs, ils sont revenus, il y a quelques heures, attaquer le château du seigneur comte de Vach ; et, malgré une opiniâtre résistance, ils ont tué plusieurs de ses gens et lui-même, et ont mis le feu au château.

— Ah ! s'écria Giorgina à plusieurs reprises, si mon mari s'était trouvé au château ! Ah ! le pauvre seigneur !

Cependant les voleurs faisaient tapage et chantaient dans la chambre, et se versaient de grands verres de vin, en à-compte sur le repas.

Le jour paraissait déjà quand l'odieux Denner arriva. On ouvrit alors les caisses et les valises dont les voleurs avaient chargé leurs chevaux. Giorgina entendit le tintement de l'argenterie et des pièces de monnaie qu'on semblait se partager. Enfin, au grand jour, les voleurs disparurent, et Denner demeura seul.

Il prit un air affable et patelin : — Vous avez dû être bien effrayée, ma chère dame, dit-il à Giorgina ; car votre mari ne semble pas vous avoir dit qu'il est depuis longtemps notre camarade. J'éprouve vraiment un vif regret de son absence ; il devrait être de retour ; il faut qu'il ait pris un autre chemin, et nous ait perdus de vue. Il était avec nous à l'attaque du château de ce coquin de comte de Vach, qui nous a persécutés, il y a deux ans, de toutes les manières possibles, et duquel nous avons tiré vengeance la nuit dernière. C'est votre mari qui lui a donné le coup mortel. Tranquillisez-vous, ma chère dame, et dites à Andrès qu'il ne me reverra plus de sitôt ; car la bande va se disperser pour quelque temps. Je vous quitte ce soir même. Vous avez de bien beaux enfants, ma chère dame! Voici en vérité un joli garçon!

A ces mots, il enleva le plus jeune fils des bras de sa mère, et sut jouer avec lui avec tant d'aménité, que l'enfant se mit à rire et à faire des gestes de plaisir, et demeura volontiers avec Denner, jusqu'à ce qu'il plut à celui-ci de le rendre à sa mère.

Le soir était venu, quand Denner dit à Giorgina : — Vous voyez bien que, n'ayant point de famille, bonheur dont je sens parfois vivement la privation, j'aime cependant à jouer et à badiner avec les enfants. Donnez-moi donc votre petit pour le peu d'instants que j'ai encore à passer avec vous. Il a eu aujourd'hui neuf semaines, n'est-ce pas ?

Giorgina répondit affirmativement, et remit le petit enfant à Denner, non sans une vive appréhension. Celui-ci s'assit devant la porte de la maison, et pria Giorgina de lui apprêter son souper, afin qu'il pût partir dans une heure.

A peine Giorgina fut-elle dans la cuisine, qu'elle vit Denner rentrer avec l'enfant dans ses bras.

Bientôt après, une vapeur d'une odeur étrange, qui paraissait sortir de la chambre, se répandit dans la maison. Giorgina fut saisie d'une inexprimable anxiété; elle courut à la chambre, et en trouva la porte verrouillée en dedans. Il lui sembla entendre son enfant pousser de faibles gémissements.

— Sauve mon enfant des griffes de ce scélérat! cria-t-elle au domestique, qui rentrait en ce moment. Un horrible pressentiment accablait la pauvre mère.

Le domestique saisit une hache et brisa la porte. Une vapeur épaisse et puante faillit les suffoquer. D'un bond Giorgina fut dans la chambre; l'enfant était étendu nu au-dessus d'une terrine où dégouttait son sang. Elle vit le domestique lever sa hache pour frapper Denner, et celui-ci esquiver le coup, sauter sur son adversaire, et lutter avec lui. Puis il lui sembla entendre plusieurs voix devant les fenêtres de la chaumière, et elle tomba à terre évanouie.

Il faisait tout à fait nuit quand elle reprit ses sens; elle était tout étourdie, et ne pouvait remuer ses membres roidis. Enfin le jour vint, et elle vit avec horreur le plancher couvert de mares de sang, des morceaux de l'habit de Denner épars çà et là, une poignée de cheveux du domestique; plus loin la hache sanglante, et l'enfant jeté à bas de la table et la poitrine entr'ouverte.

Giorgina perdit de nouveau connaissance, elle pensa mourir; mais, vers midi, elle se réveilla de ce lourd sommeil qui semblait devoir être éternel.

Elle se leva avec peine, elle appela à haute voix George, son fils aîné; mais comme personne ne répondit, elle crut que George avait également péri sous les coups de Denner. Le désespoir lui donna des forces; elle sortit de la chambre, et courut dans la cour en répétant :

— George! George!

— Ma mère! dit une voix qui partait de la fenêtre du grenier; ma chère mère, es-tu là? monte me chercher! j'ai bien faim!

Giorgina s'élança dans l'escalier, et trouva l'enfant au grenier où il s'était réfugié à l'arrivée des brigands, et d'où il n'avait pas osé descendre. Giorgina le pressa avec transport contre son sein. Puis elle ferma la porte de la maison, et d'heure en heure attendit dans le grenier le retour d'Andrès, qu'elle croyait perdu pour elle.

L'enfant avait vu d'en haut plusieurs hommes entrer dans la maison, et, assistés de Denner, en faire sortir un cadavre.

En finissant son récit, Giorgina remarqua l'argent et les objets de prix qu'Andrès avait apportés.

— Ah! s'écria-t-elle douloureusement, il est donc vrai, tu es aussi.....

Andrès ne la laissa pas achever, mais il lui raconta en détail le bonheur qui leur était advenu, et son voyage à Francfort, où il avait recueilli le legs qu'on leur avait fait.

IX.

Le neveu du comte assassiné lui avait succédé dans la propriété de ses biens. Andrès se décida à se rendre auprès de lui, à lui faire un récit exact et détaillé de ce qu'il savait, à lui découvrir la retraite de Denner, et à le prier d'accepter sa démission d'un emploi qui ne lui avait rapporté que des peines et des dangers. Mais il n'osait pas laisser Giorgina seule avec l'enfant. Il prit donc le parti de faire un paquet de ce qu'il avait de plus précieux, de le charger sur un petit chariot à ridelles, d'y atteler un cheval, et de quitter pour toujours, avec sa femme et son enfant, une contrée où tout lui rappelait les plus affreux souvenirs, et où il ne pouvait jamais espérer ni repos ni sécurité.

Il fixa son départ à trois jours. Au terme convenu, il était occupé à faire ses malles, quand il entendit un grand bruit de pas de chevaux. Le bruit se rapprocha, Andrès reconnut le garde forestier de Vach qui demeurait près du château; derrière lui marchait un détachement de dragons de Fulda, un juge d'instruction les suivait.

— Voilà justement le coquin à l'œuvre, dit ce dernier; il travaille à mettre son vol en sûreté.

L'étonnement et la crainte ôtèrent à Andrès toutes ses facultés. Giorgina était à moitié évanouie. On s'empara d'eux, on les lia avec des cordes, et on les porta sur le chariot à ridelles, qui était déjà à la porte. Giorgina demandait son enfant à grands cris, et priait pour l'amour de Dieu qu'on le lui donnât.

— Tu veux sans doute entraîner aussi ton engeance à sa perte éternelle? dit le juge d'instruction en lui arrachant violemment l'enfant d'entre les bras.

On allait partir, quand le vieux forestier, homme rude mais loyal, s'approcha encore une fois de la voiture :

— Andrès, Andrès! dit-il, comment t'es-tu laissé entraîner par Satan à commettre de pareils crimes? tu avais toujours été si plein d'honneur et de piété!

— Ah! mon cher monsieur! s'écria Andrès en se lamentant, aussi vrai que Dieu est au ciel, aussi vrai que j'espère mourir en état de grâce, je suis innocent! Vous m'avez connu dès ma plus tendre jeunesse; comment, après une vie constamment vertueuse et pure, serais-je devenu tout à coup un abominable scélérat? car je le sais bien, vous me regardez comme un voleur, comme complice de l'assaut du château et du meurtre de notre malheureux maître; mais je ne suis pas coupable, j'en jure sur mon salut dans ce monde et dans l'autre.

— Eh bien! reprit le vieux forestier, si tu n'es pas coupable, un jour viendra où l'on te rendra justice. Je me charge de ton enfant et des effets que tu es obligé de laisser à l'abandon, et j'y veillerai fidèlement. Ainsi, dans le cas où l'on reconnaîtra ton innocence et celle de ta femme, tu retrouveras ton fils frais et dispos et ta propriété intacte.

Le juge d'instruction mit l'argent en séquestre. Pendant la route, Andrès demanda à Giorgina où elle avait mis la cassette. Elle lui apprit qu'elle l'avait rendue à Denner; ce qu'elle regrettait beaucoup d'avoir fait, car elle eût pu la déposer entre les mains des magistrats.

A Fulda, on sépara Andrès de sa femme, et on le jeta dans un cachot sombre et profond. On l'interrogea quelques jours après; on l'accusait d'avoir pris part au vol à main armée tenté sur le château de Vach, et on l'engagea à dévoiler la vérité, toutes les circonstances du crime étant déjà connues.

Andrès raconta ponctuellement tout ce qui lui était arrivé depuis la première apparition de l'odieux Denner dans sa demeure jusqu'au moment de son arrestation. Il s'accusa lui-même, en témoignant un vif repentir de l'unique faute qu'il avait commise : c'était d'avoir été au pillage de la ferme pour sauver sa femme et son enfant, et d'avoir favorisé la fuite de Denner; mais il protesta de sa complète innocence à l'égard du dernier vol à main armée de la bande d'Ignace, et donna pour preuve de non-complicité sa présence à Francfort au moment de l'attentat.

Tout à coup les portes de la salle d'audience furent ouvertes, et l'infâme Denner fut introduit. Quand il eut aperçu Andrès, il se mit à rire avec un air de mépris diabolique.

— Eh bien! camarade, tu t'es aussi laissé attraper? les prières de ta femme ne t'ont donc point tiré d'affaire?

Les juges pressèrent Denner de renouveler sa déposition relativement à Andrès. Le chef de voleurs déclara qu'Andrès, garde de la réserve de Vach, qu'il avait en ce moment sous les yeux, était lié depuis cinq ans avec lui, et que la maison du garde avait été la meilleure et la plus sûre de ses retraites. D'après la déclaration de Denner, Andrès avait toujours eu sa quote-part des vols, quoiqu'il n'eût participé que deux fois activement à leurs rapines, à savoir : une fois lors du pillage de la ferme, où il l'avait tiré, lui Denner, du danger le plus pressant; et, la seconde fois, le jour de l'expédition dirigée contre le comte Aloys de Vach, qu'Andrès avait eu la bonne chance de frapper d'un coup mortel.

Andrès entra en fureur en entendant cet infâme mensonge. —

Quoi! s'écria-t-il, scélérat sorti de l'enfer, tu oses m'accuser de l'assassinat de mon pauvre et bien-aimé maître, d'un meurtre que tu as commis toi-même! Oui, je le sais, tu es seul capable d'une telle action; mais ta vengeance me poursuit, parce que j'ai repoussé toute alliance avec toi, parce que je t'ai menacé de tirer sur toi comme sur un voleur et un assassin si tu passais le seuil de ma porte. C'est pour cette raison que, pendant mon absence, tu as attaqué ma demeure avec ta bande; c'est pour cette raison que tu as tué mon pauvre enfant innocent et mon brave domestique! Mais si je dois succomber sous les effets de ta méchanceté, tu n'éviteras pas le châtiment terrible que te réserve la justice de Dieu!

Andrès répéta ses aveux antérieurs en attestant par tout ce qu'il y avait de plus sacré qu'il disait la vérité tout entière; mais Denner se moqua de lui, et dit en riant que la crainte de la mort engageait le pusillanime garde-chasse à tromper la justice, et que lorsqu'on faisait profession de piété, on ne devait pas prendre Dieu et les saints à témoin de fausses déclarations.

Les juges demeurèrent en suspens : les paroles d'Andrès, l'expression franche de sa physionomie, donnaient lieu de croire à sa véracité; mais on ne savait que penser de l'impassible contenance du chef des brigands.

Giorgina fut amenée, et, dans l'accès d'un violent désespoir, elle se jeta en sanglotant dans les bras de son mari. Elle ne put donner aucun détail sur les événements qui s'étaient succédé. Bien qu'elle reprochât amèrement à Denner le meurtre de son fils, l'accusé ne parut point lui en vouloir. Il soutint, au contraire, conformément à ses dispositions précédentes, que Giorgina n'avait rien su des manœuvres de son mari, et qu'elle était complétement innocente.

On reconduisit Andrès dans son cachot. Quelques jours après, le geôlier, homme d'un bon naturel, lui dit que sa femme, sur laquelle ne pesait d'ailleurs aucune charge, avait été mise en liberté d'après le témoignage unanime de Denner et des autres brigands. Le comte de Vach, jeune seigneur plein de nobles sentiments, qui paraissait croire aussi qu'Andrès était injustement mis en cause, avait lui-même fourni caution, et le vieux forestier avait emmené Giorgina dans une belle voiture. Giorgina avait inutilement demandé à voir son mari, les magistrats le lui avaient formellement refusé.

Ces nouvelles ne furent point pour Andrès un médiocre sujet de consolation; car il avait plus à cœur la triste situation de sa femme emprisonnée que sa propre infortune.

Toutefois, son procès prit de jour en jour une tournure plus fâcheuse. Il fut prouvé que, comme Denner l'avait affirmé, depuis cinq ans Andrès avait joui d'une certaine aisance, dont l'unique source était sa participation aux fruits du pillage. En outre, Andrès reconnaissait lui-même qu'il avait été absent de chez lui le jour de l'attaque du château de Vach; et sa déclaration au sujet de son voyage et de son séjour à Francfort fut considérée comme non avenue, parce qu'il lui fut impossible de donner le nom du négociant dont il prétendait avoir reçu de l'argent.

Le banquier du comte de Vach et l'aubergiste chez lequel Andrès avait logé à Francfort, assurèrent d'un commun accord n'avoir aucun souvenir du garde de la réserve qu'on leur dépeignait. Enfin, le justicier du comté de Vach, qui avait rédigé le certificat nécessaire à Andrès, venait de mourir, et aucun des domestiques du comte ne savait rien au sujet du legs. En effet, le comte n'en avait pas dit un mot, et Andrès lui-même avait gardé le silence pour ménager une surprise à sa femme à son retour de Francfort.

Ainsi rien ne prouvait l'exactitude des assertions d'Andrès. Était-il à Francfort à l'époque du vol? L'argent qu'il possédait lui venait-il d'une source honorable? C'est ce qui paraissait douteux. Denner, au contraire, persistait dans sa déposition antérieure, et le témoignage de tous les brigands arrêtés était d'accord avec le sien.

Ce concours de circonstances n'aurait pas suffi pour établir aux yeux des juges la culpabilité du malheureux Andrès si deux des chasseurs de Vach n'avaient déclaré qu'à la lueur de l'incendie ils avaient reconnu Andrès et l'avaient vu frapper le comte.

Dès lors tous les membres du tribunal regardèrent Andrès comme un scélérat endurci, et ces preuves accablantes les déterminèrent à lui faire appliquer la question pour vaincre son opiniâtreté et l'amener à un aveu.

X.

Il y avait un an qu'Andrès languissait en prison; le chagrin avait épuisé ses forces, et son corps, autrefois robuste, était devenu faible et décharné.

Le terrible jour était arrivé où la douleur devait arracher au pauvre garde-chasse l'aveu d'un crime qu'il n'avait point commis. On le conduisit dans la chambre de torture; là étaient épars les terribles instruments imaginés par une cruauté inventive, et les valets du bourreau se préparaient à martyriser le malheureux.

Andrès fut sommé encore une fois d'avouer le fait dont on l'accusait avec tant de raisons valables, et sur la réalité duquel la déposition des deux chasseurs ne laissait d'ailleurs aucun doute. Il protesta de nouveau de son innocence, et répéta toutes les circonstances de ses rapports avec Denner, dans les termes qu'il avait déjà employés lors de son premier interrogatoire.

Alors les valets du bourreau le saisirent, le lièrent avec des cordes, et le mirent à la question. Ils disloquèrent ses membres, et lui enfoncèrent des clous dans les chairs. Andrès ne put supporter la torture. Brisé par la douleur et souhaitant la mort, il avoua tout ce qu'on voulut, et fut ramené sans connaissance dans sa prison.

On lui donna du vin pour ranimer ses forces, comme on était dans l'usage de le faire après l'application de la torture, et il tomba dans un état de torpeur qui tenait le milieu entre la veille et le sommeil.

Soudain il lui sembla que des pierres se détachaient du mur, et tombaient avec bruit sur le plancher de la prison. Une lueur d'un rouge de sang éclaira le cachot, et Andrès vit s'avancer vers lui une figure qui avait les traits de Denner, sans qu'il fût possible d'affirmer que ce fût lui.

Cet inconnu avait les yeux plus brillants; les cheveux hérissés qui se dressaient sur son front étaient d'un noir plus foncé, et ses sombres sourcils s'étendaient davantage sur le muscle épais qui surmontait la courbure de son nez aquilin. Son visage était ridé et contracté d'une manière aussi horrible qu'extraordinaire, et il portait un costume étranger et d'une forme bizarre comme Andrès n'en avait jamais vu à Denner. Un grand manteau couleur de feu, broché d'or, pendait de ses épaules en plis épais; un large chapeau espagnol à bords relevés, garni d'une plume rouge flottante, était placé de travers sur sa tête; il portait une longue épée au côté, et sous le bras gauche une petite cassette.

Ce visiteur fantastique s'avança vers Andrès, et lui dit d'une voix creuse et sourde : — Eh bien, camarade, comment as-tu trouvé la torture? Tu n'as que ce que mérite ton entêtement; si tu avais reconnu faire partie de la bande, tu serais déjà hors de danger. Je connais un moyen de te délivrer à l'instant de toutes souffrances, un moyen de devenir sain et vigoureux; accepte mes propositions, et je me charge de veiller à ton salut. Il s'agit de me promettre de t'abandonner entièrement à moi et à ma direction, et de prendre sur toi de boire une goutte de cette liqueur fabriquée avec le sang du cœur de ton enfant...

Muet d'épouvante, de douleur et d'épuisement, Andrès vit le sang de son plus jeune fils briller de reflets rougeâtres dans la fiole que lui présentait l'inconnu. Il pria mentalement Dieu et les saints de le sauver des griffes de Satan, qui le poursuivait, et cherchait à le priver de sa part de l'héritage éternel; il offrit à Dieu le sacrifice de sa vie, qu'il allait terminer sur l'échafaud. Alors l'inconnu partit d'un éclat de rire qui retentit dans la prison, et disparut au milieu d'une épaisse vapeur.

Andrès se réveilla enfin de son anéantissement profond, et parvint à se lever de son lit; mais quel fut son étonnement quand il vit se remuer et se soulever par un mouvement de plus en plus rapide la paille sur laquelle il reposait sa tête! Il reconnut qu'une pierre du pavé avait été dérangée par-dessous, et il s'entendit plusieurs fois appeler par son nom. Il reconnut la voix de Denner.

— Que veux-tu de moi? s'écria-t-il; laisse-moi en repos: il n'y a rien de commun entre nous!

— Andrès, répondit Denner, j'ai percé plusieurs voûtes pour te sauver; car tu es perdu si l'on te mène au supplice auquel je vais me soustraire. Je tiens à te sauver par considération pour ta femme, qui m'intéresse plus que tu ne saurais le penser. Tu es un poltron sans cœur. A quoi t'ont servi tes pitoyables dénégations? Si l'on m'a fait prisonnier, c'est que tu n'es pas revenu assez à temps du château de Vach chez toi, et que je me suis trop longtemps arrêté auprès de ta femme. Allons! prends cette lime et cette scie, défais-toi de tes fers pendant la nuit prochaine, et démonte la serrure de la porte de la prison. Passe par le corridor, tu verras une porte intérieure ouverte à main gauche, et l'un de nous t'attendra dehors pour te conduire plus loin! Bon courage!

Andrès prit la scie et la lime que lui tendait Denner, et replaça la pierre dans l'ouverture. Il était résolu à faire ce que lui conseillait la voix de sa conscience.

Au jour naissant, le geôlier entra. Andrès lui demanda avec instance à être conduit devant les juges, auxquels il avait à faire d'importantes révélations. Ses désirs furent comblés le matin même, et l'on s'attendit à apprendre de lui de nouveaux détails sur les crimes de la bande, que l'on ne connaissait encore qu'imparfaitement. Andrès remit aux juges les instruments qu'il tenait de Denner, et raconta l'aventure de la nuit.

— Quoiqu'il soit certain et véritable, dit-il, que je sois puni d'un crime dont je n'ai jamais eu la pensée, Dieu me préserve de me laisser entraîner à recouvrer ma liberté par des moyens illicites! ce serait me mettre entre les mains de l'infâme Denner, qui m'a voué à la mort et à l'ignominie, et une entreprise aussi criminelle serait digne du châtiment que je vais souffrir sans l'avoir mérité.

C'est en ces termes qu'Andrès conclut sa déposition. Les juges parurent attendris et pénétrés de compassion pour le malheureux. Toutefois les charges multipliées qui s'élevaient contre lui leur rendaient son crime trop évident pour qu'il n'y eût pas lieu de douter de la vérité de ce dernier aveu; mais la franchise d'Andrès et principalement la conformité de sa déposition avec le fait, eurent pour lui des résultats favorables. Sur l'avis qu'il avait donné du projet d'évasion de Denner, on arrêta dans la ville et aux approches de la prison quelques brigands de la bande.

Dès lors Andrès fut traité plus humainement. Il fut tiré de la prison souterraine où il gisait, et on le transféra dans une cellule bien éclairée, voisine de l'habitation du geôlier. Là, il passa le temps à songer à sa fidèle épouse et à son enfant, et se livra à de pieuses méditations; bientôt il se sentit plein de courage, endurci aux souffrances, et prêt à déposer la vie comme un fardeau.

Le geôlier ne pouvait se lasser d'admirer la piété du criminel, et était involontairement tenté de croire à son innocence.

XI.

Une nouvelle année commença, et elle touchait à sa fin, lorsqu'on vit se terminer le procès obscur et compliqué d'Ignace Denner et de ses complices. Il était avéré que la bande s'étendait jusqu'aux frontières d'Italie, et qu'elle avait longtemps effrayé la contrée de ses vols et de ses assassinats. Denner fut condamné à être pendu, et son corps devait être brûlé. La corde était aussi le supplice réservé au malheureux Andrès, mais on accordait à son corps une sépulture sur la place de justice; il devait cette triste et dernière faveur à son repentir, à l'avertissement qu'il avait donné de la fuite méditée par Denner, et qui avait fourni les moyens de s'emparer d'un grand nombre de bandits.

Le matin du jour fixé pour l'exécution d'Ignace Denner et d'Andrès, ce dernier étant à genoux et priant en silence, la porte de son cachot s'ouvrit, et il vit entrer le jeune comte de Vach.

— Andrès, dit le comte, tu vas mourir. Allége ta conscience par un aveu sincère. Dis-moi si tu as assassiné ton maître? Es-tu véritablement le meurtrier de mon oncle?

Les larmes ruisselèrent des yeux d'Andrès, et il répéta encore tout ce qu'il avait affirmé devant le tribunal avant que l'intolérable douleur de la torture lui eût arraché un mensonge.

— Dieu et ses bienheureux m'entendent, s'écria-t-il; je les prends à témoin de la vérité de mes déclarations; ils savent que je suis complétement innocent de la mort de mon bien-aimé maître.

— Je le vois, reprit le comte de Vach, il y a là-dessous un mystère inexplicable. Moi-même, Andrès, j'étais persuadé de ton innocence, malgré les preuves nombreuses qui parlaient contre toi. Je savais que dès ta jeunesse tu avais été le plus fidèle serviteur de mon oncle, et que même une fois, à Naples, tu l'avais tiré des mains des brigands au péril de ta propre vie. Mais, hier, les deux vieux chasseurs de mon oncle, Franz et Nicolas, m'ont juré qu'ils t'avaient vu distinctement au milieu des voleurs, et qu'ils t'avaient suivi des yeux au moment où tu as frappé mon oncle.

Andrès était bouleversé des plus pénibles et des plus affreuses émotions. Il lui semblait que Satan lui-même avait pris sa figure pour le perdre; car Denner, seul avec lui dans la prison, lui avait dit aussi l'avoir vu effectivement. La fausse déposition du chef de brigands devant la justice provenait donc d'une conviction intérieure. Andrès fit sans détour part au comte de cette pensée, et il ajouta qu'il se résignait à la volonté du ciel, et à mourir de la mort infamante des criminels, mais que tôt ou tard son innocence viendrait à être constatée.

Le comte de Vach parut profondément ému; il eut à peine la force de dire à Andrès que, suivant ses désirs, l'on avait caché à sa malheureuse femme le jour de l'exécution, et qu'elle était restée avec son enfant auprès du vieux forestier.

Les cloches de l'hôtel de ville firent entendre à des intervalles égaux des tintements sourds et lamentables. Andrès fut revêtu du costume des condamnés, et le cortége se rendit au lieu du supplice avec la solennité convenable à travers les flots d'une foule immense. Andrès priait à haute voix, et intéressait par son pieux maintien tous ceux qui le voyaient.

Denner avait la mine d'un scélérat insolent et consommé. Il jetait autour de lui des regards hardis, et riait souvent au nez du pauvre Andrès avec une expression de malice et de joie.

Andrès devait être exécuté le premier, il monta l'échelle d'un pas ferme avec le bourreau. En ce moment une femme poussa un cri et tomba sans connaissance entre les bras d'un vieillard. Andrès la regarda : c'était Giorgina. Il demanda au ciel de la force et de la fermeté.

— C'est là-haut, là-haut, que nous nous reverrons, ma pauvre malheureuse femme, je meurs innocent! s'écria-t-il en élevant vers le ciel un regard plein d'ardeur et d'espérance.

Le magistrat cria au bourreau de se hâter, car déjà le peuple murmurait, et l'on commençait à lancer des pierres à Denner, qui était également arrivé au sommet de l'échelle, et raillait les spectateurs de leur compassion pour le pieux Andrès.

Le bourreau passait la corde au cou d'Andrès, lorsqu'on entendit crier dans le lointain : — Arrêtez, arrêtez! au nom du Christ, arrêtez! cet homme est innocent! vous faites mourir un innocent!..

— Arrêtez! arrêtez! s'écrièrent mille voix, et la garde parvint avec peine à contenir le peuple qui s'élançait pour faire descendre Andrès de l'échelle.

L'homme à cheval qui avait crié le premier s'approcha, et Andrès reconnut au premier coup d'œil le négociant de Francfort qui lui avait délivré le legs fait à Giorgina!

La joie et le bonheur faillirent lui briser la poitrine, et il pouvait à peine se tenir debout quand il fut au bas de l'échelle. Le négociant dit aux juges qu'à l'époque même de l'attaque du château de Vach, Andrès était à Francfort, et par conséquent à une distance de plusieurs milles, et qu'il en donnerait devant la justice des preuves irrécusables par titres et par témoins.

— L'exécution ne saurait avoir lieu, s'écria le juge, car cet alibi, s'il est constaté, doit prouver l'innocence complète de l'accusé. Qu'on le ramène en prison.

Ignace avait tranquillement regardé cette scène du haut de l'échelle; mais lorsque le juge eut prononcé ces mots, les yeux étincelants du bandit roulèrent dans leurs orbites, il grinça des dents, et poussa de sauvages hurlements, aussi affreux que les cris de désespoir d'un fou furieux :

— Satan, Satan! cria-t-il, tu m'as trompé... malheur à moi! malheur à moi! c'en est fait... c'en est fait... tout est perdu!

On le descendit de l'échelle; il tomba à terre et murmura d'une voix sourde et étouffée : — J'avouerai tout, j'avouerai tout!

Son exécution fut aussi différée; et on le reconduisit à la prison, d'où son évasion était désormais rendue impossible. La haine de ses gardiens était la meilleure garantie contre les ruses de ses affidés.

Quelques moments après le retour d'Andrès chez le geôlier, Giorgina était dans ses bras.

— Ah! Andrès, Andrès! s'écria-t-elle, je te possède donc maintenant, je sais donc que tu es innocent; car, moi aussi, j'ai douté de ta franchise et de ta loyauté!

Quoiqu'on eût caché à Giorgina le jour de l'exécution, poursuivie d'une angoisse inexprimable, d'un étrange pressentiment, elle s'était rendue à Fulda, et était arrivée sur la place de justice précisément à l'instant où son mari montait sur l'échelle fatale qui devait le conduire à la mort.

Depuis le commencement du procès, le négociant avait fait des voyages en France et en Italie, et revenait de Vienne et de Prague. Le hasard, ou plutôt une singulière faveur du ciel, voulut qu'il arrivât sur la place de justice pour arracher le malheureux Andrès à la mort des criminels. Il avait appris dans la cour de son auberge toute l'histoire d'Andrès, et il avait été dominé invinciblement par la pensée que cet Andrès pouvait être le garde de la réserve qui deux ans auparavant était venu toucher chez lui un legs survenu à Naples à sa femme. Il courut en hâte à l'endroit du supplice; et dès qu'il eut aperçu Andrès, il reconnut la vérité de ses suppositions.

Les efforts combinés du brave négociant et du jeune comte de Vach servirent à démontrer complétement le séjour d'Andrès à Francfort, et par conséquent l'impossibilité de sa participation au vol à main armée commis à Fulda. Ignace Denner avoua alors la vérité des dépositions d'Andrès relativement à leurs relations, et prétendit seulement qu'il fallait que Satan l'eût fasciné; car il avait cru voir Andrès marcher à ses côtés à l'assaut du manoir.

Quant à la participation d'Andrès au pillage de la ferme, ainsi qu'au coupable secours prêté à Denner pour s'enfuir, les juges rendirent une sentence qui déclarait Andrès assez puni par une longue et rigoureuse captivité, la torture et l'attente d'une mort imminente. Il fut donc exempté dans les formes de tout châtiment ultérieur, et se rendit avec sa Giorgina au château de Vach. Le comte, noble et bienfaisant, lui donna un logement dans les bâtiments dépendants de l'édifice principal, et ne demanda de lui que les menus services de la chasse, pour laquelle le comte avait un penchant tout particulier. Le comte acquitta aussi les frais de justice, et Andrès et Giorgina redevinrent paisibles possesseurs de leurs biens.

Le procès du maudit Ignace Denner prit alors une tout autre tournure. La péripétie survenue sur la place de justice semblait l'avoir totalement changé : son arrogance moqueuse et satanique l'avait abandonné, et son âme ulcérée laissa échapper des aveux qui firent dresser les cheveux sur la tête des juges. Il s'accusa lui-même avec tous les signes d'un profond repentir d'avoir dès sa plus tendre jeunesse entretenu des relations avec Satan; ce crime étant du ressort des juges spirituels, on appela au procès des membres du clergé, et l'instruction fut dirigée de manière à obtenir des éclaircissements à cet égard.

Ignace Denner raconta des choses si étranges sur ses jeunes années, qu'on eût pu les croire le fruit d'une imagination en délire, si les renseignements qu'on prit à Naples, sa patrie présumée, ne s'étaient trouvés conformes à son récit. Un extrait des actes du tribunal ecclésiastique de Naples donnait sur l'origine de Denner les remarquables détails qu'on va lire dans le chapitre suivant.

XII.

Depuis longues années vivait à Naples un vieux docteur du nom de Trabacchio, personnage merveilleux qu'on avait coutume d'appeler le docteur aux miracles, à cause de ses mystérieuses recettes et des cures toujours heureuses qu'il obtenait. La vieillesse ne paraissait avoir aucune influence sur lui; il était toujours agile et dispos, bien qu'à la connaissance de plusieurs habitants de Naples il eût au moins quatre-vingts ans; son visage était ridé et contracté d'une manière étrange, et l'on ne pouvait soutenir son regard sans terreur. Toutefois l'étincelle de ses yeux perçants exerçait une telle fascination sur les malades, qu'on assurait qu'elle suffisait pour guérir les affections chroniques les plus longues et les plus tenaces.

Trabacchio portait ordinairement par-dessus son pourpoint noir un large manteau rouge garni de tresses et de galons d'or, des plis épais duquel sortait une longue épée; il allait ainsi par les rues de Naples avec une petite cassette de médicaments qu'il préparait lui-même, et chacun s'écartait pour lui faire place.

Ce n'était qu'à la dernière extrémité que les malades osaient l'appeler; mais jamais il ne refusait d'aller les voir, n'eût-il qu'un gain modique à espérer.

Il avait eu plusieurs femmes, qu'il avait perdues successivement au bout de peu de temps. Elles étaient toutes d'une beauté remarquable, et c'étaient pour la plupart des paysannes. Il les enfermait, les surveillait de près, et ne leur permettait d'aller à la messe que sous la conduite d'une odieuse vieille femme d'un aspect repoussant. Cette vieille était incorruptible, les ruses des jeunes libertins qu'attirait la beauté des femmes du docteur Trabacchio demeuraient constamment infructueuses.

Quoique le docteur Trabacchio se fît bien payer des riches, ses profits étaient loin d'être en rapport avec sa fortune en argent et en bijoux. Sa maison regorgeait de richesses qu'il ne cherchait à cacher à personne. En outre, il était parfois libéral jusqu'à la prodigalité. A la mort de chacune de ses femmes, il avait coutume de donner un grand repas, dont la dépense était au moins double du plus abondant revenu annuel que pût lui procurer sa clientèle. Il avait eu de sa dernière femme un fils qu'il tenait également enfermé et ne laissait voir à personne. Ce ne fut qu'au repas qu'il donna après la mort de sa femme qu'on vit près de lui cet enfant âgé de trois ans, et tous les convives furent étonnés de sa beauté et de son intelligence. A en juger par ses manières, on lui aurait donné au moins douze ans, si son développement physique n'eût été en harmonie avec l'âge qu'il avait réellement. Pendant ce même repas, le docteur Trabacchio déclara que son désir d'avoir un fils étant comblé, il ne se remarierait plus.

Les immenses richesses du docteur, le mystère dont il s'enveloppait, ses cures merveilleuses et presque incroyables, tout concourait à le rendre suspect. Les maladies les plus invétérées cédaient à quelques gouttes de sa préparation, souvent même à son attouchement ou à son regard. Mille bruits étranges circulaient dans Naples. On y regardait le docteur Trabacchio comme un alchimiste, comme un adorateur du diable, car on allait jusqu'à l'accuser d'avoir fait un pacte avec Satan en personne.

Cette dernière supposition avait pour base une aventure arrivée à quelques gentilshommes de Naples. A une heure avancée de la nuit, ils revenaient d'un grand banquet, la tête un peu troublée par des libations trop abondantes. Ils s'égarèrent, et arrivèrent dans un lieu sombre et solitaire. Là, à leur grande frayeur, ils virent remuer et s'agiter devant eux un énorme coq d'un rouge de feu. Ce coq portait sur la tête une corne acérée, avait des ailes d'une large envergure, et les regardait fixement avec des yeux humains étincelants.

Ils se mirent dans un coin, le coq passa outre, et fut suivi d'une grande figure couverte d'un brillant manteau galonné d'or.

— C'est Trabacchio, le docteur aux miracles, dit l'un des gentilshommes lorsque l'homme et l'animal eurent disparu.

Dégrisés par cette effroyable apparition, tous s'encouragèrent mutuellement, et suivirent celui qu'ils supposaient être le docteur, et le coq, qui laissait sur son passage un sillon de lumière.

Ils virent en effet les deux êtres fantastiques se diriger vers la maison du docteur, située dans un endroit écarté et solitaire. Arrivé devant la maison, le coq prit lourdement son vol, et frappa de ses ailes à la grande croisée du balcon, qui s'ouvrit avec un grincement criard.

— Entrez, entrez, entrez, dit une voix de vieille femme; le lit est chaud, et l'amante attend depuis longtemps.

Alors il leur sembla que le docteur montait par une échelle invisible. Le coq entra bruyamment par la fenêtre, qui se referma avec un vacarme dont retentit la rue déserte. Puis tout disparut dans l'épaisseur des ténèbres, et les gentilshommes demeurèrent muets et pétrifiés de crainte et d'horreur.

Cette apparition, l'assertion des gentilshommes que le compagnon du coq diabolique n'était autre que le docteur Trabacchio, vinrent aux oreilles des membres du tribunal ecclésiastique. On épia avec soin toutes les menées du miraculeux docteur; on découvrit en effet que souvent un coq rouge venait dans la chambre de Trabacchio; et qu'il paraissait causer et disputer avec lui d'une manière étrange, à la façon des érudits qui argumentent sur les points douteux de leur science.

L'autorité ecclésiastique était sur le point de faire arrêter le docteur Trabacchio, comme un vil sorcier; mais le tribunal civil la prévint, et fit saisir par les sbires et jeter en prison le docteur au moment où il revenait de voir un malade. On s'était le matin même emparé de la vieille; mais on n'avait pu trouver l'enfant. On apposa le scellé sur les portes de la maison, et l'on mit des gardes tout autour.

Ces mesures judiciaires avaient pour motifs les faits suivants. Depuis quelque temps, plusieurs personnes notables étaient mortes à Naples et dans les environs, et les médecins s'accordaient à attribuer leur décès au poison. On avait fait beaucoup de recherches inutiles pour découvrir les coupables; mais enfin un jeune homme de Naples, connu pour un dissipateur et un débauché, et dont l'oncle avait été empoisonné, avoua son crime, en ajoutant qu'il avait acheté le poison de la vieille femme de ménage de Trabacchio. On surveilla la vieille, et on la surprit tenant sous son bras une petite cassette solidement fermée, dont les étiquettes portaient les noms de plusieurs médicaments, bien qu'elles ne continssent que des liqueurs vénéneuses.

La vieille ne voulait rien avouer; cependant quand on l'eut menacée de la torture, elle reconnut que depuis longues années le docteur Trabacchio préparait le poison subtil connu sous le nom d'*acqua toffana*, et que la source principale de ses richesses était la vente secrète de ce poison, qui s'était toujours effectuée par elle. En outre, il n'était que trop certain que le docteur était lié par un pacte avec Satan, qui venait le voir sous diverses formes.

Chacune de ses femmes lui avait donné un enfant sans que personne du dehors s'en doutât; car, une fois que l'enfant était âgé de neuf semaines ou de neuf mois, il était inhumainement immolé avec des préparatifs et des cérémonies étranges. On lui déchirait la poitrine, et on en tirait le cœur. Satan se montrait toujours à cette cruelle opération, tantôt sous une forme, tantôt sous une autre, mais le plus souvent sous celle d'une chauve-souris à figure humaine. Ses larges ailes aidaient à souffler le brasier sur lequel Trabacchio préparait avec le sang du cœur de l'enfant ces gouttes précieuses si puissantes dans toutes les maladies.

Trabacchio s'était débarrassé de toutes ses femmes l'une après l'autre par des moyens secrets, et jamais l'œil perçant des médecins n'avait pu découvrir sur leurs cadavres la moindre trace de mort violente. La dernière femme de Trabacchio, qui lui avait donné son fils encore vivant, était la seule qui eût péri de mort naturelle.

Le docteur Trabacchio avoua tout sans déguisement, et parut se complaire à troubler l'esprit des juges par l'effroyable récit de ses crimes et principalement des circonstances de son affreuse alliance avec Satan. Les membres du clergé qui siégeaient au tribunal firent tous les efforts imaginables pour amener le docteur à résipiscence; mais rien ne put lui inspirer le moindre repentir. Il riait et se moquait du tribunal. La vieille et lui furent condamnés à être brûlés vifs.

XIII.

Cependant on avait fait une visite domiciliaire chez le docteur, et l'on s'était emparé de toutes ses richesses, qui, en en déduisant les frais de justice, devaient être partagées entre les hôpitaux. On ne trouva dans la bibliothèque de Trabacchio ni livres suspects, ni aucun des instruments qui avaient dû servir à ses diaboliques opérations. Seulement un caveau, que le grand nombre de tuyaux qui traversaient le mur signalait comme un laboratoire, était fermé si solidement qu'on fit inutilement pour l'ouvrir des tentatives réitérées. Lorsque, en présence de l'autorité, des serruriers et des maçons s'efforcèrent d'en forcer l'entrée, des ailes glacées vinrent battre le visage de chacun des travailleurs, un courant d'air rapide remplit le corridor d'affreux murmures, et tous s'enfuirent remplis d'épouvante. Enfin personne n'osa approcher davantage de la porte du caveau, de peur de devenir fou d'angoisse et d'horreur. Les ecclésiastiques, qui s'étaient avancés vers la porte, ne furent pas mieux traités, et leur seule ressource fut d'attendre l'arrivée d'un vieux dominicain de

Palerme à la persévérance et à la piété duquel avaient cédé jusqu'alors tous les artifices de Satan.

Dès que ce moine fut arrivé à Naples, il se prépara à combattre les esprits infernaux du caveau de Trabacchio. Il s'y rendit donc muni d'une croix et d'un vase d'eau bénite, escorté de plusieurs membres du clergé et du tribunal civil, qui toutefois prenaient soin de se tenir loin de la porte.

Le vieux dominicain s'avança vers cette porte en priant ; mais le vacarme redoubla à son approche, et les lutins poussèrent d'affreux éclats de rire.

— Qu'on me donne un levier! s'écria le moine.

Un manœuvre lui en présenta un en tremblant; mais à peine le vieux moine l'eut-il appliqué à la porte, qu'elle s'ouvrit soudain avec une violente secousse. Des flammes bleues voltigèrent de tous côtés le long des murs du caveau, et la chaleur étouffante qui en sortit faillit suffoquer les assistants.

Néanmoins le dominicain voulut entrer; mais le plancher du caveau s'affaissa; la maison trembla tout entière; des flammes s'élancèrent du gouffre qui s'était ouvert, et s'étendirent de toutes parts. Le moine et son escorte furent contraints à une prompte retraite, pour éviter d'être brûlés ou écrasés.

A peine furent-ils dans la rue, que toute la maison du docteur Trabacchio devint la proie des flammes. Le peuple s'attroupa, et poussa des cris de joie en voyant brûler la demeure du maudit sorcier, sans que personne songeât à arrêter les progrès de l'incendie. Déjà le toit était écroulé; la charpente intérieure flamboyait, et les fortes solives de l'étage supérieur résistaient seules à la violence du feu. Mais quelle fut la surprise générale quand on vit le fils de Trabacchio, âgé de douze ans, marcher sur une des poutres embrasées avec une petite cassette sous le bras! Cette scène ne dura qu'un moment, l'enfant disparut au milieu des tourbillons de flammes.

Le docteur Trabacchio parut enchanté d'apprendre cette circonstance, et il alla à la mort avec une audacieuse effronterie. Pendant qu'on l'attachait au poteau, il se mit à rire tout haut, et dit à l'exécuteur, qui par une raillerie cruelle affectait de bien serrer ses liens:
— Prends garde, compagnon, que ces cordes ne brûlent sur tes propres poignets ?

Le moine voulait s'approcher pour préparer le coupable à sa fin,

— Arrière! s'écria le docteur d'une voix terrible; éloigne-toi! Crois-tu que je sois assez imbécile pour vouloir vous divertir du spectacle de ma mort et de mes souffrances? Mon heure n'est pas encore venue.

Le bois du bûcher commença à pétiller; mais à peine les flammes eurent-elles atteint Trabacchio, qu'elles montèrent et s'éparpillèrent comme celles d'un feu de paille; en même temps, un éclat de rire bruyant et moqueur partit d'une éminence éloignée. Le peuple regarda, et vit avec effroi le docteur Trabacchio en personne, avec son habit noir, son manteau galonné d'or, sa longue épée au côté, la tête couverte de son chapeau espagnol à panache rouge et à bords relevés, sa petite cassette sous le bras, tel enfin qu'il avait coutume de paraître dans les rues de Naples.

Des cavaliers, des sbires, des hommes du peuple se précipitèrent en foule vers l'éminence; mais Trabacchio avait disparu. La vieille rendit l'âme au milieu d'affreux tourments, en lançant les plus horribles malédictions contre le maître dont elle avait partagé les innombrables forfaits.

Or, Ignace Denner, ci-dessus dénommé, n'était autre que le fils même du docteur. Il s'était sauvé des flammes, grâce aux conjurations infernales de son père, avec une petite cassette remplie d'objets aussi rares que mystérieux. Dès ses plus jeunes années son père l'avait initié aux sciences occultes, et son âme était donnée au diable avant même qu'il eût atteint l'âge de raison.

Lorsqu'on jeta en prison le docteur Trabacchio, l'enfant demeura dans le mystérieux caveau fermé, au milieu des mauvais esprits que les enchantements de son père y retenaient; mais quand ces enchantements durent céder à la puissance du dominicain, l'enfant employa de secrets moyens mécaniques, et les flammes qui s'élevèrent gagnèrent en peu de temps toute la maison. L'enfant, ayant su s'en préserver, sortit de la demeure incendiée, et atteignit le bois où son père lui avait donné rendez-vous.

Le docteur Trabacchio l'y rejoignit peu de temps après, et s'enfuit rapidement avec son fils. Au bout de deux jours de marche, ils arrivèrent dans les ruines d'un vieux bâtiment romain. Elles cachaient l'entrée d'une large et spacieuse caverne, où vivait une nombreuse troupe de brigands depuis longtemps en relation avec Trabacchio, et auxquels sa science mystérieuse avait rendu les services les plus importants.

Toute la bande accueillit le docteur par de bruyantes acclamations de joie. Pour le récompenser dignement, elle voulut l'introniser en qualité de roi des brigands, en lui conférant le commandement de toutes les bandes de l'Italie et de l'Allemagne du sud. Le docteur Trabacchio déclara ne pouvoir accepter cette offre, parce que la constellation particulière à laquelle il était soumis ne lui permettait pas d'avoir une résidence fixe et de contracter un engagement quelconque. Il ajouta qu'il prêterait toutefois aux brigands l'appui de son art et de ses connaissances, et leur rendrait visite de temps en temps.

Alors les brigands résolurent de nommer roi des brigands le jeune Trabacchio, ce qui ravit le docteur. A partir de ce moment, l'enfant demeura donc parmi les voleurs, et dès l'âge de quinze ans il exerça sur eux une véritable autorité.

Toute la vie du jeune Trabacchio ne fut plus qu'une série de crimes et de maléfices diaboliques. Son père, qui venait le voir souvent, et passait des années entières seul avec son fils dans la caverne, lui fit faire de rapides progrès dans la sorcellerie.

Les mesures efficaces du roi de Naples contre les bandes de brigands, dont l'audace redoublait chaque jour, mais plus encore les dissensions intestines des voleurs, mirent un terme à cette dangereuse réunion des voleurs sous une seule autorité. Le jeune Trabacchio lui-même, qui s'était rendu odieux par son arrogance et sa cruauté, cessa de trouver dans les secrets magiques de son père une garantie contre les poignards de ses sujets. Il s'enfuit en Suisse, se donna le nom d'Ignace Denner, et parcourut les marchés et les foires d'Allemagne, se faisant passer pour un marchand ambulant. Enfin une bande moins considérable se forma des débris de l'ancienne, et élut pour chef le ci-devant roi des brigands.

Ignace Denner, ou plutôt Trabacchio, assura que son père vivait encore, qu'il l'avait visité dans son cachot, et lui avait promis de le sauver de l'échafaud. Mais, ajouta-t-il, la protection divine qui avait arraché Andrès à la mort lui prouvait que le pouvoir de son père était affaibli ; il ne songeait en pécheur repentant qu'à abjurer tous ses sortiléges, et à souffrir sans murmurer la peine capitale due à ses crimes.

Andrès, qui apprit toute cette histoire de la bouche du comte de Vach, ne douta pas un moment que ce ne fût la bande du jeune Trabacchio qui avait attaqué autrefois son maître dans le pays de Naples. Il était également convaincu que le vieux docteur Trabacchio lui avait apparu dans sa prison comme Satan en personne, et avait voulu l'exciter au mal.

Ce fut alors qu'Andrès vit clairement pour la première fois les grands dangers qu'il avait courus depuis l'époque où le fils du docteur était entré dans sa maison. Toutefois, il lui était encore impossible de comprendre pourquoi ce misérable avait persécuté Giorgina et lui-même avec tant d'acharnement, et il n'apercevait pas quel avantage pouvait avoir pour Ignace Denner son séjour dans la demeure d'un garde-chasse.

XIV.

Andrès se trouvait après ces affreux orages dans une position paisible et heureuse; mais la secousse qu'il avait éprouvée avait été trop vive pour qu'il n'en ressentît pas les suites toute sa vie. Ses forces, son activité, son énergie avaient été détruites par le chagrin, par une longue captivité, par l'inexprimable douleur de la torture. Débile et malade, il se traînait péniblement, et pouvait à peine aller de temps à autre à la chasse. En outre, Giorgina, sur la nature méridionale de laquelle les souffrances et les angoisses produisaient l'effet destructeur d'un brasier ardent, dépérissait à vue d'œil; tous les secours qu'on lui prodigua furent inutiles, et elle mourut quelques mois après la mise en liberté de son mari.

Andrès fut longtemps inconsolable; mais sa douleur se calmait en contemplant son fils, doué de qualités rares, et portrait fidèle de sa mère. C'était par lui qu'il tenait encore à la vie, et essayait autant que possible de recouvrer ses forces. Au bout de près de deux ans, sa santé se rétablit, et il put entreprendre plus d'une joyeuse chasse dans la forêt.

Le procès d'Ignace Denner était enfin terminé, et il avait été, comme autrefois son père à Naples, condamné à périr par le feu; la sentence devait être exécutée sous peu de jours.

Un jour, Andrès revenait avec son fils de la forêt, à l'heure du crépuscule. Il était déjà près du château, quand il entendit un gémissement plaintif, qui semblait partir du fossé d'un champ voisin. Il approcha, et vit un homme, vêtu de misérables haillons, gisant dans le fossé, et paraissant près de succomber à l'excès de ses souffrances.

Andrès jeta son fusil et sa carnassière, et tira avec peine le malheureux du fossé ; mais quand il eut regardé en face celui qu'il venait de sauver, il reconnut avec horreur Ignace Denner.

Il se détourna de lui ; mais le fils du docteur murmura d'une voix sourde :

— Andrès, Andrès, est-ce toi ? Au nom de la miséricorde de Dieu, entre les mains duquel je remets mon âme, aie pitié de moi ! Si tu me portes secours, tu sauveras une âme des peines éternelles ; car bientôt la mort va fermer mes yeux, et mon expiation n'est pas encore accomplie.

— Maudit hypocrite, s'écria Andrès, meurtrier de mon enfant, de ma femme ! n'est-ce pas Satan qui t'a ramené ici peut-être pour me perdre encore ? Je n'ai rien à démêler avec toi, meurs et pourris comme un vil animal !

Andrès allait le rejeter dans le fossé ; mais Ignace Denner hurla d'une voix lamentable :

— Andrès, sauve le père de ta femme, de ta Giorgina, qui prie pour moi aux pieds du trône du Très-Haut !

Andrès frémit de tous ses membres au nom de Giorgina, il se sentit saisi d'une douloureuse mélancolie ; il eut pitié du destructeur de son repos, de son bonheur. Il prit Ignace Denner, le souleva avec effort, et le porta jusqu'à sa demeure, où il chercha à le ranimer par le moyen de quelques toniques. Bientôt le fils du docteur Trabacchio sortit de l'évanouissement dans lequel il était tombé.

Dans la nuit qui précéda son exécution, Ignace Denner avait été saisi d'une invincible crainte de la mort. Il était convaincu que rien ne pouvait le dérober au supplice affreux qui s'apprêtait pour lui. La perplexité le fit tomber dans une sorte de délire ; il saisit et secoua avec violence les barreaux de fer de sa fenêtre, et ils demeurèrent brisés entre ses mains.

Un rayon d'espérance éclaira son âme. On l'avait placé dans une tour voisine des fossés de la ville. Il regarda la distance qui le séparait du sol, et prit aussitôt la résolution de se précipiter en bas pour se sauver ainsi ou mourir. Il eut bientôt détaché ses chaînes sans beaucoup d'efforts. Il perdit connaissance dans sa chute, et ne reprit ses sens que lorsque le soleil était déjà sur l'horizon.

Il vit qu'il était tombé sur un épais gazon entouré de broussailles; mais il avait tous les membres démis et disloqués, et était incapable de se remuer et de faire un seul pas. Des mouches à viande et d'autres insectes voltigeaient sur son corps à demi nu, le piquaient et lui suçaient le sang, sans qu'il lui fût possible de les chasser.

Un jour entier s'écoula pour lui dans ces tortures. A l'approche de la nuit, il parvint à se traîner plus loin, et eut le bonheur d'arriver à un endroit où l'eau de pluie s'était conservée dans un réservoir naturel. Il but à longs traits, sentit renaître ses forces, sortit avec peine du fossé de la ville, et marcha jusqu'à la forêt, qui n'était pas éloignée de Fulda et s'étendait presque jusqu'au château de Vach.

C'est ainsi qu'il était arrivé au fossé où Andrès l'avait rencontré luttant contre la mort. Des efforts inouïs avaient épuisé le peu de vigueur qui lui restât, et quelques minutes plus tard Andrès l'eût certainement trouvé sans vie.

Sans songer aux résultats qu'auraient les tentatives de la justice pour ressaisir le fugitif Denner, Andrès le porta dans une chambre isolée, et lui donna tous les secours possibles; mais il prit des précautions pour que personne ne soupçonnât la présence de l'étranger. L'enfant même, accoutumé à obéir aveuglément à son père, garda fidèlement le secret.

Andrès demanda à Ignace Denner s'il était réellement le père de Giorgina.

— Rien n'est plus vrai, répondit Ignace Denner. J'avais enlevé dans les environs de Naples une jolie fille, qui me donna un enfant. Tu sais maintenant, Andrès, qu'un des plus grands secrets magiques de mon père était la composition d'une liqueur précieuse et merveilleuse, dont le principal ingrédient est le sang du cœur d'enfants de neuf semaines, de neuf mois et de neuf ans.

Il faut que ces enfants soient confiés de plein gré par le père et la mère à l'opérateur. Plus celui-ci est uni de près à ses victimes par les liens de la parenté, plus l'élixir de vie tiré du sang de leur cœur a de puissance pour rajeunir et même pour fabriquer de l'or artificiel. C'est pourquoi mon père immolait ses enfants, et je comptais sacrifier de cette manière infâme à mes œuvres de magie celui que ma femme m'avait donné. Je ne puis encore m'expliquer comment ma femme pressentit mes affreux projets; mais elle m'enleva ma fille avant que celle-ci eût neuf semaines révolues, et je n'eus de ses nouvelles que plusieurs années après. Je sus que ma femme était morte à Naples, et que ma fille Giorgina avait été recueillie par un aubergiste maussade et quinteux. J'appris aussi son mariage avec toi, et votre domicile.

Maintenant, tu peux comprendre, Andrès, pourquoi j'étais attaché à ta femme et pourquoi, l'esprit préoccupé de mes funestes maléfices, je poursuivais sans cesse tes enfants. Mais c'est grâce à toi, Andrès, à toi seul, et à ton salut miraculeusement effectué par la toute-puissance de Dieu, qu'un profond repentir a pénétré dans mon cœur.

Au reste, la cassette remplie de bijoux que j'ai donnés à ta femme est celle que je sauvai des flammes par ordre de mon père ; tu peux sans scrupule la conserver pour ton fils.

— La cassette ? interrompit Andrès ; mais Giorgina ne vous l'a-t-elle pas remise le jour néfaste où vous avez égorgé mon pauvre enfant ?

— Sans doute, répondit Ignace Denner ; mais je vous l'ai rendue sans que Giorgina s'en doutât. Ouvre un grand coffre noir placé dans l'antichambre de votre maison, regarde dedans, et tu trouveras au fond la cassette.

Andrès chercha dans le coffre, et trouva en effet la cassette dans l'état où Denner la lui avait autrefois confiée.

Andrès sentait en lui-même un malaise indéfinissable, et ne pouvait s'empêcher de souhaiter d'avoir trouvé le fils du docteur Trabacchio mort au fond du fossé.

Le repentir d'Ignace Denner paraissait sincère, et sa componction véritable. Sans quitter sa retraite, il passait son temps à lire des livres de piété ; et son unique distraction était de causer avec le petit George, qu'il semblait aimer par-dessus tout. Andrès résolut cependant d'être sur ses gardes, et à la première occasion découvrit tout le secret au comte de Vach, qui ne fut pas médiocrement surpris des jeux bizarres de la destinée.

XV.

Ainsi s'écoulèrent plusieurs mois. L'arrière-saison était avancée, et Andrès allait à la chasse plus souvent que jamais. Le petit George demeurait ordinairement auprès de son grand-père et d'un vieux garde-chasse qui savait le secret.

Un soir Andrès était revenu de la forêt, quand le vieux garde-chasse entra.

— Maître, lui dit-il d'un ton brusque et ferme qui lui était habituel, vous avez chez vous un mauvais compagnon. Savez-vous qui vient le voir par la fenêtre et s'en va en fumée et en vapeur? c'est le... Que Dieu soit avec nous!

Ces paroles furent un coup de foudre pour Andrès. Il savait maintenant à quoi s'en tenir. Le vieux garde-chasse lui raconta que depuis plusieurs jours, au moment du crépuscule, on entendait des cris étranges dans la chambre d'Ignace Denner, et qu'on paraissait s'y disputer avec chaleur, et que le jour même, pour la seconde fois, en ouvrant brusquement la porte de cette chambre, il lui avait semblé voir sortir par la fenêtre une figure enveloppée d'un manteau rouge à galons d'or.

Andrès, au comble de la fureur, se rendit près d'Ignace Denner, lui fit part des dires du garde-chasse, et lui déclara qu'il devait s'attendre à être écroué dans la prison du château s'il ne renonçait pas à toute espèce de démarches criminelles. Le fils du docteur l'écouta avec calme.

— Ah! mon cher Andrès, répondit-il d'un ton plaintif, il n'est que trop vrai que mon père, dont l'heure n'est pas encore venue, me persécute et me tourmente d'une manière inouïe. Il veut que je me lie de nouveau avec lui, et que je renonce à la piété et au salut de mon âme; mais je suis demeuré inébranlable, et je ne crois pas qu'il revienne à la charge : car il a pu juger du peu d'influence qu'il a sur moi. Sois tranquille, mon cher fils Andrès! et laisse-moi chez toi mourir en chrétien et réconcilié avec Dieu!

En effet l'apparition ennemie semblait avoir fui à jamais, et cependant les yeux d'Ignace étincelaient comme par le passé; et il avait repris le sourire railleur qui lui était autrefois familier. Durant la prière qu'Andrès avait coutume de faire chaque soir avec lui, il paraissait souvent en proie à un tremblement convulsif. Parfois un étrange courant d'air traversait la chambre en soufflant, battait dans son vol rapide les feuilles du livre de prière, et arrachait même le livre des mains d'Andrès.

— Impie Trabacchio! maudit Satan! s'écria un soir Andrès d'une voix tonnante, c'est toi qui sors de l'enfer pour hanter cette maison ! Que veux-tu de moi ? Passe ton chemin, car tu n'as aucun pouvoir sur moi! Passe ton chemin !

Un éclat de rire moqueur se fit entendre dans la chambre, et des ailes noires frappèrent la fenêtre.

— Ce n'est rien, dit Ignace Denner, rien que la pluie qui fouette les carreaux, rien que le vent d'automne qui hurle en s'engouffrant dans cette pièce.

Les mêmes bruits sinistres se répétèrent, et George effrayé se mit à pleurer.

— Non, s'écria Andrès, l'impie docteur votre père ne pourrait manifester aussi hardiment sa présence dans cette maison si vous aviez renoncé à toute relation avec lui. Il faut vous éloigner de moi. Votre domicile est prêt depuis longtemps. Il faut que vous alliez dans la prison du château; et là vous pourrez avoir tant que vous voudrez commerce avec les malins esprits.

Ignace Denner versa des torrents de larmes, et pria Andrès au nom de tous les saints de le garder dans la maison. George, sans savoir ce que signifiait cette scène, intercéda en faveur de Denner.

— Demeurez donc encore ici demain, dit Andrès; je verrai ce qui se passera à l'heure de la prière, quand je reviendrai de la chasse.

Le lendemain, il faisait un beau temps d'automne, et Andrès se promit un riche butin. L'obscurité était complète lorsqu'il revint de l'affût. Il éprouvait une singulière agitation intérieure. Les circonstances bizarres de sa vie, l'image de Giorgina, celle de son plus jeune fils égorgé, se présentaient si vivement à ses yeux, qu'absorbé dans sa méditation, il s'éloigna par degrés des autres chasseurs. A force de rester en arrière, il se trouva, sans s'en apercevoir, au milieu de la forêt, dans un chemin de traverse.

Sur le point de reprendre la grande route, il aperçut une éblouissante lumière qui flamboyait à travers les buissons les plus épais. Un pressentiment étrange et sinistre s'empara de lui; il pénétra dans le hallier, et s'approcha du feu qu'il avait entrevu.

Auprès du foyer se tenait le vieux Trabacchio avec son manteau à galons d'or, son épée, son chapeau à bords relevés, surmonté d'une plume rouge, et sa cassette à médicaments sous le bras. Le docteur fixait des yeux pétillants sur le brasier, dont les flammes rampaient et se tordaient sous une cornue comme des serpents diaprés de couleurs rouges et bleues. George était étendu au devant le feu sur une espèce de gril, et le maudit fils du satanique docteur tenait un couteau étincelant et s'apprêtait à frapper.

Andrès poussa un cri d'horreur, mais au moment où le meurtrier se détournait au bruit, la balle partie du fusil d'Andrès siffla dans l'air, et Ignace Denner, blessé à la tête, tomba sur le feu, qui s'éteignit aussitôt. La figure du docteur avait disparu.

Andrès s'élança en avant, regarda fixement le corps gisant à ses pieds, délia le pauvre George et l'emporta en hâte au logis. L'enfant n'avait aucune blessure, mais l'appréhension de la mort lui avait fait perdre connaissance.

Andrès eut l'idée de sortir dans le bois pour s'assurer de la mort du fils du docteur et enterrer promptement le cadavre. Il éveilla donc le vieux garde-chasse, qui dormait d'un profond sommeil, grâce sans doute aux maléfices d'Ignace Denner, et tous deux, munis d'une lanterne, d'une pioche et d'une bêche, se rendirent au lieu où Andrès avait frappé Denner, et qui n'était pas très-éloigné.

Denner respirait encore. Lorsque Andrès s'approcha, il se souleva à demi, fixa sur lui un effrayant regard, et dit avec un râle étouffé :

— Assassin! assassin du père de ta femme! le démon qui est à mes ordres saura te punir!

— Va dans l'enfer, misérable! s'écria Andrès surmontant l'horreur qui s'emparait de lui; va dans l'enfer, toi qui as mérité cent fois la mort, et à qui j'ai donné la mort parce que tu voulais commettre un affreux homicide sur mon fils, sur le fils de ta fille! Tu as feint le repentir et la piété pour me trahir indignement; mais maintenant Satan prépare plus d'une torture à ton âme, que tu lui as vendue!

Ignace Denner retomba en hurlant; ses gémissements devinrent de plus en plus sourds, et il expira.

Andrès et son compagnon creusèrent une fosse profonde, où ils jetèrent le cadavre d'Ignace Denner.

—Que son sang ne retombe pas sur moi! dit Andrès; mais je n'ai pu agir autrement; Dieu m'avait sans doute envoyé là pour sauver mon pauvre George et punir des crimes multipliés. Pourtant je prierai pour l'âme du mort, et je placerai une petite croix sur sa fosse.

Le lendemain, lorsque Andrès voulut exécuter ce projet, il trouva la terre renversée; le cadavre avait disparu. Avait-il été enlevé par des animaux des bois, par des êtres humains ou par d'autres? c'est ce que l'on n'a jamais su.

Andrès se rendit chez le comte de Vach avec son fils et le vieux garde-chasse, et lui exposa fidèlement tout ce qui lui était arrivé. Le comte de Vach approuva l'action d'Andrès, qui, pour sauver son fils, avait tué un voleur et un assassin. Il fit rédiger le récit complet de ces aventures, et ordonna de le conserver dans les archives du château.

Cet effroyable événement avait profondément agité Andrès, et il est facile de concevoir qu'il passa des nuits sans repos et sans sommeil. Parfois suspendu entre les songes et les hallucinations d'une veille pénible, il entendait dans sa chambre des craquements et des murmures, et une lueur rougeâtre passait et repassait rapidement devant ses yeux.

Il prêta l'oreille et regarda attentivement.

— Maintenant que tu es le maître, disait une voix sourde, tu as le trésor, tu as le trésor. Commande à la puissance supérieure, elle est à toi !

Andrès crut alors éprouver un sentiment inconnu de jouissance et de bien-être; mais quand les feux rougeâtres du matin colorèrent sa fenêtre, il prit courage, et, comme il avait coutume de le faire, pria avec ferveur et énergie le Seigneur d'éclairer son âme.

— Je sais bien, dit-il ensuite, quel est mon devoir, et la ressource qui me reste pour bannir le mauvais génie et éloigner le péché de ma maison.

Puis il prit la cassette d'Ignace Denner et la jeta sans l'ouvrir dans un ravin profond.

A partir de ce jour, Andrès jouit d'une vieillesse heureuse et tranquille, qu'aucune puissance ennemie ne put troubler.

LE SANCTUS.

Le docteur secoua la tête d'une manière qui donnait beaucoup à penser.

—Comment! s'écria avec violence le maître de chapelle en sautant de son siége, le catarrhe de Bettina pourrait donc vraiment avoir des suites fâcheuses?

Le docteur frappa trois ou quatre fois le plancher de son bambou, prit sa tabatière et la remit dans sa poche sans avoir prisé, leva brusquement les yeux, comme s'il eût compté les rosaces du plafond, et toussa d'une voix cacophonique sans souffler mot.

Cette tenue déconcerta le maître de chapelle, car il savait que ces gestes du docteur signifiaient en langage clair et intelligible un cas grave, très-grave, et : —je ne sais comment me tirer d'affaire; j'erre à l'aventure; je procède empiriquement, ainsi que le docteur, dans Gil Bas de Santillane.

— Eh bien! s'écria le maître de chapelle tout en colère, dites-moi au moins la pure vérité, et ne prenez pas un maudit air d'importance quand il s'agit d'un simple enrouement que Bettina s'est attiré pour avoir oublié de mettre son châle en sortant de l'église. Cela ne coûtera pourtant pas la vie à la petite.

— Que non! dit le docteur en cherchant de nouveau sa tabatière et en portant réellement cette fois une prise à ses narines; mais il est plus que vraisemblable que, pendant tout le reste de sa vie, elle ne pourra plus chanter une seule note.

A ces mots, le maître de chapelle porta ses deux poings à sa chevelure, dont la poudre sortit en nuages, courut de long en large dans la chambre, et s'écria dans une exaspération de possédé :

— Ne plus chanter! ne plus chanter! Bettina, ne plus chanter! Plus de ces magnifiques canzonettes, de ces merveilleux boléros et séguidillas, qui coulaient de ses lèvres comme du parfum de fleurs transformé en son; plus de pieux *Agnus*, plus de *Benedictus* si consolateur dans sa bouche! Oh! oh! point de *Miserere* qui me lavait de toutes les impuretés terrestres, de toutes les basses pensées, et qui, souvent, faisait éclore en moi tout un monde de beaux thèmes religieux! Tu mens! docteur, tu mens! Le diable te tente et t'excite à me tendre des piéges. L'organiste de la cathédrale, qui me poursuit avec une jalousie infâme depuis que j'ai composé un *Qui tollis* à huit voix au ravissement du monde entier, voilà celui qui t'a honteusement séduit. Il t'a chargé de me plonger dans un affreux désespoir, pour que je jette au feu ma nouvelle messe; mais il n'y réussira point, et tu n'y réussiras point! C'est ici, ici que je les porte les *soli* de Bettina (il frappa un grand coup sur la poche de son habit, qui retentit bruyamment), et tout de suite la petite va me les chanter de sa voix sublime et sonore comme une cloche, d'une manière plus brillante que jamais.

Le maître de chapelle saisit son chapeau et voulut partir; le docteur le retint en lui disant d'une voix douce et basse :

— J'honore votre respectable enthousiasme, très-adorable ami; mais je n'exagère rien, et je ne connais pas du tout l'organiste de la cathédrale : c'est comme je vous l'ai dit. Depuis le temps que Bettina a chanté à l'église catholique les *soli* dans le *Gloria* et dans le *Credo*, elle est attaquée d'un enrouement extraordinaire ou plutôt d'une extinction de voix dont mon art ne peut triompher, et qui, comme je l'ai dit, me fait craindre qu'elle ne puisse plus chanter du tout.

— Bon! s'écria le maître de chapelle avec la résignation du désespoir, alors donne-lui de l'opium, de l'opium, et encore de l'opium, et si longtemps de l'opium qu'elle meure d'une douce mort; car si Bettina ne chante plus, elle ne doit pas vivre non plus : elle ne vit que lorsqu'elle chante, elle n'existe que dans les chants. Divin docteur, fais-moi le plaisir de l'empoisonner le plus tôt possible; j'ai des connaissances au tribunal criminel; j'ai étudié à Halle avec le président, qui alors était très-fort sur le cor; la nuit nous exécutions des duos avec accompagnement obligé de chœurs de chiens et de chats. Tu ne seras pas poursuivi pour cet honnête assassinat; mais empoisonne-la, empoisonne-la.

— On est, dit le docteur en interrompant l'effervescent maître de chapelle, on est déjà d'un certain âge, vu qu'on est forcé depuis maintes années de se faire poudrer les cheveux; et pourtant pour ce qui concerne la musique, on est *vel quasi* un blanc-bec. Il est inutile de crier de la sorte, de parler si témérairement de meurtre et d'assassinat; qu'on se mette tranquillement dans ce commode fauteuil, et qu'on m'écoute avec sang-froid.

Le maître de chapelle s'écria d'une voix larmoyante :

— Que vais-je apprendre?

Au reste, il fit ce qui lui avait été ordonné.

— Il y a en effet, dit le docteur, quelque chose de tout à fait étrange et de merveilleux dans l'état de Bettina. Elle parle à haute voix; la force de ses organes est dans toute sa plénitude; on ne saurait supposer un mal de gorge ordinaire. Elle est même en état de proférer des tons musicaux; mais dès qu'elle élève la voix jusqu'au chant, un je ne sais quoi incompréhensible, qui ne se manifeste ni par un picotement, ni par un chatouillement, ni enfin comme un principe de maladie affirmatif, la prive de ses facultés vocales, de sorte que chaque son, sans être faux ou étouffé, en un mot, sans se ressentir de l'influence d'un catarrhe, devient faible et sans expression. Bettina, elle-même, compare très-bien son état à celui d'un rêve, où, avec la pleine conscience de pouvoir voler, on essaye néanmoins inutilement de s'élever. Cet état de maladie négatif résiste à mon art, et tous mes remèdes sont autant de coups d'épée dans l'eau. L'ennemi que je dois combattre ressemble à un fantôme incorporel, contre lequel je m'escrime en vain. Vous avez raison, maître de chapelle, de dire que toute l'existence de Bettina dépend essentiellement du chant, car on ne peut se figurer l'oiseau de paradis que chantant; voilà pourquoi la seule idée que son chant périt, et elle avec lui, agite continuellement ses esprits, augmente son malaise, et anéantit tout l'effet de mes efforts. Elle est de sa nature, comme elle le dit elle-même, très-craintive, et avec cette disposition, après m'être, comme un naufragé, accroché pendant des mois entiers au moindre éclat de bois, après m'être complétement découragé, je finis par croire que la maladie de Bettina est plutôt psychique que physique.

— Bien, docteur! s'écria ici l'enthousiaste voyageur[1], qui jusqu'alors s'était tenu coi et les bras croisés dans un coin de la chambre; d'un seul coup vous avez trouvé le véritable point, mon excellent docteur. La sensation maladive de Bettina est la réaction physique d'une impression psychique, et par cela même d'autant plus perni-

[1] C'est un nom sous lequel Hoffmann se désigne lui-même. (*Note du trad.*)

cieuse et plus dangereuse. Moi, moi seul, je peux tout vous expliquer, messieurs.

— Que vais-je apprendre? s'écria le maître de chapelle avec une voix plus larmoyante encore qu'auparavant.

Le docteur approcha sa chaise de celle de l'enthousiaste voyageur en le regardant d'un air étrangement goguenard; mais l'enthousiaste voyageur leva les yeux au ciel, et dit, sans regarder le docteur ni le maître de chapelle :

— Maître de chapelle! j'ai vu un jour un petit papillon diapré de brillantes couleurs qui s'était pris entre les cordes de votre clavicorde double [1]. Le petit être voltigeait gaiement de long en large; il battait de ses petites ailes étincelantes tantôt les cordes supérieures, tantôt les cordes inférieures, qui alors rendaient des sons et des accords que l'oreille la mieux exercée pouvait seule distinguer. A la fin le petit animal semblait nager dans ces vibrations comme dans des ondes doucement agitées, ou plutôt semblait être porté par des flots d'harmonie. Mais souvent il arrivait qu'une corde plus fortement touchée frappait comme en colère les ailes du papillon, et leur faisait perdre en les froissant l'ornement de leurs couleurs variées. Mais le papillon, n'y faisant pas attention, tournoyait et allait toujours, produisant des chants et des sons continuels, jusqu'à ce que, les cordes le blessant toujours de plus en plus, il tomba mort dans l'ouverture de la table d'harmonie.

— Que voulez-vous nous dire par là? demanda le maître de chapelle.

— *Fiat applicatio*, mon très-cher! dit le docteur.

— Il ne s'agit pas ici d'une application particulière, continua l'enthousiaste; je voulais, comme j'ai entendu réellement le papillon jouer du clavicorde du maître de chapelle, faire entrevoir seulement en général une idée que j'ai eue alors, et qui peut assez bien servir d'introduction à tout ce que je vais dire sur la maladie de Bettina. Au reste, vous pouvez prendre le tout pour une allégorie, et le dessiner dans l'album d'une virtuose en tournée. Il me sembla alors que la nature avait construit autour de nous un clavicorde à mille touches, dans les cordes duquel nous manœuvrons. Nous en prenons les sons et les accords pour nos productions arbitraires, et souvent nous

[1] Espèce de clavecin.

sommes blessés à mort, sans nous douter que c'est le ton discordant que nous avons excité qui est cause de notre mort.

— Très-obscur ! dit le maître de chapelle.

— Oh ! s'écria le docteur en riant, oh ! prenez patience, il va tout de suite entamer sa matière favorite, et nous lancer au grand galop dans le monde des pressentiments, des rêves, des influences psychiques, des sympathies, des idiosyncrasies, etc., jusqu'à ce que, arrivé à la station du magnétisme, il descende de cheval pour déjeuner.

— Doucement, doucement, très-docte médecin, riposta l'enthousiaste voyageur, ne rabaissez pas des choses que vous êtes forcé de reconnaître avec humilité et d'observer avec attention, quelque effort que vous fassiez pour vous y soustraire. N'avez-vous pas dit vous-même que la maladie de Bettina provenait d'une excitation psychique, ou plutôt qu'elle était un mal psychique ?

— Mais, dit le docteur en interrompant l'enthousiaste, qu'a de commun Bettina avec ce malheureux papillon ?

— S'il fallait, poursuivit l'enthousiaste, tout passer scrupuleusement au tamis, éplucher et examiner isolément chaque grain, ce serait un travail fastidieux en soi ! Laissez le papillon reposer dans le clavicorde du maître de chapelle !

— Au reste, avouez-le vous-même, maître de chapelle, n'est-ce pas un véritable malheur que la très-sainte musique soit devenue une partie intégrante de notre conversation ? Les plus nobles talents sont rabaissés à la vie commune ! Autrefois les sons et les chants répandaient leurs rayons sur nous du haut d'un saint espace, et comme du royaume céleste même ; mais de nos jours on a tout sous la main, et l'on sait exactement la quantité de tasses de thé que la chanteuse et la quantité de verres de vin que la basse-taille doivent boire pour ne pas perdre la tramontane. Je sais bien qu'il y a des réunions qui, dominées par le véritable esprit de la musique, l'observent avec une ferveur réelle ; mais il est d'autres réunions misérables, roides, guindées... mais je ne veux pas me mettre en colère !

L'année dernière, quand j'arrivai ici, notre pauvre Bettina était justement la cantatrice à la mode ; partout on la recherchait et on ne pouvait presque plus avaler une tasse de thé sans le supplément d'une romance espagnole, d'une canzonette italienne, ou d'une chanson française, comme par exemple : *Souvent l'amour*, etc., que Bettina devait s'abaisser à chanter. Je craignais réellement que la bonne fille ne fût submergée avec tous ses talents dans cette mer de thé dont on l'inondait. Il en fut autrement, mais la catastrophe eut lieu.

— Quelle catastrophe ? s'écrièrent à la fois le docteur et le maître de chapelle.

— Tenez, mes chers messieurs, continua l'enthousiaste, à proprement parler, la pauvre Bettina a été, comme on dit vulgairement, ensorcelée, et quelque pénible que me soit cet aveu, je suis moi-même le magicien qui ai accompli cette mauvaise œuvre, et maintenant, comme l'apprenti sorcier [1], je suis incapable de la délivrer du charme.

— Folles facéties !... et nous sommes ici tranquillement à nous laisser mystifier par ce scélérat de railleur.

Ainsi parla le docteur en sautant de sa chaise.

— Mais, au nom du diable ! la catastrophe ! la catastrophe ! s'écria le maître de chapelle.

— Silence, messieurs ! dit l'enthousiaste ; je viens au fait, à un fait que je puis vous garantir. Au reste, prenez mon sortilége pour une plaisanterie, quoique parfois je me sente le cœur oppressé d'avoir servi, à mon insu et contre ma volonté, de médiateur à une force psychique inconnue qui s'est développée et a agi sur Bettina. J'ai servi, voulais-je dire, de conducteur, ainsi que dans une ligne électrique où chacun frappe son voisin sans qu'il y ait activité et volonté propres de sa part.

— Hop ! hop ! s'écria le docteur, voyez donc comme son *dada* exécute de brillantes courbettes !

— Mais l'histoire ! l'histoire ! s'écria en même temps le maître de chapelle.

— Vous disiez, maître de chapelle, continua l'enthousiaste, que Bettina, avant d'avoir perdu la voix, avait chanté dans l'église catholique. Souvenez-vous que c'était le premier jour de Pâques de l'année passée. Vous aviez endossé votre habit de fête, et vous dirigiez la sublime messe de Haydn en ré mineur. En fait de soprano, il y avait un riche parterre de jeunes demoiselles élégamment mises, qui en partie chantaient, et en partie ne chantaient pas ; parmi elles se

[1] Allusion à un poëme de Goëthe, dans lequel l'apprenti sorcier a su évoquer les esprits ; mais il ignore la formule pour les forcer à s'en aller. (*Note du trad.*)

tenait Bettina, qui, d'une voix merveilleusement forte et pleine, chantait les petits *soli*. Vous savez que j'avais pris place parmi les ténors; je me sentais trembler du frisson du sentiment religieux le plus profond, quand un bruit qu'on fit derrière moi me dérangea. Je me retournaï, et je vis, à ma grande surprise, Bettina qui cherchait à passer à travers les rangs des instrumentistes et des chanteurs pour quitter le chœur.

— Vous voulez partir ? lui demandai-je.

— Il en est temps, répondit-elle en souriant ; il faut encore que je me rende à l'église de *** pour chanter dans une cantate, et puis que je répète ce matin quelques duos que je dois chanter ce soir au thé-concert de *** ; puis il y a souper chez ***. Vous y viendrez, n'est-ce pas ? nous exécuterons quelques chœurs du *Messie* de Hændel, et le premier final du *Mariage de Figaro*.

Pendant ce dialogue, les premiers accords du *Sanctus* retentirent, et l'encens s'éleva en nuages bleus jusqu'à la haute voûte de l'église.

— Ne savez-vous donc pas, lui dis-je, que c'est un péché qui ne reste pas impuni que de quitter l'église pendant le *Sanctus*? Vous ne chanterez pas de sitôt dans une église.

Je voulais plaisanter, mais, je ne sais comment cela se fit, mes paroles étaient devenues solennelles. Bettina pâlit et quitta silencieusement l'église. Depuis ce moment elle a perdu la voix.

Pendant ce temps, le docteur s'était assis et tenait son menton appuyé sur la pomme de sa canne ; il resta muet, mais le maître de chapelle s'écria :

— C'est étonnant, en effet, très-étonnant!

— A dire vrai, continua l'enthousiaste, je ne pensais à rien de positif en prononçant ces paroles, et je n'établissais pas d'abord le moindre rapport entre l'extinction de voix de Bettina et ma scène avec elle dans l'église. Ce n'est que ces jours-ci, à mon retour, quand j'appris de vous, docteur, que Bettina souffrait toujours de cette indisposition, que je me rappelai avoir alors songé à une histoire que j'avais lue, il y a quelques années, dans un vieux livre, et que je vais vous communiquer, vu qu'elle me paraît belle et touchante.

— Racontez, s'écria le maître de chapelle, peut-être y trouverai-je de l'étoffe pour tailler un bel et bon opéra.

— Mon cher maître de chapelle, dit le docteur, si vous êtes en état de mettre en musique des rêves, des pressentiments, des états magnétiques, vous aurez ce qu'il vous faut, car certainement son histoire ne renfermera pas autre chose.

Sans répondre au docteur, l'enthousiaste voyageur toussa légèrement et commença d'une voix élevée :

— Le camp d'Isabelle et de Ferdinand d'Aragon s'étendait à perte de vue sous les murs de Grenade...

— Dieu du ciel et de la terre! interrompit le docteur, à en juger par le commencement, voilà un récit qui ne finira pas avant neuf jours et neuf nuits; et moi, je suis ici et mes malades se morfondent! je me moque pas mal de vos histoires mauresques. J'ai lu Gonzalve de Cordoue et entendu les *séguidillas* de Bettina; cela me suffit; rien de trop; Dieu vous garde!

Le docteur s'élança d'un bond vers la porte, mais le maître de chapelle resta tranquillement assis en disant :

— Ce sera une histoire prise dans les guerres des Sarrasins avec les Espagnols, à ce que je vois; depuis longtemps je désirais en mettre une en musique. Combats... tumulte... romances... processions... cymbales... plain-chant... tambours et grosses caisses... Ah! grosses caisses! Puisque nous voilà ensemble, racontez-moi cela, très-aimable enthousiaste. Qui sait quel germe cette histoire désirée peut jeter dans mon âme, et quelles fleurs gigantesques peuvent y pousser!

— Pour vous, maître de chapelle, répliqua l'enthousiaste, tout se change en opéra, et c'est pour cela que les gens raisonnables, qui traitent la musique comme un verre d'eau-de-vie forte dont on ne doit user qu'en petite quantité pour réconforter l'estomac, vous prennent parfois pour fou. Mais je vais vous satisfaire, et vous êtes libre de mêler audacieusement par-ci par-là quelques accords à mon récit, si l'envie vous en prend trop fortement.

L'auteur de ce livre se sent dans l'obligation de prier le lecteur bienveillant de vouloir bien lui permettre, à cause du peu d'espace qui lui est accordé, de placer le nom du maître de chapelle dans les endroits où ses accords servent d'intermède à cette narration. Au lieu donc d'écrire ici, le maître de chapelle dit : *etc.*, il annoncera les interruptions de ce personnage au moyen de l'indication suivante :

LE MAÎTRE DE CHAPELLE. — Le voyageur enthousiaste commença en ces termes :

Le camp d'Isabelle et de Ferdinand d'Aragon s'étendait à perte de vue sous les murs de Grenade. Attendant vainement du renfort, cerné de jour en jour plus étroitement, le lâche Boabdil se désespérait, et raillé amèrement par le peuple, qui ne le désignait que sous le nom de roitelet, il ne trouvait de consolation momentanée que dans les victimes qu'il immolait à sa cruauté sanguinaire. Mais plus l'abattement et le désespoir s'emparaient du peuple et de l'armée de Grenade, plus l'espoir de la victoire et la soif du combat devenaient vifs dans le camp espagnol. Il ne fallait pas livrer d'assaut. Ferdinand se contentait de diriger ses pièces contre les remparts de la ville et de repousser les sorties des assiégés. Ces petits combats ressemblaient plutôt à de gais tournois qu'à des batailles sérieuses. La mort même contribuait à relever les âmes des survivants, vu qu'elle apparaissait avec la pompe des cérémonies religieuses et l'auréole rayonnante du martyre de la foi.

Aussitôt qu'Isabelle fut entrée dans le camp, elle y fit construire au milieu un édifice en bois flanqué de tours, du haut desquelles la bannière de la croix voltigeait dans les airs. L'intérieur en fut disposé en cloître et en église, et des religieuses bénédictines y furent installées pour célébrer journellement l'office divin. La reine, entourée de sa suite et de ses chevaliers, vint chaque matin entendre dire la messe à son confesseur; les répons étaient chantés par les religieuses rassemblées au chœur.

Un matin, Isabelle distingua une voix qui dominait merveilleusement les autres. Son chant ressemblait aux accents mélodieux du rossignol, ce roi des forêts, qui commande à tout le peuple des oiseaux. Et pourtant la prononciation des paroles était si étrangère, la manière de chanter était même si originale et si singulière, qu'elle annonçait une chanteuse encore peu faite au style de l'église. Isabelle étonnée jeta les yeux autour d'elle, et s'aperçut que sa suite partageait son étonnement; mais elle comprit bientôt qu'il s'agissait ici d'une aventure particulière, quand elle arrêta son regard sur le noble général Aguillar, qui se trouvait parmi les courtisans. A genoux sur son prie-Dieu, il tenait fixés sur le chœur ses yeux sombres et remplis d'une ardeur brûlante. La messe finie, Isabelle se rendit à la chambre de la prieure dona Maria pour prendre des renseignements sur la chanteuse étrangère.

— Veuillez, ô reine! dit dona Maria, vous souvenir qu'il y a un mois, Aguillar conçut le projet de surprendre et d'emporter cet ouvrage extérieur, qui est orné d'une magnifique terrasse et sert de promenade aux Maures. Chaque nuit les chants voluptueux des païens retentissaient jusque dans notre camp, comme des voix séduisantes de sirènes, et c'était à cause de cela que le vaillant Aguillar voulait détruire ce repaire du crime.

Déjà il s'en était emparé, déjà les femmes prisonnières étaient emmenées pendant le combat, quand tout à coup un renfort inattendu le força, malgré la plus courageuse résistance, à se désister de son entreprise et à se retirer dans le camp. L'ennemi n'osa pas le poursuivre, et ainsi les prisonnières et un riche butin lui restèrent.

Parmi les prisonnières, il y en eut une dont les longues lamentations et le désespoir attirèrent l'attention de don Aguillar. Il s'approcha de cette femme voilée et lui adressa des paroles bienveillantes; mais elle, comme si sa douleur ne connaissait d'autre langage que le chant, prit une mandoline suspendue à son cou par un ruban d'or, et après avoir tiré de l'instrument des accords étranges, entonna une romance dont les sons exprimaient la douleur mortelle de se séparer de son amant et de toutes les joies de la vie. Aguillar, profondément ému de ces merveilleux accents, résolut de faire reconduire cette femme à Grenade. Elle se précipita à ses pieds en relevant son voile.

Alors Aguillar, hors de lui-même, s'écria :

— N'es-tu pas Zuléma, l'astre des chants de Grenade?

C'était elle en effet, c'était Zuléma que le général avait vue lors d'une mission à la cour du roi Boabdil, Zuléma dont le chant retentissait depuis dans le fond de son cœur.

— Je te rends la liberté! s'écria Aguillar.

Mais le révérend père Agostino Sanchez, qui, la croix à la main, avait participé à l'expédition, prit la parole en ces termes :

— Souviens-toi, messire, qu'en relâchant ta prisonnière, tu lui fais bien du mal; car, arrachée au faux culte, et éclairée par la grâce du Seigneur, elle serait peut-être retournée dans le sein de l'Église.

Aguillar répondit :

— Qu'elle reste un mois parmi nous, et si au bout de ce temps elle ne se sent pas pénétrée de l'esprit du Seigneur, elle sera ramenée à Grenade.

Il arriva, ô reine! que Zuléma fut reçue dans notre cloître. D'abord elle se livra à la douleur la plus déchirante, et tantôt c'étaient des romances sauvages qui faisaient frémir, tantôt des chants plaintifs dont elle remplissait notre cloître, car partout on entendait sa voix vibrante et sonore.

Un jour, nous étions rassemblées à minuit, chantant les heures d'après cette mélodie sainte et mystérieuse que Ferreras, le grand maître du chant, nous a enseignée. Je remarquai, à la lueur des cierges, Zuléma se tenant à la porte du chœur et nous regardant d'un air grave et pieux. Quand nous quittâmes deux à deux le chœur, Zuléma se mit à genoux dans le corridor, non loin d'une image de la sainte Vierge. Le lendemain elle ne chanta pas de romance, mais resta tranquille et recueillie. Bientôt elle essaya de reproduire sur son instrument les accords du chœur que nous avions chanté à l'église, et puis elle se mit à fredonner à voix basse et à tâcher même d'imiter les paroles de notre chant, qu'elle prononça naturellement d'une manière assez singulière, et comme si on lui eût eu lié la langue. Je m'aperçus bien que l'esprit du Seigneur lui avait parlé par notre bouche d'une voix douce et consolatrice, et que son cœur s'ouvrirait à la grâce divine. J'envoyai donc la sœur Emanuela, la maîtresse de chœurs, auprès d'elle, afin d'attiser l'étincelle qui brûlait dans son âme. Ainsi les saints chants de notre église firent luire à ses yeux le flambeau de la foi.

Zuléma n'est pas encore admise dans le sein de l'Église par le baptême, mais elle a reçu la permission de s'associer à nos chœurs et d'élever sa voix à la gloire de la religion.

La reine devina ce qui s'était passé dans l'âme d'Aguillar quand, suivant l'objection d'Agostino, au lieu de la renvoyer à Grenade, il la fit recevoir dans un cloître, et elle fut d'autant plus réjouie de voir Zuléma revenue à la vraie croyance.

Peu de jours après, Zuléma fut baptisée et reçut le nom de Julia. La reine elle-même, le marquis de Cadiz, Henri de Guzman, les généraux Mendoza, Villena, furent les témoins de cet acte solennel.

On aurait dû croire que désormais le chant de Julia exprimerait avec encore plus de verve et de vérité la magnificence de la foi. C'est ce qui arriva en effet pendant quelque temps; mais bientôt Emanuela s'aperçut que Julia s'écartait souvent du chant noté en y mêlant des accords étrangers. Souvent le murmure d'une mandoline accordée en sourdine résonnait tout à coup dans le chœur; ce bruit ressemblait à celui que rendent les instruments quand un vent violent a frôlé leurs cordes.

Alors Julia devint inquiète, et il lui arrivait malgré elle de mêler quelques mots mauresques à l'hymne latine. Emanuela exhorta la nouvelle convertie à résister à l'ennemi; mais Julia n'y fit pas attention, et, au grand scandale des sœurs, elle chantait souvent des chants d'amour mauresques pendant que des chœurs religieux et sévères du vieux Ferreras retentissaient dans l'enceinte sacrée. Elle s'accompagnait de sa mandoline qu'elle avait accordée de nouveau et montée de plusieurs tons, et les accents de son instrument, qui troublaient souvent le chœur, étaient bruyants et désagréables, et presque semblables au sifflement aigu des petites flûtes mauresques.

LE MAÎTRE DE CHAPELLE. — *Flauti piccoli!* Mais, mon cher, il n'y a jusqu'à présent rien, rien du tout pour faire un opéra. Point d'exposition, et c'est la chose principale; mais l'idée d'accorder en sourdine et de monter de plusieurs tons une mandoline m'a passablement charmé. Ne croyez-vous pas que le diable a une voix de ténor? il est faux comme... le diable; par conséquent il chante en fausset.

L'ENTHOUSIASTE. — Dieu du ciel! vous devenez tous les jours plus spirituel, maître de chapelle! Mais vous avez raison; abandonnons au principe diabolique tous les sifflements et glapissements peu naturels du fausset, et continuons notre histoire, dont le récit me fait suer sang et eau, parce que je risque à chaque instant de sauter quelque passage digne de toute votre attention.

Or, il arriva que la reine, accompagnée des nobles généraux de son royaume, s'acheminait à l'église des Bénédictines pour y entendre la messe, selon sa coutume. Devant la porte gisait un misérable mendiant couvert de haillons; les satellites de la reine voulaient lui faire quitter sa place; mais, se relevant à moitié, il s'arracha de leurs bras et retomba en hurlant. Dans sa chute, il toucha les vêtements de la reine. Aguillar en colère s'élança vers ce misérable, prêt à le renvoyer d'un coup de pied; mais celui-ci se redressa encore et cria :

— Foule aux pieds le serpent, foule aux pieds le serpent, il te piquera à mort!

Et en même temps il fit vibrer les cordes d'une mandoline cachée sous ses haillons d'une manière aiguë et si désagréablement sifflante, que tous, frappés d'un frisson mystérieux, reculèrent en tremblant.

Les gardes écartèrent ce spectre. On disait que c'était un Maure prisonnier, privé de la raison, qui, par ses folles plaisanteries et par la manière dont il jouait de la mandoline, égayait les soldats du camp.

La reine entra et l'office commença. Les sœurs entonnèrent le *Sanctus*, et Julia allait d'une voix forte chanter comme à l'ordinaire, *Pleni sunt cœli glorià tuà*, quand le son aigu d'une mandoline retentit dans le chœur; Julia ramassa vite sa partie et voulut s'en aller.

— Que fais-tu? s'écria Emanuela.

— Oh! dit Julia, n'entends-tu pas les accords magnifiques du maître? Il faut que j'aille à lui, il faut que je chante avec lui.

En disant cela, elle courut vers la porte; mais Emanuela dit d'une voix sévère et solennelle :

— Pécheresse, qui profanes le culte du Seigneur, qui annonces par ta bouche ses louanges, tandis que ton cœur est rempli de pensées terrestres, va-t'en! la force de ton chant est brisée, les sons merveilleux qui partaient de ta poitrine sont rendus muets, car c'était l'esprit de l'Éternel qui les avait mis en toi!

Frappée des paroles d'Emanuela, Julia s'éloigna d'un pas chancelant.

Les religieuses étaient sur le point de se rassembler à minuit pour chanter les heures, quand une fumée épaisse remplit subitement l'église. Bientôt les flammes pénétrèrent en sifflant et en craquant par les murs de l'édifice voisin et embrasèrent le cloître. Les nonnes ne parvinrent qu'avec peine à sauver leur vie; les trompettes et les cors réveillèrent le camp; les soldats accoururent, troublés dans leur premier sommeil. On vit le général Aguillar, les cheveux et les habits brûlés, se précipiter hors du cloître; il avait en vain essayé de sauver Julia, qui avait disparu sans laisser de traces.

On essaya en vain d'arrêter les progrès de l'incendie. Attisé par le vent, il s'étendit rapidement, et en peu de temps le beau camp d'Isabelle fut réduit en cendres. Les Sarrasins, espérant que le malheur des chrétiens leur procurerait une victoire aisée, firent une sortie en grand nombre; mais jamais combat ne fut plus glorieux pour les armes des Espagnols. Quand, au son joyeux des trompettes, couronnés par la victoire, ils se retirèrent derrière leurs retranchements, la reine Isabelle monta sur son trône, qu'on avait érigé en plein champ, et ordonna qu'on bâtit une ville à la place du camp incendié. Ceci devait faire voir aux Maures de Grenade que jamais le siége ne serait levé.

LE MAÎTRE DE CHAPELLE. — Si l'on pouvait s'aventurer à transporter des sujets religieux sur la scène! Mais on a déjà tant de peine avec ce cher public lorsqu'on fait entrer quelque part un peu de plain-chant! sans cela Julia ne serait pas un personnage ingrat. Figurez-vous le double genre dans lequel elle peut briller : d'abord les romances, puis les hymnes religieux. J'ai déjà fait quelques gentilles chansons espagnoles et mauresques; la marche triomphale des Espagnoles ne ferait pas mal non plus, et je serais tenté de traiter d'une manière mélodramatique l'ordre donné par la reine; mais le ciel sait comment il serait possible de faire de cet amalgame un tout uniforme. Toutefois, continuez, revenez à Julia, qui, je l'espère, ne sera pas brûlée.

L'ENTHOUSIASTE. — Figurez-vous, très-cher maître de chapelle, que la ville que les Espagnols ont bâtie en vingt et un jours et entourée de murs est la même qui existe encore aujourd'hui sous le nom de Santa-Fé. Mais, en m'adressant ainsi directement à vous, je sors du ton solennel qui convient seul à ce solennel sujet. Ayez la bonté de me jouer un de ces *responsorio* de Palestrina, que je vois là sur le pupitre du piano.

Le maître de chapelle le fit, et l'enthousiaste voyageur continua ainsi :

— Les Maures ne manquèrent pas d'inquiéter les chrétiens de toutes les manières pendant la construction de leur ville; le désespoir leur donnait l'audace la plus inouïe, et il s'ensuivit que les combats devinrent plus acharnés que jamais.

Un jour Aguillar avait repoussé un escadron mauresque, qui avait attaqué les avant-postes espagnols, jusque sous les murs de Grenade. Il s'en retourna avec ses cavaliers, s'arrêta non loin des premiers retranchements, près d'un bois de myrtes, et renvoya sa suite pour pouvoir livrer son âme à des pensées graves et à de tristes souvenirs. L'image de Julia se présenta vivement aux yeux de son imagination. Déjà, pendant le combat, il avait entendu sa voix tantôt menaçante, tantôt plaintive, et maintenant encore il lui semblait entendre sortir des myrtes touffus un chant moitié mauresque, moitié chrétien. Tout à coup un chevalier maure en cuirasse d'argent, monté sur un léger cheval arabe, sortit du bois, et au même moment un javelot passa en sifflant tout près de la tête d'Aguillar. Celui-ci, tirant son épée, allait s'élancer sur son adversaire, quand une seconde flèche pénétra profondément dans le poitrail de son coursier, qui se cabra de rage et de douleur et fut renversé. Aguillar sauta vite de cheval pour ne pas être entraîné dans la chute. Le Maure s'était avancé au grand galop, et dirigea son glaive en forme de faux contre la tête désarmée d'Aguillar; mais celui-ci para adroitement le coup mortel, et riposta si puissamment que le Maure n'échappa qu'en se courbant de l'autre côté de son cheval. Dans le même moment, le cheval du Maure s'approcha tellement d'Aguillar, qu'il devint impossible à celui-ci de porter un second coup. Le Maure tira son poignard, mais avant qu'il eût pu s'en servir Aguillar, avec une vigueur de géant, l'avait enlevé de dessus son cheval et jeté à terre. Il lui mit le genou sur la poitrine. Puis, ayant saisi de la main gauche le bras droit du Maure avec assez de force pour l'empêcher de faire le moindre mouvement, il tira à son tour son poignard. Déjà il avait levé le bras pour percer la gorge de son adversaire, quand celui-ci murmura avec un profond soupir :

— Zuléma !

Pétrifié, immobile comme une statue, Aguillar ne put porter le coup fatal.

— Malheureux, lui cria-t-il, quel nom viens-tu de prononcer!

— Tue-moi, répondit le Maure; tu tueras celui qui a juré ta perte et ta mort. Oui, sache-le, perfide chrétien, je suis Hichem, le dernier de la tribu d'Alhamar, à qui tu as ravi Zuléma. Sache que le mendiant en haillons qui, sous le masque de la folie, se glissait dans votre camp, était Hichem le Maure. Sache que j'ai réussi à incendier la sombre prison dans laquelle tu avais enfermé l'étoile de mes pensées, et à sauver Zuléma.

— Zuléma !... Julia vit encore? s'écria Aguillar.

Hichem partit d'un horrible éclat de rire, et dit avec un ton de dérision amère :

— Oui, elle vit, mais votre idole sanglante et couronnée d'épines la tient sout l'empire d'un charme maudit. La fleur de sa vie s'est fanée dans les linceuls de femmes insensées que vous appelez les épouses de votre Dieu. Sache que le chant est éteint dans sa poitrine comme si le souffle empoisonné du simoun l'avait anéanti. Tous les plaisirs de la vie sont morts avec les douces chansons de Zuléma; tue-moi donc, tue-moi, puisque je ne puis me venger de toi, qui m'as pris plus que la vie.

Aguillar lâcha Hichem et se releva en ramassant lentement son épée.

— Hichem, dit-il, Zuléma, qui par le saint baptême a reçu le nom de Julia, devint ma captive loyalement et par le droit de la guerre. Éclairée par la grâce du Seigneur, elle a quitté le culte fatal de Mahomet, et ce que toi, Maure aveuglé, tu prends pour le charme malin d'une idole, n'est que la tentation de l'esprit infernal à laquelle elle n'a pas su résister. Si tu nommes Zuléma ton amante, que Julia, la convertie, soit la dame de mes pensées, et à son honneur, son image dans le cœur, je soutiendrai contre toi le combat pour la gloire de la véritable foi. Reprends tes armes et attaque-moi comme tu voudras, à la manière des gens de ta nation.

Hichem saisit promptement son épée et son bouclier; mais au moment où il courait sur Aguillar, il poussa un cri terrible, se jeta sur son cheval, et s'éloigna ventre à terre.

Aguillar ne savait trop comment s'expliquer cette scène, quand il vit derrière lui le vénérable vieillard Agostino Sanchez, qui lui dit avec un doux sourire :

— Est-ce que Hichem me craint, ou redoute-t-il le Seigneur, qui est en moi et dont il dédaigne l'amour ?

Aguillar lui raconta tout ce qu'il avait appris de Julia, et tous deux se souvinrent des paroles qu'Emanuela avait prononcées, quand Julia, séduite par les accents de Hichem, étouffant en elle toute piété, avait quitté le chœur pendant le *Sanctus*.

LE MAITRE DE CHAPELLE. — Je ne pense plus à un opéra; mais le combat entre le Maure Hichem en cuirasse et le général Aguillar s'est présenté à mon esprit comme accompagné de musique. Le diable m'emporte! comment peut-on mieux peindre l'attaque et la défense que Mozart ne l'a fait dans son *Don Giovanni?* Vous savez... dans la première...

L'ENTHOUSIASTE VOYAGEUR. — Taisez-vous, maître de chapelle! je vais mettre la dernière main à mon histoire. J'ai encore beaucoup à dire, et j'ai besoin de recueillir mes pensées, d'autant plus que je pense toujours à Bettina, ce qui me dérange déjà par trop. Surtout je ne voudrais pas qu'elle sût jamais un mot de mon histoire espagnole, et pourtant quelque chose me dit qu'elle écoute à cette porte-là; mais je me trompe, ce n'est qu'une erreur de mon imagination. Ainsi donc je poursuis :

Toujours battus, décimés par la famine continuellement croissante, les Maures se virent enfin forcés de traiter avec leurs ennemis, et Ferdinand et Isabelle entrèrent avec pompe et au bruit de l'artillerie dans la ville de Grenade. Les prêtres avaient consacré la grande mosquée pour en faire la cathédrale, et ce fut vers elle que se dirigea la procession, pour remercier le Dieu des armées par une messe et un solennel *Te Deum laudamus*, de la glorieuse victoire qu'il avait fait remporter aux Espagnols sur les serviteurs de Mahomet, le faux prophète. On connaissait la fureur des Maures, qui, contenue avec peine, se réveillait sans cesse; on avait donc posté des troupes armées de toutes pièces dans les rues adjacentes pour couvrir la marche de la procession dans la rue principale. De cette manière, Aguillar, à la tête d'une division d'infanterie, se rendant par un chemin détourné à la cathédrale, où l'office était déjà commencé, se sentit tout à coup blessé d'une flèche à l'épaule gauche. Dans le moment même, une troupe de Maures sort de dessous une voûte sombre, et attaque les chrétiens avec la rage du désespoir. Hichem, à leur tête, s'élance sur Aguillar, qui, légèrement blessé et s'en ressentant à peine, esquive adroitement l'atteinte du fer ennemi, et étend Hichem à ses pieds d'un coup qui lui fend la tête.

Les Espagnols furieux se jetèrent sur les perfides agresseurs, qui bientôt s'enfuirent en hurlant, et se retranchèrent dans une maison de pierre, dont ils fermèrent aussitôt la porte. Les Espagnols l'attaquèrent; mais une pluie de flèches lancées des fenêtres les assaillit et les fit reculer.

Aguillar ordonna de jeter dans la maison des torches enflammées. Déjà les flammes se montraient au-dessus du toit, quand, à travers le fracas des armes, on entendit une voix merveilleuse partir de l'édifice incendié :

— *Sanctus, sanctus, sanctus, Dominus Deus Sabaoth!* disait la voix.

— Julia! Julia! s'écria Aguillar désespéré.

Les portes s'ouvrirent, et Julia, couverte de l'habit des bénédictines, en sortit en chantant d'une voix forte : *Sanctus, sanctus, sanctus Dominus Deus Sabaoth!* Derrière elle venaient des Maures courbés les mains jointes en croix sur leur poitrine. Étonnés, les Espagnols se retirèrent; et à travers leurs rangs Julia se rendit avec les Maures à la cathédrale. En y entrant elle entonna spontanément le *Benedictus qui venit in nomine Domini*. On eût dit une sainte descendue du ciel pour annoncer aux élus du Seigneur les merveilles de sa puissance.

Le peuple entier se mit à genoux. D'un pas ferme, ayant les regards d'un bienheureux transfiguré, Julia s'approcha du maître-autel, se plaça entre Ferdinand et Isabelle, chantant l'office et exerçant les pratiques du culte avec une dévotion fervente. Aux derniers accents du *Dona nobis pacem*, Julia tomba sans vie dans les bras de la reine; tous les Maures qui l'avaient suivie, convertis à la foi, reçurent le même jour le saint baptême.

L'enthousiaste venait de terminer ainsi sa narration, quand le docteur entra avec grand fracas, frappa violemment le plancher de sa canne, et s'écria tout en colère :

— Les voilà encore assis à se raconter des histoires folles et fantastiques, sans égard à leur voisinage, et rendant encore plus malades les gens qui le sont.

— Mais qu'est-il donc arrivé, mon très-cher? demanda le maître de chapelle tout effrayé.

— Je le sais très-bien, dit froidement l'enthousiaste.

— Il n'y a rien de plus ni de moins, sinon que Bettina, nous ayant entendus parler chaleureusement, est entrée dans ce cabinet et a tout entendu. Voilà, vociféra le docteur, voilà les suites de vos maudites histoires mensongères, enthousiaste insensé! Vous empoisonnez les âmes sensibles, vous les perdez avec vos récits extravagants; mais je saurai vous en faire démordre.

— Excellent docteur! dit l'enthousiaste en interrompant le cours de cette colère, ne vous emportez pas, et, songez-y, la maladie psychique de Bettina a besoin de remèdes psychiques, et peut-être mon histoire....

— Silence! silence! dit tranquillement le docteur; je sais déjà ce que vous voulez dire.

— Ce n'est pas bon pour faire un opéra; mais il y a néanmoins là-dedans des motifs d'airs fort originaux, murmura le maître de chapelle en prenant son chapeau et en suivant ses amis.

Trois mois plus tard, le voyageur enthousiaste baisait avec effusion et transport les mains de Bettina. Elle était rétablie, et, d'une voix éclatante, elle avait chanté le *Stabat mater* de Pergolèse, non toutefois dans une église, mais dans un assez vaste appartement.

— Vous n'êtes pas précisément sorcier, lui dit-elle, mais vous avez un caractère bizarre, et vous aimez parfois à contrarier.

— C'est comme tous les enthousiastes, ajouta le maître de chapelle.

L'HOMME AU SABLE[1].

I.

Lettre de Nathanaël à Lothaire.

« Assurément vous devez être remplis d'inquiétude de ce que je ne vous ai pas écrit depuis si longtemps. Ma mère m'en voudra, et Clara croira peut-être que je mène joyeuse vie, oubliant la belle image de mon ange. Mais il n'en est pas ainsi; chaque jour, à chaque heure, je songe à vous tous, et la jolie figure de ma Clara passe devant mes yeux dans de doux rêves, et me sourit gracieusement, comme elle le faisait lorsque j'entrais chez vous. Ah! comment aurais-je pu prendre sur moi de vous écrire dans la douloureuse disposition qui a troublé jusqu'à présent toutes mes pensées! Quelque chose de terrible est entré dans ma vie! Les sombres pressentiments d'un sort affreux qui me menace viennent m'assaillir, m'enveloppent comme des nuages noirs et épais, et ne laissent pénétrer jusqu'à moi aucun joyeux rayon de soleil. Comment te raconter mon aventure? il le faut cependant, je le vois; mais à cette idée seule, j'entends en moi-même un rire amer et insensé. Comment m'y prendre, mon cher Lothaire, pour parvenir à te faire sentir ce qui m'est arrivé il y a quelques jours et a si tristement empoisonné mon existence? Si du moins tu étais ici, tu pourrais juger par toi-même, voir de tes propres yeux; mais, loin de moi, tu vas me regarder comme un fou, comme un visionnaire. En un mot, le sinistre événement qui s'est passé, et dont je tâche en vain d'éviter l'impression mortelle, c'est tout simplement ceci :

[1] Le sens et le but de ce conte, tout germanique, sont assez difficiles à saisir. Hoffmann semble s'y être proposé de montrer jusqu'où peut aller le délire d'une imagination exaltée; de faire la critique de ces idéalistes rêveurs, inquiets et agités sans cause, qui négligent la vie réelle pour le monde des esprits, et tirent leurs plaisirs et leurs tourments des rêveries de leur cerveau malade.

(Note du trad.)

» Il y a quelques jours, c'était le 30 octobre, vers le midi, un marchand de baromètres et de thermomètres entra dans ma chambre pour m'offrir des objets de son commerce. Je n'achetai rien, et le menaçai de le mettre à la porte; là-dessus il s'en alla de son propre mouvement.

» Tu devines bien que des circonstances tout à fait particulières, et qui sont intimement liées à ma vie, peuvent seules donner quelque signification à cette scène, et tu comprendras que la personne de ce malheureux marchand doit exercer sur moi une funeste influence. Il en est ainsi en effet. J'ai besoin de recueillir toutes mes forces, afin de te raconter avec calme et patience assez de choses de ma jeunesse pour que tout s'éclaircisse et se débrouille à tes yeux.

» Je t'entends rire de mon début, et dire à Clara : Voilà de vrais enfantillages ! Riez, je vous prie; moquez-vous de moi tout à votre aise, je vous en conjure. Mais, grand Dieu ! mes cheveux se dressent sur ma tête; car, si je vous supplie de rire de moi, c'est avec le même désespoir furieux qu'éprouve François Moor en sollicitant Daniel [1].

» Mais entrons en matière.

» Dans notre enfance, mes frères et sœurs et moi ne voyions notre père que rarement pendant la journée, excepté à l'heure du dîner. Il était certain que le poste qu'il occupait devait lui prendre tout son temps. Après le souper, qui, selon l'ancien usage, était servi à sept heures, nous nous rendions tous avec notre mère dans la chambre où notre père travaillait, et nous nous rangions autour d'une table ronde. Notre père fumait alors sa pipe, et buvait de la bière dans un grand verre. Souvent il nous racontait des histoires étonnantes, et il y mettait tant de chaleur qu'il laissait continuellement sa pipe s'étein-

[1] Voici le passage des *Brigands* de Schiller auquel Hoffmann fait ici allusion : François Moor, qui a fait enfermer son père dans un cachot, se réveille après un rêve terrible, dans lequel il a cru assister au jugement dernier, et le raconte au vieux Daniel, domestique de la maison.

FRANÇOIS MOOR. — Les songes n'ont aucun sens raisonnable, n'est-ce pas? J'en ai fait un bien singulier !... Moque-toi de moi... Pourquoi ne ris-tu pas?

DANIEL. — Je me sens frissonner... Seigneur, ayez pitié de moi !

FRANÇOIS MOOR. — Ne parle pas ainsi. Dis-moi que je suis un insensé. Mon bon Daniel, je t'en conjure, moque-toi de moi ! (*Die Räuber*, act. V, sc. 4.)

(*Note du trad.*)

dre. J'étais chargé de la rallumer, en mettant dessus un papier enflammé, ce qui m'amusait beaucoup. Souvent aussi, il nous donnait des livres remplis de gravures, et restait muet et immobile dans son fauteuil, en envoyant de si fortes bouffées de fumée, que nous avions tous l'air de nager dans un océan de brouillards. Notre mère était fort triste, et dès que neuf heures venaient de sonner :

» — Allons, mes enfants, disait-elle, au lit ! au lit ! L'Homme au Sable vient, je le vois.

» Effectivement, j'entendais alors quelqu'un monter l'escalier d'un pas lent et lourd ; ce devait être l'Homme au Sable.

» Un jour, cette marche, ce bruit sourd m'avaient plus effrayé que jamais ; pendant que ma mère m'emmenait, je lui dis :

» — Mais, maman, qu'est-ce donc que ce méchant Homme au Sable, qui nous chasse toujours d'auprès de papa ? Quelle figure a-t-il donc ?

» — Il n'y a pas d'Homme au Sable, me répondit ma mère. Lorsque je dis : L'Homme au Sable vient, cela signifie simplement que vous avez sommeil, et que vous ne pouvez plus tenir les yeux ouverts, comme si on y avait jeté du sable.

» Cette réponse de ma mère ne me satisfit nullement. Je m'imaginai, comme un enfant que j'étais, que ma mère ne niait l'existence de l'Homme au Sable qu'afin que nous n'en eussions pas peur, car je l'entendais distinctement monter l'escalier.

» Vivement curieux de savoir quelque chose de plus positif sur le compte de cet Homme au Sable et de son rapport avec nous autres enfants, je demandai enfin à la vieille bonne qui soignait ma sœur cadette, quelle espèce d'individu était cet Homme au Sable.

» — Eh ! mon petit, répondit-elle, ne sais-tu pas encore cela ? C'est un méchant homme qui vient près des enfants quand ils ne veulent pas aller au lit, et leur jette des poignées de sable dans les yeux, de manière à les leur faire sortir tout sanglants de la tête ; puis il les met dans son sac, et les porte dans la lune pour en nourrir ses petits. Ceux-ci sont étendus dans leur nid, et ont, comme les hiboux, des becs recourbés avec lesquels ils mangent les yeux des enfants désobéissants.

» Dans ma pensée, j'achevai, en y ajoutant d'horribles traits, ce portrait du cruel Homme au Sable. Aussitôt que je l'entendais venir le soir, je tremblais d'inquiétude et d'épouvante. Ma mère avait beau m'interroger sur ce que j'éprouvais, elle ne parvenait jamais qu'à me faire dire en sanglotant : L'Homme au Sable ! l'Homme au Sable ! Je courais bien vite dans la chambre à coucher, et pendant toute la nuit j'étais tourmenté de cette affreuse apparition.

» Cependant j'étais devenu assez grand pour comprendre que ce que la bonne m'avait dit de l'Homme au Sable et de son nid d'enfants n'était pas trop vraisemblable. Néanmoins il continuait à être pour moi un fantôme effrayant, et je me sentais saisi d'un frisson d'horreur quand je l'entendais non-seulement monter l'escalier, mais encore ouvrir avec fracas la chambre de mon père et y entrer. Parfois il était longtemps sans venir, d'autres fois il répétait fréquemment ses visites.

» Cela dura ainsi pendant des années, mais il m'était impossible de m'y faire. L'image de l'Homme au Sable ne pouvait s'effacer de mon esprit. Ses relations avec mon père m'intriguaient chaque jour de plus en plus, mais toutefois, sous l'empire d'une crainte insurmontable, je n'osais questionner mon père. Sonder moi-même ce mystère, voir cet être fabuleux, tel était l'objet d'un désir que je sentais grandir en moi et croître avec les années. L'Homme au Sable m'avait lancé dans la carrière du mystérieux, de l'aventureux, qui maîtrise si facilement une âme enfantine. Rien ne me plaisait tant que de lire ou d'entendre de terribles histoires de farfadets, de sorcières, de gnomes, etc. ; mais mon héros principal était toujours l'Homme au Sable, que je dessinais partout sous les traits les plus grotesques et les plus hideux, sur les tables, les armoires, les murs, avec de la craie ou du charbon.

» A l'âge de dix ans, ma mère me retira de la chambre des enfants et me donna une petite chambre particulière située non loin de celle de mon père. A neuf heures précises, quand l'inconnu se faisait entendre dans la maison, nous continuâmes à être obligés de nous sauver bien vite. De ma chambrette, je l'entendais entrer chez mon père, et bientôt je croyais sentir une vapeur ténue qui remplissait toute la maison d'une odeur singulière. Je m'enhardissais, et mon courage augmentait en raison directe de l'envie que j'éprouvais de faire, n'importe comment, la connaissance de l'Homme au Sable. Souvent je me glissais rapidement dans le corridor quand ma mère était passée, mais jamais je ne pouvais rien distinguer. L'Homme au Sable était toujours entré quand j'avais atteint la place d'où je pouvais le voir. Enfin, poussé par un désir irrésistible, je résolus de me cacher dans la chambre même de mon père, et d'y attendre l'objet de mes rêves.

» Un soir, le silence de mon père, la tristesse de ma mère, me firent entrevoir qu'on attendait la visite de l'Homme au Sable. Je prétextai donc une grande fatigue, quittai la salle avant neuf heures, et me blottis dans un petit coin tout près de la porte de la chambre de mon père. Celle de la maison cria sur ses gonds ; quelqu'un s'avança sur l'escalier à pas lents, retentissants et lourds. Ma mère passa avec mes frères et sœurs; j'ouvris tout doucement et sans bruit la chambre de mon père. Il était assis comme à l'ordinaire, silencieux, immobile, le dos tourné à la porte. Il ne s'aperçut de rien ; je fus bientôt entré et me tapis derrière le rideau qui se trouvait devant une armoire où l'on renfermait les habits de mon père. Les pas approchaient toujours... J'entendis tousser, gratter et grogner d'une manière étrange. Mon cœur palpitait de peur et d'attente.

» Tout à coup j'entends marcher fortement dans le corridor, un coup vigoureux retentit sur le loquet; la porte s'ouvre avec fracas! Rassemblant alors tous mes esprits, je regarde avec précaution du fond de ma cachette. L'Homme au Sable est au milieu de la chambre en face de mon père; la vive clarté des flambeaux éclaire ses traits! L'Homme au Sable, le terrible Homme au Sable, c'est le vieil avocat Coppélius qui vient quelquefois dîner chez nous!

» Mais la figure la plus horrible n'aurait pu me causer tant d'effroi que celle de ce Coppélius. Figure-toi un grand homme à larges épaules, avec une grosse tête informe, une figure jaune comme du sable, des sourcils gris et épais, au-dessous desquels scintillaient des yeux verdâtres comme ceux d'un chat, et un nez qui s'abaissait fortement sur la lèvre supérieure. Sa bouche de travers se dilatait souvent pour sourire, alors apparaissaient sur ses joues deux taches d'un rouge foncé, et un étrange murmure passait à travers ses dents serrées, qu'il faisait grincer les unes contre les autres. Coppélius portait toujours une redingote couleur de cendre, coupée à l'ancienne mode, un gilet et une culotte de la même nuance, avec des bas noirs et des souliers à boucles garnies de pierreries. Sa petite perruque lui allait à peine jusqu'au sommet de la tête; les boucles de ses cheveux gras passaient par-dessus ses oreilles rouges, et une large bourse à cheveux toute roide partait de sa nuque de manière à laisser voir la boucle d'argent qui retenait son col. En général, il avait un air affreux et repoussant; nous autres enfants nous détestions surtout ses mains noueuses et velues, au point que nous ne voulions plus de ce qu'il avait souillé de son contact. Il s'en aperçut, et dès lors il prit plaisir à palper, sous un prétexte quelconque, les gâteaux ou les fruits que notre mère mettait secrètement pour nous sur une assiette, pour nous qui avions les larmes aux yeux, et que le dégoût et l'horreur empêchaient d'y toucher. Il faisait de même si, les jours de fête, notre père nous versait un petit verre de vin doux. Il y passait bien vite ses mains, ou le portait à ses lèvres bleues, en riant d'un rire infernal, lorsque nous cachions notre dépit sous des sanglots étouffés. Il ne nous appelait jamais que les *petites bêtes*; et nous, en sa présence, nous n'osions bouger, mais nous maudissions ce vilain homme, notre ennemi, qui prenait à tâche de gâter tous nos plaisirs. Notre mère semblait le haïr autant que nous; car, dès qu'il se montrait, sa gaieté avait disparu, et ses manières cordiales et ingénues avaient fait place à une tristesse sérieuse et sombre. Notre père se conduisait avec lui comme avec un être d'une sphère supérieure, et dont il fallait supporter les mauvais procédés pour le rendre à tout prix de bonne humeur. Il n'avait qu'à parler vaguement d'un mets qu'il aimait, et aussitôt on le lui apprêtait, et les vins les plus recherchés lui étaient servis.

» En voyant alors ce Coppélius, une lumière horrible éclaira mon âme. Oui, l'Homme au Sable ne pouvait être autre que lui; mais l'Homme au Sable n'était plus cet épouvantail du conte de ma nourrice, qui cherche des yeux d'enfants pour son nid de hibou dans la lune. Non! c'était un spectre monstrueux, hideux, qui, partout où il portait ses pas, introduisait la désolation, la terreur et la perdition temporelle et éternelle.

» J'étais comme ensorcelé à ma place. Au risque d'être vu et, comme je me le figurais bien, d'être sévèrement puni, je restai la tête avancée hors des rideaux.

» Mon père reçut Coppélius d'une manière solennelle.

» — Allons, à l'ouvrage! cria celui-ci d'une voix rauque et ronflante en ôtant sa redingote.

» Mon père, sans rien dire et d'un air sombre, ôta sa robe de chambre, et tous les deux se revêtirent de longues robes noires. Je ne sais pas où ils les prirent. Mon père ouvrit la porte à battants d'une armoire pratiquée dans le mur; mais je m'aperçus bientôt que ce que j'avais toujours pris pour une armoire était un cabinet, une espèce de caverne noire dans laquelle se trouvait un petit foyer.

» Coppélius s'en approcha, et bientôt une flamme bleue pétilla sur le foyer. Il y avait toutes sortes de machines placées dans cet enfoncement. Ah! Dieu! quand mon père se penchait vers le feu, il avait une tout autre figure. Une douleur terrible, convulsive, semblait avoir défiguré ses traits nobles et doux, et lui avoir mis un vilain masque de démon. Il ressemblait à Coppélius. Celui-ci brandissait les pincettes ardentes, et s'en servait pour retirer des masses informes qui étincelaient dans la fumée épaisse et qu'il battait à grands coups de marteau. Je croyais voir autour des travailleurs des figures humaines, mais dépourvues d'yeux; des cavités profondes noires et horribles en tenaient la place.

» — Des yeux! des yeux! s'écria Coppélius d'une voix à la fois sourde et tonnante.

» Saisi d'un effroi indicible, je poussai un cri et je roulai à terre. Aussitôt Coppélius m'empoigna.

» — Petite bête! petite bête! dit-il en grinçant des dents. Et m'enlevant en l'air, il me jeta sur le fourneau de manière que la flamme commença à atteindre mes cheveux.

» — Maintenant nous avons des yeux, de beaux yeux d'enfant! murmura Coppélius à voix basse en prenant entre ses doigts de la braise, qu'il voulut me mettre sur les yeux.

» Alors mon père leva les bras en le suppliant :

» — Maître, maître! laisse les yeux à mon Nathanaël; laisse-les-lui.

» Coppélius partit d'un éclat de rire bruyant.

» — Qu'il garde ses yeux, le gamin, et qu'il s'en serve pour pleurer son pensum dans ce monde! Mais nous allons du moins bien examiner le mécanisme des mains et des pieds.

» A ces mots, il me saisit si rudement que toutes mes articulations craquaient; il me disloqua, me dévissa les mains et les pieds, et les tourna en divers sens, comme pour en observer la conformation.

» — Ça ne va bien nulle part... C'était mieux auparavant... Le vieux s'y entend.

» Ainsi parlait Coppélius; mais autour de moi s'étendirent d'épaisses ténèbres : un spasme soudain s'empara de mes nerfs; je ne sentis plus rien.

» Une respiration douce et chaude soufflait sur ma figure lorsque je me réveillai comme d'un sommeil de mort; ma mère était penchée sur moi.

» — Est-ce que l'Homme au Sable est encore là? demandai-je en bégayant.

» — Non, mon cher enfant : il est parti depuis longtemps; il ne te fera pas de mal.

» En disant ces mots, ma mère embrassa son enfant favori qu'elle venait de rendre à la vie.

» Pourquoi te fatiguer, mon cher Lothaire, en te détaillant des circonstances minutieuses, puisqu'il me reste encore tant de choses à dire? Bref, j'avais été découvert dans ma cachette et maltraité par Coppélius. L'effroi m'avait causé une fièvre ardente, qui m'avait retenu au lit plusieurs semaines. Ces paroles : Est-ce que l'Homme au Sable est encore là? étaient les premières par lesquelles j'avais annoncé mon retour à la raison, à la convalescence, à la vie. Je n'ai plus à te raconter que le plus terrible moment de ma jeunesse; alors tu seras convaincu que ce n'est pas la faiblesse de mes yeux qui me fait voir tous les objets ternes et décolorés, mais qu'un sort malheureux a réellement suspendu sur ma vie un voile de nuages sombres, un voile que peut-être je ne pourrai déchirer qu'en mourant.

» Coppélius ne se montra plus. On disait qu'il avait quitté la ville.

» Une année pouvait être révolue. Un soir, fidèles à notre ancienne coutume, nous étions assis autour de la table ronde. Mon père était très-gai, et racontait beaucoup de choses amusantes des voyages qu'il avait faits dans sa jeunesse. Neuf heures sonnèrent; tout à coup nous entendîmes la porte de la maison tourner sur ses gonds, et des pas traînants et lourds se dirigèrent par l'allée vers l'escalier.

» — C'est Coppélius, dit ma mère en pâlissant.

» — Oui, c'est Coppélius! répéta mon père d'une voix faible et brisée. Des larmes coulèrent des yeux de ma mère.

» — Mais, père, s'écria-t-elle, le faut-il donc absolument?

» — C'est la dernière fois qu'il vient chez moi; je te le promets. Va-t'en, va-t'en avec tes enfants. Allez vous coucher; bonne nuit.

» J'éprouvais une oppression aussi douloureuse que si l'on m'eût comprimé la poitrine entre des pierres froides et pesantes; ma respiration s'arrêta. Ma mère me prit le bras quand elle me vit ainsi immobile.

» — Viens, Nathanaël, viens.

» Je me laissai emmener, et j'entrai dans ma chambre.

» — Sois tranquille, sois tranquille, couche-toi, dors, dors, me dit ma mère.

» Mais moi, tourmenté d'une inquiétude et d'une frayeur indicibles, je ne pus parvenir à fermer l'œil. Le détestable, l'horrible Coppélius se tenait devant moi, les yeux flamboyants, souriant d'un air moqueur. En vain je tâchai d'éloigner de moi cette image.

» Il pouvait être près de minuit quand un bruit terrible se fit entendre, semblable à la détonation d'une pièce de canon. Toute la maison en fut ébranlée; j'entendis quelqu'un passer avec bruit dans le couloir devant ma chambre, et la porte de la maison fut fermée avec violence.

» — C'est Coppélius! m'écriai-je saisi d'horreur; et je sautai à bas de mon lit.

» J'entendis des cris perçants de désespoir; je me dirigeai vers la chambre de mon père, dont la porte était ouverte : une fumée suffocante en sortait.

» — Ah! notre maître! ah! notre monsieur! criait la servante.

» Devant le foyer fumant, sur le plancher, était couché mon père mort et la figure noircie et horriblement brûlée. Autour de lui gémissaient mes sœurs; ma mère était évanouie.

» — Coppélius, démon maudit! tu as tué mon père! m'écriai-je; et je tombai en défaillance.

» Quand, deux jours plus tard, mon père fut posé dans le cercueil, ses traits avaient repris la douceur et la sérénité qu'ils avaient de son vivant. Une idée consolatrice se glissa dans mon âme; je crus voir que son pacte avec le diabolique Coppélius ne l'avait pas entraîné à la perdition éternelle.

» L'explosion avait réveillé les voisins. L'événement arriva aux oreilles des autorités. On voulait traîner Coppélius devant les tribunaux; mais il avait disparu sans laisser aucun indice.

» Si je te dis maintenant, mon cher ami, que le marchand de baromètres était justement cet infâme Coppélius, tu ne m'en voudras pas de prendre son apparition pour un signe de mauvais augure. Il était autrement habillé; mais les traits et toute la tournure de Coppélius sont trop fidèlement gravés dans ma mémoire pour qu'une erreur soit possible. Au surplus, il n'a pas même changé de nom. Il se dit, à ce que j'ai appris, mécanicien piémontais, et se nomme Giuseppe Coppola.

» Je suis résolu à me battre à outrance avec cet homme, quelles qu'en soient les conséquences, pour venger la mort de mon père.

» Ne raconte rien à ma mère de ce monstre hideux. Amitiés à ma bonne et belle Clara. Je lui écrirai quand mon âme sera plus tranquille. Adieu ! »

II.

Clara à Nathanaël.

« Il est vrai que tu ne m'as pas écrit depuis bien longtemps; cependant je crois que tu me portes toujours dans ton cœur. Il faut, certes, que tu aies pensé bien vivement à moi, puisqu'en envoyant ta dernière lettre à mon frère Lothaire tu as mis mon adresse au lieu de la sienne. J'ai ouvert cette lettre avec un plaisir indéfinissable, et je n'ai reconnu mon erreur qu'en lisant : Mon cher Lothaire. A la vérité, au lieu de continuer la lecture de cette lettre, j'aurais dû la donner à mon frère; mais cela m'a été impossible. Souvent, dans un accès d'humeur et de raillerie enfantine, tu m'as fait le reproche d'avoir une âme de femme trop calme et trop réfléchie. J'étais, disais-tu, capable d'agir comme cette femme dont la maison menaçait de s'écrouler, et qui, avant de s'enfuir, effaçait encore bien vite un faux pli dans les rideaux des fenêtres. Je puis néanmoins t'assurer que le commencement de ta lettre m'a vivement émue; à peine pouvais-je respirer, ma vue se troublait. Ah! mon cher Nathanaël, quel événement terrible pouvait donc avoir bouleversé ta vie? Me séparer de toi, ne te revoir jamais, telle fut la première pensée qui me perça le cœur comme un coup de poignard ! Je lus et je relus : ta description du désagréable Coppélius est affreuse; ce n'est que maintenant que j'ai appris à quel effroyable genre de mort ton père avait succombé. Lothaire, à qui j'ai remis ta lettre, tâcha de me tranquilliser, mais il y réussit mal. Le fatal marchand de baromètres me poursuivit partout, et j'ai presque honte de t'avouer que mon sommeil, toujours si tranquille, fut troublé par des rêves fantastiques; mais bientôt, dès le lendemain, tout mon esprit s'était remis. Ne te fâche pas, mon bien-aimé, si Lothaire te dit que, malgré tes étranges alarmes au sujet de Coppélius, je suis d'une humeur aussi gaie et aussi paisible que d'habitude.

» Il faut que je te l'avoue franchement, je suis d'avis que toutes les choses effrayantes et horribles dont tu parles ne se sont passées que dans l'intérieur de ton cerveau; mais que le véritable monde extérieur n'y avait que peu de part. Le vieux Coppélius peut avoir été passablement désagréable; et comme il ne pouvait pas souffrir les enfants, cette antipathie a produit en vous autres enfants une véritable horreur pour lui. Naturellement l'idée de l'Homme au Sable du conte de ta nourrice se rattacha dans ton âme enfantine à celle du vieux Coppélius. Tu eus beau cesser de croire à l'Homme au Sable, Coppélius n'en était pas moins un fantôme effrayant, surtout pour les enfants. Ses entrevues secrètes avec ton père pendant la nuit n'avaient probablement d'autre but que des expériences alchimiques, dont ta mère était peu satisfaite, parce qu'elles coûtaient inutilement beaucoup d'argent, et que, d'après la disposition d'esprit ordinaire aux alchimistes, l'âme de ton père était entièrement remplie d'un désir trompeur de sagesse et de science qui lui rendait sa famille indifférente. La mort de ton père a été sans doute le résultat d'une imprudence, et Coppélius n'en aura pas été la cause. Croirais-tu que j'ai demandé hier à notre voisin, pharmacien de beaucoup d'expérience, si dans ces essais chimiques il pouvait arriver une explosion qui eût la mort des opérateurs pour conséquence immédiate? — Il m'a répondu que oui, et m'a décrit d'une manière très-détaillée comment cela pouvait avoir lieu; à cette occasion il m'a débité beaucoup de termes très-extraordinaires et que je n'ai pu retenir.

» Peut-être tu vas t'emporter contre ta Clara et dire : — Cette âme froide ne sera jamais réchauffée par un rayon de cette force mystérieuse qui souvent saisit l'homme de ses bras invisibles. Elle ne voit que la superficie bigarrée du monde et se réjouit comme un enfant du fruit dont l'écorce brille comme de l'or, mais dans l'intérieur duquel est caché un poison mortel.

» Ah! mon cher Nathanaël, ne crois-tu donc pas que dans des âmes joyeuses, ingénues et peu soucieuses puisse exister le pressentiment d'une puissance inconnue et ennemie, qui s'attache à nous détruire et à nous perdre dans l'essence même de notre être? Pardonne-moi, si, moi, simple fille que je suis, j'ose dire tant bien que mal ce que je pense de ce combat qui se livre dans notre âme. Peut-être même ne trouverai-je pas d'expressions convenables, et te moqueras-tu de moi, non parce que mon opinion est ridicule, mais parce que je m'y prends si maladroitement pour l'énoncer.

» Il existe une puissance mystérieuse qui tend perfidement en nous des filets dans lesquels elle nous enlace, pour nous entraîner sur un chemin fatal et dangereux que nous n'aurions pas pris sans cela. S'il existe une telle puissance, il faut qu'elle prenne une forme analogue à la nôtre, qu'elle devienne notre propre *moi*, car ce n'est que de cette manière que nous lui accordons dans notre cœur la place dont elle a besoin pour commencer son œuvre secrète. Si notre esprit est assez fortifié par l'expérience pour reconnaître toujours toute impression étrangère et funeste, et pour poursuivre d'un pas tranquille le chemin dans lequel notre inclination et notre vocation nous ont poussés, cette puissance mystérieuse doit succomber dans ses infructueux efforts pour prendre une forme déterminée qui soit, pour ainsi dire, notre portrait reflété par un miroir.

» Il est certain, dit Lothaire, que cette puissance occulte, si nous nous sommes livrés à elle, fait entrer souvent dans notre âme des images étrangères que le monde extérieur nous présente, de sorte que nous animons nous-même l'être qui, comme nous le croyons dans notre singulière illusion, nous parle sous cette image empreinte en notre cœur. C'est le fantôme de notre propre *moi*, dont l'affinité intime et l'action profonde sur notre âme nous précipitent dans l'enfer ou nous transportent au ciel.

» Tu t'apercevras, mon cher Nathanaël, que nous, c'est-à-dire Lothaire et moi, avons beaucoup discuté au sujet des forces et puissances occultes. Cette matière, dont j'ai noté les points principaux, me paraît d'une haute portée. Je ne comprends pas tout à fait les dernières paroles de Lothaire ; je devine seulement ce qu'il a voulu dire, et pourtant toute sa théorie me semble très-vraie. Je t'en prie, ne pense plus du tout à ce vilain avocat Coppélius, ni à ce marchand de baromètres Giuseppe Coppola. Sois convaincu qu'ils ne peuvent rien sur toi ; ce n'est que la foi que tu aurais en leur pouvoir hostile qui pourrait les rendre réellement dangereux. Vraiment, si chacune des lignes de ta lettre n'exprimait le trouble extrême de ton âme, et si je ne me sentais une vive compassion pour ton état, je pourrais plaisanter sur cet avocat-Homme au sable et sur le marchand de baromètres. De la gaieté ! de la gaieté ! J'ai formé le projet de me montrer à toi comme ton ange gardien, et de bannir par des éclats de rire le vilain Coppola, s'il s'avisait de te molester dans tes rêves. Je n'ai pas du tout peur de lui ni de ses mains hideuses ; il ne m'enlèvera ni mes confitures en sa qualité d'avocat, ni mes yeux en celle d'Homme au sable.

» Adieu, mon chéri ; adieu, Nathanaël, » etc.

III.

Nathanaël à Lothaire.

« Je suis bien fâché de ce que Clara a lu dernièrement la lettre que je t'ai adressée, quoique ce fût une erreur causée par une de mes distractions.

» Elle m'a écrit une lettre très-profonde et philosophique, dans laquelle elle prouve clairement que Coppélius et Coppola n'existent que dans mon imagination, que ce sont des fantômes de mon propre moi, qui disparaitront aussitôt que je les aurai reconnus pour tels.

» On ne croirait vraiment pas que l'esprit que révèlent ses yeux clairs et gracieux comme un beau rêve fut susceptible de formuler des distinctions aussi bien établies que celles d'un professeur. Elle s'en rapporte à tes raisonnements. Vous avez parlé de moi. A ce qu'il paraît, tu lui fais un cours de logique, pour qu'elle apprenne bien à diviser et à subdiviser. Je te conseille d'y renoncer.

» Au reste, il est certain que le marchand de baromètres Giuseppe Coppola n'est pas du tout le même que l'avocat Coppélius.

» Je suis les cours d'un professeur de physique nouvellement arrivé, qui porte le nom du célèbre physicien Spallanzani, et qui est d'origine italienne. Il connait Coppola depuis des années, et au surplus on voit bien à la prononciation de ce dernier qu'il est vraiment Piémontais. Or Coppélius était Allemand.

» Je ne suis pas encore parfaitement tranquillisé. Prenez-moi toujours, Clara et toi, pour un rêveur, mais je ne puis encore me défaire de l'impression que la damnée figure de Coppélius a produite sur moi. Je suis content de ce qu'il a quitté la ville, à ce que m'a dit Spallanzani.

» Ce professeur est un drôle d'homme. Il est petit et rondelet ; il a les os des pommettes très-saillants, un nez fin, des lèvres pendantes, des yeux pénétrants. Au reste, voici un moyen d'en avoir une idée beaucoup plus exacte que celle que peut te donner cette description, c'est de regarder, dans un almanach de Berlin, le portrait de Cagliostro, gravé par Chodowieckl ; c'est la véritable image de Spallanzani.

» Dernièrement, en montant l'escalier, je m'aperçus que le rideau qui couvrait le vitrage d'une porte laissait un petit espace à découvert. Je ne sais pas comment cela se fit, mais j'y portai un regard curieux. Une belle dame de haute taille, faite au tour, magnifiquement vêtue, était assise devant une petite table, sur laquelle elle avait appuyé ses mains croisées. Elle se trouvait en face de la porte, de sorte que je pouvais voir sa figure angélique. Elle paraissait ne pas me remarquer. En général, ses yeux avaient quelque chose de roide ; je serais presque tenté de dire qu'ils semblaient privés de faculté visuelle. On eût dit qu'elle dormait les yeux ouverts. J'en eus un sentiment de frayeur, et je me glissai dans l'amphithéâtre situé à côté. Plus tard, j'appris que j'avais vu Olympie, la fille de Spallanzani, qu'il enferme avec tant de sévérité et de barbarie, qu'aucun être humain ne peut approcher d'elle. Peut-être a-t-il ses raisons ; elle est sans doute faible d'esprit, ou elle a d'autres défauts.

» Mais pourquoi t'écrire tout cela ? J'aurais pu mieux te le dire oralement. Sache que dans quinze jours je serai près de vous. Il faut que je revoie mon cher ange, ma Clara. Alors ma mauvaise humeur disparaîtra ; car, il faut que je l'avoue, sa fatale lettre raisonnable a fait sur moi un effet désagréable : aussi ne lui écrirai-je pas aujourd'hui.

» Mille salutations, » etc.

IV.

On ne saurait imaginer rien de plus étrange et de plus singulier que ce qui est arrivé à mon pauvre ami, l'étudiant Nathanaël, et ce que je vais te raconter, bénévole lecteur.

— As-tu, mon très-honoré lecteur, jamais éprouvé une impression qui a rempli en entier ton âme, qui absorbât toutes tes pensées sans y laisser de place pour aucun autre objet? Dans ces moments, tu sens tout ton être en fermentation, ton sang échauffé bouillonne dans tes veines, et communique une plus vive rougeur à tes joues. Ton regard étrange semble vouloir saisir, dans l'espace vide, des objets invisibles à tout autre œil humain, et tes discours se perdent en vagues soupirs.

— Comment vous portez-vous, mon cher? te demandent alors tes amis. Qu'avez-vous, mon camarade?

Et toi, tu veux exprimer tes visions intérieures, tu prépares les couleurs animées, le jour et les ombres de ton tableau; tu t'efforces de trouver des paroles pour commencer. Tu t'imagines pouvoir rendre du premier mot tous tes songes merveilleux, sublimes, horribles, gais, effrayants; tu te figures que ton récit va produire l'effet d'un coup électrique. Mais toutes les ressources du langage sont faibles et insuffisantes; toutes les expressions te paraissent sans couleur et sans vie. Tu cherches encore, tu bégaies, tu hésites, les froides questions de tes amis pénètrent comme le souffle d'un vent glacé dans le brasier qui consume ton âme et menacent de l'éteindre. Mais si, en peintre hardi, à l'aide de quelques larges traits, tu parviens une fois à dessiner les contours de ton esquisse, tu ajoutes sans peine des couleurs de plus en plus vives et brillantes; les figures multiples de ce tableau ravissent et entraînent tes amis, et ils se voient eux-mêmes dans l'image émanée de ton âme.

Personne, je te l'avoue, cher lecteur, ne m'a demandé l'histoire de Nathanaël; mais tu sais bien que j'appartiens à la race étrange des auteurs, qui, lorsqu'ils ont en eux quelque chose d'analogue à ce que je viens de dépeindre, se croient interrogés par toutes les personnes qui les approchent, et sollicités en passant par tout le monde.

— Qu'est-ce que c'est donc? racontez-le-moi, mon cher!

C'est ainsi que je me suis senti entraîné à te parler de la vie malheureuse de Nathanaël. Ce qu'elle renferme de merveilleux, d'étonnant, est bien gravé dans mon âme; mais c'est justement pour cela, et parce qu'il faut, ô mon lecteur! te rendre favorable au merveilleux, ce qui n'est pas facile, que j'avais mis mon esprit à la torture pour commencer l'histoire de Nathanaël d'une manière profonde, originale, entraînante.

— Il y avait une fois...

C'est le plus beau de tous les débuts pour une histoire, mais c'est trop froid.

— Dans la petite ville provinciale de G*** vivait...

C'est un peu mieux, du moins cela prête à cette figure de rhétorique qu'on appelle gradation.

Ou tout de suite, *medias in res*.

— Va-t'en au diable! s'écria avec l'expression de la colère et de l'horreur peinte dans son regard sauvage l'étudiant Nathanaël, quand le marchand de baromètres Giuseppe Coppola...

Je venais réellement d'écrire cette phrase quand le regard sauvage de l'étudiant Nathanaël me parut produire un effet comique; or cette histoire n'est nullement plaisante. Je ne pus trouver aucune parole qui rendît le moins du monde l'éclatant coloris de l'image présente à mon imagination, et finis par me résoudre à ne pas commencer du tout. Prends donc, bienveillant lecteur, les trois lettres que mon ami Lothaire a eu la bonté de me communiquer, pour l'esquisse du tableau, dans lequel je vais maintenant entrer moi-même en qualité de narrateur, et que je m'efforcerai d'animer par des tons chauds et vigoureux. Peut-être réussirai-je à saisir la ressemblance de mainte figure, comme un bon peintre de portraits, de manière qu'on y retrouve l'original sans le connaître, et qu'on s'imagine même avoir vu les personnages de ses propres yeux. Peut-être alors, mon cher lecteur, croiras-tu qu'il n'y a rien de plus merveilleux et de plus fou que la vie réelle, et que le poëte ne peut la rendre qu'imparfaitement comme un reflet obscur sur un miroir mat et dépoli.

Pour comprendre mieux ce qu'il est nécessaire de savoir dès le commencement, il faut que j'ajoute à ces lettres que bientôt après la mort du père de Nathanaël, Clara et Lothaire, enfants d'un parent éloigné, qui était également mort et les avait laissés orphelins, furent recueillis dans la maison de la mère de Nathanaël. Clara et Nathanaël furent épris d'un amour violent l'un pour l'autre, ce à quoi personne ne trouva rien à redire; ils étaient donc fiancés quand Nathanaël quitta son lieu de naissance pour aller continuer ses études à G***. C'est là que nous le trouvons dans sa dernière lettre, et il suit les cours du célèbre professeur de physique Spallanzani.

Maintenant je pourrais tranquillement continuer ma narration; mais en ce moment je vois devant moi si vivement la figure de Clara, que je n'en puis détourner les yeux, ainsi que cela m'arrive toujours quand elle me regarde avec son doux sourire.

Clara ne pouvait pas être regardée comme belle; c'était l'opinion de toutes les personnes qui, par état, s'entendent à juger en fait de beauté. Cependant les architectes louaient les proportions exactes de sa taille, les peintres trouvaient son dos, ses épaules et sa poitrine presque trop chastement formés; mais tous s'amourachaient de sa chevelure à la Madeleine, et radotaient beaucoup sur son teint, dont le coloris rappelait celui des figures de Battoni. L'un d'eux, véritable original, comparait singulièrement les yeux de Clara à un lac de Ruisdaël, dans lequel se mirent l'azur du ciel sans nuages, les forêts et les plaines fleuries d'un riche paysage. Les poëtes et les compositeurs allaient plus loin, et disaient :

— Eh quoi ! lac et miroir ! pouvons-nous seulement regarder cette jeune fille sans que de son regard jaillissent des chants et des sons célestes qui pénètrent dans notre âme, et y réveillent et remuent toutes nos pensées ? Si nos chants, à nous, n'ont point de mérite, c'est que nous ne valons pas grand'chose ; et c'est ce que nous lisons distinctement dans le sourire fin qui erre autour des lèvres de Clara quand nous lui faisons entendre quelque morceau de notre composition. Nous prétendons que c'est de la musique et de l'harmonie, quoique ce ne soient que des sons isolés qui sautillent pêle-mêle ensemble.

En effet, Clara avait l'imagination pleine de vigueur d'un jeune enfant gai, naïf et ingénu, une âme tendre et profonde, un esprit clair et pénétrant. Les individus excentriques avaient mauvais jeu avec elle, car, sans qu'elle parlât beaucoup, ce qui n'était pas dans sa nature, son regard vif et son sourire ironique leur disaient :

— Mes chers amis, comment pouvez-vous donc vouloir que je prenne vos rêves passagers pour de véritables êtres actifs et animés ?

Voilà pourquoi Clara fut taxée par beaucoup de personnes de froideur, d'insensibilité, de prosaïsme ; d'autres, au contraire, qui comprenaient mieux la vie positive, aimaient beaucoup cette enfant raisonnable. Mais personne n'avait pour elle autant d'affection que Nathanaël, bien qu'il vécût au milieu des arts et des sciences. Clara était attachée à son amant de toute son âme ; quand il se sépara d'elle, elle sentit pour la première fois un nuage traverser son existence. Avec quel ravissement ne vola-t-elle pas dans ses bras lorsqu'il revint dans sa ville natale, et qu'il entra dans la chambre de sa mère, comme il l'avait promis dans sa dernière lettre ! Il arriva à Nathanaël ce qu'il avait pressenti ; car, au moment où il revit Clara, il ne pensa ni à la lettre trop raisonnable, ni à l'avocat Coppélius : toute sa mauvaise humeur avait disparu.

Nathanaël avait toutefois eu raison d'écrire à son ami Lothaire que l'apparition du marchand de baromètres avait exercé sur sa vie une influence très-funeste. Tout le monde s'en aperçut, puisque Nathanaël, dès les premiers jours, se montra tout à fait changé. Il resta plongé dans de sombres rêveries, et se conduisit bientôt d'une manière étrange, et comme on ne l'avait jamais vu faire : la vie entière était devenue pour lui un rêve, un pressentiment.

— L'homme se croit faussement libre, répétait-il toujours ; il sert de jouet à des puissances occultes contre lesquelles il est inutile de lutter, et il faut à la fin se conformer humblement à ce que le sort nous a destiné.

Il alla jusqu'à prétendre que c'était folie de croire que, dans les sciences et arts, on pût créer d'après son libre choix ; parce que l'enthousiasme, qui seul est capable de créer, ne vient pas de l'intérieur, mais n'est que le résultat d'un principe extérieur qui agit sur nous.

La raisonnable Clara détestait cordialement ce fanatique mysticisme ; cependant il lui paraissait inutile de le réfuter. Seulement quand Nathanaël démontra que Coppélius était le mauvais principe qui s'était emparé de lui au moment où il l'avait épié derrière le rideau, et que ce démon malfaisant troublerait cruellement leur amour, Clara devint très-sérieuse et dit :

— Oui, Nathanaël, tu as raison, Coppélius est un mauvais principe ; il peut produire de terribles effets, comme une puissance diabolique incarnée, mais ce serait seulement dans le cas où tu ne le bannirais pas de tes pensées. Aussi longtemps que tu croiras en lui, il vivra et agira ; ce n'est que ta foi qui constitue sa force.

Nathanaël, irrité de ce que Clara refusait de reconnaître à ce démon une existence indépendante de son imagination, voulut alors lui communiquer toute sa doctrine mystique des lutins et des puissances des ténèbres. Mais Clara, de mauvaise humeur, l'interrompit en parlant de choses indifférentes, ce qui ne manqua pas de vexer considérablement Nathanaël. Celui-ci pensa que ces profonds secrets se dérobaient aux âmes froides et insensibles, sans pourtant savoir clairement s'il comptait Clara dans leur nombre. Aussi il ne cessa de faire des tentatives pour l'initier à ces mystères. Dès le matin, quand Clara préparait le déjeuner, il était près d'elle, et lui lisait toutes sortes de livres mystiques.

— Mais, cher Nathanaël, disait Clara, je pourrais dire que tu es le mauvais principe qui exerce son influence ennemie sur mon café. Car si, comme tu le désires, je laisse tout de côté pour te regarder pendant ta lecture, le café s'en ira, et nous n'aurons pas de quoi déjeuner !

Nathanaël fermait vivement son livre, et, plein de colère, il se retirait dans sa chambre. Autrefois il avait eu un talent particulier pour écrire de jolies histoires pleines de mouvement, que Clara écoutait avec le plus grand plaisir ; maintenant ses poésies étaient incompréhensibles et informes. Quoique, pour le ménager, Clara n'en dît rien de mal, il s'aperçut pourtant que ses productions l'intéressaient fort peu.

Rien n'était plus mortel pour Clara que l'ennui. Quand elle l'éprouvait, son regard et ses discours exprimaient la léthargie où tombait son esprit. Et en effet, les poésies de Nathanaël étaient éminemment ennuyeuses. Son dépit de trouver en Clara une âme aussi froide et aussi prosaïque allait toujours croissant, et Clara ne pouvait surmonter celui qu'elle ressentait en voyant Nathanaël se livrer à un mysticisme sombre et insipide. Tous les deux s'éloignaient l'un de l'autre sans s'en apercevoir.

L'image de Coppélius, comme Nathanaël était forcé de se l'avouer à lui-même, avait pâli dans son imagination, et il avait souvent beaucoup de peine à en tracer le portrait dans des poésies où il le faisait agir comme l'agent fatal de la destinée.

Enfin, l'idée lui vint de faire une pièce de vers sur ce sombre pressentiment que Coppélius détruirait la félicité de son amour. Il représenta Clara et lui liés par un attachement fidèle, mais quelquefois une main noire semblait s'attaquer à leur vie et en arracher les joies qui venaient d'y éclore. Bref, au moment où ils sont devant l'autel, l'horrible Coppélius apparaît et touche les yeux charmants de Clara; ceux-ci sortent de leurs orbites et sautent comme des étincelles sanglantes sur la poitrine de Nathanaël, qu'ils enflamment. Coppélius le saisit et le jette dans un cercle de feu ardent qui tourne avec la rapidité de la tempête et l'entraîne en sifflant et en mugissant. C'est un bruit semblable à celui de l'ouragan battant les flots écumeux des mers, qui dans ce terrible conflit se redressent comme des géants noirs à tête blanche. Mais au milieu de ces sourds murmures il entend encore la voix de Clara qui lui dit :

— Ne peux-tu donc me voir? Coppélius t'a trompé : ce ne sont pas mes yeux qui ont consumé ta poitrine, ce sont des gouttes brûlantes du sang de ton propre cœur; j'ai mes yeux, regarde-moi seulement.

— C'est vrai, se dit Nathanaël; c'est Clara, et je lui appartiens en propre pour toute l'éternité.

Cette pensée semble produire un effet instantané sur le cercle de feu; il s'éteint, le bruit se perd dans un sombre abîme. Nathanaël regarde les yeux de Clara, mais ces yeux sont ceux de la mort, et ils s'arrêtent sur lui avec une expression d'amour.

Tant que Nathanaël s'occupa de composer ce poëme il fut parfaitement calme et réfléchi, il polissait et repolissait chaque strophe; et comme il s'était soumis à la contrainte de la mesure, il n'eut de repos qu'après avoir donné à tous ses vers une euphonique harmonie. Lorsqu'il eut enfin terminé, et qu'il relut à haute voix son poëme, il se sentit pris d'une terreur sans nom.

— D'où viennent ces horribles accents ? s'écria-t-il.

Bientôt il n'y vit pourtant qu'un poëme dans la confection duquel il avait complétement réussi; et il crut que s'il en faisait lecture à Clara, il réchaufferait cette âme de glace.

Dans quel but l'entreprenait-il ? pourquoi cherchait-il à la tourmenter par des images terribles qui prédisaient un sort funeste et destructeur de leur amour ? Il ne le savait pas lui-même.

Nathanaël était assis avec Clara dans le petit jardin de sa mère; Clara était très-gaie, parce que Nathanaël, depuis trois jours qu'il travaillait à son poëme, ne l'avait importunée ni de ses rêves ni de ses pressentiments. Nathanaël aussi s'entretenait avec vivacité et gaieté comme autrefois.

— Ce n'est que maintenant, lui dit Clara, que je suis de nouveau parvenue à te posséder entièrement; vois-tu comme nous avons chassé le méchant Coppélius ?

Ces paroles rappelèrent à Nathanaël le poëme qu'il avait sur lui et qu'il avait l'intention de lui lire. Il le tira aussitôt de sa poche et en commença la lecture. Clara, supposant avoir à entendre, comme à l'ordinaire, quelque chose de fastidieux, se résigna et se mit à tricoter. Mais, les idées du poëme devenant de plus en plus sombres, elle laissa tomber son tricot, et regarda Nathanaël d'un œil fixe. Celui-ci s'abandonna au plaisir de débiter son poëme, le feu intérieur qui l'animait rougit ses joues d'un vif incarnat, et de ses yeux coulèrent des larmes abondantes. Enfin, en achevant, il gémit de lassitude; et saisissant la main de Clara, il s'écria avec l'accent d'une douleur sans bornes :

— Ah! Clara!... Clara!...

Elle le pressa doucement contre son sein et lui dit d'une voix basse, mais d'un ton lent et solennel :

— Nathanaël, mon cher Nathanaël, jette au feu ce conte ridicule et insensé, jette-le au feu!

Nathanaël outré se leva et repoussa Clara.

— Maudit automate sans vie! s'écria-t-il. Il s'éloigna en courant; Clara, blessée profondément, répandit un torrent de larmes amères :

— Ah! il ne m'a jamais aimée, dit-elle en sanglotant, car il ne me comprend pas!

Lothaire entra sous le berceau; Clara fut obligée de lui raconter ce qui s'était passé; il aimait sa sœur de toute son âme, chaque mot de son accusation tomba comme une étincelle dans son âme : de sorte que la mauvaise humeur que les rêveries fantastiques de Nathanaël avaient excitée en lui se changea en violente colère. Il se rendit près de Nathanaël, et lui reprocha ses mauvais procédés envers sa sœur chérie, avec des paroles dures, auxquelles Nathanaël répondit sur le même ton.

Lothaire l'appela fantasque, fou écervelé; Nathanaël y répondit par les épithètes de misérable et de Béotien. Le duel devint inévitable.

Ils résolurent de se battre le lendemain matin derrière le jardin avec des épées tranchantes, ainsi que l'exige la coutume des étudiants allemands. Tous deux étaient sombres et muets; Clara avait entendu leur dispute, et elle avait vu le maître d'armes venir dans l'obscurité et apporter des épées. Elle devina ce qui allait se passer. Arrivés sur le terrain, Lothaire et Nathanaël, tous deux sombres et silencieux, venaient de quitter leurs habits; l'ardeur du combat et la soif du sang se peignaient dans leurs yeux étincelants, déjà ils croisaient le fer, quand Clara, ouvrant la porte du jardin, se précipita entre les combattants.

— Hommes féroces et furieux! s'écria-t-elle en sanglotant, tuez-moi avant de vous attaquer, car comment pourrai-je vivre dans ce monde quand mon amant aura tué mon frère, ou mon frère mon amant?

Lothaire baissa son arme et ses regards vers la terre; mais dans le cœur de Nathanaël se réveilla avec une douleur déchirante la passion qu'il avait sentie pour Clara aux plus beaux jours de sa jeunesse. Son épée s'échappa de ses mains, il se jeta aux pieds de Clara.

— Pourras-tu jamais me pardonner, dit-il, ma chère Clara, mon unique amour? Pourras-tu me pardonnner, mon cher frère Lothaire?

Lothaire fut touché de la douleur profonde de son ami. Les trois jeunes gens réconciliés s'embrassèrent en versant des larmes et en se jurant de s'aimer avec une tendresse et une fidélité constantes.

Nathanaël se sentait comme soulagé d'un poids énorme qui l'avait accablé. En résistant à la puissance mystérieuse, il lui semblait qu'il était parvenu à sauver tout son être qu'elle menaçait d'anéantir. Il passa encore trois jours heureux avec ses amis, puis il retourna à G***, où il comptait demeurer environ une année, pour revenir ensuite pour toujours dans sa ville natale.

On avait tu à sa mère tout ce qui se rapportait à Coppélius; car on savait qu'elle ne se rappelait point sans horreur cet homme, à qui elle attribuait, ainsi que Nathanaël, la mort de son mari.

V.

Quel fut l'étonnement de Nathanaël lorsque, voulant entrer dans sa demeure à G***, il trouva toute sa maison brûlée! Les murs seuls étaient restés debout au milieu des décombres. Quoique le feu eût commencé dans le laboratoire du pharmacien, qui demeurait en bas, les amis de Nathanaël avaient pourtant réussi à entrer à temps dans sa chambre, et à sauver ses livres, ses manuscrits et ses instruments. Ils avaient tout porté dans une autre maison, où ils avaient arrêté une chambre que Nathanaël occupa immédiatement.

Il ne fit pas grande attention à la situation de son nouveau domicile, en face de celui du professeur Spallanzani. Il ne remarqua pas qu'il lui était facile de jeter un regard curieux dans la chambre où Olympia était souvent assise seule, de manière à pouvoir distinguer les contours de son visage, bien que ses traits restassent vagues et confus. Mais à la fin il fut frappé de voir Olympia assise près d'une petite table, ainsi qu'il l'avait déjà vue, dans la même position, sans aucune occupation, et regardant évidemment de son côté. Il s'avoua qu'il n'avait jamais vu de taille aussi bien prise. Cependant, comme il avait l'image de Clara dans le cœur, l'immobile Olympia lui resta complétement indifférente, et seulement parfois il jeta un regard passager sur la belle statue; ce fut tout.

Il écrivait justement à Clara, quand on frappa à la porte, qui s'ouvrit, et livra passage à la déplaisante figure de Coppola. Nathanaël sentit son cœur tressaillir; mais, se souvenant de ce que Spallanzani lui avait dit de son compatriote, et de ce qu'il avait promis à sa maîtresse au sujet de l'Homme au sable, Coppélius, Nathanaël eut honte de sa frayeur puérile des spectres. Il recueillit donc toutes ses forces, et lui dit d'un ton aussi doux que possible :

— Je n'achète pas de baromètres, mon ami.

A ces mots, Coppola entra tout à fait dans la chambre et dit d'une voix enrouée :

— Oh! non! pas de baromètres, pas de baromètres; mais j'ai aussi de beaux yeux, de bien beaux yeux.

En prononçant ces paroles, sa large bouche était contractée par un hideux sourire et ses petits yeux brillaient sous ses longs cils gris.

Nathanaël effrayé s'écria :

— Vous êtes fou! Comment pouvez-vous avoir des yeux?... des yeux?... des yeux?...

En ce moment, Coppola avait mis de côté ses baromètres et porté ses mains dans ses poches, d'où il tira des lorgnons et des lunettes, qu'il posa sur la table.

— Eh! mais, des lunettes, des lunettes pour mettre sur le nez, voilà mes beaux yeux.

Tout en parlant il tirait toujours de sa poche un plus grand nombre de lunettes, de sorte que toute la table commença à étinceler d'une lueur étrange. Des milliers d'yeux semblaient se fixer avec des mouvements convulsifs sur Nathanaël, qui ne pouvait détourner sa vue de dessus la table. Coppola étalait toujours de nouvelles lunettes, et les regards enflammés et de plus en plus sauvages et farouches dardaient leurs rayons sanglants vers la poitrine de Nathanaël.

— Arrête! arrête! homme terrible! s'écria-t-il dominé par une terreur insensée.

Il avait saisi par le bras Coppola, qui, quoique toute la table fût couverte de lunettes, voulait en tirer encore de sa poche. Coppola se dégagea de cette étreinte avec un rire rauque et désagréable.

— Ah! ce n'est pas bon pour vous, dit-il; mais voici un beau verre!

Il avait ramassé et emporté toutes les lunettes, et tiré d'une autre poche de sa redingote une foule de grandes et petites lorgnettes d'approche.

Aussitôt que les lunettes eurent disparu, Nathanaël redevint tranquille; et, songeant à Clara, il s'aperçut que toutes ses impressions n'avaient de source qu'en lui-même, et que Coppola était un honnête opticien et mécanicien, et nullement le spectre du maudit Coppélius. En outre, les verres que Coppola étendait alors sur la table n'avaient rien d'extraordinaire ni de mystérieux comme les lunettes. Et Nathanaël, pour faire sa paix avec Coppola, résolut de lui acheter quelque chose.

Il prit une petite lorgnette très-bien travaillée, et regarda par la fenêtre pour l'essayer. Jamais il n'avait trouvé d'instrument d'optique qui lui eût rapproché les objets d'une manière aussi nette et aussi distincte. Involontairement il regarda dans la chambre de Spalanzani.

Olympia était, comme toujours, assise, les mains jointes, devant la petite table, sur laquelle ses bras étaient appuyés. Nathanaël vit pour la première fois la figure admirablement belle d'Olympia; seulement ses yeux lui paraissaient étrangement fixes et morts. Mais, à mesure qu'il regardait avec sa lorgnette, il lui semblait voir se lever dans les yeux d'Olympia des rayons humides comme ceux de la lune. On eût dit que la faculté visuelle ne faisait que de naître en elle; ses regards devenaient de plus en plus vifs.

Nathanaël restait comme par enchantement à la croisée, regardant toujours la divine Olympia. Derrière lui, il entendit quelqu'un tousser et faire du bruit avec les pieds : c'était Coppola.

— *Tre zechini!* trois ducats!

Nathanaël avait parfaitement oublié l'opticien; il lui paya bien vite ce qu'il demandait.

— N'est-ce pas, beau verre, beau verre? demanda Coppola avec sa voix enrouée et son désagréable sourire.

— Oui, oui, oui, répondit Nathanaël d'un ton bourru. Adieu, l'ami!

Coppola ne quitta pas la chambre sans jeter des regards de côté très-significatifs sur Nathanaël, qui l'entendit rire en descendant l'escalier.

— Il se moque de moi! se dit Nathanaël, parce que je lui ai payé trop cher cette petite lorgnette... Payé trop cher!...

En prononçant ces mots à voix basse, il crut entendre un profond soupir retentir dans la chambre; la frayeur lui coupa la respiration; mais bientôt il reconnut que c'était lui qui avait ainsi soupiré.

— Clara a raison, pensa-t-il en lui-même, de me prendre pour un insipide visionnaire; mais il n'en est pas moins drôle, que dis-je! bien plus que drôle! que la sotte pensée d'avoir payé la lorgnette trop cher me tourmente d'une si singulière façon. Je n'en devine pas la raison.

Il s'assit pour finir la lettre à Clara; mais un regard jeté à la fenêtre le convainquit que Olympia était encore là. Comme entraîné par un pouvoir irrésistible, il saisit la lorgnette de Coppola. Il lui fut impossible de détacher ses yeux de la séduisante Olympia; enfin son ami Sigismond l'appela pour aller au cours du professeur Spallanzani.

Le rideau de la chambre fatale était exactement fermé. De l'amphithéâtre Nathanaël ne put découvrir Olympia; il ne fut pas plus heureux dans sa chambre les deux jours suivants, quoiqu'il quittât à peine la fenêtre et regardât continuellement à travers la lorgnette de Coppola. Le troisième jour, les fenêtres furent revêtues d'épais rideaux.

Désespéré et brûlant du désir de la revoir, il courut aux portes de la ville. L'image d'Olympia planait devant lui dans les airs, sortait de chaque buisson, et le regardait avec de grands yeux radieux du fond des eaux limpides. Celle de sa fiancée avait complétement disparu de son cœur; il ne pensait qu'à Olympia.

— O ma belle et magnifique étoile d'amour, s'écria-t-il tout haut d'une voix larmoyante, n'as-tu paru au ciel que pour t'éteindre aussitôt, et me laisser seul dans une nuit obscure et sans espoir?

En retournant chez lui, il s'aperçut qu'il y avait une grande rumeur dans la maison de Spallanzani. Les portes en étaient ouvertes, on y transportait toutes sortes de meubles; les fenêtres du premier étage étaient enlevées; des servantes actives nettoyaient tout avec de longs balais de crin; des menuisiers et des tapissiers faisaient retentir leurs marteaux. Nathanaël, tout étonné, s'était arrêté dans la rue, quand Sigismond s'approcha de lui en riant :

— Que dis-tu de notre vieux Spallanzani?

Nathanaël l'assura qu'il n'en pouvait rien dire du tout, puisqu'il ne savait rien sur son compte, mais qu'il remarquait avec étonnement la folle agitation qui régnait dans cette maison, toujours sombre et silencieuse. Alors Sigismond lui apprit que Spallanzani allait donner le lendemain une grande fête avec concert et bal, et que la moitié de l'université y était invitée. Le bruit courait que Spallanzani voulait faire paraître en public pour la première fois sa fille, qu'il avait jusqu'alors cachée à tous les yeux.

Nathanaël trouva chez lui une carte d'invitation, et se rendit à l'heure fixée auprès du professeur. Déjà les voitures roulaient; les bougies scintillaient dans le salon, dont la société était nombreuse et brillante. Olympia parut, vêtue magnifiquement et avec beaucoup de goût. On était forcé d'admirer sa belle figure et ses proportions élégantes. La courbure légère de son dos et la finesse de guêpe de son corps semblaient être dues à un corset trop serré. Sa démarche et son attitude avaient quelque chose de mesuré et de roide qui déplut à beaucoup de personnes; on l'attribua à la gêne que lui imposait la société.

Le concert commença. Olympia toucha du piano avec beaucoup d'habileté, et chanta un air de bravoure avec une voix dont le timbre était clair et sonore comme celui d'un harmonica. Nathanaël en fut enchanté; il était placé aux derniers rangs, et ne pouvait, à la lueur éblouissante des bougies, distinguer les traits d'Olympia. Il prit donc la lorgnette de Coppola pour mieux voir la belle cantatrice.

Ah ! ce fut alors qu'il remarqua qu'elle le regardait avec tendresse, et qu'à l'expression de sa voix répondait plus ardente encore celle de ses regards, qui pénétrèrent dans le cœur du jeune homme en y allumant le feu d'une vive passion. Les roulades brillantes paraissaient à l'âme enivrée de Nathanaël les accents célestes de l'amour ; et quand enfin, après la cadence, le long *trillo* retentit bruyamment dans la salle, il ne put plus se contenir, et il exhala sa mélancolie et son enthousiasme par ce cri :

— Olympia !

Tous les regards se portèrent sur lui; beaucoup de personnes se mirent à rire. L'organiste de la cathédrale lui fit la grimace en disant :

— Eh bien ! eh bien !

Le concert était fini, le bal commença. — Danser avec elle !... avec elle ! tel fut le but de tous les désirs de Nathanaël; mais où trouver le courage nécessaire pour engager la reine de la fête à danser avec lui ? Et pourtant, pour ainsi dire, à son insu, il se trouva tout près d'Olympia, qu'on n'avait pas encore engagée, et il saisit sa main sans être à peine capable de proférer une parole. La main d'Olympia était glacée comme celle d'un spectre; il se sentit pénétré d'un mortel froid; il porta un regard étonné sur les yeux d'Olympia ; ils rayonnaient d'amour et de tendresse; et dans ce moment le pouls battit, le sang parut commencer à circuler dans sa main inanimée; en même temps l'amour s'alluma avec force dans le cœur de Nathanaël ; il entoura la belle Olympia de ses bras, et vola avec elle à travers les rangs des danseurs. Il avait cru autrefois bien danser en mesure; mais l'aplomb rhythmique avec lequel dansait Olympia, et qui parfois menaçait de lui faire perdre contenance, le convainquit de son manque d'oreille. Cependant il résolut de ne plus danser avec une autre dame, et il aurait voulu tuer sur la place ceux qui s'approchaient d'elle pour l'engager. Au reste, cela n'arriva que deux fois; à sa grande surprise, Olympia fut entièrement délaissée, et il ne manqua pas d'en profiter pour l'engager de nouveau. Si Nathanaël avait été capable de voir autre chose que sa danseuse, il n'aurait pu éviter des querelles et des disputes désagréables; car le chuchotement et les rires à moitié étouffés des jeunes gens avaient certainement Olympia pour but: ils la poursuivaient de regards étranges : on ne pouvait trop savoir pourquoi. Échauffé par la danse et les rasades, Nathanaël avait mis de côté toute sa timidité ordinaire : il était assis près d'Olympia, sa main dans la sienne, plein d'ardeur et d'exaltation ; il lui parlait d'amour dans des termes qu'il ne comprenait pas plus qu'elle. Peut-être les comprenait-elle mieux que lui, car elle le regardait sans cesse et soupirait parfois.

— Ah ! ah !

A quoi Nathanaël répondait :

— O femme céleste et divine ! Rayon de cet autre monde qui nous est promis ! Ame profonde qui réfléchis tout mon être ! etc.

Mais Olympia, pour unique réponse, se contentait de répéter en soupirant :

— Ah ! ah !

Le professeur Spallanzani passa plusieurs fois près du couple heureux et le regarda avec un sourire de satisfaction. Tout à coup Nathanaël, quoiqu'il se trouvât dans un autre monde, s'aperçut que dans ce monde sublunaire, chez le professeur Spallanzani, il commençait à faire nuit. Il regarda autour de lui, et reconnut que les deux dernières bougies de la salle menaçaient de s'éteindre. La musique et la danse avaient cessé depuis longtemps.

— Nous séparer ainsi ! nous séparer ! s'écria-t-il.

Et, avec un désespoir sauvage, il baisa la main d'Olympia ; il se pencha vers sa bouche, des lèvres froides comme la glace rencontrèrent ses lèvres brûlantes. De même qu'au moment où il avait touché la main froide d'Olympia, de même aussi, dans ce moment, il se sentit un frisson mortel, et la légende de la fiancée morte lui passa par la tête ; mais Olympia l'avait serré contre elle, et ses lèvres semblaient se réchauffer sous ses baisers.

Le professeur Spallanzani parcourait la salle vide ; ses pas lents retentissaient sourdement, et sa figure, entourée d'ombres portées, avait un air effrayant et fantastique.

— M'aimes-tu ? m'aimes-tu, Olympia ? Dis-moi ce mot ! m'aimes-tu ?

Ainsi dit Nathanaël ; mais Olympia se leva et répliqua en soupirant :

— Ah ! ah !

— Oui, ma belle étoile d'amour étincelante, dit Nathanaël, tu as paru dans mon ciel, et tu l'éclaireras toujours !

— Ah! ah! répliqua Olympia en s'éloignant.

Nathanaël la suivit; ils se trouvèrent face à face avec le professeur.

— Vous vous êtes entretenu bien vivement avec ma fille, dit celui-ci en souriant; eh bien, mon cher Nathanaël, si vous vous plaisez à causer avec ma fille, malgré sa faiblesse d'esprit, vos visites me seront toujours agréables.

Emportant tout un ciel radieux dans son cœur, Nathanaël s'éloigna enfin.

VI.

La soirée de Spallanzani fut le sujet des conversations les jours suivants. Quoique le professeur n'eût rien épargné pour que la fête fût splendide, les amateurs de scandale firent des gorges chaudes de tout ce qui s'y était passé d'inconvenant et d'étrange.

On se moquait de la roide et muette Olympia, dans laquelle, malgré son extérieur avantageux, on persistait à trouver une stupidité complète, ce qui avait déterminé jusqu'à présent Spallanzani à la tenir en chartre privée. Nathanaël ne put entendre de pareils discours sans colère; cependant il se tut, car, se disait-il, à quoi servirait de prouver à ces jeunes gens absurdes que c'est justement leur propre manque d'esprit qui les a empêchés de reconnaître l'âme divine d'Olympia?

— Fais-moi le plaisir de me dire, mon ami, lui demanda un jour Sigismond, comment toi, qui es un homme raisonnable, tu as pu t'amouracher de cette figure de cire, de cette poupée de bois?

Nathanaël allait déjà se mettre en fureur, mais, se calmant aussitôt, il répliqua:

— Dis-moi plutôt, Sigismond, toi, dont l'esprit et le regard apprécient tout de suite ce qui est beau, comment il t'a été possible de ne pas t'apercevoir de la beauté céleste d'Olympia? Mais, grâces à Dieu, du moins tu ne seras pas mon rival, car sans cela un de nous deux devrait perdre la vie.

Sigismond, s'apercevant de l'état de son ami, changea de ton, et ajouta qu'à la vérité en fait d'amour il était inutile de disputer des goûts.

— Seulement, ajouta-t-il, il est étonnant que la plupart d'entre nos amis la jugent de même. Elle nous paraît, ne t'en fâche pas, mon ami, singulièrement roide et sans âme ; sa taille est régulière ainsi que sa figure, c'est vrai ; elle pourrait passer pour belle si son regard n'était pas privé de toute étincelle de vie, je devrais dire de faculté visuelle ; ses pas sont extrêmement mesurés, chacun de ses mouvements semble dépendre de la marche d'un rouage qu'on a monté ; son jeu, son chant ont cette exacte mesure, désagréable et sans âme, d'une machine chantante, et il en est de même de sa danse. Cette Olympia nous a fait l'effet d'un fantôme, et nous n'avons voulu rien avoir à démêler avec elle ; elle nous semblait une simple contrefaçon d'un être doué d'intelligence, et je crois qu'elle n'est pas ce qu'elle paraît être.

Nathanaël ne se livra pas au sentiment d'amertume qui, à ces paroles de son ami, était sur le point de s'emparer de lui ; il maîtrisa sa mauvaise humeur, et dit seulement d'un ton grave :

— Cette Olympia peut produire un pareil effet sur vous, gens prosaïques que vous êtes ; ce n'est qu'à une âme poétique que s'ouvre une âme organisée de la même manière. Aussi son regard d'amour a-t-il lui pour moi seul et éclairé toutes mes pensées ; ce n'est que dans l'amour d'Olympia que je retrouve ma propre nature. Il vous déplaît de ne pas l'entendre se livrer au plat radotage de la conversation ordinaire, comme d'autres âmes superficielles. Elle parle peu, il est vrai, mais le peu de paroles qu'elle prononce sont autant de véritables hiéroglyphes du monde intérieur, plein d'amour et de haute conscience de la vie intellectuelle, en contemplation de l'éternité ; mais vous n'y comprenez rien, et ce sont des paroles perdues que je vous adresse.

— Dieu te préserve, mon ami, dit Sigismond d'une voix douce et presque douloureuse, mais il paraît que tu es sur une mauvaise voie. Tu pourras compter sur moi si... Non, je ne puis rien ajouter.

Nathanaël sentit que le froid et prosaïque Sigismond lui portait une affection sincère ; il serra cordialement la main que son ami lui présenta.

VII.

Nathanaël avait tout à fait oublié qu'il y avait une Clara qu'il avait aimée. Sa mère, Lothaire, tous étaient effacés de sa mémoire. Il ne vivait que pour Olympia, auprès de laquelle il passait des heures entières en l'entretenant de son amour, de vive sympathie, d'affinité psychique, ce qu'Olympia écoutait avec un grand recueillement. Nathanaël tira du fond de son pupitre tout ce qu'il avait jamais écrit : des poëmes, des fantaisies, des visions, des romans, des contes, auxquels il ajouta chaque jour des sonnets, des stances, des chansons sans but. Il lisait tout ce fatras pendant des heures entières à Olympia, sans jamais se fatiguer; mais aussi il n'avait jamais eu d'auditeur plus complaisant.

Elle ne brodait ni ne tricotait, ne regardait pas par la fenêtre, ne donnait pas à manger aux oiseaux, ne jouait pas avec un petit chien ou avec un chat favori; elle ne formait pas des boulettes de papier ou d'autre chose, et jamais elle n'était forcée de dissimuler un bâillement par une toux forcée. Bref, pendant des heures entières elle regardait fixement son amant, sans bouger, sans remuer, et ses regards s'animaient de plus en plus; seulement quand Nathanaël se levait et lui baisait la main ou les lèvres, elle disait : Ah! ah! et puis : Bonsoir, mon cher!

— O âme profonde et excellente! s'écriait Nathanaël de retour dans sa chambre, il n'y a que toi, toi seule qui me comprennes!

Il tremblait de plaisir en pensant à l'accord merveilleux qui se manifestait tous les jours de plus en plus entre son âme et celle d'Olympia, car il lui semblait qu'elle s'était prononcée sur ses ouvrages, sur son génie poétique, qu'elle les sentait comme lui-même, ou même que cette voix qu'il lui attribuait était partie de sa propre poitrine. Il fallait bien qu'il en fût ainsi, car Olympia ne proférait jamais d'autres paroles que celles que nous avons mentionnées.

Si Nathanaël, dans des moments lucides, par exemple le matin immédiatement après son réveil, songeait au silence obstiné et à l'entière passiveté d'Olympia, il se disait :

— Que sont les paroles? des paroles! Le regard de son œil céleste m'en dit plus que toutes les langues de la terre. En général, un enfant du ciel peut-il s'enfermer dans le cercle mesquin qu'un besoin misérable et terrestre a tracé?

Le professeur Spallanzani paraissait très-content des relations de Nathanaël avec sa fille; et quand celui-ci se hasarda enfin à parler en termes vagues et généraux d'une liaison plus intime, le professeur enchanté sourit en disant qu'il laissait sa fille libre de choisir.

Encouragé par ces paroles, Nathanaël résolut de supplier dès le lendemain Olympia de lui dire en termes clairs ce que ses regards lui avaient révélé depuis longtemps, à savoir qu'elle voulait lui appartenir pour toujours. Il chercha une bague que sa mère lui avait donnée le jour de son départ, pour en faire cadeau à Olympia, comme d'un symbole de son amour et de la félicité qui en résulterait pour lui. Les lettres de Clara et de Lothaire lui tombèrent à cette occasion entre les mains; mais il les mit de côté avec indifférence, trouva la bague, et se rendit en hâte auprès d'Olympia.

Arrivé sur l'escalier et dans le corridor, il entendit un bruit étrange qui paraissait venir de la chambre d'étude de Spallanzani. On frappait du pied, on heurtait, on se poussait contre la porte; des jurements et des imprécations retentissaient.

—Lâche! lâche donc, infâme scélérat! Ce serait donc pour cela que j'aurais risqué ma vie?

— Ah! ah! ah!... ce n'est pas là ce que je veux!... C'est moi, c'est moi qui ai fait les yeux!

—Moi les rouages!

—Imbécile avec tes rouages! chien d'horloger!

—Va-t'en, Satan!

—Tiens, canaille diabolique!

—Veux-tu lâcher?

C'étaient les voix de Spallanzani et de l'horrible Coppélius qui s'entremêlaient et se croisaient ainsi. Nathanaël, poussé par une angoisse inexprimable, se précipita dans la chambre.

Le professeur tenait une femme par les épaules; l'Italien Coppola l'avait saisie par les pieds, et ils tiraient et la traînaient tous deux pour la posséder.

Nathanaël, saisi d'horreur, recula de trois pas en reconnaissant en elle Olympia. Déjà bouillant de colère, il voulait arracher son amante à ces forcenés, quand Coppola, avec une force de géant, la tordit si fortement entre les mains du professeur, que celui-ci lâcha prise. Au même instant, Coppola lui appliqua un si vigoureux coup avec sa proie elle-même, qu'il tomba à la renverse sur une table garnie de fioles, de cornues, de bouteilles, de cylindres de verre, qui se cassèrent en mille morceaux avec un formidable fracas.

Alors Coppola jeta la statue sur ses épaules, et descendit en riant aux éclats : les pieds de bois pendaient et retentissaient sur l'escalier.

Nathanaël resta pétrifié ; il n'avait vu que trop bien que la figure de cire d'Olympia avait de noires cavités à la place des yeux. C'était une poupée sans vie [1].

Spallanzani se roulait sur le plancher ; des éclats de verre lui avaient fait des coupures à la tête, à la poitrine et aux bras ; le sang en jaillissait comme d'une fontaine ; mais il recueillit ses forces.

— Arrête ! cours ! que tardes-tu ? Coppélius !... Coppélius... mon meilleur automate ! Il me l'a volé ! j'y ai consacré vingt années de mon existence ! j'y ai risqué ma vie et ma fortune ! les rouages, le langage, la démarche, c'est à moi ! Les yeux, les yeux, ils t'ont été volés !... Damné ! maudit ! cours après lui ! va reprendre Olympia, voilà ses yeux !

Nathanaël vit sur le plancher une paire d'yeux sanglants qui le regardaient fixement.

Spallanzani les saisit et les lui jeta contre la poitrine. Alors le délire s'empara de Nathanaël avec ses ongles de flamme, et bouleversa toutes ses pensées.

— Hui ! hui ! hui !... cercle de feu !... cercle de feu !... tourne, cercle de feu !... Gai ! gai !... Poupée de bois, tourne, belle poupée de bois, tourne bien !

Et à ces mots il se jeta sur le professeur et lui serra la gorge. Il l'aurait étranglé, mais le bruit avait attiré du monde ; on entra, et on arracha des mains de Nathanaël le professeur, qui fut ainsi sauvé. Sigismond, quelque fort qu'il fût, ne put contenir le forcené, qui criait continuellement d'une voix terrible :

[1] Il ne faut pas sans doute chercher une ombre de vraisemblance à ce conte bizarre ; mais les résultats obtenus par plusieurs mécaniciens pourraient faire croire à la possibilité de celui qu'avait atteint le professeur Spallanzani. On connaît le flûteur et le joueur de tambourin de Vaucanson. Le baron Wolfgang de Kempelen, mécanicien hongrois, composa, en 1784, un joueur d'échecs et une machine parlante qui prononçait une foule de mots longs et difficiles. *(Note du trad.)*

— Poupée de bois, tourne bien !

Il avait les poings fermés et frappait à droite et à gauche. Enfin, la force réunie de plusieurs hommes parvint à se rendre maîtresse de lui, à le terrasser et à le lier. Ses paroles se perdirent dans un mugissement. Ainsi, dans un accès de rage, il fut transporté à la maison des fous.

VIII.

Lecteur bienveillant, avant de continuer à te raconter ce qui est encore advenu au malheureux Nathanaël, je puis, si tu prends quelque intérêt à l'adroit mécanicien et fabricant d'automates Spallanzani, t'assurer qu'il fut parfaitement guéri de ses blessures. Il fut cependant forcé de quitter l'université, parce que l'histoire de Nathanaël avait fait beaucoup de bruit, et qu'on regardait comme une tromperie illicite de présenter une poupée de bois dans les cercles du grand monde, car Olympia les avait fréquentés avec succès. Les jurisconsultes déclaraient que c'était une faute d'autant plus punissable qu'elle était dirigée contre tout le public, et si habilement dirigée, que personne (excepté quelques étudiants), ne s'était aperçu de la supercherie. Toutefois beaucoup de gens se rappelaient alors une multitude de faits qui leur avaient paru suspects; mais, au fond, ces gens-là ne disaient rien de bon.

Par exemple, au dire d'un coureur de soirées, Olympia avait plus souvent éternué qu'elle n'avait bâillé. Elle avait éternué toutes les fois, disait-il, que la machine s'était montée. Il l'avait entendue craquer, etc. Mais était-ce là une circonstance suspecte?

Là-dessus le professeur de poésie et d'éloquence prit une prise, ferma majestueusement sa tabatière, et dit solennellement, après avoir un peu toussé :

— Très-respectables messieurs et dames, ne vous apercevez-vous donc pas où gît le lièvre? Tout ceci n'est qu'une allégorie, une métaphore : vous comprenez? *sapienti sat!*

Mais un grand nombre de très-respectables messieurs ajoutèrent peu de foi à cette explication. L'histoire de l'automate avait pris profondément racine dans leur cœur, et une détestable défiance contre toute figure humaine y pénétra. Pour être bien convaincus qu'ils n'aimaient pas une poupée de bois, beaucoup d'amants exigèrent de leurs maîtresses de chanter et de danser un peu hors de mesure, de broder ou de tricoter pendant une lecture, ou de jouer avec un chien, etc., surtout de ne pas se contenter d'écouter, mais de répondre aussi, et de manière à prouver qu'elles avaient des sentiments et des idées. Beaucoup de liens amoureux se fortifièrent et s'embellirent de cette façon, d'autres se brisèrent lentement.

— Vraiment, on ne peut pas trop en répondre! disait tel ou tel. Dans les thés, on bâillait beaucoup et l'on éternuait peu, pour échapper à tout soupçon. Spallanzani, comme nous l'avons déjà dit, fut donc contraint de quitter la ville pour avoir traitreusement fait entrer un automate dans la bonne société.

Coppola avait disparu.

Nathanaël se réveilla comme d'un rêve terrible; il ouvrit les yeux et sentit d'inexprimables délices, et une douce chaleur parcourir son être. Il se retrouva sur un lit dans la maison de son père. Clara était penchée vers lui; à quelque distance se tenaient sa mère et Lothaire.

— Enfin, enfin, ô mon cher Nathanaël! je te vois guéri de ta grave maladie; maintenant tu m'es rendu, dit Clara avec effusion.

Elle serra Nathanaël dans ses bras. Des larmes de douleur et de joie coulèrent des yeux de celui-ci.

— Ma Clara! ma chère Clara! s'écria-t-il.

Sigismond, qui était fidèlement resté près de son ami, entra en ce moment. Nathanaël lui tendit la main.

— Mon brave camarade, dit-il, tu ne m'as pas abandonné.

Toute trace du délire avait disparu; bientôt Nathanaël recouvra de nouvelles forces par les soins assidus de sa mère, de son amante et de ses amis.

Cependant le bonheur était entré dans la maison. Un oncle, vieil avare, dont personne n'avait rien espéré, était mort, et leur avait laissé, outre une fortune assez considérable, un bien fonds dans le voisinage de la ville. La mère, Nathanaël avec sa Clara qu'il voulait épouser, et Lothaire avaient l'intention de s'y installer. Nathanaël était devenu plus doux, plus affable que jamais, et il ne commençait qu'alors à sentir toute la beauté de l'âme céleste de Clara. Personne ne lui rappelait jamais le passé, même en y faisant la moindre allusion. Seulement quand Sigismond se sépara de lui, Nathanaël lui dit:

— Par Dieu! mon frère, je m'étais fourvoyé; mais, quand il en était temps encore, un ange m'a reconduit sur le bon chemin! Ce fut Clara!...

Sigismond l'interrompit, de peur de faire revivre en lui des souvenirs trop cruels et trop déchirants.

Le temps était venu où les quatre personnes heureuses allaient se rendre à leur petite terre. A l'heure de midi, ils parcoururent la ville pour faire des emplettes. La haute tour de la maison de ville projetait son ombre gigantesque sur le marché.

— Ah! dit Clara, montons-y pour voir les montagnes lointaines.

On se conforma à son avis. Nathanaël et Clara montèrent; la mère alla avec la servante à la maison, et Lothaire, peu disposé à cette ascension, préféra attendre en bas.

Nos deux amants, bras dessus bras dessous, se tenaient sur la plus haute galerie de la tour, et regardaient les belles forêts, derrière lesquelles s'élevaient les montagnes bleuâtres comme une ville de géants.

— Regarde donc ce singulier buisson grisâtre qui semble s'approcher de nous, dit Clara.

Nathanaël porta machinalement sa main à sa poche, et en retira la lorgnette de Coppola. Il regarda de ce côté, il vit devant le verre la figure d'Olympia!

Son pouls et toutes ses veines furent convulsivement contractés; pâle comme la mort, il regarda fixement son amante, puis tout à coup ses yeux dardèrent des gerbes de feu; il mugit comme une bête lancée par une meute. Il fit un bond en l'air, et riant d'un rire infernal, il s'écria d'une voix perçante:

— Poupée de bois, tourne! poupée de bois, tourne bien!

Et saisissant Clara avec une vigueur formidable, il voulut la jeter en bas; mais elle, dans les angoisses du désespoir, se cramponna à la balustrade.

Lothaire entendit les cris du forcené et ceux de Clara; un horrible pressentiment le saisit; la porte du second escalier était fermée; les cris de Clara devenaient plus pressants. Égaré par la terreur et par la rage, il poussa la porte, qui céda enfin. La voix de Clara s'éteignait de plus en plus.

— Au secours! sauvez-moi! sauvez-moi! disait-elle faiblement.

— Elle est morte, assassinée par la main de ce fou! s'écria Lothaire.

La porte de la galerie était également fermée. Le désespoir lui prêta des forces de géant, il la fit sauter hors de ses gonds. Grand Dieu! Clara, saisie par le furieux, était déjà hors de la balustrade, et ne se retenait plus que d'une main aux barres de fer.

Lothaire, prompt comme l'éclair, saisit sa sœur, la retira à lui, et donna au même instant un vigoureux coup de poing dans la figure du fou, qui, tout effrayé, lâcha la proie qu'il avait vouée à la mort.

Lothaire descendit en courant, portant sa sœur évanouie dans ses bras. Elle était sauvée. Nathanaël courait comme un insensé autour de la galerie, faisait des bonds en l'air et criait :

— Cercle de feu, tourne! tourne, cercle de feu!

Les passants se groupèrent sur le marché en entendant ces cris sauvages; une tête dominait toutes les autres, c'était celle du gigantesque avocat *Coppélius*, qui venait d'entrer à G*** et s'était dirigé vers la maison de ville. On voulait monter pour s'emparer du fou, mais Coppélius dit en riant :

— Ah! ah! attendez un peu, il viendra bien lui-même. Et il regarda en haut comme les autres.

Tout à coup Nathanaël s'arrêta comme pétrifié, il se pencha, aperçut Coppélius, poussa une exclamation déchirante : — Ah! beaux yeux! beaux yeux! et se précipita par-dessus la balustrade.

Quand Nathanaël, la tête fracassée, fut étendu sur le pavé, l'avocat Coppélius avait disparu.

Plusieurs années après, des personnes prétendent avoir vu, dans une contrée éloignée, Clara assise devant la porte d'une belle maison de campagne, tenant la main d'un homme d'un extérieur agréable. Auprès d'elle jouaient deux beaux enfants. On pourrait en conclure que Clara trouva enfin le tranquille bonheur domestique qui convenait tant à son humeur douce et joyeuse, et que l'inquiet Nathanaël n'aurait jamais pu lui procurer.

LA FEMME VAMPIRE.

Le comte Hippolyte était revenu de ses longs voyages pour prendre possession du riche héritage de son père, qui était mort depuis peu. Le château de sa famille était situé dans une contrée des plus pittoresques, et les revenus du patrimoine permettaient d'entreprendre les plus dispendieux embellissements.

Tout ce qui avait en ce genre frappé le comte par la magnificence et le goût dans les pays qu'il avait visités, et surtout en Angleterre, il résolut de le reproduire et d'en jouir encore. Des artisans et des ouvriers se rendirent à son appel, et l'on commença aussitôt la reconstruction du château, et le plan d'un parc du style le plus grandiose, où se trouvaient même enclavés, comme dépendances, l'église, la paroisse et le cimetière.

Le comte, qui possédait les connaissances nécessaires, dirigea lui-même tous les travaux, et s'adonna entièrement à cette occupation. Un an s'était écoulé de cette manière, sans qu'il lui fût venu l'idée d'aller, suivant le conseil d'un vieil oncle, briller dans les cercles de la résidence aux yeux des demoiselles, afin d'épouser la meilleure, la plus belle et la plus noble de toutes.

Un beau matin, il était assis à sa table de dessin, pour y faire le plan d'une construction nouvelle, lorsqu'une vieille femme, parente de son père, se fit annoncer.

En entendant nommer la baronne, Hippolyte se rappela de suite que son père en avait toujours parlé avec la plus profonde indignation, et même avec horreur, et que, sans jamais dire les dangers qu'on aurait pu courir, il avait averti des personnes qui voulaient se mettre en rapport avec elle, de s'en tenir éloignées. Si on pressait le comte de s'expliquer à cet égard, il répondait qu'il y avait certaines choses sur lesquelles il valait mieux se taire que d'en parler.

Ce qu'il y avait de certain, c'est que dans la résidence circulaient des bruits sourds au sujet d'un procès criminel tout à fait singulier, dans lequel la baronne avait été compromise. Par suite elle s'était séparée de son mari et avait été forcée de s'éloigner; mais le prince lui avait accordé sa grâce.

Hippolyte éprouva un sentiment désagréable à l'approche d'une personne que son père avait eue en horreur, quoique les raisons de cette aversion lui fussent demeurées inconnues. Cependant, les droits de l'hospitalité, établis surtout à la campagne, lui imposaient la nécessité de recevoir cette visite importune.

La baronne était loin d'être laide, mais jamais personne n'avait produit sur le comte une impression de répugnance aussi marquée. En entrant, elle perça le comte d'un regard de flamme, puis elle baissa les yeux, et s'excusa de sa visite dans des termes d'une humilité presque avilissante. Elle se plaignit de ce que le père du comte Hippolyte, possédé des préventions les plus étranges, que lui avaient malicieusement inspirées des malveillants, avait conçu contre elle une mortelle haine. Il ne lui avait jamais fait de bien, quoiqu'elle fût dans la plus profonde misère, presque morte de faim et réduite à rougir de son rang. Enfin, ayant inopinément touché une petite somme d'argent, il lui avait été possible de quitter la résidence et de se réfugier dans une ville de province. Dans ce voyage, disait-elle en terminant, elle n'avait pu résister au désir de voir le fils d'un homme à la haine irréconciliable duquel elle n'avait jamais répondu que par une haute estime.

Ce fut avec l'accent touchant de la vérité que la baronne prononça cette harangue, et le comte en fut d'autant plus ému, qu'ayant détourné les yeux du visage désagréable de la vieille, il était perdu dans la contemplation de la gracieuse et charmante personne qui accompagnait la baronne. Celle-ci se tut, le comte eut l'air de ne pas s'en apercevoir, et demeura muet et interdit. Ce fut alors que la baronne lui demanda pardon d'une faute dont son embarras était la seule cause, c'était de ne pas lui avoir présenté sa fille Aurélie.

Alors le comte trouva des paroles pour la supplier, en rougissant comme un jeune homme dans le trouble d'une douce ivresse, de vouloir bien lui permettre de réparer des torts dont son père n'avait pu se rendre coupable que par mégarde, et consentir à loger au château. En assurant la baronne de sa bonne volonté, le comte lui saisit la main; mais aussitôt il éprouva un étrange désordre, et tressaillit de terreur. Il sentit des doigts glacés et sans vie; et la grande figure décharnée de la baronne, qui fixait sur lui des yeux ternes, prit l'aspect d'un cadavre vêtu d'une robe de brocart.

— O mon Dieu! quel contre-temps! dans ce moment surtout! s'écria Aurélie. Et d'une voix douce, dont la plainte allait à l'âme, elle dit que sa pauvre mère avait parfois des attaques de catalepsie, mais que ces syncopes se passaient ordinairement en peu de temps, sans employer aucun remède. Ce fut avec peine que le comte se débarrassa de la main de la vieille dame; mais, dans l'extase de l'amour, il saisit celle d'Aurélie et la couvrit de baisers brûlants.

Quoique le comte eût atteint l'âge mûr, il éprouvait pour la première fois une passion vive et puissante, et il lui était d'autant plus impossible de dissimuler ses sentiments. La grâce charmante avec laquelle Aurélie accueillait ses attentions était pour lui du plus heureux augure.

Quelques minutes s'étaient écoulées quand la baronne revint à elle, sans se rappeler ce qui venait de lui arriver. Elle exprima au comte combien elle se sentait honorée d'être invitée à passer quelque temps chez lui; elle l'assura que ce procédé effaçait tout d'un coup le souvenir de l'injuste conduite du père d'Hippolyte envers elle.

La vie intime du comte se trouva par là subitement changée, et il fut tenté de croire qu'une faveur spéciale du destin lui avait amené la seule personne qui pût, comme épouse, combler ses jours d'une félicité suprême. La conduite de la vieille dame demeura constamment la même. Elle était silencieuse, sérieuse et réservée, et laissait voir à l'occasion des sentiments doux et un cœur capable de goûter d'innocents plaisirs. Le comte s'était accoutumé à la figure singulièrement pâle et ridée de la vieille, ainsi qu'à son extérieur de spectre. Il attribuait tout cela à la mauvaise santé de la baronne et à son penchant pour de sombres rêveries, car les domestiques lui avaient raconté que souvent elle faisait des promenades nocturnes à travers le parc, en se dirigeant du côté du cimetière.

Hippolyte se sentit honteux de s'être laissé entraîner par les préventions de son père, et son vieil oncle fit en vain des frais d'éloquence pour l'exhorter à renoncer au sentiment qui le dominait, et à des relations qui ne manqueraient pas de le perdre un jour. Bien convaincu de l'amour d'Aurélie, le comte la demanda en mariage; et l'on se figure aisément combien la baronne fut charmée de cette proposition, qui l'arrachait à la misère pour lui assurer une existence heureuse.

La pâleur avait disparu du visage d'Aurélie, ainsi qu'une indéfinissable expression de douleur accablante et invincible, et les délices de l'amour avaient donné à ses yeux de l'éclat et à ses joues un frais coloris. Un accident sinistre retarda l'accomplissement des vœux du comte. Le matin du jour des noces, on trouva la baronne étendue sans mouvement dans le parc, à peu de distance du cimetière, la figure tournée vers le sol. On la transportait au château au moment où le comte venait de se lever, et s'était mis à sa fenêtre, rêvant avec ivresse au bonheur dont il allait jouir. Il crut d'abord que l'état de la baronne était l'effet d'une attaque de catalepsie, comme elle en avait quelquefois; mais tous les moyens employés pour la rappeler à la vie furent infructueux. Elle était morte!

Aurélie ne s'abandonna pas à une douleur violente; elle semblait consternée et comme paralysée par ce coup imprévu du sort, et ne versa pas une seule larme. Le comte craignit pour sa bien-aimée, et ce fut avec une précaution et une délicatesse infinies qu'il osa représenter à l'orpheline la nécessité de mettre de côté les bienséances, et de hâter leur union autant que possible, malgré la mort de la baronne, pour éviter de plus grands inconvénients. En l'écoutant, Aurélie se jeta au cou du comte, et s'écria d'une voix pressante en versant un torrent de larmes :

— Oui, oui, par tous les saints, pour mon salut, j'y consens, oui!

Le comte attribua cet élan spontané de passion chez Aurélie à cette idée désolante, qu'orpheline, sans asile, elle ne savait de quel côté tourner ses pas, et que les convenances ne lui permettaient pas de demeurer au château. Il eut soin de procurer à Aurélie une vénérable matrone pour lui servir de dame de compagnie pendant quelques semaines, jusqu'au jour fixé pour la cérémonie nuptiale. Cette cérémonie ne fut troublée par aucun nouvel accident, et consacra le bonheur d'Hippolyte et d'Aurélie.

Pendant tout cet intervalle, Aurélie avait éprouvé une agitation singulière. Ce n'était pas la douleur causée par la perte de sa mère, c'était plutôt une angoisse dévorante qui la poursuivait incessamment. Un jour, plongée dans l'extase d'un amoureux entretien, elle se leva tout à coup, pâle et donnant des signes d'un effroi mortel; puis, baignée de larmes, elle serra le comte dans ses bras, comme si elle se fût attachée à lui pour ne pas être entraînée par une invisible puissance ennemie.

— Non, jamais, jamais! s'écria-t-elle.

Ce ne fut qu'après son mariage que ce trouble intérieur et cette anxiété terrible parurent s'être dissipés.

On pense bien que le comte soupçonna qu'une cause de désordre inconnue existait dans le cœur d'Aurélie. Cependant il eut assez de délicatesse pour ne pas la questionner tant que dura son agitation et qu'elle en cacha les motifs. Enfin il se hasarda à en toucher quelques mots, en lui demandant ce qui pouvait avoir produit cette bizarre disposition d'esprit. Là-dessus Aurélie l'assura que ce serait pour elle un vif plaisir d'ouvrir son cœur tout entier à un époux chéri. Le comte apprit avec surprise que c'était la conduite criminelle de sa mère qui seule avait troublé l'esprit d'Aurélie.

— Y a-t-il, s'écria Aurélie, y a-t-il rien de plus affreux que d'être dans la nécessité de haïr, d'abhorrer sa propre mère?

Ces mots prouvaient que le père ou l'oncle n'étaient point dans l'erreur, et que la baronne avait trompé le comte par une hypocrisie raffinée. Le comte considéra donc comme une faveur de la Providence que la méchante mère fût morte le jour des noces. Il ne chercha point à le cacher. Cependant Aurélie lui déclara que c'était précisément la mort de sa mère qui l'avait accablée de sombres pressentiments, et qu'une appréhension terrible dont elle n'avait pu triompher lui disait que sa mère ressusciterait un jour pour la précipiter dans l'abîme après l'avoir arrachée des bras de son bien-aimé.

Voici ce qu'Aurélie avait conservé des souvenirs de sa première enfance. D'après ce qu'elle dit, un jour, à son réveil, elle trouva la maison tout en désordre. On ouvrait et fermait les portes avec fracas; elle entendait des cris poussés par des voix inconnues. Lorsqu'enfin le calme fut rétabli, la bonne d'Aurélie la prit dans ses bras et la transporta dans une grande chambre où il y avait beaucoup de monde. Sur une grande table au milieu de l'appartement était étendu un homme qui jouait souvent avec Aurélie, qui lui donnait des sucreries, et qu'elle appelait son papa. Elle tendit ses petites mains vers lui pour l'embrasser; mais ses lèvres, autrefois chaudes et animées, étaient de glace, et Aurélie se mit à fondre en larmes sans savoir pourquoi. Après cela, la bonne la transporta dans une maison étrangère où elle resta longtemps. Enfin il vint une femme qui l'emmena avec elle en voiture. Cette femme était sa mère, qui partit bientôt après avec elle pour la résidence.

Aurélie avait à peu près seize ans, lorsque se présenta chez la baronne un homme qui fut reçu avec joie et familiarité, comme une ancienne connaissance. Ses visites se multiplièrent, et bientôt un changement considérable s'opéra dans l'intérieur de la baronne. Au lieu d'habiter une mansarde, de se contenter de méchants habits, de faire mauvaise chère, elle alla occuper un appartement magnifique dans le plus beau quartier de la ville, eut des ajustements superbes, et fit des dîners et des soupers exquis avec l'étranger devenu son commensal. Enfin, elle prit part à tous les divertissements publics que pouvait offrir la résidence.

Aurélie seule ne jouit en rien de l'amélioration du sort de sa mère, due entièrement à l'étranger, comme il était facile de le voir. Elle demeurait enfermée dans sa chambre, tandis que la baronne courait les fêtes avec l'étranger, et elle n'était pas mieux vêtue qu'auparavant.

L'étranger, quoique âgé d'au moins quarante ans, avait l'air jeune et frais, une figure qui pouvait passer pour belle, et une taille remarquable. Néanmoins Aurélie éprouvait pour lui de l'aversion, parce que ses manières étaient souvent gauches, communes et vulgaires, bien qu'il eût des prétentions à la grâce et à la noblesse.

Les regards qu'à cette époque il commença à lancer à Aurélie pénétrèrent celle-ci d'une horreur secrète dont elle ne pouvait s'expliquer la cause. Pourtant la baronne ne s'était jamais avisée d'entretenir Aurélie de ce qui était relatif à l'étranger. Ce ne fut qu'alors qu'elle lui en apprit le nom, en ajoutant que le baron était un parent éloigné et possesseur d'une fortune colossale. Elle vanta son extérieur, ses bonnes qualités, et finit par demander à Aurélie comment elle le trouvait. Celle-ci ne dissimula point l'aversion qu'elle ressentait pour l'étranger. Là-dessus la baronne la traita de sotte, et lui lança un regard qui la fit trembler.

Mais bientôt la baronne eut pour elle plus de bonté que jamais. Aurélie reçut de belles robes, de riches parures de toute espèce, et on lui permit de prendre part aux amusements publics. L'étranger manifestait à Aurélie un désir de plaire et un empressement qui le rendaient de plus en plus insupportable à ses yeux. En outre, sa délicatesse fut mortellement blessée par une scène scandaleuse dont un hasard malheureux la rendit témoin, et qui ne lui permit plus de douter des relations qui existaient entre l'étranger et sa coupable mère. Quelques jours après, l'étranger, à moitié ivre, la serra dans ses bras de manière à lui faire voir clairement ses abominables intentions. Le désespoir lui prêta des forces mâles, elle repoussa l'étranger avec tant de vigueur qu'il tomba à la renverse, et courut s'enfermer dans sa chambre. La baronne déclara à Aurélie d'un ton péremptoire et avec sang-froid, que toute autre minauderie serait inutile et hors de saison dans cette circonstance ; elle lui représenta que l'étranger faisait seul les dépenses de la maison, et qu'elle n'avait aucune envie d'être de nouveau réduite à sa détresse précédente. Elle dit à Aurélie qu'il fallait céder à la volonté de l'étranger, qui, en cas de refus, l'avait menacée de les abandonner. Au lieu d'être touchée des plaintes et des larmes d'Aurélie, la vieille se mit à rire aux éclats avec une insolente raillerie, et parla d'une liaison qui lui offrirait toutes les voluptés de la vie dans des termes abominables et tellement contraires à tout sentiment de décence et de pudeur, qu'Aurélie en fut épouvantée.

Se croyant perdue, elle ne vit d'autre ressource que celle de fuir au plus vite. Elle trouva moyen de se procurer la clef de la porte qui donnait sur la rue, et, après avoir fait un paquet de ses effets les plus indispensables, elle traversa à minuit passé l'antichambre faiblement éclairée. Elle croyait sa mère endormie d'un profond sommeil, et était sur le point d'ouvrir sans bruit la porte de l'antichambre et de sortir de la maison : mais tout à coup cette porte s'ouvrit, et quelqu'un monta précipitamment l'escalier. Vêtue d'une souquenille sale, les bras et la poitrine nus, ses cheveux gris flottants, la baronne entra dans l'antichambre, et tomba aux genoux d'Aurélie. Elle était poursuivie par l'étranger, qui tenait un gros bâton à la main.

— Attends ! s'écria-t-il, maudite fille de Satan, sorcière de l'enfer, je vais te servir ton repas de noces.

Et la traînant par les cheveux au milieu de la salle, il se mit à la maltraiter cruellement en la frappant de son bâton.

La baronne poussa des cris terribles. Aurélie, sur le point de s'évanouir, ouvrit la croisée et cria au secours. Par hasard une patrouille de gardes de police armés passa en ce moment devant la maison. Ils y entrèrent aussitôt.

— Saisissez-le ! cria aux soldats la baronne accablée de douleur et de rage. Arrêtez-le ! Regardez son épaule nue ! c'est...

Dès que la baronne eut prononcé son nom, le sergent de police qui commandait la patrouille poussa un cri de joie :

— Ho ! ho ! te voilà pris enfin, Urian, dit-il.

A ces mots, les gardes s'emparèrent de l'étranger, et l'emmenèrent avec eux en dépit de sa résistance.

Malgré tout ce qui s'était passé, la baronne s'était bien aperçue du dessein d'Aurélie. Elle se contenta de saisir sa fille assez rudement par le bras, la jeta dans sa chambre, et ferma la porte à clef sans mot dire. Le lendemain, la baronne sortit et ne rentra que fort tard. Cependant Aurélie, enfermée dans sa chambre, ne vit et n'entendit personne, et demeura en proie à la faim et à la soif. Les jours suivants, elle fut traitée à peu près de même. Souvent la baronne la regardait avec des yeux étincelants de colère, et semblait méditer quelque projet sinistre : mais un soir elle reçut une lettre qui parut lui faire plaisir.

— Folle créature, dit-elle à Aurélie, c'est toi qui es cause de tout cela ; mais à présent tout va bien, et je désire moi-même te voir éviter la punition terrible que le mauvais génie t'avait destinée.

Par la suite la baronne devint plus complaisante, et Aurélie, qui ne songeait plus à fuir depuis le départ du détestable étranger, jouit d'une liberté plus grande.

Quelque temps s'était écoulé, Aurélie était seule assise dans sa chambre, lorsqu'elle entendit un grand bruit dans la rue. La femme de chambre entra précipitamment, et lui dit qu'on transportait en ce moment le fils du bourreau de ***, qui avait été marqué et emprisonné dans cette ville pour crime de vol à main armée, et qui en chemin avait trompé la surveillance de son escorte. Aurélie, saisie d'un pressentiment sinistre, s'approcha de la fenêtre ; elle avait deviné juste : c'était l'étranger, qu'une escouade nombreuse et bien armée conduisait par la rue, attaché sur une charrette avec des chaînes. On le reconduisait en prison pour subir la peine à laquelle il était condamné. Près de perdre connaissance, Aurélie tomba dans un fauteuil lorsqu'elle eut rencontré le regard de ce forcené, qui levait la main vers la croisée avec un geste de menace.

La baronne restait toujours beaucoup de temps hors de la maison, et laissait sa fille chez elle. Celle-ci passait des jours tristes et sombres à réfléchir sur les malheurs qu'elle pouvait avoir à redouter.

La femme de chambre n'était entrée au service de la baronne qu'après la scène de la nuit, et on lui avait apparemment raconté que ce voleur avait eu des rapports intimes avec madame la baronne. Elle dit à Aurélie qu'on plaignait sincèrement madame la baronne d'avoir été si indignement trompée par un scélérat. Aurélie ne savait que trop bien à quoi s'en tenir; il lui paraissait impossible que les gardes de police qui avaient saisi l'étranger dans la maison de la baronne ne fussent pas instruits des relations qui existaient entre celle-ci et le fils du bourreau, puisqu'elle leur avait dit son nom et qu'elle avait indiqué le stigmate infamant de son épaule.

A en croire les discours ambigus que se permettait parfois la femme de chambre, on pensait ceci et cela sur ce sujet ; le bruit courait que la cour de justice avait fait faire une enquête sévère, et qu'elle avait menacé la baronne de la mettre en prison, parce que le fils du bourreau avait révélé d'étranges circonstances. La pauvre Aurélie était obligée de reconnaître la dépravation de sa mère, qui, après cet horrible événement, pouvait songer encore à demeurer un seul instant de plus dans la résidence.

Enfin la baronne parut réduite à la nécessité de quitter une ville où elle était exposée à des soupçons infâmes et trop bien fondés, et de s'enfuir dans une contrée éloignée. Ce fut pendant ce voyage qu'elle arriva au château du comte, et qu'il se passa ce que nous avons raconté. Aurélie aurait dû être au comble du bonheur et à l'abri de toute espèce de crainte ; mais quel fut son effroi, quand, un jour qu'elle exprimait à sa mère les sentiments de joie que lui faisaient éprouver les faveurs du ciel, celle-ci, les yeux étincelants, s'écria d'une voix terrible :

— Tu causes tout mon malheur, créature abjecte et maudite ; mais quand même une mort subite m'enlèverait, la vengeance viendra te surprendre au milieu de ton bonheur imaginaire. C'est dans ces accès nerveux, dont l'origine remonte à ta naissance, que les artifices de Satan...

Ici Aurélie s'arrêta tout court, se jeta au cou du comte, et le supplia de la dispenser de répéter les paroles que la baronne avait proférées dans sa fureur insensée. Elle se sentait le cœur brisé, disait-elle, en se souvenant des menaces effrayantes de cette mère possédée du mauvais esprit, menaces qui surpassaient toutes les horreurs imaginables. Le comte consola son épouse de son mieux, sans pouvoir lui-même s'empêcher de frissonner. Lorsqu'il fut plus calme, il fut contraint de s'avouer que les crimes de la baronne, bien qu'elle fût morte, avaient jeté une ombre funeste sur une vie qu'il avait crue devoir être heureuse.

Peu de temps après, Aurélie changea sensiblement. La pâleur de son teint, ses yeux éteints semblaient indiquer une maladie intérieure, et en même temps ses manières bizarres et embarrassées faisaient soupçonner qu'un nouveau mystère la troublait. Elle fuyait même son époux ; tantôt elle s'enfermait dans sa chambre; tantôt elle cherchait les endroits les plus reculés du parc ; et lorsqu'elle se montrait, ses yeux rouges et humides de larmes, ses traits défigurés étaient les indices du chagrin qui la dévorait.

Le comte s'efforça inutilement d'approfondir les causes de l'état de sa femme ; il tomba dans un profond abattement, d'où il ne put sortir qu'après avoir consulté un célèbre médecin. Celui-ci présuma que la grande irritabilité nerveuse de la comtesse et le dérangement de sa santé pouvaient faire concevoir l'espoir de voir naître un fruit de cet heureux mariage.

Un jour, ce médecin, qui croyait Aurélie enceinte, se permit pendant le dîner quelques allusions à son état. La comtesse ne parut d'abord faire aucune attention à la conversation du comte avec le docteur; mais tout à coup elle y prêta l'oreille, lorsque ce dernier se mit à parler des goûts singuliers que les femmes éprouvaient dans cet état, et auxquels elles ne pouvaient résister sans nuire à leur santé et même à celle de l'enfant. La comtesse accabla le médecin de questions, et celui-ci ne se lassa pas de lui citer les faits les plus burlesques.

— Cependant, ajouta-t-il, on a aussi des exemples d'envies déréglées, qui ont poussé des femmes à d'horribles actions. Ainsi, la femme d'un forgeron eut un désir irrésistible de manger de la chair de son mari ; elle fit de vains efforts pour le combattre, et un jour que le forgeron était rentré ivre chez lui, elle l'assaillit un couteau à la main, et le déchira d'une manière si cruelle qu'il expira quelques heures après.

A peine le médecin eut-il prononcé ces mots, que la comtesse tomba sans connaissance dans son fauteuil, et les convulsions qui suivirent son évanouissement ne furent calmées qu'avec une extrême difficulté. Le docteur reconnut alors qu'il avait eu tort de faire mention de cette horrible aventure en présence d'une femme aussi impressionnable.

Cependant cette crise parut avoir exercé une influence salutaire sur l'état de la comtesse et lui avoir rendu un peu de calme; mais elle tomba bientôt après dans des accès de noire mélancolie. Ses yeux étincelèrent d'un feu sombre, et son visage se couvrit d'une pâleur mortelle et toujours croissante, ce qui inspira au comte de nouvelles inquiétudes sur la santé de son épouse. Il y avait dans son état quelque chose d'inexplicable, c'est qu'elle ne prenait pas la moindre nourriture. Elle manifestait même une horreur invincible pour tous les mets, et surtout pour les viandes. Lorsqu'on en servait, elle se trouvait obligée de quitter la table, et donnait des marques sensibles de dégoût.

La science du médecin fut inutile, car les plus tendres supplications du comte ne purent engager la comtesse à toucher au moindre remède. Des semaines et des mois entiers s'écoulèrent sans que la comtesse prît aucun aliment; la manière dont elle pouvait soutenir sa vie demeurait un mystère, et le médecin était d'avis qu'il y avait là-dessous quelque chose qui déjouait le savoir humain. Il quitta le château sous un prétexte vague; mais le comte ne manqua pas de s'apercevoir que l'état de son épouse avait semblé trop dangereux et trop énigmatique à l'habile docteur pour qu'il restât plus longtemps témoin d'une maladie inexplicable dont la cure était d'une impossibilité absolue.

On peut s'imaginer les fâcheuses dispositions où se trouvait le comte; mais ce n'était pas tout. A cette époque, un vieux serviteur profita d'un moment où le comte était seul pour l'avertir que la comtesse sortait toutes les nuits du château et ne rentrait qu'à la pointe du jour. Le comte tressaillit. En y réfléchissant, il vit qu'en effet depuis quelque temps un assoupissement extraordinaire s'emparait de lui à minuit. Il attribua cette circonstance à quelque soporifique que la comtesse avait soin de lui faire boire sans qu'il s'en aperçût, pour pouvoir sortir clandestinement de la chambre à coucher qu'ils partageaient tous deux, contre l'usage des personnes de leur rang.

En proie aux soupçons les plus affreux, Hippolyte se souvint de la mère et de son esprit diabolique, dont sa fille avait peut-être hérité; il songea au fils du bourreau, et soupçonna quelque liaison adultère.

La nuit suivante allait lui dévoiler l'abominable mystère qui seul avait produit l'étrange état d'Aurélie.

La comtesse avait l'habitude d'aller se coucher après avoir préparé le thé, que le comte prenait seul. Ce soir-là il n'en prit pas en lisant dans son lit, suivant sa coutume, et ne sentit pas cette léthargie qui le saisissait ordinairement à minuit. Néanmoins il se laissa tomber sur l'oreiller, et fit semblant d'être profondément assoupi. Alors la comtesse se leva sans le moindre bruit, s'approcha du lit du comte, lui regarda le visage à la lueur d'un flambeau, et se glissa doucement hors de la chambre à coucher.

Le comte frissonna ; il se leva, mit son manteau, et suivit à pas de loup la comtesse. Elle était déjà loin, mais il faisait clair de lune, et il l'aperçut distinctement vêtue d'un négligé blanc. Aurélie traversa le parc et se dirigea du côté du cimetière, derrière la muraille duquel elle disparut. Hippolyte la suivit à la hâte, trouva la porte du cimetière ouverte, et entra.

Arrivé là, il vit à la clarté de la lune un épouvantable spectacle. De hideuses apparitions formaient un cercle immédiatement devant lui. C'étaient de vieilles femmes assises par terre, demi-nues et les cheveux flottants. Au milieu du cercle était le cadavre d'un homme qu'elles rongeaient avec une avidité de bêtes féroces.

Aurélie se trouvait parmi elles!

Une angoisse poignante, une horreur profonde firent fuir le comte du théâtre de cette scène infernale. Jusqu'au matin il courut au hasard dans les allées du parc, et ne reprit ses esprits que devant la porte du château. Par un mouvement machinal et involontaire, il monta rapidement l'escalier, traversa les appartements, et entra dans la chambre à coucher. La comtesse semblait bercée par un doux sommeil, et pourtant Hippolyte n'avait pas rêvé qu'il était sorti du château : son manteau était encore humide de rosée ; mais il chercha à se persuader qu'il avait été le malheureux jouet d'une vision.

Sans attendre le réveil de la comtesse, il s'habilla et alla faire une promenade à cheval. La beauté de la matinée, les parfums des buissons, le gazouillement des oiseaux, lui firent oublier les fantômes de la nuit.

Il rentra calme et consolé, et se mit à table avec sa femme. Mais lorsqu'on eut servi un plat de viande cuite, et que la comtesse voulut se retirer en exprimant sa répugnance, Hippolyte reconnut la réalité des faits horribles dont il avait été témoin.

— Odieuse créature, s'écria-t-il d'une voix terrible en se levant avec colère, femme infernale, je sais d'où vient ton aversion pour la nourriture des hommes ; c'est dans les tombeaux que tu vas chercher la tienne !

A peine eut-il dit cela, qu'Aurélie se précipita sur lui en poussant des hurlements, et le mordit à la poitrine avec la fureur d'une hyène. Le comte repoussa violemment la possédée, qui expira dans d'horribles convulsions.

Quant à lui, il devint fou.

LA MAISON DÉSERTE.

Préambule.

On s'accorda généralement à dire que les circonstances réelles de la vie étaient souvent plus merveilleuses que ne pouvait les inventer l'imagination la plus vive.

— Je pense, dit Lélio, que l'histoire en donne des preuves convaincantes, et j'ai le plus profond mépris pour les romans appelés historiques. En effet, les auteurs de ces espèces d'ouvrages, dans leurs insipides rêveries, enfantent des détails niais et puérils qu'ils se permettent d'ajouter aux actes de l'éternelle puissance qui régit le monde.

— Il n'est que trop vrai, dit Franz; des mystères impénétrables nous environnent, et la force avec laquelle ils nous saisissent nous fait reconnaître l'esprit caché qui règle nos destinées.

— Ah! reprit Lélio, cet esprit dont tu parles ne se dévoile pas à nos yeux; et si nous sommes condamnés à le chercher inutilement, c'est la conséquence fatale du péché.

— Il y a beaucoup d'appelés et peu d'élus, dit Franz interrompant son ami; mais ne crois-tu donc pas qu'il soit donné à plusieurs, comme un sens spécial, de connaître et même de pressentir les merveilles de notre existence? Pour sortir à propos de cette question ténébreuse, dans laquelle nous pourrions nous égarer, je comparerai les hommes doués d'une semblable pénétration à des chauves-souris. En effet, le célèbre anatomiste Spallanzani avait découvert à ces animaux un sixième sens, qui non-seulement remplaçait au besoin tous les autres, mais encore les réunissait tous à lui seul.

—Oh! oh! s'écria Lélio en riant, il est tout simple qu'avec autant de facultés les chauves-souris soient naturellement somnambules.

— J'ajouterai rapidement à mes observations, poursuivit Franz, que ce remarquable sixième sens accordé à quelques hommes les met à même de voir le côté exce··ique d'une personne, d'un fait ou d'un événement quelconque le côté qui nous paraît étonnant, parce que nous ne voyons rien d'analogue dans la vie commune. À nos yeux, qu'est-ce que la vie commune? C'est un mouvement circulaire dans un cercle étroit, dont nous touchons de toutes parts les limites, et dans lequel nous essayons toutefois de faire des gambades au milieu du tracas monotone des affaires journalières. Eh bien! je connais quelqu'un qui possède au plus haut degré l'espèce de seconde vue dont je vous ai entretenus. Il lui arrive souvent de s'attacher des journées entières aux pas de gens qui lui sont totalement inconnus, mais qui ont quelque chose d'original dans la marche, les habits, le ton ou le regard. Il raconte avec facilité un fait qui ne mérite aucune attention et auquel on n'en accorde aucune, et il sait le rendre intéressant. Il combine et rassemble les choses les plus hétérogènes, et en tire des conséquences auxquelles personne n'avait songé.

— Arrête, arrête! s'écria Lélio : c'est notre Théodore [1] auquel tu fais allusion; il semble en ce moment avoir en tête quelque idée particulière, et le nez en l'air fixe sur le plafond d'étranges regards.

— En effet, dit Théodore, qui jusqu'alors avait gardé le silence, mes regards doivent être étranges, car ils sont empreints du reflet d'une réalité étrange que j'ai présente à l'esprit. C'est une aventure arrivée depuis peu...

— Oh! raconte-la, raconte-la! dirent à Théodore ses deux amis.

— Volontiers, reprit Théodore; mais j'ai besoin de te dire préalablement, mon cher Lélio, qu'en me reconnaissant au portrait d'un homme doué de seconde vue, tu as fort mal choisi ton exemple. Je te dirai aussi que, si tu connais la valeur des synonymes, tu dois savoir la différence qui existe entre *étonnant* et *merveilleux*. On appelle *étonnant* tout ce qui frappe notre raison, sans qu'elle puisse positivement en déterminer l'essence, et la qualification de *merveilleux* est donnée à ce que nous considérons comme impossible et incompréhensible, à ce qui est au-dessus des puissances connues de la nature, et semble en dehors de leur cours ordinaire. Tu comprends donc que ces deux expressions sont bien différentes, et qu'il ne faut pas les confondre. Il est certain que l'*étonnant* est en quelque sorte un rejeton du *merveilleux*, et que lors même que nous n'apercevons pas la souche qui produit ce rejeton, nous le voyons pousser lui-même et

[1] Prénom d'Hoffmann, sous lequel il se désigne lui-même.

étendre ses branches chargées de feuilles et de fleurs. Dans l'aventure dont je vais entamer le récit, l'*étonnant* et le *merveilleux* se mêlent, je crois, bien visiblement.

A ces mots, Théodore tira son portefeuille, où, comme ses amis le savaient, il avait écrit des notes sur ses voyages, et regardant de temps en temps son livret, il raconta l'histoire suivante, que nous n'avons pas jugée indigne d'être communiquée à nos lecteurs.

I.

Vous savez, dit Théodore, que je passai tout l'été dernier à Berlin. Le grand nombre de vieux amis et de connaissances que j'y rencontrai, la vie libre et facile, les divers attraits des arts et des sciences, tout m'attachait à cette ville par des liens solides. Jamais je n'avais été plus gai ; je sentis revenir avec fureur mon ancienne manie d'errer souvent seul par les rues, de m'arrêter à contempler les étalages de marchands de gravures, de lire les affiches, d'examiner les physionomies des passants, et souvent même de tirer en idée leur horoscope. En outre, non-seulement la richesse des productions de l'art et du luxe, mais encore la vue d'une multitude de magnifiques édifices avaient pour moi des charmes irrésistibles.

L'allée bordée de bâtiments de ce genre qui conduit à la porte de Charlottembourg est le rendez-vous des personnes de haute classe auxquelles le rang et la richesse permettent de jouir des plus coûteuses jouissances de la vie. Au rez-de-chaussée de ces vastes et larges palais sont de riches boutiques, et dans les étages supérieurs habitent les personnes dont j'ai parlé. Les hôtels les plus fréquentés par les voyageurs sont dans cette rue ; la plupart des ambassadeurs étrangers y demeurent, et il est facile de se figurer la vie et le mouvement particuliers qui doivent y régner plutôt que dans toutes les autres parties de la capitale. Ce quartier semble être aussi le plus populeux, ce qui est effectivement. La foule qui s'y porte fait que beaucoup de gens s'y contentent d'un petit logement, strictement approprié à leurs besoins, et il en résulte que plus d'une maison habitée par plusieurs familles ressemble à une ruche d'abeilles.

Souvent je m'étais promené dans cette avenue, lorsqu'un jour mes yeux s'arrêtèrent soudain sur une maison qui formait avec les autres un contraste étrange et singulier. Imaginez-vous une maison basse, ayant quatre larges fenêtres de deux pieds de haut, enclavée entre de splendides édifices, et dont l'unique étage ne s'élevait qu'au-dessus des croisées du rez-de-chaussée du palais voisin. La toiture endommagée, les croisées garnies en partie de papier en guise de vitres, les murs lézardés, attestaient la négligence complète du propriétaire. Songez à l'effet que devait produire cette maison entre des édifices décorés avec autant de simplicité que de goût.

Je m'arrêtai, et, après un examen plus attentif, je remarquai que toutes les fenêtres étaient étroitement fermées, qu'on avait muré celles du rez-de-chaussée, et que la sonnette ordinaire manquait à côté de la porte cochère. Cette porte même n'avait ni serrure ni marteau.

Je fus convaincu que cette maison était entièrement inhabitée, car jamais, si souvent et à quelque heure du jour que je vinsse à passer, je n'y apercevais aucune trace d'un être humain !

— Une maison inhabitée dans ce quartier de la ville ! singulière apparition ! Et pourtant il y a peut-être à cet abandon une raison simple et naturelle : c'est que le propriétaire est parti pour un long voyage ou qu'il habite dans une propriété éloignée. Il ne veut ni louer ni vendre ce pied-à-terre pour savoir où s'installer à son retour à Berlin.

Telles furent mes idées ; et pourtant je ne sais moi-même comment il se fit que chaque fois que je passai près de la maison déserte, je demeurai comme enchaîné devant sa façade, errant ou plutôt perdu dans un labyrinthe de pensées bizarres.

Vous savez déjà, braves compagnons de ma joyeuse adolescence, que j'ai toujours passé pour un visionnaire, et que je poursuis sans cesse dans la vie les étranges révélations d'un monde merveilleux. Votre raison sévère sait blâmer les écarts de mon imagination. Eh bien ! prenez vos airs de dédain et de raillerie si vous voulez, j'avouerai volontiers que je me suis souvent mystifié moi-même, et que ma maison déserte promet de me faire éprouver encore une déception. A la fin de l'histoire viendra la morale qui anéantira toutes vos suppositions. Écoutez maintenant. Au fait !

Un jour, à l'heure où le bon ton exige qu'on se promène en long et en large dans l'avenue, j'étais comme à l'ordinaire plongé dans de profondes réflexions devant la maison déserte. Tout à coup je remarquai, sans y faire grande attention, que quelqu'un s'était placé près de moi et me regardait fixement. C'était le comte Palher, qui s'était fait connaître en plusieurs occasions comme ayant avec moi des rapports spirituels, et je fus aussitôt bien convaincu que le mystère de la maison l'avait également frappé. Je fus d'autant plus surpris de le voir sourire ironiquement lorsque je lui parlai de la singulière impression qu'avait produite sur moi cet édifice abandonné au milieu du quartier le plus vivant de la capitale.

Bientôt tout s'éclaircit. Le comte Palher était allé beaucoup plus loin que moi dans ses remarques, hypothèses, combinaisons, etc. Il avait découvert quel était l'état des choses dans la maison, et il avait fabriqué dessus une histoire fort étrange, telle que ne l'aurait pu créer l'imagination du poëte le plus ingénieux.

Il serait juste que je vous fisse part de l'histoire qu'avait inventée le comte Palher, et que j'ai toujours présente à l'esprit; mais je suis si préoccupé de ce qui m'arriva à moi-même, qu'il faut que je continue mon récit sans aucune interruption.

Quelle fut la surprise du bon comte Palher, lorsque, bien pénétré de son histoire, il apprit que la maison abandonnée était simplement le laboratoire du confiseur dont la boutique était attenante! C'est pour cela que les fenêtres du rez-de-chaussée où se trouvait le four avaient été murées, et celles des chambres de l'étage supérieur munies d'épais rideaux pour garantir les confitures du soleil et des insectes.

Quand le comte me communiqua ces détails, l'émotion que j'éprouvai fut celle d'un homme qui reçoit une douche d'eau glacée, ou plutôt il me sembla que le diable, ennemi de toute poésie, me tirait douloureusement par le nez pour m'arracher à mes doux rêves.

Malgré cette explication prosaïque, je persistai à regarder en passant la maison déserte, et toujours un léger frisson s'emparait de moi, et je me forgeais toutes sortes d'images fantasques de ce qui s'y trouvait renfermé. Je ne pouvais me faire à la pensée d'un laboratoire de massepains, de bonbons, de tourtes, de fruits confits, etc. Une étrange combinaison d'idées me faisait apparaître tous ces objets comme un langage symbolique, doux et enchanteur. Les hôtes invisibles semblaient me dire : — Ne craignez rien, mon cher. Nous sommes de petits enfants doux et aimables, mais en nous visitant vous avez à redouter un léger orage.

Puis je me disais : — N'es-tu pas bien insensé de transformer en merveilles les choses les plus communes, et tes amis ne te traitent-ils pas avec raison de visionnaire incorrigible ?

La maison restait toujours la même, et il n'en pouvait être autrement si elle avait la destination qu'on lui supposait. Mes yeux finirent par s'y accoutumer, et les folles images qui semblaient chaque jour sortir de ses murs se dissipèrent insensiblement ; un hasard vint réveiller mes rêveries qui s'endormaient.

Involontairement, et bien que j'eusse pris mon parti, je ne laissais pas de contempler la maison fabuleuse, et cette curiosité obstinée n'étonnera pas ceux qui connaissent mon caractère, et la constance religieuse et chevaleresque avec laquelle je suis attaché au merveilleux. Il arriva donc qu'un jour, à l'heure de midi, faisant ma promenade quotidienne dans l'avenue, je dirigeai mes regards sur les fenêtres voilées de la maison déserte. Je remarquai que le rideau de la dernière fenêtre contiguë à la boutique du confiseur commençait à se remuer ; une main, un bras se montraient. Je tirai ma lorgnette de spectacle, et je vis distinctement une main délicatement fermée et d'une blancheur éblouissante, au doigt de laquelle un brillant étincelait d'un feu presque surnaturel. Un riche bracelet entourait le moelleux contour d'un bras charmant. La main posa sur l'appui de la fenêtre un grand flacon de cristal d'une forme étrange, et disparut derrière le rideau.

Je demeurai interdit ; je ne sais quel sentiment à la fois doux et pénible inonda mon cœur des torrents d'une chaleur électrique. Il me fut impossible de détourner les yeux de la fenêtre mystérieuse, et un soupir mélancolique s'échappa de ma poitrine. Je revins enfin de ma rêverie, et me trouvai environné d'une foule d'individus de toute sorte qui dirigeaient des regards curieux du même côté que moi. Cette circonstance me contraria ; mais il me vint aussitôt à l'idée que les habitants d'une grande ville ressemblaient à ces gens attroupés devant une maison, qui bayaient aux corneilles, et ne cessaient de s'extasier de ce qu'un bonnet de coton était tombé du sixième étage sans qu'une seule maille en fût déchirée.

Je m'éloignai à pas de loup, et le démon du prosaïsme me souffla très-distinctement à l'oreille que c'était la femme du confiseur, parée de ses atours des dimanches, qui venait de poser sur l'appui de la fenêtre un flacon vide de l'eau de rose ou de la liqueur quelconque qu'il avait contenue.

Singulier changement! il me vint tout à coup une pensée fort raisonnable. Je me ravisai, et j'entrai dans la belle boutique ornée de glaces du confiseur, voisine de la maison déserte.

II.

Je me fis servir une tasse de chocolat, et, tout en soufflant sur la mousse du liquide brûlant, je hasardai quelques mots d'un air d'indifférence :

— Vraiment, dis-je au confiseur, vous avez bien fait d'agrandir votre établissement en achetant la maison voisine.

Le confiseur jeta précipitamment quelques bonbons de couleur dans un cornet d'un quarteron, et les présenta à une jolie petite fille qui attendait; puis, appuyant ses coudes sur le comptoir, il me regarda en riant d'un air interrogateur, comme s'il ne m'eût pas compris.

Je répétai qu'il avait très-bien fait d'établir son laboratoire dans la maison voisine, quoique ce bâtiment désert, morne et silencieux, contrastât désagréablement avec les autres.

— Eh! monsieur, s'écria le confiseur, qui donc vous a dit que la maison voisine nous appartenait? J'ai fait d'inutiles démarches pour l'acquérir, et au bout du compte, c'est peut-être heureux pour nous, car il y a quelque chose de mystérieux dans cette maison.

Vous devez bien vous figurer, mes chers amis, à quel point la réponse du confiseur me frappa, et avec quelles instances je le priai de me donner de nouveaux renseignements sur la maison.

— Monsieur, dit-il, je ne sais moi-même à ce sujet pas grand'chose de particulier, mais il est certain que la maison appartient à la comtesse de Sarneim, qui vit retirée dans ses terres et n'a pas paru à Berlin depuis plusieurs années. A une époque où n'existait aucun de ces somptueux édifices qui bordent la rue, cette maison, m'a-t-on dit, était déjà dans son état actuel, et depuis ce temps on ne l'a réparée que dans les cas d'absolue nécessité. Il n'y loge que deux êtres vivants : un intendant misanthrope et vieux comme les pierres et un chien grondeur et las de vivre, qui, parfois, hurle après la lune dans la cour de derrière. Si l'on en croit le bruit général, des spectres hantent la solitude de cette demeure, et il est de fait que mon frère, propriétaire de cette boutique, et moi-même avons souvent, dans le silence de la nuit, et surtout au temps de Noël [1], où nos occupations nous obligent à veiller, entendu d'étranges plaintes qui partaient évidemment de la maison voisine. Parfois aussi il nous a semblé qu'on y grattait et qu'on y remuait si affreusement que nous en avons été saisis d'épouvante. Il n'y a pas longtemps, on fit entendre durant la nuit un chant tellement bizarre qu'il me serait absolument impossible de vous le décrire. C'était bien la voix d'une vieille femme, mais elle montait si haut, les sons en étaient si perçants, les cadences si variées, que je n'avais jamais rien entendu de semblable; et pourtant j'ai connu un grand nombre de cantatrices, en Italie, en France et en Allemagne. Il m'a paru qu'on chantait des paroles françaises, mais je n'ai pu les saisir distinctement, et d'ailleurs je n'ai pas écouté longtemps cette chanson folle et fantastique, car les cheveux me dressaient sur la tête.

Parfois, quand cesse le tumulte de la rue, nous entendons de l'arrière-boutique de profonds soupirs, puis des rires sourds, qui semblent partir de terre, mais en appuyant l'oreille contre le mur, on reconnaît bientôt que ces rires et ces soupirs viennent de la maison déserte.

En ce moment, le confiseur me conduisit dans l'arrière-boutique, et me fit voir par la fenêtre un tuyau de fonte qui sortait du mur.

— Remarquez ce tuyau, continua-t-il, il en vient quelquefois, même en été, une fumée si épaisse que mon frère s'est déjà souvent disputé avec le vieil intendant, en lui représentant qu'il courait risque de mettre le feu. L'intendant a dit pour s'excuser qu'il faisait cuire ses aliments, mais Dieu sait de quoi il se nourrit, car lorsque ce tuyau fume, il en sort une odeur étrange d'une nature toute particulière.

En ce moment la porte vitrée de la boutique s'ouvrit; le confiseur s'interrompit, et me jeta un regard d'intelligence en m'indiquant par un signe de tête le personnage qui entrait.

Je le compris à merveille. Cette étrange figure pouvait-elle être autre que l'intendant de la maison mystérieuse?

[1] Époque des étrennes en Allemagne.

Figurez-vous un petit homme sec, avec un visage de couleur de momie, le nez pointu, les lèvres pincées, des yeux de chat verts et étincelants, un sourire continuel comme celui d'un fou, des cheveux frisés et poudrés, un toupet en forme de tour, des ailes de pigeon et une grande queue ou *postillon d'Amour*, un vieil habit de couleur de café, tout râpé, mais nettoyé et brossé avec soin, des bas gris, de grands souliers arrondis par le bout et de petites boucles en pierre. Représentez-vous cette petite figure sèche, mais solidement bâtie, surtout à en juger par ses poings énormes et ses longs doigts noueux. La voilà : elle s'avance vers le comptoir d'un pas ferme, regarde avec son sourire stéréotypé les sucreries enfermées dans des bocaux de cristal, et d'une voix éteinte et plaintive demande quelques oranges confites, quelques macarons, quelques marrons glacés, etc.

Le confiseur réunit ce que demandait le vieillard.

— Pesez, pesez, mon estimable voisin, dit l'étrange personnage d'un ton lamentable.

Puis avec des soupirs et des ahans prolongés il tira de sa poche une petite bourse de cuir, et y chercha de l'argent avec peine; je remarquai que la somme qu'il posa sur le comptoir était en monnaies vieilles et rognées, et pour la plupart hors de cours.

— Doux, doux, murmurait-il d'un ton plaintif, il faut que tout soit doux maintenant, Satan donne à sa fiancée une pâtée de miel, de miel pur.

Le confiseur me regarda en riant.

— Vous ne paraissez pas vous bien porter, dit-il à l'intendant : c'est la vieillesse, c'est la vieillesse qui use vos forces par degrés.

— La vieillesse! la vieillesse! s'écria l'intendant d'une voix tonnante et sans changer de visage; elle use les forces, elle vous rend faible, impotent! oh! oh! oh! oh!

A ces mots il frappa des mains si violemment, que ses articulations en craquèrent, et fit un entrechat avec tant de vigueur, que toute la boutique en résonna et que tous les verres en tintèrent; mais au même instant on entendit un cri effroyable, le vieillard avait marché sur le chien noir qui s'était glissé derrière lui, et était étendu à ses pieds.

— Maudite bête! satané chien d'enfer! dit le vieillard en reprenant son premier timbre de voix.

Il ouvrit le cornet et présenta au chien un gros macaron. Le chien, qui poussait des plaintes avec un accent presque humain, se calma soudain, s'assit sur son train de derrière, et se mit comme un écureuil à grignoter son macaron.

— Bonne nuit, mon estimable voisin! reprit l'intendant.

Il prit la main du confiseur, et la serra si fort qu'il lui arracha un cri de douleur.

— Bonne nuit, mon voisin; le pauvre invalide à cheveux blancs vous souhaite une bonne nuit, mon cher monsieur le confiseur.

A ces mots, l'intendant sortit de la boutique, et le chien le suivit par derrière, se léchant les babines pour en enlever les bribes de macaron.

Le vieillard me parut n'avoir fait aucune attention à moi, et je restai pétrifié d'étonnement.

— Voyez-vous, me dit le confiseur, c'est ainsi que cet étrange vieillard vient à ma boutique de temps en temps, deux ou trois fois par mois, mais je n'ai pu rien tirer de lui, si ce n'est qu'il a été autrefois valet de chambre du comte de Sarneim, qu'il est chargé aujourd'hui de garder la maison, et qu'il attend tous les jours, voilà déjà plusieurs années, la famille du comte de Sarneim, ce qui l'empêche de louer le local. Mon frère l'a plusieurs fois interrogé sur le singulier vacarme qu'on entendait la nuit, mais l'intendant lui a répondu fort tranquillement : — Oui! tout le monde dit qu'il y a des revenants dans la maison, mais vous ne le croyez pas; ce n'est pas vrai.

L'heure était venue où le bon ton voulait qu'on visitât cette boutique; la porte s'ouvrit, une foule d'élégants entra, et il me devint impossible d'adresser au confiseur de nouvelles questions.

III.

Il était certain que les renseignements du comte Palher sur la propriété et l'usage de cette maison étaient faux, que le vieil intendant ne l'habitait pas seul, en dépit de ses dénégations, et que certainement on cherchait à dérober un mystère aux yeux du monde.

Ne devais-je pas naturellement établir un rapprochement entre ce que j'avais entendu au sujet de ce chant étrange et épouvantable, et le bras charmant que j'avais vu à la fenêtre? Ce bras n'appartenait pas, ne pouvait appartenir au corps d'une vieille femme décrépite, et cependant, au dire du confiseur, le chant ne pouvait être celui d'une jeune et jolie fille. En songeant à l'apparition de ce bras, je me persuadai aisément que peut-être une illusion acoustique avait rendu la voix criarde et cassée, ou que peut-être aussi le confiseur, prévenu, s'était imaginé entendre d'horribles clameurs.

Je pensai encore à la fumée, à l'odeur singulière, au flacon de cristal de forme merveilleuse que j'avais aperçu, et bientôt s'offrit vivante à mes yeux l'image d'une créature divine, mais entourée de pernicieux sortiléges. Le vieil intendant me parut un affreux enchanteur, un maudit magicien, qui peut-être, complétement indépendant de la famille de Sarneim, se livrait pour son propre compte dans la maison abandonnée à d'abominables pratiques.

Mon imagination travailla, et la nuit même je vis distinctement, non pas en rêve, mais dans le délire de l'assoupissement, la main ornée du diamant étincelant, le bras qu'embellissait le bracelet. Peu à peu du milieu d'un léger nuage sortit une charmante figure aux yeux bleus suppliants et pleins de mélancolie; enfin j'aperçus tout entière une jeune fille d'une beauté rare, dans tout l'éclat de ses attraits naissants. Je remarquai bientôt que ce que j'avais pris pour un nuage était la vapeur subtile qui s'échappait en légers tourbillons du flacon de cristal que la jeune fille tenait à la main.

— O céleste enchanteresse, m'écriai-je dans mon extase, fais-moi savoir où tu habites et pourquoi l'on te retient prisonnière! Avec quelle tristesse, avec quel amour tu me regardes! Je le sais, de noirs maléfices t'environnent; tu es l'esclave infortunée d'un diable incarné, qui erre dans les boutiques de confiseur avec un habit de couleur café et des cheveux en bourse, qui menace de tout briser par ses puissantes gambades, qui marche sur un chien infernal, et le nourrit de macarons après lui avoir fait pousser de sataniques clameurs. Oui, je sais tout cela, être gracieux et divin! les feux du diamant sont le reflet de ceux qui consument ton âme! Ah! si tu ne l'avais pas imprégné du sang de ton cœur, il n'aurait pas cet éclat, ces rayons aux mille couleurs, qui sont autant de mots du langage de l'amour. Je sais aussi que le bracelet qui pare ton bras est l'anneau d'une chaîne dont te lie l'homme de couleur café. Cette chaîne n'a rien de magnétique, femme adorable! elle a été élaborée dans une cornue d'où sortent des flammes bleues! mais je la briserai, et tu seras délivrée! Ne sais-je pas tout, ma beauté, ne sais-je pas tout? Mais maintenant, jeune fille, ouvre-moi ta bouche de rose. Oh! parle...

En ce moment une main osseuse saisit par-dessus mon épaule le flacon de cristal, qui se brisa en mille pièces et s'en alla en poussière ; la gracieuse figure s'évanouit dans l'obscurité de la nuit avec un faible et sourd gémissement.

Ah! mes amis, je vous vois rire ; vous me qualifiez encore de songe-creux, mais je puis vous assurer que mon rêve, si vous tenez à lui donner ce nom, avait tous les caractères d'une vision. Pourtant, comme vous persistez à vous moquer de moi avec votre incrédulité prosaïque, j'aime mieux poursuivre mon récit que de vous entretenir plus longtemps de ce sujet.

Dès le point du jour, inquiet et troublé, je courus à l'avenue, et je me campai devant la maison déserte... Aux rideaux de la veille on avait ajouté d'épaisses jalousies. La rue était encore inanimée. Je m'approchai très-près des fenêtres murées du rez-de-chaussée, et j'écoutai attentivement ; mais aucun bruit ne se fit entendre, tout était silencieux comme un tombeau. Bientôt le jour grandit, les affaires journalières reprirent leur cours, et je fus forcé de m'éloigner.

A quoi bon vous fatiguer d'inutiles détails? Faut-il compter les jours où je me glissai à la même heure auprès de la maison sans découvrir la moindre chose? Faut-il énumérer mes vaines recherches, les informations que je pris inutilement? Faut-il vous dire que la charmante image finit par pâlir dans mon cœur?

Enfin, passant un soir devant la maison en revenant de la promenade à une heure avancée, je m'aperçus que la porte était entre-bâillée. Je m'approchai; l'homme couleur de café mit le nez dehors, je pris mon parti.

— N'est-ce pas ici que demeure M. Binder, conseiller privé des finances? demandai-je au vieillard en le repoussant presque pour m'avancer dans le vestibule, qu'une lampe éclairait faiblement.

Le vieillard me regarda avec son sourire stéréotypé.

— Non, me dit-il d'une voix faible et traînante, il ne demeure pas ici, il n'y a jamais demeuré, il n'y demeurera jamais, il ne demeure même pas dans l'avenue. Mais vous avez entendu dire qu'il y avait des revenants dans la maison ; je puis vous assurer que cela n'est pas vrai, que c'est une maison jolie et tranquille, et que Sa Grâce la comtesse de Sarneim y arrive demain. Bonne nuit, mon cher monsieur!

Là-dessus l'intendant manœuvra de manière à m'éconduire, et me ferma la porte au nez. Je l'entendis souffler et tousser, s'éloigner dans le corridor en faisant résonner son paquet de clefs, et descendre enfin plusieurs marches.

J'avais vu beaucoup en peu de temps; j'avais remarqué que le vestibule était tendu de vieilles tapisseries de couleur, et meublé, comme un salon, de grands fauteuils couverts de damas rouge, ce qui avait un aspect singulier.

Mon entrée dans la maison mystérieuse réveilla en quelque sorte les aventures. Le lendemain je traversai l'avenue à l'heure de midi. J'étais encore loin de la maison déserte, quand mon regard s'y porta involontairement.

Je vis briller quelque chose à la dernière fenêtre du premier étage. En m'avançant, je remarquai que la jalousie était levée et le rideau intérieur à moitié tiré; les étincelles du diamant me frappèrent. O ciel! appuyée sur son bras, la figure de ma vision me jette un regard de prière et de douleur. S'il était possible de s'arrêter au milieu de la foule des passants qui vont et qui viennent! Mes yeux se fixent sur un banc placé dans l'avenue pour le repos des promeneurs, en face de la maison déserte; on ne peut s'y placer qu'en tournant le dos à cette maison. N'importe! je m'élance précipitamment dans l'allée, et m'appuyant sur le dossier du banc, je puis contempler sans être dérangé la fenêtre aventureuse.

Oui! c'était elle, la jeune fille gracieuse, ravissante!... C'était elle trait pour trait, seulement son regard paraissait incertain, elle ne me regardait pas, comme je l'avais cru d'abord; ses yeux avaient quelque chose de fixe comme ceux d'un mort, et si le bras et la main ne s'étaient remués de temps à autre, j'aurais pu croire que j'étais le jouet d'une illusion causée par un portrait artistement peint.

Entièrement perdu dans la contemplation de cette créature merveilleuse, dont l'aspect remuait si étrangement mon âme, je n'avais pas entendu la voix glapissante d'un tabletier italien ambulant qui depuis longtemps peut-être m'offrait inutilement divers objets; enfin il me tira par le bras: je me retournai promptement, et je le repoussai avec humeur. Toutefois il ne cessa de me poursuivre de ses sollicitations.

— Je n'ai pas encore étrenné aujourd'hui ; que je vous vende seulement quelques crayons, un paquet de cure-dents.

Plein d'impatience, je tirai ma bourse de ma poche pour me délivrer par un achat de cet importun.

— J'ai encore de jolies choses ! dit-il en ouvrant le tiroir inférieur de sa boîte.

Il en tira un petit miroir de poche rond, qui s'y trouvait avec d'autres objets en verre, et me le présenta, le tenant à quelque distance de moi. J'y aperçus la maison déserte, la fenêtre, et les traits devenus plus distincts de la céleste et angélique figure de ma vision. Je me hâtai d'acheter ce miroir, qui me permettait d'examiner la maison à mon aise sans éveiller la curiosité des promeneurs.

En observant avec une attention toujours croissante la figure placée à la fenêtre, je fus saisi d'une émotion singulière et inexprimable, à laquelle je pourrais presque donner le nom de songe éveillé ; il me semblait qu'une espèce de catalepsie avait frappé non ma volonté et mes facultés locomotives, mais ma vue, et il m'était impossible de détourner les yeux du miroir.

Je dois vous avouer à ma honte qu'il me revint à l'esprit un conte de nourrice au moyen duquel ma bonne me décidait bien vite à m'aller coucher lorsque je m'arrêtais trop longtemps à me mirer, le soir, dans la grande glace de la chambre de mon père. Elle me disait que lorsque les enfants regardaient la nuit dans une glace, un hideux visage inconnu s'y montrait et rendait leurs yeux immobiles ; ce récit me glaçait d'épouvante, mais je ne pouvais m'empêcher de jeter chaque soir au moins un coup d'œil sur la glace, curieux d'y voir le visage inconnu. Une fois je crus que du milieu de la glace se fixaient sur moi deux yeux immobiles et étincelants.

Je poussai un cri, et tombai sans connaissance. Une longue maladie suivit cet accident, mais je suis encore persuadé que ces yeux brillants m'ont véritablement regardé.

Bref, ces vaines absurdités de mon enfance reprirent sur moi de l'empire, et un frisson glacé parcourut mes veines ; je voulais jeter le miroir loin de moi, mais je n'en eus pas le courage. Les yeux célestes de la charmante figure étaient alors fixés sur moi ; oui, c'était bien à moi que s'adressaient leurs doux rayons, qui pénétraient jusqu'au fond de mon cœur. L'effroi qui m'avait saisi tout d'un coup se dissipa et fit place à un sentiment délicieux et pénible de mélancolie; je me sentis embrasé d'un feu électrique.

— Vous avez là un joli miroir, dit une voix près de moi.

Je me réveillai comme d'un songe, et fus assez étonné de me trouver cerné de toutes parts par des individus qui avaient l'air de se moquer de moi; plusieurs personnes avaient pris place sur le même banc que moi; il était certain que je leur avais donné à mes dépens un spectacle divertissant par ma persistance à regarder mon miroir, et la pantomime singulière qui décelait l'exaltation de mon âme.

— Vous avez là un joli miroir, répéta en appuyant sa question d'un coup d'œil l'individu qui m'avait déjà adressé la parole sans obtenir de réponse.

— Mais dites-moi, poursuivit-il, à quoi bon cette contemplation sans but? est-ce que vous voyez des esprits?

L'inconnu, déjà avancé en âge et décemment vêtu, avait dans le regard et le son de la voix quelque chose de bienveillant qui disposait à la confiance. Je ne fis aucune difficulté de lui dire que ce que je voyais dans mon miroir était une ravissante jeune fille placée derrière moi à la fenêtre de la maison déserte. J'allai plus loin, je demandai au vieillard s'il ne voyait pas aussi la céleste apparition.

— Là-bas, dans cette vieille maison, à la dernière fenêtre? me dit-il avec l'accent de la stupéfaction.

— Sans doute, sans doute, lui dis-je.

Le vieillard se mit à rire.

— Eh bien, reprit-il, voilà une singulière illusion, Eh bien! de mes vieux yeux, que Dieu me les conserve! oui, oui, monsieur, de mes vieux yeux sans lunettes, j'ai bien vu cette jolie figure à la fenêtre, mais c'était, à ce qu'il me semblait, un excellent portrait peint à l'huile.

Je me retournai rapidement du côté de la fenêtre : tout avait disparu, et la jalousie était baissée.

— Oui, poursuivit le vieillard, oui, monsieur, maintenant il est trop tard pour s'en assurer; car le domestique, concierge et seul habitant de ce pied-à-terre de la comtesse de Sarneim, vient de retirer le portrait après en avoir ôté la poussière, et a fermé la jalousie.

— Était-ce bien certainement un portrait? demandai-je encore tout consterné.

— Fiez-vous à mes yeux, répondit le vieillard; n'ayant vu dans ce miroir que le reflet du tableau, vous avez été dupe d'une illusion d'optique. Parbleu ! quand j'étais à votre âge, j'avais aussi l'imagination assez vive pour animer des images de belles jeunes filles.

— Mais la main et le bras remuaient.

— Oui, oui, ils remuaient, tout remuait, dit le vieillard en riant et en me frappant doucement sur l'épaule.

Il me fit ensuite une révérence, et me quitta en me disant : — Gardez-vous des miroirs qui mentent si indignement. Votre très-humble serviteur.

IV.

Vous pouvez vous imaginer quel dépit j'éprouvai en me voyant abusé par l'erreur d'une imagination folle et dérangée. Je finis par acquérir la conviction que le vieillard avait raison, et qu'à ma honte, je m'étais mystifié moi-même en peuplant la maison déserte des fantômes de mon esprit.

Plein d'humeur et de désappointement, je retournai chez moi avec la ferme résolution de ne plus songer aux mystères de la maison déserte, et de m'abstenir au moins pendant quelques jours de paraître dans l'avenue.

J'observai fidèlement la loi que je m'étais imposée ; des affaires pressantes m'obligèrent à passer la journée à écrire, et le soir je trouvais des distractions dans la société d'amis joyeux et spirituels. Bientôt je songeai à peine à mes rêveries ; seulement il m'arrivait parfois d'être réveillé en sursaut, comme par l'effet d'un attouchement étranger, et je reconnaissais ensuite clairement que ce qui m'avait arraché au sommeil était le souvenir de la créature mystérieuse que j'avais aperçue à la fenêtre de la demeure abandonnée. Souvent même, pendant mon travail, pendant mes entretiens les plus animés avec mes amis, ce souvenir me frappait instantanément et sans cause appréciable, comme une commotion électrique, mais ces impressions se dissipaient rapidement.

J'avais consacré à un prosaïque emploi domestique le petit miroir de poche qui avait causé mon erreur en me montrant la fallacieuse apparition. Je m'en servais pour mettre ma cravate. Un jour, au moment de m'occuper de cette importante affaire, il m'arriva de souffler sur mon miroir, d'après un procédé connu, pour le nettoyer et l'éclaircir. Mon pouls cessa de battre, tout mon être frémit d'une délicieuse horreur! oui, c'est ainsi que je dois appeler l'émotion qui me domina, lorsqu'au milieu de la vapeur de mon haleine, comme à travers un nuage bleuâtre, j'aperçus la céleste figure, qui me perçait le cœur de mélancoliques regards !

Vous riez, vous vous dites : C'en est fait, c'est un rêveur incurable ; mais dites et pensez ce que vous voudrez, il n'en est pas moins vrai que la céleste figure me regardait du fond du miroir, et dès que la vapeur de mon haleine cessa de ternir la glace, l'image disparut avec elle.

Je ne vous ennuierai pas du récit circonstancié de tous les incidents qui se succédèrent. Je me contenterai de vous dire que je renouvelai à plusieurs reprises l'épreuve du miroir, et qu'il m'arriva souvent d'évoquer par mon souffle l'apparition chérie, mais que souvent aussi mes efforts réitérés demeurèrent sans résultat.

Alors, je courais comme un fou devant la maison déserte, je restais les yeux fixés sur la fenêtre, mais aucun être humain ne s'y montrait.

Je ne vivais qu'en pensant à elle, tout le reste était mort pour moi ; je négligeais mes amis, mes études. Si parfois à cet état succédait une douleur plus douce, une vague rêverie, et que l'image semblât vouloir perdre de sa force et de son énergie, parfois aussi mon exaltation grandissait et s'élevait à un degré tel, que je frémis encore en y songeant.

Je vous parle d'une disposition d'esprit qui a failli m'entraîner à ma perte, il ne vous sied donc pas d'en faire des gorges chaudes, incrédules que vous êtes, écoutez et ressentez avec moi ce que j'ai éprouvé.

Souvent, comme je l'ai dit, quand l'image pâlissait, un malaise physique s'emparait de moi, et puis la figure reparaissait avec plus de vivacité que jamais, avec tant d'éclat que je lui tendais les bras pour l'embrasser. Mais alors il se trouvait, par un affreux retour, que la figure était moi-même, caché et enveloppé dans les vapeurs adhérentes au miroir. Une poignante douleur de poitrine, suivie d'une apathie totale, terminait cet état pénible, qui me laissait toujours une prostration de forces générale. Dans ces moments-là j'interrogeais en vain le miroir ; mais quand j'avais repris mes forces l'image se montrait de nouveau, et sa vue, je ne puis le nier, me causait une irritation physique d'une espèce particulière et qui m'était inconnue.

Cette tension continuelle agit sur moi de la manière la plus funeste. J'étais pâle, abattu, et j'avais à peine la force de me traîner. Mes amis me regardaient comme très-malade, et leurs éternels conseils m'engagèrent enfin à faire tous les efforts possibles pour me guérir.

Soit par dessein, soit par hasard, un étudiant en médecine de mes amis laissa chez moi, en venant me voir, le livre de Riel sur les aliénations mentales. Je me mis à lire cet ouvrage, auquel je trouvai un attrait irrésistible. Mais que devins-je en me reconnaissant moi-même dans la peinture des monomanes! L'effroi profond que j'éprouvai en me voyant sur la route d'une maison de fous me fit faire des réflexions et prendre une détermination que j'exécutai aussitôt.

Je mis mon miroir dans ma poche et je courus chez le docteur K***, renommé pour le traitement et la cure de la folie, et fameux par ses profondes recherches sur le principe psychique, qui souvent produit et guérit tour à tour des maladies physiques.

Je lui racontai toutes mes aventures; je lui décrivis minutieusement mon état, et le suppliai de me sauver du mal affreux dont je me croyais menacé.

Il m'écouta fort tranquillement; cependant je remarquai dans son regard le plus profond étonnement.

— Le danger, dit-il, n'est pas encore aussi imminent que vous le croyez, et je puis vous assurer avec certitude qu'il m'est possible de l'éloigner. Votre moral est affecté d'une manière inouïe, c'est ce qui n'est point douteux. Mais vous avez parfaitement conscience de l'assaut que vous livre quelque mauvais principe, et c'est précisément ce qui nous fournit des armes pour le combattre. Laissez-moi votre miroir de poche, adonnez-vous à quelque travail qui exige l'emploi simultané de toutes vos facultés, évitez l'ennui, travaillez en vous levant et aussi longtemps que vous le pourrez; et puis, après une bonne promenade, allez voir vos amis, que vous avez si longtemps négligés; ayez une nourriture substantielle; buvez du vin fort et généreux. Vous voyez que je veux combattre l'idée fixe, c'est-à-dire l'apparition de cette trompeuse image à la fenêtre de la maison déserte et dans votre miroir; je veux donner un autre cours à vos pensées, et fortifier en même temps votre corps. Ayez soin de seconder mes vues.

Il m'était pénible de me séparer du miroir, et le docteur, qui s'en était déjà emparé, parut le remarquer. Il souffla dessus, et me le présenta en me disant :

— Voyez-vous quelque chose ?

— Absolument rien, répondis-je; et c'était vrai.

— Soufflez vous-même sur le miroir, dit le docteur en me le plaçant dans la main.

Je le fis, et l'image merveilleuse se dessina distinctement à mes yeux.

— C'est elle! m'écriai-je à haute voix.

— Je ne vois pas la moindre chose, dit le docteur après avoir regardé la glace; mais je ne puis vous cacher qu'au moment où j'ai jeté un coup d'œil sur votre glace, j'ai senti je ne sais quelle crainte et quel malaise, qui se sont rapidement dissipés. Vous voyez que je suis franc, et que je mérite votre confiance entière. Répétez l'expérience.

Je le fis; le médecin m'entoura de ses bras, et je sentis sa main placée sur mon épine dorsale. La figure reparut; le médecin, qui regardait le miroir avec moi, pâlit, prit le miroir, le regarda encore, le serra dans son pupitre, et revint vers moi. Pendant quelques secondes, il appuya sa main sur son front, et parut réfléchir en silence.

— Suivez exactement mes prescriptions, me dit-il. Je vous confesse que ces moments où vous sentez votre propre *moi* hors de vous-même avec une douleur physique, sont encore bien mystérieux pour moi; mais j'espère bientôt pouvoir vous en dire davantage à ce sujet.

Ma volonté ferme et inébranlable me fit surmonter les difficultés attachées au genre de vie que m'avait recommandé le docteur; et, bien que ce régime eût pour moi les résultats les plus satisfaisants, et que mon esprit fût distrait par diverses occupations, cependant je ne fus pas complétement délivré de ces crises terribles qui me prenaient surtout à midi et à minuit. Même au milieu de la plus joyeuse société, en train de boire et de chanter, il me semblait que des poignards brûlants et acérés me perçaient le cœur, et toute la puissance de mon esprit ne réussissait pas à combattre ce funeste accès. J'étais obligé de m'éloigner, et d'attendre, pour rejoindre la compagnie, que cet état de faiblesse fût passé.

V.

Il m'arriva un jour de me trouver dans une société où l'on parla beaucoup des influences et des opérations psychiques, et des effets sombres et inconnus du magnétisme. On insista principalement sur la possibilité de l'action d'un principe spirituel éloigné, et l'on en rapporta plusieurs exemples. Un jeune médecin surtout, enthousiaste du magnétisme, prétendit que lui-même, comme plusieurs autres, ou plutôt comme tous les magnétiseurs énergiques, pouvait agir à distance sur des somnambules uniquement par la force de la pensée et de la volonté ; on cita successivement tout ce qu'ont dit à ce sujet Kluge, Schubert, Bartels, etc.

— Le plus important, dit enfin l'un des assistants, médecin connu et observateur habile, c'est que le magnétisme me paraît dévoiler certains mystères que nous ne voulons pas reconnaître comme tels, et que nous croyons être dans le cours ordinaire des choses. Il ne s'agit que d'opérer avec prudence. Comment se fait-il que, sans aucun motif interne ou externe à nous connu, et même contrairement à toutes nos idées, l'image fidèle d'une personne ou d'un événement quelconque nous apparaisse si vivante, si animée, si formelle, que nous en sommes nous-mêmes étonnés? C'est surtout ce qui est remarquable dans nos rêves. L'ensemble de l'un est confus et enveloppé de noires ténèbres ; un autre lui succède : il nous présente avec toute la puissance de la vie réelle une image complétement indépendante de celle du premier ; il nous montre des personnes qui nous sont devenues totalement étrangères et auxquelles nous avions cessé de penser depuis longues années. Bien plus, ce sont quelquefois des individus qui nous sont inconnus, ou que nous ne connaîtrons peut-être que bien plus tard. Ce dicton usuel : Mon Dieu ! il me semble que je connais cet homme, cette femme ; je les ai vus quelque part : ce dicton, eu égard à l'impossibilité absolue de ces relations antérieures, est peut-être le souvenir confus d'un rêve. Que serait-ce si ces images inconnues, qui se mêlent subitement avec nos idées, qui nous saisissent avec une énergie particulière, étaient produites par l'influence d'un principe psychique étranger? N'est-il pas possible que dans certaines circonstances un esprit étranger se mette, sans contact immédiat, en rapport magnétique avec nous, de manière à nous obliger d'obéir involontairement à son action ?

— Ma foi, dit en riant un autre interlocuteur, nous voilà ainsi ramenés à grands pas à la doctrine des enchantements, des ensorcellements, des charmes, des miroirs et autres incroyables et folles inventions d'une époque absurde et heureusement loin de nous.

— Eh ! dit le médecin en interrompant l'incrédule, le temps peut-il se compter, et peut-on traiter une époque d'absurde ? Cette épithète, appliquée à un siècle quelconque où les hommes se sont permis de penser, ne pourrait-elle également pas convenir au nôtre ? C'est une étrange chose de vouloir nier obstinément ce qui est souvent appuyé de preuves équivalentes à une enquête juridique. Je suis loin de croire que dans le sombre et mystérieux empire, qui est la patrie de nos âmes, aucune lampe ne brûle pour suppléer par son éclat à la faiblesse de nos yeux incertains. S'il en était ainsi, il s'ensuivrait que la nature ne nous aurait pas accordé plus d'instinct et de talent qu'aux taupes. Tout peu clairvoyants que nous sommes, nous cherchons en tâtonnant notre route dans les ténèbres. Nous ressemblons à l'aveugle qui reconnait au frémissement des arbres, au murmure et au clapotement des ondes, le voisinage de la forêt qui lui offre un frais ombrage, de la fontaine qui promet à sa soif une eau bienfaisante, et qui atteint ainsi le but de ses désirs. Ainsi nous pressentons au battement des ailes, au souffle inconnu des êtres immatériels qui nous environnent, que notre pèlerinage nous conduit à la source de lumière, près de laquelle nos yeux s'ouvriront.

Je ne pus me contenir plus longtemps.

— Vous établissez donc, dis-je en m'adressant au médecin, l'influence d'un principe spirituel étranger auquel on doit se soumettre malgré soi ?

— Sans aller trop loin, répondit le médecin, je considère cette influence non-seulement comme possible, mais encore comme entièrement homogène avec d'autres opérations du principe psychique produites par l'état magnétique.

— Ainsi, continuai-je, on peut aussi admettre l'existence de puissances infernales qui nous persécutent et nous oppriment ?

— Vains sont les maléfices des esprits déchus, répondit le médecin en riant, non, nous n'avons pas à les craindre ; et en général, je vous prie de ne prendre ce que j'avance que pour de simples hypothèses. J'ajouterai que je ne crois nullement à la puissance illimitée d'un principe spirituel sur un autre, mais j'admets peut-être que la faiblesse et l'instabilité de notre volonté peuvent nous mettre jusqu'à un certain point dans la dépendance d'une force psychique étrangère.

— Maintenant, dit un homme âgé qui jusque-là avait écouté en silence et avec attention, maintenant je commence à me familiariser avec vos étranges pensées sur les mystères qui nous demeurent cachés. S'il y a d'occultes puissances actives qui nous livrent de rudes assauts, il faut une situation anormale de notre organisme intellectuel pour nous ravir la force et le courage de leur résister. En un mot, c'est une maladie spirituelle, le péché, qui peut seul nous soumettre au mauvais principe. Chose remarquable! dès les temps les plus reculés une passion plus énergique que les autres a dominé le cœur de l'homme, et c'est celle-là qui a le plus étendu l'empire de Satan. Je veux parler des enchantements amoureux, dont toutes les chroniques sont remplies; dans les ridicules procès de magie il en est toujours question. Le code même d'un peuple très-éclairé contient des dispositions relatives aux philtres d'amour, auxquels on attribue une action purement psychique, puisqu'ils produisent non pas une surexcitation de désirs, mais un attachement irrésistible pour une personne désignée.

Cette conversation me rappelle un événement tragique qui s'est passé il y a peu de temps dans ma propre maison.

A l'époque où Bonaparte inonda notre pays de ses troupes, un colonel de la garde d'honneur du vice-roi d'Italie fut logé chez moi. Il était du petit nombre d'officiers de la prétendue grande armée [1] qui se signalaient par la noblesse, la douceur et la décence de leur conduite. Son visage pâle et défait, ses yeux mornes et sombres décelaient une maladie ou une profonde douleur. Il était chez moi depuis quelques jours, lorsqu'il donna des signes de l'affection particulière dont il était atteint. Je me trouvais dans sa chambre, lorsque tout à coup il porta la main à sa poitrine ou plutôt à son estomac, en poussant un profond soupir, comme s'il eût éprouvé une souffrance mortelle. Bientôt il lui fut impossible de parler, et il fut obligé de se

[1] Nous prions nos lecteurs de songer que c'est un Allemand qui parle.
(*Note du trad.*)

jeter sur un sofa; puis ses yeux perdirent soudain leur faculté visuelle, et il resta immobile et inanimé comme une statue. Il s'éveilla enfin en sursaut, mais sa faiblesse l'empêcha pendant plusieurs jours de se remuer.

Mon médecin, que je lui envoyai, le traita par le magnétisme, après avoir employé inutilement d'autres moyens curatifs. Le colonel parut d'abord s'en trouver bien, mais bientôt on fut obligé d'y renoncer; car le docteur ne pouvait magnétiser son malade sans être saisi d'un inexplicable sentiment de malaise.

Au reste, il avait gagné la confiance du colonel, et celui-ci lui dit que dans ses moments de crise il revoyait l'image d'une jeune fille qu'il avait connue à Pise; les regards brûlants qu'elle lui lançait lui perçaient le cœur, et lui causaient une indicible douleur jusqu'à ce qu'il perdît connaissance. Sorti de son évanouissement, il éprouvait une sourde douleur de tête et un abattement semblable à celui que cause l'abus des plaisirs.

Jamais il n'entra dans aucun détail sur ce qui s'était passé entre cette jeune fille et lui.

Les troupes quittaient la ville, la voiture du colonel chargée de ses bagages était devant la porte; mais au moment où il allait porter à sa bouche un verre de madère, il tomba de sa chaise en poussant un cri étouffé. Il était mort. Les médecins constatèrent qu'il avait succombé à une crise nerveuse.

Quelques semaines plus tard, on m'apporta une lettre à l'adresse du colonel; je l'ouvris sans scrupule, dans l'espoir d'y trouver quelques renseignements sur sa famille, et de pouvoir instruire ses parents de sa mort subite. La lettre venait de Pise, et contenait ce peu de mots sans signature.

Malheureux! aujourd'hui 7, à midi, Antonia est morte en pressant contre son cœur ta trompeuse image.

Je regardai le calendrier, où j'avais marqué l'époque de la mort du colonel; il avait cessé de vivre à la même heure qu'Antonia.

Je n'entendis plus rien de la suite de l'histoire que racontait le vieillard. Un violent effroi me saisit en reconnaissant mon état dans la description de celui du colonel italien; j'éprouvai une douleur frénétique, et un désir tellement désordonné de revoir ma mystérieuse apparition, que je me levai avec une énergie surnaturelle, et courus à la fatale maison.

VI.

Il me sembla de loin voir des lumières briller à travers les jalousies fermées; mais lorsque j'approchai, la clarté avait disparu; au comble de la passion, je m'élançai vers la porte; elle céda à mes efforts, et je me trouvai dans le vestibule faiblement éclairé et rempli d'une vapeur lourde et suffocante. Le cœur me battait d'inquiétude et d'impatience; soudain un cri de femme perçant et prolongé fit retentir toute la maison, et je ne sais comment je me trouvai transporté dans un salon splendidement illuminé d'un grand nombre de bougies et décoré, avec tout le luxe du vieux temps, de meubles dorés et de magnifiques vases du Japon. Une fumée odorante flottait en nuages bleuâtres autour de moi.

— Sois le bienvenu, le bienvenu, mon doux fiancé, voici l'heure; la noce est proche!

Ces mots furent prononcés à haute voix par une femme; et si j'ignore comment j'arrivai jusqu'au salon, je ne sais pas davantage comment sortit tout à coup du nuage parfumé une figure jeune et gracieuse, embellie de riches vêtements, et répétant d'une voix perçante : — Sois le bienvenu, mon doux fiancé. Elle s'avança à ma rencontre et me tendit les bras.

Ce n'était pas une jeune fille; c'était une vieille femme au visage jaune et affreusement décomposé par la folie, qui me contemplait fixement; je reculai, pénétré d'une profonde horreur; mais, comme si le regard pénétrant d'un serpent à sonnettes m'eût fasciné, je ne pus détourner les yeux de dessus cette horrible vieille, je ne pus faire un seul pas en arrière; elle s'approcha de moi, et je m'imaginais que son effroyable visage n'était qu'un masque de crêpe mince sous lequel on apercevait les traits de la charmante image du miroir, déjà je me sentais saisi par cette femme, quand elle poussa un cri perçant et tomba à mes pieds.

— Hue! hue! s'écria une voix derrière moi, le diable vient-il déjà s'emparer de votre gracieuse seigneurie? Au lit, au lit, madame, ou sinon des coups, de bons coups!

Je me retournai précipitamment, et vis le vieil intendant, en chemise, agitant un grand fouet au-dessus de ma tête; il allait en frapper la vieille, qui se roulait en hurlant sur le parquet. Je lui pris le bras; mais il me repoussa en criant :

— Mille tonnerres! monsieur, cette vieille folle vous aurait tué si je n'étais venu à votre secours. Sortez, sortez, sortez!

Je me précipitai hors du salon, et au milieu d'épaisses ténèbres je cherchais à regagner la porte de la maison. J'entendais les coups de fouet siffler et la vieille pousser des cris de douleur. J'allais crier au secours, lorsque le sol manqua sous mes pieds; je roulai au bas de l'escalier, et me heurtai si rudement contre une porte qu'elle s'ouvrit: je tombai tout de mon long dans une petite chambre. Le lit qu'on paraissait avoir quitté depuis peu, l'habit couleur de café étendu sur une chaise me la firent reconnaître pour la chambre de l'intendant.

Quelques instants après, on descendit lourdement l'escalier; l'intendant entra précipitamment et se jeta à mes pieds.

— Sur votre salut éternel, me dit-il les mains jointes et d'un ton suppliant, qui que vous soyez, et quelle que soit la manière dont la vieille sorcière vous ait attiré, gardez le silence sur ce qui s'est passé ici; autrement je perds ma place et mon pain. Son Excellence en délire a été corrigée et repose bien garrottée dans son lit. Allez dormir hors d'ici, mon cher monsieur, allez dormir tout doucement et sans bruit. Oui, oui, faites-le, je vous prie : nous sommes en juillet, la nuit est chaude et belle; il ne fait pas clair de lune, mais le ciel est étoilé. Je vous souhaite une nuit bonne et paisible!

En disant ces mots, le vieil intendant s'était levé, avait pris un flambeau, m'avait fait sortir du souterrain où nous étions, et m'avait mis hors de la maison, dont il ferma la porte à double tour.

Je rentrai chez moi tout bouleversé, et vous pensez bien que j'étais trop profondément ému de cet affreux mystère pour pouvoir rassembler mes idées le premier jour et me rendre compte du véritable état des choses. Seulement il était certain que le charme funeste qui m'avait si longtemps enchaîné était à jamais rompu. Tous les désirs que m'avait causés l'image enchanteresse du miroir s'étaient évanouis, et bientôt mon introduction dans la maison déserte ne fut plus à mes yeux qu'une visite involontairement faite dans une maison de fous. Il était hors de doute que l'intendant était le geôlier tyrannique d'une folle de haut parage, dont peut-être le monde devait ignorer la situation. Mais d'où provenait la circonstance du miroir? Quelle était la cause de mes folles illusions? Mais poursuivons, poursuivons.

VII.

Plus tard, il arriva que dans une société nombreuse je rencontrai le comte Palher. Il me prit à l'écart, et me dit en riant :

—Savez-vous bien que les mystères de la maison déserte commencent à se dévoiler?

J'étais tout oreilles; mais au moment où il allait me donner des explications, la porte de la salle à manger s'ouvrit, et l'on annonça que le dîner était servi.

Ne songeant qu'aux secrets que le comte allait me révéler, j'avais offert mon bras à une jeune dame, et j'avais suivi machinalement les rangs des convives, qui s'avançaient vers la table avec une roideur cérémonieuse. Je conduis ma dame à la première place vacante qui se présente; je la regarde alors pour la première fois, et j'aperçois... l'original de l'image du miroir. La ressemblance était si frappante, qu'il m'était impossible de me croire le jouet d'une illusion.

Certes, mes amis, il y avait de quoi frémir; mais je puis vous assurer que je ne sentis nullement se renouveler cette ardeur insensée qui s'emparait de moi, lorsque mon souffle faisait surgir du fond du miroir la miraculeuse apparition. Sans doute mon étonnement ou plutôt mon effroi se peignaient sur ma physionomie, car la jeune dame me regarda tout ébahie.

Je crus donc nécessaire, lorsque je me fus un peu remis, de lui dire qu'un vivant souvenir ne me permettait pas de douter que je ne l'eusse déjà vue quelque part.

Sa réponse fut laconique. Elle me dit que c'était peu probable, vu qu'elle n'était arrivée à Berlin que la veille, et qu'elle n'y était jamais venue auparavant.

Je demeurai confondu et étourdi dans toute l'acception du mot; je me tus. Le regard d'ange que me lancèrent les yeux célestes de la eune fille me rassura tant soit peu.

Vous savez comment en semblable occasion on déploie les cornes sensitives de son intelligence, et comment on tâtonne bien doucement, jusqu'à ce qu'on trouve la place où il faut frapper pour en tirer un son convenable. Ce fut ainsi que j'agis, et je découvris bientôt que j'avais près de moi une créature délicate, charmante, mais affectée d'une extrême irritabilité morale.

Je tenais de gais propos; je me signalais surtout par mes saillies, et glissais de temps à autre quelques mots bizarres et piquants, en guise de poivre de Cayenne, dans le ragoût de la conversation. Ma voisine riait; mais son sourire avait quelque chose d'étrangement souffrant : il semblait qu'on l'eût trop rudement touchée.

— Vous n'êtes pas gaie, ma gracieuse dame; peut-être que la visite de ce matin...

Ce fut en ces termes que lui parla un officier assis à peu de distance d'elle; mais au même instant le voisin de cet officier le tira par sa manche et lui parla à l'oreille, tandis qu'une dame placée à l'autre bout de la table, le visage rouge et les yeux en feu, se mit à discuter tout haut sur le bel opéra qu'elle avait vu représenter à Paris, et qu'elle se proposait de comparer à celui du jour.

Des larmes roulèrent dans les yeux de ma voisine.

— Ne suis-je pas une folle enfant? dit-elle en se tournant vers moi.

Elle s'était déjà plainte de la migraine.

— C'est, lui répondis-je d'un ton dégagé, l'effet ordinaire du mal de tête nerveux. Rien n'est meilleur pour le combattre que l'esprit vif et joyeux qui bouillonne dans la mousse du poétique breuvage que voici.

A ces mots, je lui versai un verre de champagne, qu'elle avait d'abord refusé. En y goûtant, elle me remercia par un coup d'œil de l'explication que j'avais donnée de ses pleurs, qu'il lui était impossible de retenir.

Le calme paraissait revenir dans son âme, et tout aurait bien été, si je n'avais par mégarde heurté rudement un verre anglais, qui rendit un son perçant. Ma voisine devint pâle comme la mort, et je me sentis pénétré d'une horreur subite, car ce son était celui de la voix de la vieille folle de la maison déserte.

Pendant qu'on prenait le café, je trouvai l'occasion de m'approcher du comte Palher. Il devina aisément à quelle intention.

— Savez-vous bien, dit-il, que votre voisine était la comtesse Edwine de Sarneim? Savez-vous bien que la sœur de sa mère, en démence depuis plusieurs années, est gardée à vue dans la maison déserte? Ce matin même toutes deux, la mère et la fille, ont été visiter cette infortunée. Le vieil intendant, qui seul a su se rendre maître de la folie de la comtesse, et qu'on a chargé par conséquent du soin de la garder, est malade à la mort; et l'on dit que la sœur de la folle a enfin confié le secret au docteur K***, et que celui-ci emploiera tous les moyens possibles pour guérir la pauvre aliénée ou du moins pour la préserver des accès de folie dans lesquels elle tombe quelquefois.

D'autres personnes s'approchèrent, et le comte cessa de parler.

Le docteur K*** était précisément celui que j'avais été consulter sur mon état énigmatique. Je me hâtai d'aller chez lui dès qu'il me fut possible de le faire, et lui racontai fidèlement tout ce qui s'était passé depuis lors. Je le conjurai au nom de mon repos de me dire ce qu'il savait au sujet de la vieille folle, et il ne fit aucune difficulté de me confier ce qui suit, après que je lui eus fait de ma discrétion un éloge aussi pompeux que mensonger.

VIII.

— Angélique, comtesse de Zornthal, me dit le docteur, quoique parvenue à sa trentième année, était encore dans tout l'éclat de sa merveilleuse beauté, lorsque le comte de Sarneim, beaucoup plus jeune qu'elle, la vit à la cour de Berlin, et fut tellement frappé de ses charmes, que dès ce moment il lui fit une cour assidue.

Lorsque la comtesse revint passer l'été suivant dans les terres de son père, le comte de Sarneim la suivit, pour déclarer au vieux comte ses vœux et ses espérances, dont les manières d'Angélique à son égard lui faisaient espérer la réalisation.

Mais à peine le comte de Sarneim fut-il arrivé, à peine eut-il vu Gabrielle, sœur cadette d'Angélique, qu'il se réveilla comme s'il eût échappé à l'effet d'un enchantement. Angélique paraissait flétrie et décolorée auprès de Gabrielle, dont la beauté et la grâce séduisirent irrésistiblement le comte de Sarneim, et sans faire plus d'attention à l'objet de sa première passion, il demanda la main de Gabrielle. Le comte de Zornthal la lui accorda d'autant plus volontiers, que Gabrielle montrait dès lors pour le jeune homme le plus vif penchant.

Angélique assura qu'elle n'éprouvait pas le moindre dépit de l'infidélité du comte.

— Il croit m'avoir abandonnée, l'enfant insensé, il ne voit pas au contraire qu'il m'a servi de jouet, et que je l'ai ensuite mis de côté!

Ainsi s'exprimait sa hauteur dédaigneuse, et en effet toute sa conduite était de nature à faire croire qu'elle avait oublié la perfidie de son amant.

Au reste, dès que les bans de Gabrielle et du comte furent publiés, Angélique se montra rarement; elle ne paraissait pas à table, et passait, disait-on, son temps dans un petit bois voisin du château, vers lequel depuis longtemps elle aimait à diriger ses promenades.

Un étrange événement troubla le repos uniforme dont on jouissait au château. Les chasseurs du comte de Zornthal, aidés d'un grand nombre de paysans requis à cet effet, parvinrent à s'emparer d'une bande de bohémiens, qu'on accusait d'une multitude d'assassinats, de rapines et d'incendies qui depuis peu jetaient la désolation dans le pays.

Tous les hommes de la bande furent amenés dans la cour du château attachés à une longue chaîne, et les femmes et les enfants sur une charrette. Plus d'une figure hardie, promenant çà et là des regards farouches comme ceux d'un tigre enchaîné, décelait l'assassin et le brigand déterminé; mais une femme surtout se faisait remarquer par son extérieur. C'était une vieille, maigre et de haute taille, enveloppée de la tête au pied d'un châle d'un rouge de sang. Debout sur la charrette, elle s'écria d'un ton impérieux qu'on la fît descendre; on accéda à sa demande.

Le comte de Zornthal était descendu dans la cour, et donnait des ordres pour que l'on conduisît les bohémiens dans les divers cachots souterrains du château, lorsque la comtesse Angélique parut, les cheveux épars, et le visage pâle de crainte et d'inquiétude.

— Relâchez-les, s'écria-t-elle d'une voix perçante; ils sont innocents, mon père, ils sont innocents! Relâchez ces gens! si l'on verse une seule goutte de leur sang, je me plonge ce couteau dans le sein.

A ces mots, la comtesse brandit un couteau étincelant, et tomba sans connaissance.

— Eh! mon joli poupon, mon bel enfant d'or, je savais bien que tu ne le souffrirais pas, dit d'une voix chevrotante la vieille bohémienne rouge.

Puis elle s'accroupit auprès de la comtesse, et lui couvrit le visage et le cou d'ignobles caresses, en murmurant :

— Chère fille, chère fille, réveille-toi, réveille-toi; le fiancé vient... hi ! hi ! le beau fiancé.

Puis la vieille prit une fiole remplie d'une liqueur argentée dans laquelle frétillait un petit poisson doré.

Elle posa cette fiole sur le cœur d'Angélique; celle-ci revint aussitôt à elle, et en apercevant la vieille bohémienne lui sauta au cou, l'embrassa avec effusion, et rentra avec elle au château.

Le comte de Zornthal, Gabrielle et son fiancé, qui étaient arrivés sur ces entrefaites, demeurèrent non moins étonnés qu'épouvantés. Les bohémiens semblaient complétement indifférents à ce qui se passait. On les détacha un à un, pour les emmener en prison.

Le lendemain matin, le comte de Zornthal assembla la municipalité, fit venir les bohémiens, et déclara hautement qu'ils étaient innocents de tous les crimes commis dans le pays, et qu'il leur accordait le passage libre à travers ses propriétés. En conséquence, on leur ôta leurs chaînes, et, à la surprise de tous, on leur donna des passe-ports. La femme rouge n'était plus parmi eux.

On prétendit que le chef des bohémiens, reconnaissable à la chaîne d'or qu'il portait au cou, et à la plume rouge de son chapeau espagnol à bords relevés, avait été introduit la nuit dans la chambre du comte.

Quelque temps après il fut prouvé jusqu'à l'évidence qu'en effet les bohémiens n'avaient nullement pris part aux vols et aux meurtres commis sur les propriétés du comte.

Le mariage de Gabrielle approchait. Un jour, elle remarqua avec étonnement plusieurs voitures chargées de meubles, de hardes, de vaisselle, bref de tous les objets nécessaires à une maison; elle apprit le lendemain qu'Angélique était partie la nuit même, accompagnée du valet de chambre du comte de Sarneim, et d'une femme voilée, qui ressemblait à la vieille bohémienne rouge.

Le comte de Zornthal expliqua ce départ en disant que certaines raisons l'avaient déterminé à céder à un caprice de sa fille aînée. Angélique lui avait demandé l'abandon en toute propriété de sa maison de Berlin, située dans l'allée, et en outre la permission d'y mener une vie solitaire et complétement indépendante, avec la faculté de recevoir ou d'éconduire tous les membres de la famille, et son père lui-même. Le comte ajouta qu'à la prière d'Angélique il lui avait laissé emmener son valet de chambre, qui l'avait suivie à Berlin.

Le mariage fut célébré, et le comte de Sarneim se rendit à Dresde avec sa femme, et y passa une année entière dans une félicité constante. Mais au bout de ce temps, le comte fut atteint d'une étrange indisposition. Il semblait qu'une secrète douleur lui ravît tous les plaisirs, toutes les forces de la vie, et sa femme faisait inutilement tous ses efforts pour lui arracher le secret de ce qui paraissait le troubler et l'abattre. Enfin de longues défaillances ayant mis ses jours en danger, les médecins lui conseillèrent d'aller respirer l'air de l'Italie.

Il feignit donc de partir pour Pise. Gabrielle ne put l'accompagner, car elle était sur le point d'accoucher; toutefois sa délivrance fut encore retardée de quelques semaines.

Ici, continua le médecin, les confidences de la comtesse Gabrielle de Sarneim sont tellement vagues et décousues, qu'il faut une pénétration profonde pour en saisir l'enchaînement.

Son enfant, c'était une fille, disparut de son berceau d'une manière inexplicable, et l'on fit d'inutiles recherches pour la retrouver.

Gabrielle était inconsolable, lorsqu'à la même époque le comte de Zornthal lui écrivit pour lui faire part d'une affreuse nouvelle. Son gendre, que l'on croyait sur la route de Pise, était mort à Berlin même, dans la maison d'Angélique, d'une attaque de nerfs; depuis ce temps Angélique était tombée dans un effroyable délire, et lui-même ne pensait pas pouvoir survivre à l'excès de sa douleur.

Sitôt que Gabrielle eut repris quelques forces, elle se rendit en hâte dans les terres de son père. Durant une nuit d'insomnie, où elle avait devant les yeux l'image de sa fille et de son époux perdus, elle crut entendre un léger bruit à la porte de sa chambre à coucher. Elle s'enhardit, allume un flambeau à sa veilleuse, et sort. Grand Dieu! la bohémienne est là, étendue à terre, enveloppée dans son châle rouge, les yeux fixes et immobiles, et tenant dans ses bras un petit enfant, dont les gémissements plaintifs troublent le cœur de la comtesse. C'est son enfant! c'est sa fille perdue! elle l'arrache des bras de la bohémienne, qui aussitôt roule à terre comme un automate inanimé.

Aux cris d'alarme de Gabrielle tout le monde se réveille; on accourt, on trouve la bohémienne morte, on lui prodigue en vain des soins, et le comte de Zornthal la fait enterrer.

Que reste-t-il à faire? Aller trouver à Berlin la folle Angélique, et peut-être obtenir d'elle des détails sur l'enlèvement de l'enfant. Tout est changé auprès d'elle. Sa frénésie sauvage a fait fuir toutes ses domestiques, et le valet de chambre seul est resté à ses côtés. Angélique est redevenue ensuite tranquille et raisonnable.

Quand le comte de Zornthal lui raconta l'histoire de l'enfant de Gabrielle, elle battit des mains, et s'écria avec un rire bruyant :

— Le poupon est revenu, il est bien revenu! Enterrée, enterrée! Oh! avec quelle magnificence le faisan doré étale ses ailes! Ne savez-vous rien du lion vert aux yeux bleus ardents?

Le comte remarqua avec effroi qu'Angélique retombait dans ses accès, et que les traits de son visage avaient pris, pendant qu'elle parlait, de la ressemblance avec ceux de la bohémienne. Il résolut d'emmener la pauvre femme dans ses terres, mais le vieux valet de chambre l'en dissuada. En effet, la folie d'Angélique dégénéra en frénésie dès qu'on lui parla de s'éloigner de sa maison. Dans un intervalle lucide, elle conjura son père, en versant des larmes brûlantes, de la laisser mourir dans cette maison; et il le lui accorda avec émotion, quoiqu'il n'attribuât qu'à un nouvel accès de démence l'aveu qui échappa à sa fille en cette circonstance. Elle assura que le comte de Sarneim était revenu dans ses bras, et que l'enfant que la bohémienne avait porté dans la maison du comte était le fruit de leur union.

On croit dans la capitale que le comte de Zornthal a emmené l'infortunée dans ses terres, tandis qu'elle reste ici cachée dans la maison déserte sous la garde du vieux valet de chambre. Le comte est mort depuis peu, et la comtesse Gabrielle de Sarneim est venue à Berlin avec Edwine pour arranger ses affaires de famille.

Elle n'a pu s'empêcher d'aller voir sa pauvre sœur. Les détails de cette visite sont sans doute curieux, mais la comtesse ne m'en a rien confié. Elle s'est bornée à me dire qu'il était devenu indispensable de séparer la pauvre folle du vieux valet de chambre. Voici ce qui a transpiré à ce sujet. Il avait d'abord employé contre la folie de la comtesse des moyens de rigueur impitoyables; puis il s'était laissé gagner par les chimériques idées d'Angélique, qui prétendait pouvoir arriver à faire de l'or. Il avait entrepris, de concert avec elle, toute espèce d'étranges opérations, et lui avait procuré tous les objets nécessaires à ses manipulations d'alchimie.

Il serait complétement inutile, dit le médecin en terminant son récit, il serait même hors de saison, eu égard à vous et à votre état, de nous occuper plus longtemps de l'enchaînement profond de tous ces événements bizarres. Il est constant à mes yeux que vous avez amené la catastrophe qui causera ou la guérison tardive ou la mort prématurée de la vieille folle. Au reste, je ne puis vous dissimuler que j'ai été assez épouvanté, lorsqu'après m'être mis en rapport magnétique avec vous, j'ai aperçu comme vous l'image dans le miroir. Nous savons tous deux maintenant que cette image était celle d'Edwine.

Le docteur eut raison de considérer, à cause de moi, comme superflues toutes additions à son récit. Comme lui, je crois inutile de faire des commentaires sur les relations mystérieuses qui s'étaient établies entre Angélique, Edwine, moi et le vieux valet de chambre, et sur les vicissitudes mystiques d'une satanique illusion. Je vous dirai seulement qu'un sentiment pénible de malaise me chassa de la capitale, et me quitta soudain au bout d'un certain temps. Je crois que c'est au moment même où la vieille Angélique mourut qu'un bien-être particulier succéda à mes douleurs.

Ainsi Théodore termina son récit. Ses amis dissertèrent encore longtemps sur son aventure, et convinrent avec lui que l'étonnant et le merveilleux s'y trouvaient étrangement mêlés. Quand ils se séparèrent, Franz prit la main de Théodore, la secoua doucement, et dit avec un mélancolique sourire :

— Bonne nuit, chauve-souris spallanzanique.

L'ÉGLISE DES JÉSUITES.

I.

Je m'étais emballé dans une mauvaise chaise de poste que les vers avaient abandonnée par instinct, comme les rats le vaisseau de Prospero [1]. Après un périlleux voyage, je m'arrêtai enfin, à moitié rompu, à G***, devant l'auberge, sur la place du marché. Tous les désastres qui auraient pu m'accabler m'avaient atteint ainsi que ma voiture, et elle était restée brisée chez le maître de poste au dernier relais. Au bout de plusieurs heures, quatre haridelles, maigres et poussives, avec l'aide de mon domestique et de quelques paysans, parvinrent à amener à G*** ma maison roulante dans un état complet de délabrement. Les experts arrivèrent, secouèrent la tête, et furent d'avis qu'elle avait besoin d'une réparation importante, et qui demanderait deux ou trois jours.

L'endroit me parut agréable, la contrée charmante, et pourtant je ne fus pas médiocrement effrayé de l'obligation d'y séjourner. Si tu as jamais été contraint, indulgent lecteur, de passer trois jours dans une petite ville où tu ne connaissais absolument personne, et si quelque chagrin profond n'a pas détruit en toi le besoin de communiquer tes pensées, tu comprendras et partageras mes peines et mon malaise.

C'est par la parole seule que l'esprit de la vie se manifeste à tout ce qui nous entoure. Mais les habitants d'une petite ville sont comme un orchestre exercé et circonscrit dans de certaines limites. Il n'y a que leurs morceaux qu'ils exécutent sans faute et en mesure; tout son étranger est dépourvu d'harmonie pour leurs oreilles, et ils se taisent dès qu'ils l'entendent.

De fort mauvaise humeur, j'arpentais ma chambre en long et en large; tout à coup je me rappelai qu'un de mes amis et compatriotes, qui avait autrefois passé quelques années à G***, parlait souvent d'un

[1] Personnage de la *Tempête* de Shakspeare.

homme savant et plein d'esprit, avec lequel il avait été en relation à cette époque ; je me souvins aussi du nom : c'était le professeur du collége des Jésuites, Aloysius Walther. Je résolus d'aller chez lui et de tirer parti, à mon profit, de la connaissance de mon ami.

On me dit au collége que le professeur Walther faisait en ce moment son cours, mais qu'il aurait bientôt fini ; et on me laissa libre de revenir ou d'attendre dans les salles extérieures : j'adoptai ce dernier parti.

Les colléges, les églises et les couvents des Jésuites sont bâtis partout dans ce style italien, imité de l'antique, qui préfère la grâce et la magnificence à l'austérité sainte, à la dignité religieuse ; aussi les salles, élevées, claires, aérées, étaient-elles embellies d'une riche architecture, et il était assez singulier de voir en opposition avec les images de saints, suspendues çà et là entre les colonnes ioniques, des dessus de porte qui représentaient en général des danses de petits génies, ou même des fruits et des friandises gastronomiques.

Le professeur entra ; je lui rappelai mon ami, et lui demandai son hospitalité pendant mon séjour forcé. Je trouvai ce professeur absolument semblable au portrait que m'en avait fait mon ami : éloquent, mondain, bref, le type de l'ecclésiastique instruit et supérieur, qui a regardé assez souvent dans la vie par-dessus son bréviaire, pour savoir au juste comment tout s'y passe.

Je trouvai sa chambre également décorée avec une élégance moderne ; je songeai aux remarques que j'avais faites précédemment dans les salles, et je les exprimai franchement au professeur.

— Il est vrai, répondit-il, nous avons banni de nos édifices cette sévérité sombre, cette majesté bizarre, lourde et tyrannique, qui nous serre le cœur dans l'architecture gothique, et nous cause même une horreur secrète. On doit nous louer d'avoir approprié à nos constructions l'aspect riant et animé de celles des anciens.

— Mais, répliquai-je, n'est-ce point précisément cette dignité sainte, cette majesté imposante, qui s'élève vers le ciel dans l'architecture gothique ? Nos cathédrales ne sont-elles pas l'œuvre du véritable esprit du christianisme, qui, domptant la nature, se met en hostilité ouverte avec le sensualisme des anciens circonscrit dans le cercle des choses terrestres ?

Le professeur sourit : — Eh ! dit-il, il faut faire reconnaître en ce monde le royaume du ciel, et il est possible d'en rappeler le souvenir par les symboles joyeux que fournissent la vie et l'esprit descendu de ce royaume dans la vie terrestre. Notre patrie est bien là-haut ; mais, tant que nous demeurons ici-bas, notre royaume est aussi de ce monde.

— Oui, pensai-je, toutes vos actions, toutes vos œuvres ont prouvé que votre royaume était de ce monde et uniquement de ce monde.

Je ne fis point part de ma réflexion au professeur Aloysius Walther, qui continua en ces termes :

— Ce que vous dites de la magnificence de nos bâtiments pourrait bien ne se rapporter qu'à l'agrément de la forme. Ici, où de grands maîtres ne peuvent exercer l'art de la peinture, où le marbre est d'un prix exorbitant, on est forcé d'y substituer des matières équivalentes; nous nous estimons heureux de nous élever jusqu'au gypse poli. La plupart du temps, le peintre fournit les diverses espèces de marbre ; et c'est ce qui arrive précisément dans notre église, que la générosité de nos bienfaiteurs va nous permettre de décorer à neuf.

J'exprimai le désir de voir l'église. Le professeur m'y fit descendre, et en entrant dans la nef, garnie de chaque côté d'un rang de colonnes corinthiennes, je sentis une impression qui n'était que trop agréable à la vue de ses élégantes proportions. A gauche de l'autel était dressé un échafaudage sur lequel se tenait debout un homme qui peignait les murailles dans le vieux style français.

— Eh bien, comment cela va-t-il ? cria le professeur.

Le peintre se tourna vers nous, et se remit aussitôt à travailler en murmurant d'une voix sourde et presque inintelligible :

— Beaucoup d'ennui... une confusion épouvantable... on ne peut employer la règle... des animaux... des singes... des visages d'hommes... O misérable fou que je suis !

Il prononça ces derniers mots d'une voix qui ne pouvait indiquer que la plus poignante douleur. Je me sentis singulièrement ému. Les paroles du peintre, l'expression de sa physionomie, la manière dont il avait regardé le professeur, me décelèrent toute l'existence brisée d'un artiste malheureux.

Il pouvait à peine avoir quarante ans. Sa taille, quoique défigurée par une blouse d'atelier informe et sale, avait une inexprimable noblesse ; et un amer chagrin pouvait décolorer son visage, mais non pas éteindre la flamme qui brillait dans ses yeux noirs.

Je demandai au professeur quelle était la position de ce peintre.

— C'est un artiste étranger, répondit-il, qui se trouva ici justement à l'époque où la restauration de l'église fut résolue. Il accepta avec joie l'ouvrage que nous lui proposâmes; et, dans le fait, son arrivée fut une bonne chance pour nous, car ni dans la ville ni dans les environs nous n'aurions pu trouver un artiste aussi habile pour tout ce qu'il y a à faire ici. Au surplus, c'est le meilleur homme du monde; nous l'aimons tous beaucoup, et il a été bien reçu dans notre collége. Outre les honoraires importants que nous lui donnons, nous le nourrissons; mais cette dernière dépense est médiocre pour nous, car il est sobre à l'excès, ce que semble d'ailleurs exiger l'état de sa santé.

— Mais, interrompis-je, pourquoi ce ton bourru, cette émotion qu'il a manifestée tout à l'heure?

— Cette conduite a des motifs particuliers. Mais occupons-nous d'examiner les tableaux des chapelles latérales. Nous en avons un petit nombre de beaux, qu'il y a quelque temps un heureux hasard nous a procurés. Il ne s'y trouve qu'un seul original, un Dominiquin; les autres sont de maîtres inconnus de l'école italienne; mais, si vous n'avez point de préventions, vous avouerez que chacun d'eux est digne d'être signé des noms les plus célèbres.

Je les trouvai en effet tels que le professeur me les avait décrits. Chose étonnante, le seul original était précisément au nombre des morceaux les plus faibles; tandis qu'au contraire la beauté de plusieurs tableaux anonymes attirait irrésistiblement mon attention.

Un rideau couvrait un tableau placé au-dessus d'un autel. J'en demandai la raison.

— Cette toile, dit le professeur, est la plus belle que nous possédions. C'est l'œuvre d'un jeune artiste moderne; et c'est certainement sa dernière, car il a été arrêté dans son essor. Nous sommes obligés de cacher ce tableau pendant quelques jours pour des raisons particulières; pourtant, demain ou après-demain, il sera peut-être possible de vous le montrer.

J'aurais voulu en savoir plus long; mais le professeur traversa précipitamment la galerie latérale, ce qui suffit pour me faire voir qu'il ne se souciait pas de me donner de plus amples explications.

Nous retournâmes au collége, et j'acceptai volontiers l'invitation du professeur de visiter avec lui, dans l'après-dînée, un lieu de plaisance voisin. Nous revînmes tard; un orage avait éclaté, et à peine avais-je atteint mon logement que la pluie tomba par torrents.

Il pouvait bien être déjà minuit, lorsque le ciel s'éclaircit, et que le tonnerre ne gronda plus que dans le lointain. Par les fenêtres ouvertes soufflait dans la chambre un air tiède et chargé d'agréables parfums. Quoique je fusse assez fatigué, je ne pus résister à la tentation de faire encore un tour; je réussis à réveiller le maussade domestique de la maison, qui ronflait sans doute depuis deux heures, et à lui expliquer que ce n'était pas une folie d'aller à minuit me promener, et bientôt je me trouvai dans la rue.

Lorsque je passai près de l'église des Jésuites, je remarquai une lumière éblouissante, qui partait d'une croisée. La petite porte était tout contre. J'entrai, et je m'aperçus qu'un flambeau brûlait devant une niche élevée. En m'approchant, je vis un réseau en ficelle étendu devant la niche. Derrière ce réseau, une figure noire montait et descendait sur une échelle, et semblait dessiner quelque chose dans la niche.

C'était Berthold, qui recouvrait exactement avec de la couleur noire l'ombre du filet sur la niche. A côté de l'échelle, sur un chevalet élevé, il y avait un tableau représentant un autel.

Je m'étonnai de cette disposition ingénieuse. Si tu es, lecteur favorable, quelque peu versé dans la peinture, tu comprendras, sans autre explication, à quoi servait ce réseau, dont Berthold dessinait les ombres dans la niche.

Berthold devait peindre dans cette niche un autel en grisaille. Afin de transporter exactement en grand sur le mur le dessin en petit, il lui fallait, conformément au procédé ordinaire, entourer d'un filet le croquis et la surface sur laquelle l'esquisse devait être exécutée; or, ce n'était pas une surface plane, mais une niche ovale sur laquelle on devait peindre. L'ombre des lignes du filet indiquait en même temps sur la cavité de la niche les lignes droites du croquis et l'arrangement des parties d'architecture qui devaient être placées en saillie. On ne pouvait donc imaginer rien de mieux que cette manière simple et ingénieuse.

Je me gardai bien de passer devant le flambeau et de me trahir ainsi par mon ombre; mais je me mis de côté, assez près pour bien voir le peintre. Il me parut un autre homme; peut-être n'était-ce qu'un effet de la lumière du flambeau; mais son visage était coloré, ses yeux étincelants annonçaient une satisfaction intérieure; et lorsqu'il eut achevé ses lignes, il se posa devant la niche, le poignet sur la hanche, et siffla un air joyeux en regardant son ouvrage ; puis il se tourna, et arracha le réseau qu'il avait tendu.

Ma personne attira ses regards.

— Par ici ! par ici ! s'écria-t-il ; est-ce vous, Christian ?

Je m'avançai vers lui ; je lui expliquai ce qui m'avait attiré à l'église, et, louant hautement l'ingénieuse idée de se servir des ombres du réseau, je me fis connaître comme connaisseur et comme m'occupant de peinture. Sans me répondre davantage là-dessus, Berthold me dit :

— Christian n'est rien de plus qu'un fainéant ; il devait fidèlement veiller auprès de moi toute la nuit, et maintenant il est certainement couché quelque part, et dort sur l'une et l'autre oreille. Il faut avancer mon travail, car demain peut-être on sera diablement mal pour peindre dans cette niche ; je ne puis pourtant rien faire tout seul.

Je m'offris pour l'aider. Il se mit à rire tout haut, me prit par les deux épaules, et s'écria :

— Voilà une plaisanterie excellente ! Que dira Christian, s'il s'aperçoit demain qu'il est un âne, et que je n'ai pas eu du tout besoin de lui ? Eh bien ! venez, apprenti et frère inconnu, et aidez-moi d'abord à bâtir.

Il alluma quelques chandelles ; nous courûmes à travers l'église, nous traînâmes des tréteaux et des planches, et bientôt un échafaudage élevé touchait à la niche.

— Maintenant soyez alerte au service, cria Berthold tout en montant.

Je m'étonnai de la vitesse avec laquelle Berthold exécuta en grand le dessin ; il tirait hardiment et sans hésitation des lignes toujours exactes et pures.

Habitué à ces sortes de choses à une autre époque, je servis fidèlement le peintre. Placé tantôt plus haut et tantôt plus bas que lui, je posais et je tenais les longues règles aux points indiqués ; je taillais et lui présentais les fusains, et ainsi de suite.

— Vous êtes, certes, un brave rapin ! s'écria gaiement Berthold.

— Et vous, répondis-je, un des plus habiles peintres d'architecture qu'on puisse rencontrer. N'avez-vous donc jamais employé votre main hardie à d'autres peintures que celles-ci ? Pardonnez ma question.

— Que voulez-vous dire ? ajouta Berthold.

— Eh bien ! répliquai-je, je veux dire que vous êtes destiné à faire quelque chose de mieux qu'à orner des murs d'église de colonnes de marbre. La peinture architecturale n'occupe toujours qu'un rang secondaire ; le peintre d'histoire, le paysagiste, sont évidemment placés plus haut. Le génie et l'imagination prennent un libre essor quand ils ne sont pas retenus dans les étroites bornes des lignes géométriques. La seule chose d'imagination qu'il y ait dans votre œuvre, la perspective qui trompe l'œil, tient à un calcul exact, et ainsi cet effet même est produit non pas par une pensée de génie, mais par des combinaisons mathématiques.

Tandis que je parlais ainsi, le peintre avait posé son pinceau et placé sa tête entre ses mains.

— Ami inconnu, commença-t-il alors d'une voix sourde et solennelle, il y a témérité de ta part à vouloir établir des classes entre les différentes branches de l'art, comme entre les vassaux d'un monarque orgueilleux. C'est une témérité plus grande encore de n'estimer que les audacieux qui, sourds au bruit de leurs chaînes d'esclaves, insensibles au poids accablant de ce qui tient à la terre, s'affranchissent, se croient quelque chose de divin, veulent créer et régner sur la lumière et la vie Connais-tu la fable de Prométhée, qui voulait être créateur, et qui déroba le feu du ciel pour animer ses statues de pierre ? Il réussit; les figures marchèrent pleines de vie, et de leurs yeux jaillissait ce feu sacré qui brûlait en elles. Mais le téméraire, qui s'était arrogé le droit de fabriquer une œuvre divine, fut condamné à un tourment éternel, terrible et sans espoir de salut. Le cœur qui avait pressenti la Divinité, dans lequel s'était élevé le désir de ce qui est au-dessus de la terre, fut rongé par le vautour que la vengeance avait fait naître, et qui se nourrit de la substance même du coupable. Celui qui avait voulu le ciel éprouva éternellement les douleurs de la terre.

Le peintre s'arrêta absorbé en lui-même.

— Mais, m'écriai-je, Berthold, comment rapportez-vous tout cela à votre art? Je ne crois pas que personne puisse regarder comme une témérité de créer des hommes, soit par la peinture, soit par la plastique.

Avec l'amertume d'un mépris amer, Berthold se mit à rire aux éclats.

— Ah! ah! un jeu d'enfant n'est point une témérité! C'est un jeu d'enfant que la peinture telle que la font ces gens faciles à consoler, qui trempent leur pinceau dans leurs couleurs et barbouillent une toile avec le désir réel de représenter des figures humaines; mais, en voyant le résultat qu'ils obtiennent, on croirait, comme il est dit dans certaine tragédie, qu'un manœuvre a essayé de former des hommes, et que sa tentative lui a mal réussi. Ceux-là ne sont pas des pécheurs audacieux, ce ne sont que de pauvres et innocents idiots. Mais, monsieur, quand on aspire à un but plus élevé, non pas en cherchant à éveiller la concupiscence comme le Titien, mais en s'inspirant de ce qu'il y a de plus grand dans la nature divine, de cette étincelle de Prométhée déposée dans l'homme, alors, monsieur, c'est un écueil, une planche étroite sur laquelle on se tient au-dessus d'un précipice ouvert. Sur la surface du gouffre plane le nautonier téméraire, et une illusion diabolique lui laisse voir au fond ce qu'il croyait trouver en regardant en haut par-dessus les étoiles!

Le peintre soupira profondément; il passa la main sur son front, et jeta les yeux au ciel.

— Mais, ajouta-t-il, pourquoi bavarder ainsi follement avec vous, apprenti, au lieu de continuer à peindre? Regardez ici, camarade, voilà ce que j'appelle loyalement et consciencieusement dessiné. Que la règle est admirable! Toutes les lignes se réunissent à un but marqué et clairement combiné pour produire un effet voulu. Ce qui est mesuré seul appartient réellement à l'homme; ce qui va plus loin vient du malin esprit. Ce qui est surhumain doit être de Dieu ou du diable, et tous les deux ne peuvent-ils pas être surpassés par les hommes en fait de mathématiques? N'est-il pas supposable que Dieu nous a créés exprès pour être préposés à l'administration de son domaine, pour pourvoir à ce qui se produit d'après des lois du calcul positif, enfin à ce qui est réellement susceptible d'être mesuré? Il nous a construits, comme nous construisons nous-mêmes des moulins à scie et des machines à filer, fabricateurs mécaniques de ce qui nous est nécessaire.

Le professeur Walther affirmait dernièrement que certains animaux n'étaient créés que pour être dévorés par d'autres, et qu'à la fin cela tournait à notre avantage. Ainsi, par exemple, les chats ont l'instinct inné de manger des souris, afin que celles-ci ne rongent pas le sucre qui est tout cassé pour notre déjeuner. Au bout du compte, le professeur a raison; les animaux et nous-mêmes sommes des machines bien organisées pour mettre en œuvre certaines matières et pétrir pour la table du Monarque inconnu...

Maintenant, hardi! hardi! compagnon; passe-moi les pots! J'ai apprêté toutes les nuances hier à la clarté du soleil, afin que la lumière du flambeau ne me trompât point; elles sont numérotées dans le coin. Donne-moi le numéro un, mon garçon! Gris sur gris!

Et que serait la vie aride et pénible, si le Seigneur du ciel ne nous avait pas mis ainsi entre les mains bien des jouets aux mille couleurs! Celui qui est sage n'aspire pas comme l'enfant curieux à briser la caisse d'où sortent les sons de l'orgue. Lorsqu'il en tourne le ressort extérieur, il se dit : Il est tout naturel d'entendre des sons à l'intérieur, puisque je tourne le ressort! Moi qui ai exactement dessiné cet entablement dans la perspective voulue, je sais avec certitude qu'il se présentera en bas-relief aux yeux du spectateur...

Numéro deux, garçon!

Maintenant je le peins avec les couleurs déterminées et au moyen de la règle. Il paraît reculé de quatre aunes. Je sais tout cela positivement. Oh! l'on a une intelligence étonnante!... Comment se fait-il cependant que les objets se rapetissent dans le lointain? Cette seule question stupide d'un Chinois pourrait mettre dans l'embarras le professeur Eytellvein; pourtant il pourrait s'aider de l'exemple de la caisse d'orgue, et dire qu'il a souvent tourné le ressort et qu'il a toujours obtenu le même résultat...

Le numéro un du violet, garçon! une autre règle. Un gros pinceau bien lavé!

Ah! tous nos combats et nos efforts pour atteindre le sublime, que sont-ils autre chose que les larmes impuissantes de l'enfant qui blesse la bonne nourrice qui l'allaite avec tendresse!...

Violet, numéro deux! vite, garçon!

L'idéal est un rêve frivole, menteur, produit par le sang en effervescence!

Ote les pots, garçon! je descends.

Le diable se joue de nous avec des poupées auxquelles il a appliqué des ailes d'ange.

Il ne m'est pas possible de répéter mot à mot ce que me dit Berthold tout en peignant activement, et en se servant de moi comme de rapin. Il continua ainsi à se moquer avec amertume des limites de toute entreprise humaine. Il fit voir une âme blessée à mort, dont la plainte ne s'exhalait que par une cuisante ironie.

Le jour parut; la lumière du flambeau pâlit devant les rayons du soleil qui pénétraient de tous côtés. Berthold peignit avec ardeur; mais il devint de plus en plus silencieux, et des sons isolés, puis enfin des soupirs sortirent seuls de sa poitrine oppressée.

Il avait ébauché tout l'autel avec les nuances nécessaires, et déjà le tableau se détachait merveilleusement sans être achevé.

— Admirable, vraiment! admirable! m'écriai-je plein d'étonnement.

— Pensez-vous, dit Berthold d'une voix faible, qu'il en résulte quelque chose? Au moins je me suis donné toute la peine possible pour dessiner correctement; mais maintenant je ne suis plus en état d'en faire davantage.

— Pas un coup de pinceau de plus, cher Berthold! lui dis-je. Il est presque incroyable que vous ayez pu avancer en si peu d'heures un semblable travail. Mais vous vous fatiguez trop, et vous usez vos forces!

— Et pourtant, reprit Berthold, ce sont là mes heures les plus heureuses. Peut-être ai-je trop bavardé; mais ce ne sont que des paroles par lesquelles s'évapore la douleur qui déchire le cœur.

— Vous paraissez vous trouver bien malheureux, mon pauvre ami, continuai-je, quelque événement terrible a su troubler votre existence?

Le peintre porta lentement ses couleurs et ses pinceaux dans la chapelle, éteignit le flambeau, vint alors à moi, me prit la main, et dit d'une voix brisée :

— Pourriez-vous avoir dans votre vie un instant de tranquillité et de joie, si vous vous sentiez coupable d'un crime horrible et impardonnable?

Je demeurai glacé. Les rayons brillants du soleil tombèrent sur le visage pâle et troublé du peintre, et il ressemblait presque à un spectre lorsqu'il se glissa doucement par la petite porte dans l'intérieur du collége.

A peine pus-je attendre l'heure que le professeur Walther m'avait fixée pour nous revoir. Je lui racontai toute l'aventure de la nuit passée, qui ne m'avait pas médiocrement ému; je lui peignis sous les couleurs les plus vives la conduite singulière du peintre, et je ne cachai pas un mot de ses discours, pas même ce qui le regardait personnellement. Mais plus j'espérais intéresser le professeur, plus il me parut indifférent. Il se moqua même de moi de la manière la plus propre à me rebuter, voyant que je ne cessais de parler de Berthold, et de le prier de me dire tout ce qu'il savait sur cet infortuné.

—C'est un homme étonnant que ce peintre, dit le professeur, doux, excellent travailleur, sobre, comme je vous l'ai déjà dit, mais d'un esprit faible; car autrement, dans aucune circonstance, fût-ce même par suite d'un crime qu'il aurait commis, après avoir été un admirable peintre d'histoire il ne se serait jamais ravalé au rôle de misérable barbouilleur de murs.

L'expression de barbouilleur de murs m'impatienta particulièrement, ainsi que l'indifférence du professeur. J'essayai de lui persuader que maintenant encore Berthold était un artiste digne de la plus haute estime, et qu'il méritait l'intérêt le plus grand et le plus actif.

— Eh bien! reprit enfin le professeur, si notre Berthold vous intéresse à tel point, vous apprendrez absolument tout ce que je sais de lui, et ce n'est pas peu de chose. En manière d'introduction, allons de suite dans l'église; comme Berthold a travaillé toute la nuit, il se reposera ce matin : si nous le trouvions dans l'église, mon but serait manqué.

Nous allâmes à l'église; le professeur fit ôter le rideau du tableau recouvert, et, brillant d'un éclat magique, parut à mes yeux une peinture comme je n'en avais jamais vu. La composition était dans le style de Raphaël : c'était simple, céleste et sublime!

Marie et Élisabeth, assises sur le gazon, dans un beau jardin; devant elles, l'enfant Jésus et le petit saint Jean, jouant avec des fleurs; sur le dernier plan, de côté, une figure d'homme en prières.

Le visage divin de Marie, la noblesse, la piété de toute sa personne me remplirent d'étonnement et d'une admiration profonde. Elle était belle, plus belle qu'aucune femme de la terre, mais, comme celui de la Vierge de Raphaël dans la galerie de Dresde, son regard annonçait la puissance supérieure de la Mère de Dieu. Ah! ces yeux merveilleux, entourés d'une ombre profonde ne devaient-ils pas faire naître dans la poitrine de l'homme un besoin vague de l'éternité? Ces douces lèvres entr'ouvertes ne parlaient-elle pas d'un ton consolateur, dans un langage mélodieux comme celui des anges, de l'éternelle félicité du ciel? Un sentiment inexprimable m'entraînait à me courber dans la poussière devant elle, la Reine du ciel; incapable de dire un mot, je ne pouvais détourner mon regard de ce tableau sans égal.

Marie et les enfants étaient seuls entièrement achevés; les derniers coups de pinceau semblaient manquer à la figure d'Élisabeth, et l'homme en prières n'était encore qu'ébauché. En m'approchant, je reconnus les traits de Berthold dans ceux de cet homme. Je pressentis ce que le professeur me dit aussitôt :

— Ce tableau, ajouta-t-il, est la dernière œuvre de Berthold, que nous reçûmes il y a plusieurs années de N***, dans la haute Silésie, où l'un de ses collègues l'acheta dans une enchère. Bien qu'il ne soit pas achevé, nous le fîmes cependant placer ici, au lieu de la mauvaise croûte qui surmontait cet autel. Lorsque Berthold fut arrivé et qu'il aperçut ce tableau, il poussa un grand cri, et tomba à terre sans connaissance. Plus tard, il évita soigneusement de le regarder, et il me confia que c'était son dernier ouvrage en ce genre. J'espérais peu à peu l'engager à terminer le tableau; mais il rejeta avec horreur et répugnance toute proposition de cette nature. Pour lui conserver un peu de calme, je dus faire recouvrir le tableau pour tout le temps qu'il passerait à travailler dans l'église. Au moindre coup d'œil qu'il y jetait, il s'enfuyait, comme entraîné par une puissance irrésistible, et tombait à terre en sanglotant; sa crise lui reprenait, et il était pendant plusieurs jours dans un état de torpeur.

— Malheureux! homme infortuné ! m'écriai-je, quelle main diabolique a saisi ta vie avec tant d'acharnement pour en troubler le cours?

— Oh ! dit le professeur, la main et le bras ont poussé en même temps à son propre corps. Oui, oui ! lui-même a été certainement son propre démon, le Lucifer qui a éclairé sa vie d'un flambeau infernal ! Du moins, c'est ce qui ressort clairement de son histoire.

Je priai le professeur de me dire maintenant tout ce qu'il savait de la vie du malheureux peintre.

—Cela serait beaucoup trop long et demanderait trop d'haleine, répondit le professeur. Ne gâtons point cette joyeuse journée par ces mélancoliques détails! Allons déjeuner, et de là nous nous rendrons au moulin où nous attend un dîner supérieurement apprêté.

Je ne cessai de presser le professeur, et, après beaucoup de supplications, il m'apprit enfin, qu'aussitôt après l'arrivée de Berthold, un jeune homme qui étudiait au collége, s'était pris d'affection pour lui; que peu à peu Berthold lui avait confié les événements de sa vie, que le jeune homme les avait transcrits soigneusement, et qu'il avait remis le manuscrit au professeur.

— C'était, dit le professeur, avec votre permission, un enthousiaste comme vous, monsieur! mais ce fut pour lui un excellent exercice de style, que de rédiger les étonnantes aventures du peintre.

Avec beaucoup de peine j'obtins du professeur la promesse que le soir, la promenade d'agrément terminée, il me confierait le manuscrit. Soit que ma curiosité fût trop vivement stimulée, soit à cause du professeur lui-même, bref, jamais je n'éprouvai autant d'ennui que ce jour-là. Déjà la froideur glaciale du professeur à l'égard de Berthold m'avait déplu; mais ses conversations avec ses collègues qui prenaient part au festin, me démontrèrent que, malgré toute sa science et toute sa connaissance du monde, les sentiments élevés étaient amplement nuls en lui, et qu'il était le plus vil matérialiste qui pût exister. Il avait réellement adopté, comme l'avançait Berthold, le système de manger et d'être mangé. Il faisait dériver de certaines combinaisons des intestins et de l'estomac, tous les efforts de l'esprit, toute la force créatrice et inventive. En outre, il développait un grand nombre d'autres idées folles et anormales. Il affirmait, par exemple, très-sérieusement, que chaque pensée était produite dans le cerveau par l'union de deux filets nerveux. Je compris de quelle manière le professeur, avec des idées aussi baroques, devait tourmenter le pauvre Berthold, et enfoncer des poignards aigus dans ses plaies encore saignantes; lui qui, avec une ironique incrédulité, combattait toute intervention salutaire de la Puissance suprême.

Enfin, le soir, le professeur me donna quelques pages écrites:

— Voici, cher enthousiaste, me dit-il, le travail de l'étudiant. Ce n'est pas mal écrit, mais bizarrement et contre toutes les règles; l'auteur introduit dans sa narration des discours du peintre, qu'il cite littéralement, et sans s'expliquer davantage, en employant la première personne. Au surplus, je vous fais cadeau de cette composition, dont je puis disposer, comme je sais que vous n'êtes pas écrivain. L'auteur des Morceaux fantastiques à la manière de Callot [1] l'aurait taillée à sa manière et l'aurait de suite fait imprimer, ce que je n'ai pas à attendre de vous.

Le professeur Aloysius Walther ne savait pas qu'il avait véritable-

[1] Ouvrage d'Hoffmann, publié à Berlin en 1814.

ment devant lui l'enthousiaste voyageur [1], bien qu'il eût pu s'en apercevoir ; et ainsi je te présente, lecteur bénévole, la courte histoire du peintre Berthold par un élève des jésuites. Elle explique parfaitement sous quel aspect il se fit connaître à moi ; et toi-même, ô mon lecteur, tu apprendras aussi comment le jeu bizarre du destin nous entraîne souvent dans une erreur funeste !

II.

— Laissez partir votre fils pour l'Italie ; dès à présent c'est un habile artiste. Il ne manque point ici d'occasions pour étudier, d'après les plus admirables originaux dans tous les genres ; mais néanmoins il ne peut rester ici. La vie indépendante de l'artiste doit s'ouvrir pour lui dans la joyeuse patrie des arts. Là seulement ses études deviendront vivantes et révéleront sa propre pensée. En se bornant à copier, il ne fait plus de progrès ; maintenant il faut à la plante qui pousse plus de soleil pour croître et pour porter des fleurs et des fruits. Votre fils a réellement une âme d'artiste : soyez donc sans inquiétude pour tout le reste.

Ainsi parlait le vieux peintre Etienne Birkner aux parents de Berthold. Ils réunirent tout ce dont leur ménage nécessiteux pouvait se passer, et équipèrent le jeune homme pour un long voyage. Ainsi fut accompli l'ardent désir qu'avait Berthold d'aller en Italie.

« Lorsque Birkner m'apprit la détermination de mes parents, je sautai de joie et d'enthousiasme. Les jours, jusqu'à mon départ, me parurent un rêve : il ne m'était pas possible de tenir mon pinceau en travaillant au musée. L'inspecteur, tous les artistes qui avaient été en Italie, eurent à m'entretenir de ce pays où l'art prospère. Enfin le jour et l'heure arrivèrent. Les adieux de mes parents furent douloureux ; tourmentés d'un secret pressentiment, les pauvres gens hésitaient à se séparer de moi. Mon père même, d'ordinaire homme de fermeté et de résolution, avait peine à garder une contenance.

— L'Italie ! tu vas voir l'Italie ! me criaient les artistes. Le feu du désir, qui s'élevait à chaque instant dans mon âme avec une activité

1 *Voir* les notes du *Sanctus.*

nouvelle, consumait mon profond chagrin, et je m'en allai bien vite. Il me semblait que le seuil de la maison paternelle était le point de départ de la carrière de l'artiste.

Berthold, initié à tous les genres de peinture, s'était toutefois spécialement adonné au paysage; il s'y vouait avec zèle et avec amour. Il comptait trouver à Rome une riche mine à exploiter : il n'en fut pas ainsi. Dans le cercle des artistes et des amateurs au milieu desquels il se trouvait, on lui répéta sans cesse que le peintre d'histoire occupait le rang le plus élevé, et que tous les autres lui étaient soumis. On lui conseilla, s'il voulait se distinguer dans les arts, de quitter immédiatement son genre pour un autre plus noble; et ces conseils, joints à l'impression encore inconnue que firent sur lui les admirables fresques de Raphaël au Vatican, le déterminèrent à abandonner définitivement le paysage. Il dessina d'après Raphaël, et copia de petits tableaux à l'huile d'autres maîtres célèbres. Tout lui réussit à merveille, grâce à sa manière excellente; mais il ne sentit que trop que les éloges des artistes et des connaisseurs étaient de simples encouragements. Il voyait bien lui-même que la vie des originaux manquait à ses dessins et à ses copies.

Les diverses conceptions de Raphaël, du Corrège, l'excitaient à créer lui-même; il croyait ressentir leurs inspirations; mais lorsque, dans ses rêveries, il voulait les fixer, elles disparaissaient comme un brouillard, et tout ce qu'il cherchait à peindre d'idée, n'avait, comme toute pensée indécise et confuse, ni mouvement ni signification.

Au milieu de tous ces efforts inutiles, un triste mécontentement se glissa dans son âme, et souvent il se dérobait à ses amis pour aller dessiner et peindre seul, dans la campagne de Rome, des groupes d'arbres, des vues isolées. Mais ce genre même ne lui était plus aussi facile à aborder, et pour la première fois il douta de sa vocation d'artiste. Ses plus belles espérances paraissaient vouloir s'évanouir.

» — Ah! mon très-respectable ami et maître, écrivit Berthold à Birkner, tu m'as cru capable de quelque chose d'élevé, mais, ici où mon âme devait s'éclairer, je me suis intimement convaincu que ce que tu appelais un véritable génie d'artiste n'était que du talent, que de l'habileté manuelle et technique. Dis à mes parents qu'ils s'attendent à me voir bientôt revenir pour apprendre un métier qui m'assure une existence, etc.

Birkner répondit :

» — Oh! que ne puis-je donc être auprès de toi, mon fils, pour te soutenir dans ta tristesse! Mais, crois-moi, ce sont tes doutes mêmes qui déposent précisément en faveur de ta vocation d'artiste. Celui qui, plein d'une confiance ferme et inaltérable, croit toujours avancer à l'aide de ses propres forces, est un insensé timide qui se trompe lui-même; car il lui manque l'impulsion propre aux efforts, qui n'a sa source que dans la pensée de l'impuissance humaine. Attends encore. Bientôt tu prendras de la force; et alors tu poursuivras tranquillement ton chemin, sans te laisser brider par l'opinion de quelques amis qui ne sont peut-être nullement en état de comprendre la route que t'a tracée la véritable nature de ta propre individualité. Tu pourras alors décider toi-même si tu veux rester paysagiste ou devenir peintre d'histoire, et tu ne penseras plus à séparer violemment l'une de l'autre les branches d'un même tronc.

Il arriva que précisément à l'époque où Berthold reçut cette lettre consolante de son vieux maître et ami, la renommée de Philippe Hackert[1] s'était répandue dans Rome. Quelques morceaux d'une grâce et d'une délicatesse surprenantes, qu'il avait exposés, confirmèrent la réputation du paysagiste, et les peintres d'histoire eux-mêmes avouaient qu'il y avait aussi dans cette imitation exacte de la nature beaucoup de grandeur et de perfection.

Berthold respira; il n'entendait plus mépriser son art favori, il voyait un homme qui le pratiquait jouir de l'estime et de la considération générales. Une idée frappa son âme comme un éclair. Ce fut d'aller à Naples étudier sous Hackert. Il écrivit à Birkner et à ses parents, avec l'émotion de la joie, qu'après un rude combat il avait trouvé le bon chemin, et qu'il espérait être bientôt un artiste habile dans son genre.

Le brave Allemand Hackert reçut amicalement son compatriote, et bientôt celui-ci suivit son professeur d'un vol rapide. Berthold parvint à une grande habileté dans la représentation fidèle des diverses espèces d'arbres et d'arbrisseaux. Il avait saisi avec non moins de talent ce vague, ce vaporeux qu'on trouve dans les tableaux de Hackert. Ce mérite lui valut beaucoup de louanges; mais, chose singulière, il lui semblait parfois qu'il manquait à ses paysages, et même

[1] Jacque-Philibert Hackert, peintre de paysages et graveur, né à Pretzlau, dans le Brandebourg.

à ceux du professeur, quelque chose qu'il ne pouvait pas définir, et qui cependant le frappait dans les tableaux de Claude Lorrain, et même dans les sauvages déserts de Salvator Rosa. Une foule de doutes s'élevèrent en lui contre son maître. Ce qui le mit surtout de mauvaise humeur, ce fut de voir Hackert employer toutes ses ressources pour peindre du gibier mort que le roi lui avait envoyé.

Pourtant il surmonta bientôt ces pensées, qu'il considérait comme coupables, et continua à travailler d'après les modèles de son maître avec une religieuse confiance et une assiduité vraiment allemande. En peu de temps, il fut presque l'égal de Hackert. Des paysages et tableaux de nature morte de celui-ci formaient la plus grande partie d'une exposition qui eut lieu à Naples. Sur les instances expresses de son maître, Berthold fut obligé d'y placer un grand paysage de sa composition, fidèlement peint d'après nature.

Les artistes et connaisseurs admirèrent tous le beau travail du jeune homme, et le louèrent hautement. Un homme âgé, mis d'une manière bizarre, fut le seul qui ne dit pas un mot, même des tableaux de Hackert. Au contraire, il souriait d'un air significatif, lorsqu'il entendait les acclamations élogieuses de la foule mugir follement à l'entour. Berthold remarqua que l'inconnu, arrivé devant son paysage, secoua la tête avec l'expression de la plus profonde pitié. Berthold, un peu enflé par les louanges unanimes qu'il avait recueillies, ne put se défendre d'un mouvement de colère ; il alla droit à l'étranger, et, en appuyant sur les mots plus qu'il n'était nécessaire, il lui fit cette question :

— Vous ne paraissez pas content de ce tableau, monsieur, quoique d'habiles artistes et amateurs veuillent bien ne pas le trouver tout à fait mauvais.

L'étranger jeta sur Berthold un regard perçant, et dit d'un ton très-sérieux :

— Jeune homme, tu aurais pu faire quelque chose.

Ce regard, ces paroles pénétrèrent jusqu'au fond de l'âme de Berthold. Il n'eut la force ni d'ajouter un mot ni de suivre l'étranger, qui sortit lentement de la salle. Hackert entra bientôt après, et Berthold s'empressa de lui raconter son aventure avec le singulier personnage.

— Ah ! dit en riant Hackert, ne te chagrine pas de cette circonstance. C'était notre vieux bourru, qui ne trouve rien de bon, qui critique tout; je l'ai rencontré dans l'antichambre. Il est né à Malte de parents grecs; c'est un hibou, riche et quinteux; ce n'est pas un peintre médiocre; mais tout ce qu'il fait a un aspect fantastique, car il s'est fait sur l'emploi de la forme dans les arts des opinions complétement folles, et un système d'esthétique qui ne vaut pas le diable. Je sais fort bien qu'il ne fait aucun cas de moi, ce que je lui pardonne bien volontiers, persuadé qu'il ne me disputera pas une réputation méritée.

Pourtant il semblait à Berthold que le Maltais avait douloureusement touché une blessure de son âme, mais en la cherchant pour la guérir, comme un chirurgien bienfaisant. En tout cas, il s'ôta bientôt cette affaire de l'esprit, et travailla gaiement comme devant.

Le succès de son grand tableau, l'admiration générale dont il avait été l'objet, lui donnèrent l'envie d'en entreprendre le pendant. Hackert lui choisit lui-même un des sites les plus pittoresques des riches environs de Naples. Comme l'autre toile représentait le coucher du soleil, le nouveau paysage devait être pris au point du jour. Berthold avait à peindre grand nombre d'arbres exotiques, beaucoup de vignobles, et surtout beaucoup de brouillards et de vapeurs.

Un jour, Berthold était assis sur une large pierre, à l'endroit choisi par Hackert, et achevant d'après nature l'esquisse de son grand tableau.

— Bien saisi, en vérité! dit une voix à côté de lui.

Berthold leva les yeux : c'était le Maltais qui regardait le dessin, et continua avec un sourire ironique :

— Vous n'avez oublié qu'une chose, mon jeune ami. Voyez donc là-bas la verte muraille de ce vignoble! La porte est à moitié ouverte; vous devriez la placer dans votre tableau avec les ombres nécessaires. La porte entr'ouverte fait un effet étonnant!

— Vous raillez à tort, monsieur, répondit Berthold; de semblables accidents ne sont en aucune façon aussi méprisables que vous le croyez, et mon maître est en droit de les employer. Rappelez-vous seulement cette toile blanche pendue dans un paysage d'un ancien peintre flamand, et sans laquelle tout l'effet serait détruit. Mais vous ne paraissez pas être ami du paysage, auquel je me suis consacré corps et âme. Ainsi donc, je vous en prie, laissez-moi travailler en paix.

— Tu es dans une grande erreur, jeune homme! dit le Maltais. Encore une fois, te dis-je, tu aurais pu devenir un homme remarquable, car tes œuvres prouvent visiblement une tendance constante vers ce qui est élevé; mais tu n'atteindras jamais ton but, car le chemin que tu as pris n'y mène pas. Fais bien attention à ce que je vais te dire. Peut-être réussirai-je à attiser la flamme que tu t'efforces d'étouffer, imprudent! Puisse-t-elle luire et t'éclairer! Alors tu pourras voir le véritable génie qui vit en toi. Me crois-tu donc assez fou pour placer le paysage plus bas que les peintures d'histoire, pour ne pas reconnaître un but unique et identique, auquel doivent tendre et les paysagistes et les peintres d'histoire? La représentation de la nature, prise dans la signification la plus profonde de ce qu'elle a d'élevé, de ce sens qui embrase tous les êtres du désir d'une existence supérieure, voilà la fin sacrée de tous les arts. La simple et exacte imitation de la nature peut-elle jamais amener ce résultat? Qu'un copiste reproduise un passage en langue étrangère qu'il ne comprend pas, sans pouvoir expliquer le sens des caractères qu'il imite avec peine, son écriture sera roide, pauvre, guindée! Il en est ainsi des paysages de ton maître. Ce sont des copies correctes d'un original écrit dans une langue qui lui est inconnue. L'artiste béni du ciel entend la voix de la nature dans l'universalité des choses : l'arbre, le buisson, la fleur, la montagne, le ruisseau, tout a d'étranges harmonies pour lui parler des mystères impénétrables de la création, et lui inspirer un sentiment religieux. Alors le véritable esprit de Dieu descend en lui; il a le don de transmettre à ses œuvres et de rendre visibles les émotions qui l'animent. N'as-tu pas éprouvé, jeune homme, je ne sais quelle impression singulière à la vue des paysages des anciens maîtres? En les voyant, tu n'as pas songé qu'on aurait pu rendre plus fidèlement les feuilles des tilleuls, les pins et les platanes, que l'eau aurait pu être plus claire et le second plan plus vaporeux; mais le génie qui vit dans l'ensemble t'a élevé vers une sphère sublime, dont tu as cru contempler les splendeurs.

Étudie donc la nature avec activité et avec soin dans tout ce qui est mécanisme et matière, afin de pouvoir atteindre au plus haut degré la faculté de reproduction fidèle; mais ne prends pas la pratique pour l'art lui-même, la forme pour le fond. Si tu pénètres le sens intime de la nature, ses tableaux se représenteront à ton âme dans tout l'éclat de leur beauté.

Le Maltais se tut. Berthold, profondément ému, demeura debout, la tête baissée, sans répondre un seul mot.

— Mon intention, dit le Maltais avant de s'éloigner, n'a point été de contrarier ta vocation ; mais je sais qu'en toi repose un talent supérieur. J'ai voulu lui faire un appel énergique, afin qu'il s'éveillât et déployât ses ailes. Adieu !

Il semblait à Berthold que l'étranger n'eût fait que de revêtir d'expressions les idées qui fermentaient et bouillonnaient dans l'âme du jeune peintre. Une voix intérieure lui parla :

— Loin de moi tous ces vains efforts ! Loin de moi ce tâtonnement incertain et trompeur d'idées aveugles, et toutes les illusions qui m'ont jusqu'à présent séduit !

Il lui fut impossible de donner un coup de pinceau de plus à son tableau ; il quitta son maître, et erra de côté et d'autre plein d'une folle inquiétude, priant à haute voix le ciel de lui accorder le sentiment suprême dont le Maltais lui avait parlé.

« Je n'étais heureux qu'en songe. Alors tout ce que m'avait dit le Maltais se réalisait. J'étais couché dans les verts buissons, caressé par de magiques haleines, et la voix de la nature glissait distinctement à travers la forêt sombre dans un mélodieux zéphyr. »

— Écoute, disait-elle, écoute, être béni, entends les accents de la création, qui prennent une forme sensible pour mieux entrer dans ton esprit.

Et tandis que ces accents résonnaient de plus en plus clairement à mes oreilles, un nouveau sens semblait s'éveiller en moi, et je saisissais avec une incroyable lucidité ce qui m'avait paru d'abord impénétrable. Je dessinais dans les airs en traits de flammes, en hiéroglyphes bizarres, le mystère qui m'était dévoilé ; mais ces hiéroglyphes étaient un paysage admirable, dans lequel s'agitaient, avec des sons joyeux, l'arbre, le buisson, la fleur et les eaux.

Mais ce n'était qu'au milieu de ces rêves qu'une telle félicité arrivait au pauvre Berthold, dont la force était anéantie, et dont l'âme était encore plus troublée que lorsqu'il voulait devenir peintre d'histoire à Rome.

S'il passait dans la forêt sombre, une horreur secrète le saisissait ; s'il en sortait, et s'il contemplait les monts dans le lointain, quelque chose lui saisissait la poitrine, comme avec des griffes glacées. Sa respiration s'arrêtait ; il était près d'expirer de frayeur. La nature entière, qui autrefois lui souriait agréablement, lui devint un monstre menaçant, et la voix qui auparavant le saluait avec de douces paroles dans le frôlement de la brise du soir, dans le murmure du ruisseau, dans le bruissement des buissons, lui annonçait maintenant ruine et destruction. Les consolations de ses songes célestes finirent par le calmer; mais pourtant il évitait d'être seul dehors. Il choisit pour compagnons deux joyeux peintres allemands, et fit avec eux beaucoup de courses dans les plus belles parties des environs de Naples.

L'un d'eux, nous l'appellerons Florentin, songeait alors autant à mener joyeuse vie qu'à faire une étude sérieuse de son art; son portefeuille le prouvait. Des groupes de paysannes dansant, des processions, des fêtes de village, Florentin, d'une manière sûre et légère, savait jeter sur le papier tous ces objets à mesure qu'ils se présentaient. Ses dessins n'étaient guère que d'incomplètes esquisses, mais ils avaient de la vie et du mouvement; d'ailleurs l'esprit de Florentin n'était nullement fermé aux vastes pensées, au contraire il pénétrait plus profondément qu'aucun peintre moderne dans le génie différent des tableaux de tous les maîtres. Il avait dessiné au trait sur son album les peintures à fresque d'une ancienne église de couvent, à Rome, dont les murs venaient d'être abattus; elles représentaient le martyre de sainte Catherine. On ne pouvait voir de composition plus suave et plus pure que cette ébauche, qui fit à Berthold une impression singulière. Il voyait des éclairs briller dans le désert sombre qui l'avait environné jusqu'alors. La modification qui s'opéra en lui fut telle, qu'il devint accessible aux idées riantes de Florentin; et, comme celui-ci, tout en saisissant les beautés de la nature, il cherchait à lui conserver, vivant et animé, le principe humain, il reconnaissait justement ce principe comme le point d'appui auquel il devait s'accrocher pour ne pas se noyer dans le vide.

Tandis que Florentin dessinait rapidement un groupe qu'il rencontrait, Berthold avait ouvert l'album de son ami, et essayait d'imiter la figure admirable de Catherine; il parvint à y réussir passablement, bien qu'il s'efforçât en vain comme à Rome de donner à ses copies l'animation de l'original. Il se plaignit de cette impuissance à Florentin, qu'il croyait bien supérieur à lui-même pour le génie artistique, et lui raconta en même temps comment le Maltais lui avait parlé de l'art.

— Eh! cher frère Berthold! dit Florentin, le Maltais a raison, et je place le veritable paysage sur la même ligne que les tableaux d'histoire profondément expressifs et religieux, tels que les comprenaient les anciens peintres. Oui, je suis persuadé qu'on doit d'abord se fortifier par la représentation de la nature organique qui se trouve à notre portée, afin d'acquérir assez de lumières pour pénétrer dans son empire ténébreux. Je te conseille, Berthold, de t'habituer à dessiner des figures et de mettre en ordre les pensées de ce point de vue. Peut-être qu'alors tu verras se dissiper l'obscurité qui t'environne.

Berthold suivit les conseils de son ami, et il lui sembla que les nuages sombres qui s'étaient amoncelés sur sa vie disparaissaient par degrés.

« Je m'efforçai de représenter hiéroglyphiquement, ainsi que dans mes rêves, ce qui n'était au fond de mon âme que comme un vague pressentiment; mais les traits de cette écriture hiéroglyphique étaient des figures humaines qui se remuaient avec une agitation extraordinaire autour d'un point lumineux. Ce point devait être la forme la plus ravissante qui se fût jamais présentée à l'imagination d'un peintre; mais en vain j'essayais d'en saisir les traits lorsqu'elle m'apparaissait en songe entourée de rayons divins. Chaque tentative que je faisais pour la représenter était d'une infériorité humiliante; j'étais consumé d'un désir brûlant. »

Florentin s'aperçut de l'état d'excitation maladive de son ami; il le consola de son mieux. Souvent il lui disait que ce moment était précisément celui du passage des ténèbres à la lumière; Berthold vivait comme un homme qui rêve, et tous ses essais ressemblaient aux efforts impuissants d'un faible enfant.

Non loin de Naples se trouvait la villa d'un duc qui, offrant une belle vue du Vésuve et de la mer, était hospitalièrement ouverte à tous les artistes étrangers, et principalement aux paysagistes. Berthold y avait encore souvent travaillé, et s'y était plus souvent abandonné, dans une grotte du parc, au caprice de ses songes fantastiques. Il était un jour assis dans cette grotte, martyrisé par l'ardente inquiétude qui déchirait sa poitrine. Il versait des larmes, souhaitant qu'une étoile du ciel pût éclairer sa route sombre. Un bruit se fit entendre dans le buisson, et la figure ravissante d'une femme parut devant la grotte.

Les rayons du soleil tombaient en plein sur son visage angélique; elle lui jeta un regard inexprimable. C'était sainte Catherine, ou plutôt c'était son idéal! Il tomba à terre comme fou d'admiration, et la figure s'évanouit en souriant gracieusement. Sa prière la plus fervente était exaucée!

Florentin entra dans la grotte ; il s'étonna de voir Berthold, qui, le regard moins sombre, le serra contre son cœur : des larmes coulaient de ses yeux.

— Ami, ami, bégaya-t-il, je suis heureux, bien heureux ; elle est trouvée, elle est trouvée !

Il courut précipitamment à son atelier; il étendit sa toile et commença à peindre. Rempli d'une énergie divine, il anima d'une étincelle de vie la céleste femme qui lui était apparue.

Depuis cet instant son âme fut complétement changée; la mélancolie qui avait rongé son cœur fut remplacée par du bonheur et de la gaieté.

Il étudia avec zèle les chefs-d'œuvre des anciens peintres; il fit avec soin plusieurs copies, et, à partir de cette époque, il commença à tirer de son propre fonds des tableaux qui étonnèrent tous les connaisseurs. Il n'était plus question de paysages, et Florentin lui-même reconnaissait que le jeune homme avait maintenant seulement découvert sa véritable vocation. On lui donna à peindre plusieurs grands ouvrages, des devants d'autels pour des églises. Il choisissait la plupart du temps des sujets riants dans la tradition chrétienne, mais partout brillait la gracieuse figure de son idéal. On trouva que, de visage et de tournure, cette image était d'une ressemblance frappante avec la princesse Angiola T***. On le dit au jeune peintre lui-même, et des gens qui se piquaient de finesse donnèrent ironiquement à entendre que le peintre allemand avait été profondément touché au cœur par le regard de feu de la ravissante donna. Berthold fut très-irrité du sot bavardage de ceux qui cherchaient à rabaisser un objet céleste au niveau des êtres terrestres.

— Croyez-vous donc, dit-il, qu'un être semblable puisse exister sur la terre ? C'est dans une vision merveilleuse que me fut révélé cet être supérieur à tous; ce fut le moment de la consécration de l'artiste.

Berthold vécut joyeux et content jusqu'à ce qu'après la conquête de l'Italie par Bonaparte, l'armée française s'approcha de Naples; alors éclata une révolution qui troubla d'une manière terrible les relations paisibles et heureuses. Le roi avait quitté Naples avec la reine : la *città*, ou *municipalité*, fut organisée. Le vicaire général signa avec le général français un armistice ignominieux; et bientôt arrivèrent les commissaires français pour toucher la somme qu'on s'était engagé à payer. Le vicaire général prit la fuite pour échapper à la rage du peuple, qui se croyait abandonné par lui, par la *città*, par tous ceux qui pouvaient le défendre contre l'ennemi menaçant. Tous les freins furent rompus; la populace, au milieu d'une anarchie sauvage, méprisa l'ordre et les lois, et au cri de : *Viva la santa fede!* des hordes de furieux parcoururent les rues, entrèrent dans la demeure des grands, par lesquels ils se croyaient vendus à l'ennemi, et promenèrent partout le pillage et l'incendie.

Inutiles furent les efforts de Moliterno et de Rocca Romana, tous deux favoris du peuple, et choisis pour calmer son exaspération. Les ducs de la Torre et Clément Filomarino avaient été assassinés, et pourtant la soif de sang de la populace n'était pas encore étanchée. Berthold ne s'était sauvé qu'à moitié vêtu d'une maison presque entièrement consumée; il se précipita au milieu d'une masse de gens du peuple, qui courait, munie de torches enflammées et de couteaux, vers le palais du prince de T***. Le prenant pour un des leurs, ils l'entraînèrent avec eux.

— *Viva la santa fede!* hurlaient ces insensés; et en quelques minutes le prince, les domestiques, tous ceux qui se défendaient, furent égorgés, et le palais flamboya.

Berthold s'était avancé dans l'intérieur du palais; une épaisse fumée remplissait les longs corridors. Il courut dans les appartements ouverts, s'exposant à périr au milieu des flammes.

Un cri de frayeur poignant retentit à ses côtés : il se précipite dans la salle d'où partait ce cri. Une femme lutte avec un lazzarone, qui l'a saisie d'un poignet de fer, et qui est sur le point de lui enfoncer le couteau dans la poitrine. C'est la princesse ! c'est l'idéal de Berthold !

Hors de lui, pénétré d'horreur, Berthold s'élance. Saisir le lazzarone à la gorge, le jeter à terre, lui mettre son propre couteau dans la poitrine, emporter la princesse dans ses bras, fuir avec elle à travers les salles enflammées, descendre les escaliers, fendre les groupes épais du peuple, tout cela est l'œuvre d'un moment !

Personne ne chercha à retenir Berthold, qui fuyait le couteau ensanglanté à la main, le visage noirci par la fumée, les vêtements déchirés. Le peuple vit en lui un assassin et un pillard, et lui laissa son butin.

Il tomba évanoui dans un coin désert de la ville, à l'abri d'une vieille muraille, vers laquelle il avait couru, comme par instinct, pour se dérober au danger. Lorsqu'il reprit ses sens, la princesse était à genoux auprès de lui, et lui lavait le front avec de l'eau froide.

— Oh ! merci ! dit-elle tout bas d'une voix admirablement douce ; grâces aux saints, tu es rappelé à la vie, toi mon sauveur, mon tout !

Berthold se releva ; il croyait rêver ; il regarda la princesse d'un œil glacé. Oui, c'était elle-même, la ravissante et céleste image que l'étincelle divine avait allumée dans sa poitrine.

— Est-il possible ? est-il vrai ? est-ce que j'existe ? s'écria-t-il.

— Oui, tu vis, dit la princesse, tu vis pour moi ; ce que tu n'osais espérer est arrivé comme par miracle ! Oh ! je te connais bien ! tu es le peintre allemand Berthold ; tu m'aimais, et tu m'immortalisais dans tes magnifiques tableaux ! Pouvais-je donc être à toi ? Mais à présent, je t'appartiens pour l'éternité ! Fuyons ! fuyons !

Un sentiment bizarre, semblable à celui d'une douleur subite qui trouble des songes agréables, remplit Berthold à ces paroles de la princesse. Pourtant, lorsque cette femme enivrante l'entoura de ses bras d'une blancheur de neige, lorsqu'il la pressa impétueusement contre son sein, des frissons délicieux et inconnus le parcoururent, et dans le délire du ravissement, au comble du bonheur terrestre, il s'écria :

— Oh ! ce n'est pas l'illusion d'un songe ! non, c'est une femme que je serre sur mon cœur, pour ne la quitter jamais ; je vais enfin calmer mes désirs brûlants et ma soif d'amour !

Il était impossible de quitter Naples ; car devant les portes campaient les troupes françaises, auxquelles le peuple, bien que mal armé et sans chefs, défendit, pendant deux jours, l'entrée de la capitale. Berthold parvint enfin à fuir avec Angiola de cachette en cachette, et à sortir de la ville. Angiola, remplie de l'amour le plus brûlant pour son sauveur, ne tenait pas à rester en Italie ; sa famille devait la regarder comme morte, et ainsi la possession de Berthold lui devenait assurée. Jusqu'à Rome, ils firent la route en pèlerins. Un collier de diamants et des bagues précieuses qu'elle avait emportés suffirent pour les pourvoir de tous les objets nécessaires ; et ainsi ils arrivèrent heureusement à M***, dans l'Allemagne méridionale, où Berthold comptait s'établir et se faire de son art un moyen d'existence.

N'était-ce donc pas une félicité qu'il n'avait jamais rêvée, jamais pressentie, qu'Angiola, la femme belle et divine, l'idole de ses plus doux songes d'artiste, fût à lui, quoique toutes les circonstances de la vie s'élevassent comme une muraille infranchissable entre lui et sa bien-aimée?

Berthold pouvait à peine croire à la réalité de son bonheur, et il se plongeait dans d'inexprimables délices. Enfin une voix intérieure l'avertit de songer à son art. Il résolut de fonder sa réputation à M*** par un grand tableau pour l'église de Sainte-Marie.

La pensée en était simple. Marie et Élisabeth assises sur le gazon, les enfants Jésus et Jean jouant devant elles, c'était là toute la composition. Mais il fit de vains efforts pour la disposer convenablement. Comme au temps malheureux de sa crise, les figures s'évanouissaient devant lui, et ce n'était pas la divine Marie; non! c'était une femme terrestre qu'il reproduisait. Hélas! son Angiola elle-même s'offrait affreusement dégradée aux yeux de son imagination.

Il crut pouvoir surmonter la puissance secrète qui semblait le poursuivre. Il apprêta des couleurs, et se mit à peindre; mais sa force était anéantie, ses tentatives étaient, comme jadis, aussi impuissantes que celles d'un enfant étourdi. L'œuvre de son pinceau demeurait froide et sans vie, et Angiola même, Angiola, son idéal, lorsqu'elle posait, et qu'il voulait la peindre, devenait sur la toile une figure de cire insensible qui fixait sur lui des yeux de verre.

Une humeur mélancolique se glissa dans son âme, y fit chaque jour de nouveaux progrès, et lui ravit toutes les joies de la terre. Il voulut mais ne put travailler davantage, et il en résulta qu'il tomba dans une misère d'autant plus accablante pour lui qu'Angiola ne faisait entendre aucune plainte.

« Le chagrin qui rongeait incessamment mon âme, causé par le désenchantement, me mit dans un état voisin de la folie. J'implorais vainement des forces qui n'étaient plus mon partage. Ma femme me donna un fils; sa naissance mit le comble à ma détresse, et mon tourment longtemps concentré se changea en une haine ardente et bien sentie. Elle, elle seule faisait mon malheur. Non! elle n'était pas l'idéal qui m'était apparu; elle n'avait fait qu'emprunter frauduleusement ce corps et ce visage divins pour me perdre sans espoir. Dans un doute farouche je la maudis, elle et son innocent enfant. Je désirai la mort de tous les deux, afin d'être délivré du supplice insupportable qui me fouillait le cœur comme avec des lames ardentes. Des pensées infernales s'élevèrent en moi. C'était en vain que je lisais mon injustice sur le visage pâle, dans les pleurs d'Angiola.

» — Tu m'as trompé, femme infâme ! m'écriai-je en la repoussant du pied.

» Elle tomba évanouie, et m'embrassa les genoux. »

La conduite cruelle et folle de Berthold envers sa femme et son enfant attira l'attention des voisins, qui en firent part à l'autorité. On voulait l'arrêter; mais lorsque les employés de la police entrèrent dans sa demeure, il avait disparu avec sa famille sans laisser de traces.

Berthold se montra bientôt après à N*** dans la haute Silésie; il s'était délivré de sa femme et de son fils, et se remit avec un courage nouveau à peindre le tableau qu'il avait vainement commencé à M***. Mais il ne put achever que la vierge Marie, l'enfant Jésus et saint Jean; alors il fut attaqué d'une maladie qui le mit à deux doigts de la mort, qu'il désirait. Pour subvenir aux frais, on avait vendu tout son mobilier et ce tableau inachevé.

Il quitta N*** lorsqu'il eut repris quelques forces, comme un mendiant valétudinaire et misérable. Par la suite il subsista péniblement en exécutant des fresques qu'on lui donna à faire çà et là.

III.

Épilogue.

— L'histoire de Berthold a quelque chose de terrible et d'effrayant, dis-je au professeur; je le regarde comme l'assassin infâme de sa femme et de son enfant, bien qu'il ne l'ait pas énoncé en propres termes.

— C'est un fou, répondit le professeur, auquel je n'accorde pas le caractère nécessaire à une semblable action. Il ne s'est jamais expliqué clairement sur ce point, et reste à savoir s'il ne s'imagine pas être cause de la mort de sa femme et de son enfant. Dans ce moment il peint encore des marbres, la nuit prochaine il achèvera l'autel; alors il sera de bonne humeur, et vous pourrez peut-être tirer de lui quelques renseignements sur ce point scabreux.

J'avoue qu'après avoir lu l'histoire de Berthold il me passa un léger frisson dans les membres, à l'idée d'être à minuit seul dans l'église avec lui. Je pensais qu'il pouvait bien être au moins le diable, malgré sa bonté et sa physionomie ouverte, et je préférai, pour cette raison, me raccommoder avec lui tout de suite à la clarté du soleil.

Je le trouvai sur l'échafaudage, marbrant la muraille de veines de diverses couleurs, l'air maussade, concentré en lui-même; je montai jusqu'à lui, et lui tendis les pots.

Il se tourna vers moi, tout étonné.

— Je suis votre apprenti, lui dis-je doucement.

Ces mots lui arrachèrent un sourire.

Je me mis alors à parler de sa vie, de manière à lui faire sentir que je savais tout, et il parut croire qu'il m'avait tout raconté lui-même la nuit d'avant. Peu à peu j'arrivai à l'horrible catastrophe, et alors je dis brusquement :

— Ainsi, dans un coupable accès de folie, vous avez tué femme et enfant ?

Il laissa tomber son pot à couleur et son pinceau et s'écria en me jetant un regard affreux :

— Ces mains sont pures du sang de ma femme et de mon fils! Encore une parole semblable et je me jette avec vous en bas de l'échafaudage, et nos deux crânes se briseront sur les dalles de l'église!

Je me trouvais dans une singulière position. Ce qui me parut de mieux à faire, ce fut de détourner la conversation.

— Oh! voyez donc, mon cher Berthold, dis-je aussi tranquillement et aussi froidement qu'il me fût possible, comme ce vilain jaune-foncé coule là-bas le long du mur.

Il regarda; et tandis qu'il effaçait le jaune avec son pinceau, je descendis doucement de l'échafaudage, et me rendis auprès du professeur, qui me railla du châtiment infligé à ma témérité.

Ma voiture était réparée, et je quittai G*** après que le professeur Aloysius Walther m'eut religieusement promis de m'écrire tout de suite s'il se passait quelque chose de particulier à l'égard de Berthold. Six mois pouvaient être écoulés, lorsque je reçus en effet une lettre du professeur. Il s'y étendait prolixement sur notre rencontre à G***. Au sujet de Berthold, il m'écrivait ce qui suit :

« Bientôt après votre départ il se manifesta chez notre singulier peintre une humeur bizarre. Il devint soudain fort gai et acheva de la manière la plus admirable son grand tableau d'autel, qui émerveille tout le monde. Puis il disparut; et comme il n'avait rien emporté avec lui, et que l'on trouva quelques jours après un chapeau et une canne non loin du torrent d'O***, nous croyons qu'il s'est volontairement donné la mort. »

L'ÉLÈVE DU GRAND TARTINI.

ESQUISSE MUSICALE.

Vers 1789 ou 1790 demeurait à Berlin le baron de B***, qui était, sans contredit, l'un des êtres les plus extraordinaires qu'ait jamais fournis le monde musical. Un jeune musicien de mes amis me communiqua au sujet de ce personnage des détails qui ne sont pas sans intérêt.

J'étais à Berlin, me dit ce jeune homme, en même temps que le baron de B***. Bien jeune encore, à peine âgé de seize ans, je m'adonnais à l'étude du violon de toutes les forces de mon âme. Le chef d'orchestre Haak, mon respectable mais très-sévère professeur, était de plus en plus content de moi. Il louait la précision de mon coup d'archet, la pureté de mes intonations; enfin il me laissa jouer du violon à l'Opéra, et même au concert de la cour.

Cependant j'entendis souvent Haak causer avec le jeune Duport, avec Ritter et autres grands maîtres de la chapelle des réunions musicales, que le baron de B*** tenait dans son salon avec autant de goût que d'agrément. Le roi lui-même n'avait pas dédaigné d'y prendre part, et avait rendu au baron plusieurs visites.

Ces messieurs citaient divers ouvrages de vieux maîtres presque oubliés, qu'on n'entendait nulle part que chez le baron de B***. En tout ce qui concernait la musique écrite pour le violon, il possédait une magnifique et complète collection de compositions de toute espèce des maitres anciens et modernes. Ils parlaient aussi de la manière noble et splendide dont on était reçu chez le baron, et de l'incroyable libéralité avec laquelle il traitait tous les artistes. Tous s'accordaient à le comparer à un astre bienfaisant, qui était venu éclairer le ciel musical de Berlin.

Ces détails piquaient ma curiosité. Elle redoublait encore quand je voyais les maîtres de la chapelle se rapprocher, se mettre à chuchoter mystérieusement. Je ne pouvais saisir à la volée que le nom du baron, et quelques mots sans suite qui me faisaient deviner qu'il était question de l'art musical et de leçons de musique.

Je remarquai surtout qu'un rire sardonique errait sur les traits de Duport, qu'il s'adressait avec une certaine malice au chef d'orchestre; que celui-ci lui ripostait à voix basse, et ne pouvait de son côté réprimer son envie de rire. Enfin, se retournant vivement et prenant son violon pour donner l'accord, il s'écriait : — Quoi qu'il en soit, c'est et ce sera toujours un homme supérieur.

Je ne pus m'empêcher, malgré le danger que je courais d'être éconduit d'une manière un peu brusque, de prier le chef d'orchestre, si toutefois cela était possible, de me présenter chez le baron de B***, et de me faire admettre à ses concerts.

Haak me regarda avec de grands yeux, je crus qu'un léger orage allait éclater sur ma tête; mais je m'étais trompé. L'air sévère du chef d'orchestre fit bientôt place à un rire singulier.

— Eh bien ! dit-il, tu peux avoir raison de me faire cette demande; la connaissance du baron peut être très-utile à ton instruction. Je lui parlerai de toi, et je crois qu'il t'accordera aisément la permission d'assister à ses concerts; car il aime beaucoup avoir affaire aux jeunes virtuoses.

Peu de temps après, je jouai avec Haak plusieurs duos de violon très-difficiles.

— Charles, me dit-il en mettant son violon de côté, endosse ce soir ton habit des dimanches et tes bas de soie. Viens ensuite chez moi. De là nous irons ensemble chez le baron de B***; il y aura peu de monde, et ce sera une bonne occasion de te présenter.

Le cœur me battit de joie, car j'espérais, je ne savais moi-même pas pourquoi, entendre de la musique extraordinairement remarquable. Nous allâmes chez le baron.

Le baron était d'une taille un peu au-dessus de la moyenne, avancé en âge, et revêtu d'un costume de cérémonie brodé à l'ancienne mode française. Il vint à notre rencontre quand nous entrâmes dans l'appartement, et secoua avec affabilité la main de mon maître.

Jamais, en présence d'aucun homme de distinction, je n'avais senti plus de vénération et plus de sympathie. Le visage du baron respirait la plus franche cordialité, et dans ses yeux brillait ce feu sombre qui annonce ordinairement les artistes doués d'une véritable vocation.

Toute la timidité que je pouvais avoir en ma qualité de jeune homme sans expérience disparut en un moment.

— Comment vous portez-vous, mon bon Haak? dit le baron d'une voix claire et sonore. Mon concert marche-t-il bien? C'est donc demain que nous l'entendrons. Ah! voilà donc le jeune homme, ce petit musicien de talent dont vous m'avez parlé!

Je baissai les yeux avec embarras, et je sentis que ma rougeur augmentait à chaque instant.

Haak déclina mon nom, et vanta mes dispositions naturelles et les progrès rapides que j'avais faits depuis peu.

— Ainsi, me dit le baron, entre tous les instruments tu as choisi le violon, mon enfant? As-tu bien songé que le violon est le plus difficile de tous les instruments imaginables? Oui, le violon, malgré sa simplicité et sa mesquinerie apparentes, possède une richesse de sons inépuisable, et des secrets étranges dont la nature n'accorde la compréhension qu'à un petit nombre d'hommes privilégiés. Es-tu bien convaincu que tu deviendras maître de ces secrets? Il y a beaucoup de musiciens qui ont cru arriver à ce but, et sont restés toute leur vie de pauvres bousilleurs. Je ne voudrais pas, mon enfant, te voir augmenter le nombre de ces misérables. Eh bien! tu pourras jouer quelque chose devant moi; je te dirai ce qu'il en est, et te donnerai des conseils. Il paut t'advenir ce qu'il arriva à Charles Stamitz, qui se croyait la merveille des merveilles. Lorsque je lui eus ouvert les yeux, il jeta son violon dans un coin derrière le poêle; il prit en main la basse de viole et la viole d'amour, et fit bien. Il pouvait du moins faire manœuvrer ses larges doigts sur ces instruments et en jouer passablement. Eh bien! je t'entendrai, mon enfant!

Ces premières paroles un peu singulières du baron me déconcertèrent; tout ce qu'il me disait pénétrait profondément dans mon âme, et je sentais avec un découragement intérieur que, malgré mon enthousiasme pour le plus difficile et le plus mystérieux des instruments, je n'étais peut-être pas apte à la tâche à laquelle j'avais consacré ma vie.

On commença à jouer trois quatuors d'Haydn, qui étaient alors dans toute leur nouveauté.

Mon maître tira son violon de sa boîte; mais à peine en eut-il touché les cordes pour l'accorder, que le baron se boucha les deux oreilles et s'écria comme hors de lui :

— Haak, Haak, je vous en conjure, arrêtez! Au nom du ciel, comment pouvez-vous perdre votre talent sur un violon aussi misérable, aussi criard, aussi cacophonique?

Le chef d'orchestre avait le violon le plus parfait que j'eusse jamais vu et entendu : c'était un chef-d'œuvre d'Antonio Stradivarius, et Haak était désespéré quand on ne rendait pas à son instrument favori les honneurs qu'il méritait. Quel fut mon étonnement de le voir serrer son violon en souriant! Il savait sans doute ce qui allait se passer.

Au moment où il ôtait la clef de la serrure de sa boîte à violon, le baron, qui était sorti de l'appartement, y rentra tenant une boîte couverte de velours rouge écarlate et ornée de franges d'or. Il la portait devant lui sur les deux bras comme une corbeille de noces, ou comme un nouveau-né qu'on va faire baptiser.

— Je veux vous faire honneur, Haak, s'écria-t-il; vous allez jouer aujourd'hui de mon plus vieux et de mon plus beau violon. C'est un véritable Granuelo, et près de ce vieux maître, son disciple, votre Stradivarius n'est qu'un paltoquet. Tartini ne pouvait se servir d'autres violons que de ceux de Granuelo. Allons, rassemblez toutes vos forces, afin que ce Granuelo mette à votre disposition ses immenses trésors d'harmonie.

Le baron ouvrit la boite, et j'aperçus un instrument dont la forme annonçait la haute antiquité; à ses côtés reposait un archet très-extraordinaire, qui, par son excessive courbure, semblait plus propre à lancer des flèches qu'à faire de la musique instrumentale. Le baron prit le violon avec précaution et solennité, et le présenta au chef d'orchestre, qui le reçut non moins cérémonieusement.

— Je ne vous donne pas l'archet, dit le baron en souriant et en frappant familièrement sur l'épaule de Haak; non, je ne vous donne pas l'archet, car vous ne vous entendez pas à le conduire, et c'est pourquoi jamais de votre vie vous ne parviendrez à avoir un coup d'archet régulier.

Le baron éleva l'archet en question et l'examina avec des yeux brillants de plaisir; puis il poursuivit :

— C'est un archet semblable qu'employait le grand et immortel Tartini, et après lui il n'y a que deux de ses élèves qui aient conservé le secret de ce jeu moelleux, sonore, allant à l'âme, possible seulement avec un pareil archet. L'un est Nardini, qui a maintenant soixante ans, et est cependant un grand musicien; l'autre, vous le savez, messieurs, c'est moi-même: je suis le seul possesseur du véritable art du violon, et mes efforts constants m'ont rendu supérieur dans cet art dont Tartini fut le créateur... Maintenant, messieurs, continuons.

Les quatuors d'Haydn, comme on peut bien le penser, furent joues avec une telle perfection qu'ils ne laissèrent rien à désirer.

Le baron s'était assis, les yeux fermés, et se dandinait de côté et d'autre. Parfois il se levait, se rapprochait des joueurs, examinait leurs cahiers de musique en fronçant le sourcil, s'éloignait à pas de loup, revenait, se replaçait sur sa chaise, mettait sa tête entre ses mains „et poussait de longs gémissements.

— Arrêtez! s'écriait-il soudain lorsqu'il y avait quelque passage mélodieux dans l'adagio. Vrai Dieu! c'est une mélodie *tartinienne*; mais vous ne l'avez pas comprise. Encore une fois, je vous en prie.

Et les musiciens répétaient en souriant le passage avec plus de lenteur et d'attention, et le baron soupirait et pleurait comme un enfant.

Quand les quatuors furent achevés, le baron prit la parole.

— Cet Haydn est un homme divin, dit-il; il sait remuer les cœurs, mais il n'entend rien à écrire pour le violon. Peut-être, au reste, lui serait-ce inutile, car s'il écrivait dans la seule véritable manière, celle de Tartini, vous ne pourriez pas le jouer.

C'était à mon tour de jouer quelques variations que Haak avait composées pour moi.

Le baron se plaça à mes côtés et regarda la musique. On peut s'imaginer le trouble que m'inspirait la présence de ce critique sévère. Mais bientôt un vigoureux allégro m'entraîna; j'oubliai le baron, et déployai toute la puissance de mes moyens.

Quand j'eus fini, le baron me frappa sur l'épaule, et me dit avec un gracieux sourire :

— Tu peux continuer à t'occuper du violon, mon fils; mais tu n'entends absolument rien au coup d'archet et à l'expression, ce qui peut provenir de ce que tu n'as pas encore eu affaire à de bons maîtres.

On se mit à table. On avait servi dans un autre appartement un repas qui pouvait passer pour somptueux, et qui se faisait surtous remarquer par la quantité et la diversité des vins fins. Les musicient

— Enfant, enfant! me dit-il, tu t'adresses donc à moi comme à l'unique violon qui soit encore au monde; eh bien! cela prouve que tu as pour l'art une vocation réelle, et que tu as conçu en ton âme l'idéal de la perfection instrumentale. Quel plaisir n'aurais-je pas à t'aider! mais où prendre le temps, où prendre le temps? Haak me donne beaucoup de peine, et puis il y a le jeune Durand qui veut se faire entendre en public, et qui a bien vu que ce serait impossible s'il ne faisait chez moi un cours d'études bien suivi; mais attends, attends! entre le déjeuner et midi, ou avant le déjeuner! oui, j'ai encore une heure à moi! enfant, viens tous les jours à midi précis. Je jouerai du violon avec toi durant une heure; puis ce sera le tour de Durand.

On se figure aisément que dès le lendemain, le cœur palpitant, je me rendis chez le baron.

Il ne souffrit pas que je me servisse du violon que j'avais apporté; il me mit entre les mains un gothique instrument d'Antonio Amati. Jamais je n'avais joué d'un semblable violon. Les sons célestes que rendirent les cordes m'animèrent. Je m'égarai dans de brillants passages; je fis couler à flots retentissants des torrents d'harmonies, dont le bruit diminuant par degrés finit par se perdre dans un doux murmure. Je crois qu'il m'est rarement arrivé par la suite de jouer aussi bien.

Le baron hochait la tête d'un air d'impatience. — Enfant, enfant! me dit-il lorsque je cessai, il te faut oublier tout cela; d'abord la manière dont tu tiens ton archet est tout à fait misérable.

Il m'enseigna ensuite comment on devait tenir l'archet d'après la méthode de Tartini; je crus qu'en la suivant il me serait impossible de tirer aucun son de mon instrument. Mais je fus bien étonné lorsque, répétant mes passages sur l'invitation du baron, je vis en quelques minutes les immenses avantages de la manière qu'il m'avait indiquée.

— A présent, dit le baron, nous allons commencer la leçon. Joue-moi un ut mineur, et soutiens la note aussi longtemps que tu pourras; épargne ton archet, épargne ton archet! car ce que l'haleine est au chanteur, l'archet l'est à l'instrumentiste.

Je fis ce qu'il m'ordonnait, et, à ma vive satisfaction, je parvins à faire entendre un ut plein, en montant du *pianissimo* au *fortissimo* pour redescendre ensuite.

— Vois-tu bien, mon enfant? s'écria le baron, permis à toi de faire de jolis passages, des fioritures, des trilles, et autres frivoles ornements de la nouvelle école; mais tu ne sais pas tenir une note comme il faut. Je vais te montrer ce qui s'appelle tenir un son sur le violon.

Il m'ôta l'instrument des mains et saisit l'archet. Ici les paroles me manquent pour exprimer ce qui se passa.

Son archet tremblant monta et descendit tout près du chevalet, et produisit une effroyable cacophonie : c'était un ronflement, un sifflement, un miaulement affreux; enfin un bruit qu'on pourrait comparer à la voix chevrotante d'une vieille femme, qui, les lunettes sur le nez, se tourmente pour fredonner l'air d'une chanson qu'elle veut retenir.

En même temps il regardait le ciel comme plongé dans l'extase de la béatitude, et, quand il eut cessé de promener l'archet sur les cordes et posé près de lui l'instrument, il s'écria les yeux étincelants et d'une voix profondément émue :

— Voilà un son! voilà un son!

J'étais tout déconcerté; l'envie de rire qui me suffoquait était comprimée par l'air vénérable et le regard inspiré du vieillard. Il me semblait que j'étais le jouet d'une illusion fantastique; je sentais ma poitrine oppressée, et il me fut impossible de prononcer une seule parole.

— N'est-ce pas, mon enfant! reprit le baron, que ce son t'a été à l'âme? Tu ne te figurais pas qu'avec quatre pauvres petites cordes on arriverait à produire un si merveilleux effet? Maintenant, bois, bois, mon enfant!

Le baron me versa un verre de vin de Madère, et m'obligea de le boire et de manger quelques gâteaux qui étaient sur la table; en ce moment une heure sonna.

— En voilà assez pour aujourd'hui, s'écria le baron; va, va, mon enfant, et reviens bientôt... Tiens, prends, prends !...

Le baron me glissa dans la main un petit papier, où j'aperçus un ducat hollandais brillant et bien frappé.

Tout stupéfait, je courus chez le chef d'orchestre, et lui racontai ce qui s'était passé. Il se mit à rire aux éclats.

— Sais-tu bien maintenant, s'écria-t-il, ce qu'il en est du baron et de ses leçons? Il te prend pour un commençant, aussi ne t'a-t-il donné qu'un ducat pour te récompenser d'avoir pris sa leçon; mais aussitôt qu'à ses yeux tu seras devenu plus fort il augmentera tes honoraires. Je reçois déjà un louis, et Durand, si je ne me trompe, touche deux ducats.

Je ne pus m'empêcher de dire qu'il était étrange de mystifier ainsi le bon vieux baron, et de lui extorquer ses ducats.

— Il faut que tu saches, répondit le chef d'orchestre, que le seul bonheur du baron est de donner de semblables leçons; si nous refusions de les prendre, il irait dire partout dans le monde, des autres maîtres et de moi, que nous sommes de misérables ignorants, et on le croirait, car on le regarde généralement comme un excellent connaisseur. Mais enfin, à part son idée fixe et sa manie de se croire le plus habile des violons, le baron est un homme dont le jugement sain et les savants conseils peuvent être de la plus grande utilité, même à la plupart des maîtres. Juge maintenant toi-même si j'ai tort de tenir à lui malgré sa folie, et d'aller de temps en temps gagner mon louis d'or. Va le voir souvent, n'écoute pas ses absurdités, mais fais bien attention aux paroles pleines de sens qui dénotent en lui un homme pénétré du sentiment de la musique. Les visites que tu lui rendras ne peuvent que te faire du bien.

Je suivis le conseil de mon maître. Quelquefois j'avais peine à m'empêcher de rire en voyant le baron promener ses doigts, non pas sur le manche, mais sur la table du violon, et faire aller en tous sens l'archet sur les cordes. Pendant ce manége il m'assurait qu'il jouait le plus sublime des solos de Tartini, et qu'il était le seul homme au monde capable d'exécuter ce solo.

Mais, lorsqu'il posait le violon et se mettait à causer, il me dévoilait des trésors de science dont je m'enrichissais, et ses discours remplissaient mon âme d'une noble ardeur.

Je figurai un jour avec succès dans un de ses concerts, et j'obtins des applaudissements unanimes.

— C'est à moi que ce jeune homme doit ses talents, dit-il en promenant autour de lui un regard de fierté; c'est moi qui l'ai formé, moi l'élève du grand Tartini !

Ainsi les leçons du baron me valurent du plaisir, de la science, et des ducats hollandais de bon aloi.

LE VOEU.

I.

Le jour de la Saint-Michel, à l'heure où l'on sonnait l'Angelus au couvent des Carmes, une élégante berline de voyage, attelée de quatre chevaux de poste, roulait avec un bruit de tonnerre à travers les rues de la petite ville de Lilinitz sur les frontières de la Pologne. Elle s'arrêta enfin devant la porte cochère de la maison du vieux bourgmestre allemand.

Les enfants du bourgmestre mirent le nez à la fenêtre par curiosité; mais la maîtresse de la maison se leva de son siége, et jeta avec humeur sur la table son attirail de couturière.

— Maudite enseigne! dit-elle à son vieux mari, qui sortait précipitamment de la chambre voisine; voilà encore des étrangers qui prennent notre logis pour une auberge. Pourquoi as-tu fait redorer la colombe de pierre qui est au-dessus de la porte?

Le vieillard sourit finement et d'un air entendu sans répondre un seul mot. En un moment il eut jeté bas sa robe de chambre et mis son habit de cérémonie, qui, brossé avec soin depuis qu'il l'avait endossé pour aller à l'église, était étendu sur le dossier d'une chaise. Avant que sa femme stupéfaite eût pu ouvrir la bouche pour l'interroger il se tenait déjà à la portière de la voiture, qu'avait ouverte un domestique. Le bourgmestre avait sous le bras son bonnet de velours, et sa tête d'une blancheur argentée reluisait dans l'obscurité du crépuscule.

Une dame âgée, en manteau gris de voyage, descendit de la voiture, suivie d'une femme plus jeune dont le visage était voilé; celle-ci s'appuya sur le bras du bourgmestre, et se traîna plutôt qu'elle ne marcha jusqu'à la maison. A peine fut-elle entrée dans la chambre, qu'elle retomba à moitié évanouie sur un fauteuil qu'à un signe de son mari la maîtresse du logis s'était empressée de lui avancer.

— La pauvre enfant! dit la dame âgée au bourgmestre d'une voix basse et mélancolique ; il faut que je reste quelques instants auprès d'elle.

Aussitôt, aidée de la fille aînée du bourgmestre, elle ôta son manteau de voyage ; et sa robe de nonne, ainsi qu'une croix étincelante qu'elle portait sur la poitrine, la firent reconnaître pour l'abbesse d'un couvent de l'ordre de Cîteaux.

Cependant la dame voilée n'avait donné d'autres signes de vie qu'un gémissement faible et à peine sensible ; enfin elle demanda un verre d'eau à la maîtresse de la maison. Celle-ci apporta toute espèce de gouttes fortifiantes et d'élixirs, dont elle loua les propriétés merveilleuses, et conjura la dame de souffrir qu'on lui enlevât ce voile incommode et épais, qui devait lui gêner la respiration. Mais, toutes les fois qu'elle s'approcha, la dame la repoussa de la main, en détournant la tête avec les signes de l'effroi ; toutes les instances de la femme du bourgmestre furent inutiles. La malade but deux ou trois gorgées de l'eau qu'elle avait demandée, et dans laquelle l'hôtesse attentive avait jeté quelques gouttes d'un puissant cordial ; elle consentit également à respirer l'odeur d'un flacon de sels ; mais ce fut toujours sous son voile, et sans le lever aucunement.

— Vous avez eu soin de tout préparer comme on la désirait ? demanda l'abbesse au bourgmestre.

— Oui, madame, répondit le vieillard, j'espère que notre sérénissime prince sera content de moi, ainsi que cette dame, pour laquelle j'ai tout disposé de mon mieux.

— Laissez-moi donc encore quelques moments seule avec ma pauvre enfant, reprit l'abbesse.

La famille quitta la chambre. On entendit l'abbesse parler à la dame avec ferveur et onction, et la dame prononça aussi quelques mots d'un ton qui remuait profondément le cœur. Sans précisément écouter, la maîtresse de la maison était restée à la porte de la chambre. Les dames parlaient italien ; ce qui contribuait à rendre toute l'aventure plus mystérieuse, et augmentait le serrement de cœur de la femme du bourgmestre.

Celui-ci appela sa fille et sa femme, leur dit de préparer du vin et des rafraîchissements, et il rentra lui-même dans la chambre.

La dame voilée se tenait devant l'abbesse, la tête inclinée et les mains jointes, et paraissait plus tranquille. L'abbesse ne refusa pas de prendre un peu des rafraîchissements que l'hôtesse lui présenta; puis elle s'écria :

— Allons, il est temps !

La dame voilée tomba à genoux. L'abbesse étendit les mains sur sa tête et murmura des prières. Quand elles furent terminées, l'abbesse serra sa compagne dans ses bras, la pressa contre son cœur avec une violence qui prouvait l'excès de sa douleur, et des larmes abondantes roulèrent le long de ses joues. Puis, avec une dignité ferme et imposante, elle donna la bénédiction à la famille, et, aidée du vieillard, monta précipitamment dans sa voiture, à laquelle on avait mis des chevaux frais.

Le postillon excita les chevaux qui hennissaient bruyamment, et la voiture s'éloigna avec rapidité.

Quand la maîtresse de la maison vit que la dame voilée, pour laquelle on avait descendu de la voiture deux coffres pesants, allait séjourner longtemps dans la maison, elle ne put se défendre d'un sentiment pénible d'inquiétude et de curiosité. Elle courut dans le vestibule au-devant de son mari, et l'arrêta au passage, au moment où il allait entrer dans la chambre.

— Au nom du Christ, murmura-t-elle d'une voix troublée, quel hôte m'as-tu amené ? Car tu étais prévenu de tout, et tu ne m'en avais pas dit un mot.

— Je t'apprendrai tout ce que je sais moi-même, répondit tranquillement le vieillard.

— Ah ! ah ! poursuivit la femme avec un redoublement d'agitation ; mais tu ne sais peut-être pas tout. Tu n'étais pas tout à l'heure dans la chambre. Dès que madame l'abbesse fut partie, sa compagne se trouva probablement trop gênée par son épais voile. Elle ôta le grand crêpe noir qui lui tombait jusqu'aux pieds, et je vis...

— Eh bien ! que vis-tu ? interrompit le vieillard.

Sa femme tremblante promenait autour d'elle des regards effarés, comme si elle eût aperçu un spectre.

— Rien, reprit-elle ; je ne pus distinguer complétement les traits du visage sous le mince voile qui les couvrait encore, mais ils me semblèrent d'une couleur de cadavre, oui, d'une affreuse couleur de cadavre. Mais, mon vieux, remarque aussi qu'il est évident, qu'il n'est que trop évident, qu'il est aussi clair que le jour, que la dame est enceinte. Elle va accoucher dans quelques semaines.

— Je le sais, femme, dit le bourgmestre d'un ton maussade, et, de peur que tu ne tombes malade d'inquiétude et de curiosité, je vais t'éclaircir ce mystère en deux mots.

Apprends donc que le prince Zapolski, notre puissant protecteur, m'écrivit il y a quelques semaines que l'abbesse du couvent de l'ordre de Citeaux, à Oppeln, m'amènerait une dame qu'il me priait de recevoir dans ma maison, sans bruit, et en évitant avec soin les regards indiscrets. La dame, qui ne veut pas prendre d'autre nom que celui de Célestine, attendra chez moi sa prochaine délivrance, et puis elle partira avec l'enfant qu'elle aura mis au monde. Si j'ajoute à cela que le prince m'a recommandé de la manière la plus pressante d'avoir pour cette dame les plus grandes attentions, et que, pour première indemnité de mes déboursés et de mes peines, il m'a envoyé une grosse bourse pleine de ducats, qu'il t'est facile de trouver et de guigner dans ma commode, tous tes scrupules seront sans doute levés.

— Nous devons donc, dit l'hôtesse, prêter les mains aux péchés que commettent les grands personnages ?

Avant que le vieillard eût eu le temps de lui répondre, sa fille sortit de l'appartement et leur cria que la dame, ayant besoin de repos, désirait être conduite dans la chambre qui lui était destinée.

II.

Le bourgmestre avait fait arranger aussi bien qu'il l'avait pu les deux petites chambres de l'étage supérieur, et il ne fut pas médiocrement embarrassé lorsque Célestine lui demanda si, outre ces deux pièces, il n'en avait pas une dont la fenêtre donnât sur le derrière.

Il lui répondit négativement, et ajouta seulement, pour l'acquit de sa conscience, qu'à la vérité il y avait encore une petite chambre avec une seule fenêtre sur le jardin, mais qu'à proprement parler ce n'était pas une chambre, mais simplement une mauvaise mansarde, une misérable cellule à peine capable de contenir un lit, une table et une chaise.

Célestine demanda sur-le-champ à voir cette chambre, et déclara, dès qu'elle y fut entrée, que ce logement répondait à ses désirs et à ses besoins; qu'elle n'en souhaitait pas d'autre, et qu'elle la changerait contre une plus grande dans le cas où il lui faudrait une garde-malade.

Le bourgmestre avait comparé cette étroite chambre à une cellule, et dès le lendemain la comparaison se trouvait exacte. Célestine avait suspendu au mur une image de Marie, et sur la vieille table de bois qui était au-dessous elle avait placé un crucifix. Le lit consistait en un sac de paille, une couverture de laine, et, excepté un escabeau de bois et une seconde petite table, Célestine refusa toute espèce de meubles.

La maîtresse de la maison, réconciliée avec l'étrangère par la compassion que lui causait la douleur profonde et déchirante peinte dans tout son maintien, crut devoir lui rendre visite, pour se conformer aux usages reçus; mais l'étrangère la pria avec les instances les plus attendrissantes de ne pas troubler sa solitude, dans laquelle elle trouvait des consolations auprès de la Vierge et des saints.

Tous les matins, dès la pointe du jour, Célestine se rendait à l'église des Carmes pour entendre la première messe. Elle semblait consacrer le reste du jour à des exercices de dévotion; car toutes les fois qu'on avait besoin d'entrer dans sa chambre, on la trouvait occupée à prier ou à lire des livres de piété. Elle refusait tout autre mets que des légumes, toute autre boisson que de l'eau. Le bourgmestre lui représenta que sa situation, sa manière d'être, la conservation de sa vie demandaient une meilleure nourriture, mais ce ne fut qu'à force de supplications qu'il parvint à lui faire accepter un peu de bouillon et de vin.

Les gens de la maison regardaient cette vie austère, claustrale, comme l'expiation d'une faute grave; toutefois ils se sentaient pénétrés pour l'étrangère d'une commisération intérieure et d'une vénération profonde, que contribuaient à accroître la noblesse de ses manières et la grâce entraînante de tous ses mouvements.

Mais sa persistance à ne jamais lever son voile, l'impossibilité où l'on était de voir son visage mêlaient une sorte de terreur à ces sentiments pour la sainte étrangère. Personne ne l'approchait, si ce n'est le bourgmestre et la partie féminine de sa famille; et ces personnes, qui n'étaient jamais sorties de leur petite ville, n'auraient pu reconnaître les traits d'une figure qu'elles n'avaient jamais vue, et arriver à découvrir le mystère. Ainsi à quoi bon ce voile?

L'imagination active des femmes inventa bientôt une histoire effroyable. Un signe redoutable, disaient-elles, la marque de la griffe du diable, avait affreusement sillonné le visage de l'étrangère, et de là ce voile épais.

Le bourgmestre eut bien de la peine à réprimer les caquets, et à empêcher qu'au moins devant la porte de sa maison on se permît des conjectures erronées sur le compte de l'étrangère dont on connaissait déjà l'installation chez lui. On avait aussi remarqué les promenades de Célestine au couvent des Carmélites, et bientôt on la nomma la dame noire du bourgmestre; qualification qui entraînait d'elle-même l'idée d'une apparition surnaturelle.

Le hasard voulut qu'un jour que la fille du bourgmestre apportait à manger à Célestine dans sa chambre, un courant d'air soulevât le voile. L'étrangère se détourna avec la rapidité de l'éclair, pour se soustraire au regard de la jeune fille ; mais celle-ci devint pâle, et se mit à trembler de tous ses membres. Elle n'avait point distingué de traits ; mais, comme sa mère, elle avait vu une face cadavéreuse et d'une blancheur de marbre, et dans deux cavités profondes des yeux qui lançaient des regards étranges !

Le bourgmestre combattit avec raison ces idées de jeune fille, mais il n'était pas éloigné de les partager, et souhaitait voir partir de chez lui celle qui venait y apporter le trouble, malgré la piété dont elle faisait parade.

Une nuit le vieillard éveilla sa femme et lui dit que depuis quelques minutes il entendait des plaintes, des gémissements, et des coups légers, qui semblaient partir de la chambre de Célestine. La dame, saisie du pressentiment de ce que ce pouvait être, s'y rendit en toute hâte. Elle trouva Célestine habillée et enveloppée de son voile, étendue sur son lit presque sans connaissance, et elle se convainquit que sa délivrance était prochaine. Tous les préparatifs nécessaires avaient d'avance été faits depuis longtemps, et au bout de peu de temps naquit un garçon charmant et bien constitué.

Cet événement, bien qu'on s'y attendît, survint presque à l'improviste, et eut pour effet d'anéantir la contrainte qui rendait désagréables les rapports de la famille avec l'étrangère. L'enfant était comme un médiateur ayant mission de réconcilier Célestine avec l'humanité. Son état lui interdisait les pratiques ascétiques, et le besoin qu'elle avait du secours de ses semblables et de leurs soins assidus l'habitua par degrés à leur société. La maîtresse du logis, qui soignait la malade et lui préparait elle-même des bouillons nourrissants, oublia en se livrant à ces fonctions domestiques toute la défiance que lui avait inspirée d'abord l'énigmatique étrangère. Le bourgmestre tout ragaillardi jouait et riait avec l'enfant comme s'il eût été son petit-fils, et il s'était accoutumé, ainsi que le reste de sa famille, à voir Célestine voilée.

Elle avait conservé son voile même au milieu des douleurs de son enfantement. La sage-femme avait été obligée de lui jurer qu'en cas même d'évanouissement on ne lui ôterait pas ce voile, et que la sage-femme seule se chargerait de le lui enlever si l'imminence du danger l'exigeait absolument. Il était certain que la femme du bourgmestre avait vu Célestine sans son voile, mais ses réflexions se bornaient à dire :

— La pauvre jeune dame, il faut bien qu'elle se cache le visage!

Au bout de quelques jours, on vit reparaître le moine du couvent des Carmes qui avait baptisé l'enfant. Son entretien avec Célestine, que personne n'osa troubler, dura plus de deux heures. On l'entendit parler avec chaleur et prier. Quand il fut parti, on trouva Célestine assise dans un fauteuil, et l'enfant sur ses genoux. Il avait un scapulaire suspendu à ses petites épaules, et portait un *agnus Dei* sur la poitrine.

Des semaines et des mois se passèrent sans qu'on vînt chercher Célestine et son enfant, comme le bourgmestre s'y attendait, et comme le prince Zapolski l'en avait prévenu. Elle eût pu être admise dans l'intimité de la famille, si le voile fatal n'eût été un obstacle insurmontable. Le bourgmestre prit sur lui de s'en expliquer avec l'étrangère, mais elle répondit d'une voix sourde et solennelle :

— Je ne quitterai ce voile que pour un linceul.

Le bourgmestre se tut, et souhaita de nouveau que la voiture et l'abbesse reparussent le plus tôt possible.

III.

Le printemps était de retour; la famille du bourgmestre revenait de la promenade, et rapportait des bouquets de fleurs, dont les plus beaux étaient destinés à la pieuse Célestine.

Au moment où tous allaient entrer dans la maison, un cavalier parut tout à coup. A son costume, on le reconnaissait pour un officier des chasseurs de la garde impériale française; il demanda avec empressement le bourgmestre.

— C'est moi-même, dit le vieillard, et vous êtes à ma porte.

Le cavalier sauta à bas de son cheval, qu'il attacha à un poteau, et se précipita dans la maison en criant d'une voix perçante :

— Elle est ici! elle est ici!

Il monta rapidement, on entendit une porte s'ouvrir et Célestine pousser un cri d'angoisse. Le bourgmestre saisi d'effroi accourut.

L'étranger avait arraché l'enfant de son berceau, l'avait enveloppé de son manteau, et le tenait de son bras gauche tandis que du droit il repoussait Célestine, qui employait toutes ses forces pour arracher l'enfant au ravisseur. Dans cette lutte, l'officier arracha le voile! et l'on vit un visage pâle et inanimé, ombragé de boucles de cheveux noirs, et des yeux qui dardaient des éclairs du fond de leurs sombres orbites, pendant que des clameurs perçantes partaient des lèvres immobiles et à demi ouvertes...

Le bourgmestre s'aperçut que Célestine portait un masque blanc étroitement attaché à son visage, dont il dessinait les contours.

— Femme horrible! s'écria l'officier, veux-tu que je partage ta folie?

Et il repoussa Célestine avec tant de force qu'elle tomba à terre. Elle embrassa ses genoux, et parut en proie à une invincible douleur.

— Laisse-moi cet enfant, dit-elle d'un ton suppliant qui déchirait le cœur; sur ton salut éternel il t'est défendu de me le ravir. Au nom du Christ, au nom de la sainte Vierge, laisse-moi cet enfant, laisse-moi cet enfant!

Malgré ces accents lamentables, aucun muscle ne se remuait; les lèvres de ce visage de mort demeuraient immobiles : de sorte que le vieillard, sa femme et tous ceux qui l'avaient suivi sentirent leur sang se glacer d'horreur dans leurs veines.

— Non, s'écria l'officier comme emporté par son désespoir, non, femme inhumaine et inexorable, tu peux m'arracher le cœur, mais dans ton délire funeste tu ne dois pas perdre cet être que le ciel a destiné à apaiser les douleurs d'une blessure qui saigne encore!

L'officier serra avec plus de force contre son sein l'enfant, qui se mit à pleurer et à pousser des cris.

— Vengeance! hurla Célestine d'une voix sourde, vengeance du ciel sur toi, meurtrier!

— Laisse-moi, laisse-moi, éloigne-toi, apparition sortie de l'enfer! s'écria l'officier.

Et, par un mouvement convulsif, il repoussa du pied Célestine, et voulut gagner la porte. Le bourgmestre lui barra le passage; mais l'officier tira rapidement un pistolet, et en dirigea le canon vers le vieillard.

— Une balle dans la tête de celui qui songera à enlever au père son enfant!

En disant ces mots, il descendit précipitamment l'escalier, s'élança sur son cheval sans abandonner l'enfant, et partit au grand galop.

L'hôtesse, le cœur serré, remonta pour soutenir et consoler Célestine, surmontant l'horreur que lui inspirait l'affreux masque de cadavre; quel fut son étonnement en trouvant la pauvre mère au milieu de la chambre, immobile et muette comme une statue, et les bras pendants!

Ne pouvant supporter la vue du masque, la femme du bourgmestre remit à Célestine son voile, qui était tombé sur le parquet. Celle-ci ne prononça pas un mot, ne fit pas un mouvement. Elle était réduite à l'état d'automate. En la voyant ainsi, l'hôtesse sentit un redoublement de peine et d'anxiété, et pria Dieu avec ferveur de la délivrer de la funeste étrangère.

Sa prière fut exaucée sur-le-champ, car la voiture qui avait amené Célestine s'arrêta devant la porte de la maison. L'abbesse entra, accompagnée du prince Zapolski, le protecteur du vieux bourgmestre. Quand celui-ci apprit ce qui venait de se passer, il dit avec beaucoup de calme et de douceur:

— Nous arrivons trop tard, et il faut bien nous soumettre à la volonté de Dieu.

On descendit Célestine, qui se laissa emporter et placer dans la voiture sans bouger, sans parler, sans donner le moindre signe de volonté et de pensée. Il sembla au vieillard et à toute la famille qu'ils se réveillaient d'un mauvais rêve, source de vives inquiétudes.

Peu de temps après ce qui s'était passé chez le bourgmestre de Lilinitz, on enterra avec une solennité inaccoutumée une religieuse dans le couvent de l'ordre de Cîteaux, à Oppeln. Le bruit courut que cette sœur était la comtesse Herménégilde de Czernska, que l'on avait crue en Italie avec la sœur de son père, la princesse Zapolska.

A la même époque, le comte Népomucène de Czernski, père d'Herménégilde, vint à Varsovie, et ne se réservant qu'une petite propriété en Ukraine, il fit l'abandon de tout le reste de ses biens aux deux fils du prince Zapolski, ses neveux. On lui demanda de doter sa fille; mais pour toute réponse il leva vers le ciel des yeux humides de larmes, et dit d'une voix sourde :

— Elle est dotée.

Il ne prit de mesures ni pour confirmer le bruit de la mort d'Herménégilde dans le couvent d'Oppeln, ni pour combattre les suppositions qu'on faisait sur le sort de sa fille, qui était représentée comme une victime conduite prématurément au tombeau par la souffrance.

Plusieurs patriotes polonais, courbés, mais non abattus, par la chute de leur patrie, cherchèrent à faire entrer de nouveau le comte dans une association secrète, qui se proposait la délivrance de la Pologne; mais ils ne trouvèrent plus en lui cet homme ardent, amant enthousiaste de la liberté et de la patrie, et dont le courage héroïque les avait soutenus jadis dans leurs nobles entreprises. C'était un vieillard sans énergie, déchiré d'une douleur sauvage, étranger à toutes les choses de ce monde, et prêt à s'ensevelir dans une profonde solitude.

IV.

Autrefois, à l'époque où le premier partage de la Pologne excita une insurrection sanglante, le château du comte Népomucène de Czernski avait été le théâtre des assemblées secrètes des patriotes.

Là, dans des repas solennels, les conjurés s'enflammaient et s'excitaient à combattre pour leur pays opprimé. Là, Herménégilde paraissait au milieu du cercle de ces héros, semblable à un ange descendu du ciel pour les bénir. Elle avait le caractère des femmes de sa nation; elle prenait part à tout, même aux délibérations politiques; examinait avec attention l'état des choses, et, bien qu'elle n'eût pas encore dix-sept ans, elle combattait parfois l'avis général; et son opinion, dictée par la sagesse et par une pénétration extraordinaire, entraînait la majorité de l'assemblée.

Après Herménégilde, personne n'était plus propre au conseil et à l'examen des questions que le comte Stanislas de Ramskay, jeune homme de vingt ans, ardent et doué de grandes qualités. Il arrivait donc que souvent Herménégilde et Stanislas dirigeaient seuls la conversation dans les discussions difficiles. Seuls, ils examinaient, acceptaient, rejetaient et amendaient les propositions; et souvent le résultat de ces entretiens entre deux jeunes gens était adopté forcément par des vieillards habiles à traiter les affaires de l'État, et dont les anciens conseils avaient prouvé la prudence et la capacité.

Il était naturel de songer à une union entre ces deux jeunes gens, dont les talents surnaturels pouvaient être l'instrument du salut de la patrie. En outre, une alliance étroite entre leurs familles semblait en même temps demandée par la politique, parce qu'on les croyait animées l'une contre l'autre par des intérêts opposés, circonstance qui avait entraîné la chute de plusieurs familles polonaises.

Herménégilde, pénétrée de ces vues, accepta, comme un présent de la patrie, l'époux qu'on lui destinait. Les réunions patriotiques qui se tenaient au château de son père se terminèrent par les fiançailles solennelles d'Herménégilde et de Stanislas.

On sait que les Polonais succombèrent, et que la chute de Kosciusko entraîna celle d'une entreprise basée sur une trop grande confiance des combattants en eux-mêmes, sur de fausses prévisions, et sur une fidélité chevaleresque.

Le comte Stanislas, auquel ses débuts dans la carrière militaire, sa jeunesse et sa force assignaient une place dans l'armée, se battit avec le courage d'un lion : il échappa avec peine à une honteuse captivité, et revint grièvement blessé. Seule encore Herménégilde l'attachait à la vie; il croyait trouver dans ses bras des consolations et l'espérance qu'il avait perdue. Dès que ses blessures commencèrent à se cicatriser, il courut au château du comte Népomucène, où il devait être de nouveau et plus douloureusement blessé.

Herménégilde le reçut avec une hauteur presque dédaigneuse.

— Vois-je le héros qui voulait mourir pour sa patrie ? s'écria-t-elle en allant à sa rencontre.

Il semblait que dans son fol enthousiasme elle considérât son fiancé comme un paladin des temps héroïques dont l'épée pouvait à elle seule anéantir des armées.

En vain il l'implora avec l'accent de l'amour le plus passionné en vain il protesta qu'aucune puissance humaine n'était capable de lutter contre le torrent dévastateur qui s'était rué en mugissant sur la malheureuse Pologne ; tout fut inutile. Herménégilde, dont le cœur froid comme la mort ne pouvait s'échauffer qu'au milieu du tourbillon des affaires du monde, persista dans la résolution de n'accorder sa main au comte Stanislas que lorsque les étrangers seraient chassés de la terre natale.

Le comte vit trop tard qu'Herménégilde ne l'aimait pas, et fut orcé de s'avouer que la condition qu'on lui imposait, si toutefois elle était jamais remplie, ne le serait du moins que dans un temps bien éloigné. Il jura à sa bien-aimée de lui être fidèle jusqu'à la mort, et la quitta pour aller prendre du service dans l'armée française qui combattait en Italie.

On dit des femmes polonaises qu'elles ont un caractère fantasque qui leur est propre. Une sensibilité profonde, de la légèreté et de l'abandon, une abnégation stoïque, des passions brûlantes, une froideur glaciale, tout cela repose pêle-mêle dans leur âme, et produit à la surface une étonnante instabilité. Les jeux de leur humeur capricieuse sont semblables à ceux d'un ruisseau remué dans sa profondeur, à la superficie duquel de nouvelles ondes montent sans cesse en murmurant.

Herménégilde vit avec indifférence s'éloigner son fiancé ; mais quelques jours s'étaient à peine écoulés, qu'elle se sentit saisie d'un désir inexprimable, comme en peut seul enfanter l'amour le plus ardent.

L'orage de la guerre s'était apaisé ; on avait proclamé une amnistie, et on avait élargi les officiers polonais prisonniers. Plusieurs des frères d'armes de Stanislas arrivèrent au château, ils s'entretinrent avec une profonde douleur du jour de leur défaite et de l'intrépidité que tous avaient déployée, mais surtout Stanislas. Au moment où la bataille semblait perdue, il avait ramené au feu les bataillons qui reculaient, et était parvenu avec ses cavaliers à rompre les rangs ennemis. Le sort de la journée était douteux, lorsqu'une balle l'avait atteint. Il était tombé baigné dans son sang en répétant ces mots : — O ma patrie !... Herménégilde !...

Chaque mot de ce récit était un coup de poignard qui perçait le cœur d'Herménégilde.

— Non, disait-elle, je ne savais pas que je l'aimais ardemment depuis le moment où je l'ai vu pour la première fois ! quel démon a pu m'aveugler et m'égarer? quel démon m'a fait croire qu'il m'était possible de vivre sans celui qui seul est ma vie! je l'ai envoyé à la mort!... il ne reviendra pas!...

C'était ainsi qu'Herménégilde exhalait les douleurs orageuses qui bouleversaient son âme. Sans sommeil, incapable de prendre le moindre repos, elle errait la nuit dans le parc, et comme si le vent eût pu porter ses paroles à son ami éloigné, elle s'écriait : — Stanislas! Stanislas! reviens!... c'est moi, c'est Herménégilde qui t'appelle! ne m'entends-tu pas? reviens, ou je vais mourir d'inquiétude, d'amour et de désespoir!

V.

L'agitation d'Herménégilde menaçait de dégénérer en une véritable folie qui se manifestait par mille extravagances. Le comte Népomucène, rempli de chagrin et d'anxiété par l'état de sa chère fille, crut que les secours de l'art médical lui seraient peut-être salutaires, et il réussit à trouver un docteur qui voulut bien passer quelque temps au château et prendre soin de la malade.

Quelque sagement combinée que fût sa méthode plutôt morale que physique, elle ne produisit aucun résultat; et il devint douteux qu'on pût jamais parvenir à guérir Herménégilde, car après d'assez longs intervalles de tranquillité elle retombait à l'improviste dans les plus étranges paroxysmes.

Une aventure particulière donna une nouvelle tournure à la maladie d'Herménégilde.

Elle avait une petite poupée habillée en hulan à laquelle elle témoignait une vive tendresse et prodiguait les noms les plus doux, comme si c'eût été son bien-aimé. Elle la jeta au feu de dépit, parce que, sur son invitation, cette poupée n'avait pas voulu chanter :

Podrosz twoia nam nie mila
Milsza przyiazin w kraiu byla [1].

[1] C'est le commencement d'une chanson polonaise. Les deux vers que cite Hoffmann signifient littéralement :

Ton voyage ne nous a pas été agréable,
Ton amitié nous était précieuse au pays. *(Note du trad.)*

Sur le point de retourner dans sa chambre, après cette expédition, elle traversait le vestibule, lorsqu'elle entendit un cliquetis et un bruit de pas. Elle regarda autour d'elle, et aperçut un officier en grand uniforme de la garde impériale française qui portait le bras gauche en écharpe.

— Stanislas! mon Stanislas! cria-t-elle en s'élançant vers lui et tombant sans connaissance entre ses bras.

L'officier stupéfait, cloué à la terre par la surprise, eut de la peine à retenir, avec le seul bras dont il pût se servir, Herménégilde, qui, grande et bien nourrie, était loin d'être un léger fardeau; il la pressa contre son sein avec une force toujours croissante, et en sentant le cœur de la jeune fille battre près du sien il dut s'avouer que c'était la plus délicieuse aventure qui lui fût jamais arrivée.

Les minutes s'écoulaient rapidement; l'officier fut embrasé des feux du désir, dont les milliers d'étincelles électriques jaillissaient du corps charmant qu'il tenait entre ses bras, et il appuya ses lèvres brûlantes sur les douces lèvres d'Herménégilde. Ce fut ainsi que les trouva le comte Népomucène, qui sortait de sa chambre.

En ce moment Herménégilde reprit ses sens, embrassa l'officier avec ardeur, et s'écria de nouveau dans son délire :

— Stanislas! mon bien-aimé! mon époux!

L'officier, le visage brûlant, tremblant, perdant toute contenance, fit un pas en arrière, et se déroba doucement à l'étreinte convulsive d'Herménégilde.

— C'est le plus doux moment de ma vie, balbutia-t-il timidement, mais je ne veux pas jouir d'un bonheur qu'une erreur seule me procure. Je ne suis pas Stanislas! hélas! je ne le suis pas!

A ces mots, Herménégilde épouvantée bondit en arrière; elle regarda l'officier d'un œil fixe et perçant, se convainquit qu'elle avait été trompée par l'étonnante ressemblance de l'officier avec son amant, et s'éloigna en gémissant.

L'officier se fit connaître pour le comte Xavier de Ramskay, cousin de Stanislas. Le comte Népomucène pouvait à peine croire possible qu'en si peu de temps celui qu'il avait vu enfant fût devenu un jeune homme grand et robuste. A la vérité, les fatigues de la guerre avaient donné un caractère mâle à son visage et à tout son extérieur.

Le comte Xavier avait quitté sa patrie avec son cousin et son ami

Stanislas, et comme lui avait pris du service dans l'armée française et fait la campagne d'Italie.

A peine âgé de dix-huit ans alors, il s'était bientôt signalé, et avait montré tant de courage, que le général en chef l'avait nommé son aide de camp, et qu'à vingt ans il était parvenu au grade de colonel. Les blessures qu'il avait reçues exigeant quelque temps de repos, il était revenu dans son pays, et un message de Stanislas à sa bien-aimée l'avait amené au château du comte Népomucène, où il avait été reçu comme l'eût été Stanislas lui-même.

Le comte Népomucène et le médecin firent d'inutiles efforts pour calmer Herménégilde; elle résolut de ne pas quitter sa chambre tant que Xavier serait au château.

VI.

Xavier était profondément affligé d'être condamné à ne plus revoir Herménégilde. Il lui écrivit qu'elle lui faisait expier bien rigoureusement une ressemblance malheureuse pour lui et dont il n'était pas coupable. Mais il ajouta que le malheur qui l'accablait depuis ce fatal moment atteignait non-seulement lui, mais encore le bien-aimé Stanislas. En effet, lui, Xavier, était porteur d'un doux message d'amour, et il n'avait plus d'occasion de remettre à Herménégilde elle-même, comme il le devait, la lettre qui lui avait été confiée, et de lui communiquer de vive voix ce que Stanislas n'avait pas eu le temps d'écrire.

La femme de chambre d'Herménégilde, que Xavier avait mise dans ses intérêts, se chargea de présenter ce billet dans un moment favorable, et les deux mots de Xavier firent ce que n'avaient pu faire le père et le médecin. Herménégilde consentit à le voir.

Elle le reçut dans sa chambre, silencieuse et les yeux baissés. Xavier s'approcha d'un pas un peu incertain, et prit place devant le sofa sur lequel elle était; mais il s'inclina sur sa chaise, et s'agenouilla plutôt qu'il ne s'assit devant Herménégilde.

Dans cette attitude, il lui demanda pardon dans les termes les plus touchants, du même ton que s'il se fût accusé d'un crime irrémissible. Il la pria de ne pas faire retomber sur sa tête la faute d'une erreur qui lui avait dévoilé la félicité de son ami. Ce n'était pas lui, c'était Stanislas qu'elle avait pressé sur son cœur, dans les transports de joie du retour. Il lui remit la lettre, et commença à parler de Stanislas, à dire avec quelle fidélité chevaleresque il pensait à sa dame dans les combats, avec quelle ardeur il aimait la liberté et la patrie. Le feu et la vivacité du récit de Xavier entraînèrent Herménégilde; elle surmonta bientôt ses craintes, dirigea sur le jeune homme les regards enchanteurs de ses yeux célestes, de sorte que celui-ci, comme Calaf, ivre d'amour lorsque Turandot le regardait [1], put à peine continuer sa narration. Sans le savoir lui-même, et préoccupé de la lutte qu'il soutenait contre une passion dont les flammes menaçaient de s'étendre, il se perdit dans une amphigourique description de bataille. Il parla de charges de cavalerie, de masses rompues, de batteries enlevées. Herménégilde l'interrompit avec impatience :

— Oh! s'écria-t-elle, maudites soient ces scènes sanglantes dont l'enfer est l'auteur! Dites-moi seulement qu'il m'aime, que Stanislas m'aime!

Xavier tout ému saisit la main d'Herménégilde et l'appuya contre son cœur.

— Écoute-le lui-même, ton Stanislas! s'écria-t-il; et de ses lèvres s'échappèrent des protestations d'un amour brûlant, telles que peut seule en inspirer la passion la plus dévorante.

Il s'était jeté aux pieds d'Herménégilde; il l'avait enlacée de ses deux bras, et cherchait à l'attirer vers lui, quand il se sentit violemment repoussé. Herménégilde fixa sur lui un regard étrange, et dit d'une voix sourde :

— Vaine poupée! quand même je t'animerais en t'échauffant sur mon sein, tu n'es pas mon Stanislas, tu ne le seras jamais!

A ces mots, elle quitta la chambre à pas lents et sans bruit.

Xavier vit trop tard son étourderie. Il ne sentait que trop vivement qu'il était éperdument amoureux d'Herménégilde, de la fiancée de son parent et ami, et que toutes les démarches qu'il entreprendrait en faveur de sa folle passion l'exposaient à trahir l'amitié. Partir de suite sans revoir Herménégilde, telle fut l'héroïque résolution qu'il adopta, et en effet il ordonna aussitôt de faire ses malles et d'atteler sa voiture.

[1] Personnages d'une comédie du comte Carlo Gozzi.

Le comte Népomucène fut bien étonné en voyant Xavier prendre congé de lui. Il fit tout pour l'engager à rester; mais Xavier s'y refusa avec une fermeté qui provenait plutôt d'un spasme nerveux que d'une véritable force d'âme, et prétexta des affaires particulières.

Xavier, son sabre au côté, son bonnet de police à la main, se tenait au milieu de la chambre. Son domestique était dans l'antichambre et portait son manteau. Les chevaux impatients hennissaient devant la grande porte. En ce moment la porte de la salle s'ouvrit, et Herménégilde entra. Elle s'approcha du comte Xavier avec une grâce inexprimable, et lui dit en lui adressant un doux sourire :

— Vous voulez partir, mon cher Xavier? Je comptais vous entendre encore parler tant de fois de mon bien-aimé Stanislas! Savez-vous bien que vos récits me procurent de merveilleuses consolations?

Xavier baissa les yeux, et une vive rougeur colora ses joues. On s'assit; le comte Népomucène assura à plusieurs reprises que depuis plusieurs mois il n'avait pas vu Herménégilde dans cet état de calme et d'effusion.

L'heure du souper arriva. A un signe du comte, on servit le repas dans la pièce même où ils étaient. Le meilleur vin de Hongrie pétilla dans les verres, et, la figure animée, Herménégilde prit une coupe remplie, et but à son bien-aimé, à la liberté et à la patrie.

— Je partirai cette nuit, se dit Xavier; et dès que la table fut desservie, il demanda à son domestique si la voiture attendait.

Celui-ci lui répondit que depuis longtemps, par ordre du comte Népomucène, les bagages avaient été rentrés, la voiture placée sous la remise, les chevaux dételés et conduits à l'écurie, et que le cocher ronflait sur la litière.

Xavier prit son parti. L'apparition imprévue d'Herménégilde l'avait convaincu qu'il était non-seulement possible, mais encore convenable et à propos de rester, et de cette conviction il en vint à une autre : c'est qu'il ne s'agissait que d'être maître de soi, c'est-à-dire de réprimer ces élans de passion qui, irritant l'esprit malade d'Herménégilde, pouvaient lui être pernicieux. Il se dit, en terminant ces réflexions, qu'il fallait tout attendre des circonstances; qu'Herménégilde, tirée de ses rêveries, pourrait préférer un présent tranquille à un avenir douteux, et qu'en demeurant au château il n'était ni déloyal ni traître envers son ami.

VII.

Le lendemain, lorsque Xavier revit Herménégilde, il parvint en effet, en s'observant minutieusement, à calmer la bouillante ardeur de son sang et à lutter avec succès contre sa passion. Demeurant dans les bornes des plus strictes convenances, observant même un cérémonial glacé, il ne donna à la conversation que l'impulsion de cette galanterie dont la douceur mielleuse cache souvent un poison funeste aux femmes.

Xavier, jeune homme de vingt ans, inhabile aux ruses d'amour, guidé par un tact bien sûr, déploya l'art d'un maître expérimenté. Il ne parla que de Stanislas, de son inexprimable amour pour la douce fiancée; mais, dans le feu qu'il alluma, il sut adroitement faire luire sa propre figure, de sorte qu'Herménégilde, en proie à un pénible égarement, ne savait pas elle-même comment séparer ces deux images, celle de Stanislas absent et celle de Xavier présent à ses yeux.

La société de Xavier fut bientôt indispensable à Herménégilde complétement fascinée, et il s'ensuivit qu'on les vit presque constamment ensemble et souvent causant familièrement comme deux amants. L'habitude surmonta par degrés la timidité d'Herménégilde, et en même temps Xavier franchit cette barrière que mettaient entre eux les froides convenances et dans les limites de laquelle il s'était d'abord tenu renfermé. Herménégilde et Xavier se promenaient bras dessus bras dessous dans le parc, et la jeune fille lui abandonnait négligemment sa main quand, assis auprès d'elle dans sa chambre, il l'entretenait de l'heureux Stanislas.

Absorbé par les affaires d'État, par ce qui avait rapport à sa patrie, le comte Népomucène n'était pas capable de sonder la profondeur des cœurs. Il se contentait de voir ce qui se passait à la superficie; sa pensée morte pour tout le reste ne pouvait, semblable à un miroir, réfléchir que passagèrement les images fugitives de la vie, et elles s'évanouissaient devant lui sans laisser de traces. Il ne se douta nullement de l'état du cœur d'Herménégilde, et trouva bon qu'elle eût enfin changé contre un jeune homme vivant la poupée que son délire lui avait fait prendre pour son bien-aimé. Il crut montrer beaucoup de finesse en prévoyant que Xavier, gendre aussi convenable que tout autre à ses yeux, ne tarderait pas à remplacer Stanislas. Il ne pensa plus au fidèle fiancé.

Xavier eut des idées analogues; il se persuada qu'au bout de quelques mois Herménégilde, quelque préoccupée qu'elle fût de la pensée de Stanislas, consentirait pourtant à écouter les vœux de celui qui le remplaçait.

Un matin, on fut averti qu'Herménégilde s'était renfermée dans son appartement avec sa femme de chambre et qu'elle ne voulait voir personne.

Le comte Népomucène crut simplement que c'était un nouveau paroxysme qui ne durerait pas. Il pria le comte Xavier d'employer à la guérison de sa fille l'empire qu'il avait obtenu sur elle; mais quel fut son étonnement lorsque Xavier non-seulement se refusa à approcher d'Herménégilde sous aucun prétexte, mais encore laissa voir un changement total dans sa manière d'être! Au lieu de montrer comme auparavant une hardiesse portée presque à l'excès, il était troublé comme s'il avait aperçu des fantômes : le son de sa voix était tremblant; il s'exprimait avec peine, et ses discours étaient vagues et incohérents.

Il dit qu'il était obligé de retourner à Varsovie; qu'il ne reverrait jamais Herménégilde; que dernièrement l'égarement de la malade l'avait rempli d'épouvante; qu'il renonçait à toutes les félicités de l'amour; que la fidélité d'Herménégilde, poussée jusqu'au délire, lui avait fait sentir à sa grande confusion l'étendue de la perfidie dont il allait se rendre coupable à l'égard de son ami, et qu'une prompte fuite était son unique ressource.

Le comte Népomucène ne comprit rien à ce discours, et fut tenté de croire que l'extravagance d'Herménégilde s'était communiquée au jeune homme. Il chercha à le calmer, mais inutilement. Plus le comte lui prouvait la nécessité de voir sa fille pour la guérir de toutes ses bizarreries, plus Xavier s'opiniâtrait à refuser. Il coupa court à l'entretien en se jetant dans sa voiture et en s'éloignant, comme poussé par une puissance invisible et incompréhensible.

Le comte Népomucène, irrité et chagrin de la conduite d'Herménégilde, ne s'inquiéta plus d'elle, et il arriva qu'elle passa plusieurs jours enfermée dans son appartement sans voir d'autre personne que sa femme de chambre.

Un jour, le comte Népomucène était assis dans sa chambre et plongé dans ses réflexions. Il songeait aux exploits de l'homme que les Polonais invoquaient alors comme une fausse idole [1]. Tout à coup la porte s'ouvrit, et Herménégilde parut en grand deuil et presque entièrement couverte d'un long voile noir; elle s'approcha de son père à pas lents et solennels, tomba à ses genoux, et dit d'une voix tremblante :

— O mon père! le comte Stanislas, mon bien-aimé fiancé, n'est plus! Il est tombé en brave dans une lutte sanglante! Sa déplorable veuve est à genoux devant toi.

Le comte Népomucène dut considérer ces paroles comme une nouvelle preuve du dérangement de l'esprit d'Herménégilde, d'autant plus que le jour précédent il avait reçu des nouvelles de la bonne santé de Stanislas. Il releva doucement la jeune fille.

— Rassure-toi, ma chère fille, dit-il, Stanislas se porte bien. Bientôt il sera dans tes bras.

Herménégilde poussa un soupir qui ressemblait au râle d'un agonisant, et, déchirée par une douleur sauvage, elle s'affaissa et tomba à côté de son père sur les coussins du sofa. Elle fut quelques instants à se remettre, et reprit avec un calme singulier :

— Laisse-moi te dire, mon cher père, comment tout cela s'est passé, car il faut que tu le saches pour reconnaître en moi la veuve du comte Stanislas. Apprends qu'il y a six jours, au moment du crépuscule, je me trouvai dans le pavillon situé au sud de notre parc. Tout mon être, toutes mes pensées se tournèrent vers mon bien-aimé. Je sentis mes yeux se fermer involontairement; je ne dormais pas; mais j'étais plongée dans un étrange état auquel je ne puis donner que le nom d'hallucination. Bientôt tout bourdonna et tourna autour de moi; j'entendis un sinistre tumulte et un bruit de coups de feu qui se rapprocha de plus en plus. Je me levai, et fus bien étonnée de me trouver dans une tente. Il était à genoux devant moi; c'était bien mon Stanislas! Je l'entourai de mes bras, je le pressai contre mon cœur.

— Dieu soit béni ! m'écriai-je ; tu vis, tu es à moi !

Il me dit qu'immédiatement après la cérémonie nuptiale j'étais tombée dans un évanouissement profond, et ce fut alors seulement

[1] Il est vraisemblable qu'Hoffmann veut ici parler de Napoléon, sur lequel les Polonais comptèrent inutilement pour rétablir leur indépendance. (*Note du trad.*)

que je me rappelai la bénédiction donnée à mon époux et à moi dans la chapelle voisine par le père Cyprien, au milieu du fracas de l'artillerie et de l'agitation du combat. Je vis alors le vénérable prêtre sortir de la tente. L'anneau d'or du mariage étincelait à mon doigt ; le bonheur que je ressentais à serrer mon époux dans mes bras était inexprimable ; un ravissement sans nom, que je n'avais jamais éprouvé, remplit toute mon âme ; mes sens s'égarèrent ; un froid glacial s'empara de moi. Je fermai les yeux ; affreux spectacle ! Je me trouve soudain au milieu d'une mêlée furieuse. Devant moi brûle la tente incendiée, d'où l'on m'a probablement arrachée. Stanislas est entouré de cavaliers ennemis ; ses amis volent à son secours, mais il est trop tard ! Un cavalier vient de le renverser de cheval !

A ces mots, Herménégilde, épuisée par la douleur, tomba de nouveau sans connaissance ; Népomucène courut chercher des cordiaux, mais il n'eut pas le temps de les employer, car elle reprit ses sens, par l'effet seul d'une singulière énergie.

— La volonté du ciel soit accomplie! dit-elle d'une voix sourde et solennelle ; il ne m'est pas convenable de me plaindre ; mais jusqu'à la mort, fidèle à mon fiancé, je ne dois me séparer de lui par aucun engagement terrestre. Le pleurer, prier pour lui, pour notre salut, voilà mon devoir, et rien ne saurait m'en détourner.

VIII.

Le comte Népomucène crut avec raison que la folie de sa fille lui avait fait voir cette vision imaginaire. Il espéra que le deuil d'Herménégilde ferait succéder une douleur tranquille et concentrée à une agitation désordonnée, et compta sur le retour du comte Stanislas pour mettre un terme à cette nouvelle extravagance.

Parfois le comte Népomucène laissait tomber les mots de rêveries et de visions ; mais Herménégilde souriait amèrement, pressait sur ses lèvres l'anneau d'or qu'elle portait au doigt, et le baignait de larmes brûlantes.

Le comte Népomucène remarqua avec étonnement que cet anneau n'appartenait réellement pas à sa fille ; il ne le lui avait jamais vu, et il se livra à mille conjectures sur la source d'où il pouvait provenir, mais sans se donner la peine de faire une enquête sérieuse.

Une mauvaise nouvelle vint l'affliger ; le comte Stanislas avait été fait prisonnier.

Vers cette époque, le prince Zapolski arriva avec sa femme. La mère d'Herménégilde étant morte jeune, la princesse l'avait remplacée auprès de l'orpheline, et celle-ci lui témoignait un dévouement filial. Elle lui ouvrit son cœur et se plaignit amèrement que, bien qu'elle eût les preuves les plus convaincantes de la réalité de son union avec Stanislas, on la traitât de visionnaire et d'insensée. La princesse, instruite du dérangement d'idées d'Herménégilde, se garda bien de la contredire ; elle se contenta de lui assurer que le temps éclaircirait tout, et qu'en attendant il était convenable de se soumettre humblement à la volonté du ciel.

La princesse fut plus attentive quand Herménégilde lui parla de son état physique, et qu'elle décrivit les singuliers symptômes de l'indisposition qui paraissait la troubler. On vit la princesse veiller sur Herménégilde avec la plus vive sollicitude et une anxiété surprenante, à mesure que la jeune fille parut se remettre. Une vive rougeur remplaçait la pâleur mortelle des joues et des lèvres d'Herménégilde ; ses yeux perdaient leur feu sombre et sinistre. Son regard devenait doux et serein, ses formes amaigries s'arrondissaient à vue d'œil ; bref, elle reparut dans la fleur de la jeunesse et de la beauté.

Toutefois la princesse semblait la regarder comme plus malade que jamais, car, l'inquiétude peinte sur tous les traits, elle lui demandait : — Comment es-tu, qu'as-tu, mon enfant, qu'éprouves-tu ? sitôt qu'Herménégilde soupirait ou que son front se couvrait de la plus légère pâleur.

Le comte Népomucène, le prince et sa femme se consultèrent sur ce qu'il y avait à faire à l'égard d'Herménégilde et de son idée fixe qu'elle était la veuve de Stanislas.

— Je crois malheureusement, dit le prince, que son délire est incurable ; car elle n'est pas malade physiquement, et les forces de son corps soutiennent le désordre de son âme.

A ces mots, la princesse lança vers le ciel un regard triste et pensif.

— Oui, continua le prince, elle ne souffre pas, quoiqu'on la tourmente mal à propos comme une malade, à son grand détriment.

La princesse, à laquelle ces mots s'adressaient, regarda en face le comte Népomucène, et dit d'un ton vif et résolu :

— Non, Herménégilde n'est pas malade ; mais s'il était dans l'ordre des choses possible qu'elle se fût abandonnée, je serais convaincue qu'elle est enceinte.

A ces mots, elle se leva et quitta la chambre.

Le comte Népomucène et le prince demeurèrent interdits et comme frappés de la foudre. Ce dernier, reprenant le premier la parole, dit que sa femme avait souvent aussi les plus singulières visions.

Le comte Népomucène répondit d'un ton sévère :

— La princesse a eu raison ; une faute semblable de la part d'Herménégilde est au rang des choses impossibles. Mais si je te disais qu'une semblable pensée m'est venue hier à l'esprit quand ma fille s'est présentée devant moi ; si je te disais que cette idée ne m'a été que trop aisément suggérée par son aspect, tu comprendras naturellement combien les paroles de la princesse ont dû me causer d'émotion, de trouble et de douleur.

— Ainsi, répondit le prince, il faut que le médecin ou la sagefemme décident la question, et que le jugement peut-être trop précipité de la princesse soit anéanti, ou notre honte constatée.

Tous deux errèrent pendant plusieurs jours de projets en projets. L'état d'Herménégilde leur parut suspect, et ils furent d'avis de s'en rapporter à la princesse sur ce qu'il y avait à faire. Celle-ci rejeta l'intervention d'un médecin peut-être bavard, et fit entendre que dans cinq mois d'autres secours seraient nécessaires.

— Quels secours ? s'écrièrent à la fois le prince et le comte Népomucène.

— Oui, poursuivit la princesse en élevant la voix ; ce n'est plus douteux pour moi, ou Herménégilde est la plus infâme hypocrite que je connaisse, ou il y a là un inconcevable mystère ; elle est bien positivement enceinte.

Éperdu et troublé, le comte Népomucène ne trouva pas d'abord une parole ; enfin, se recueillant avec effort, il conjura la princesse de savoir à tout prix d'Herménégilde elle-même quel était le malheureux qui avait imprimé à leur maison une tache ineffaçable.

— Herménégilde, dit la princesse, ne soupçonne pas encore que je connais sa position. Je me promets tout du moment où je lui dirai ce qui en est. Le masque de l'hypocrite tombera, ou l'on aura d'éclatantes preuves de son innocence, qui pourtant, je l'avoue, me semble fort équivoque.

IX.

Le soir même, la princesse se rendit auprès d'Herménégilde, dont la grossesse était de plus en plus apparente. Elle prit la pauvre jeune fille par les deux bras, fixa ses yeux sur les siens, et lui dit d'un ton pénétrant :

— Ma chère, tu es enceinte !

Herménégilde leva les yeux au ciel comme dans une extase céleste, et s'écria avec l'accent de la joie la plus vive :

— O ma mère, ma mère, je le sais ! Je le sens depuis longtemps, et j'éprouve un bien-être inexprimable, quoique mon cher époux soit tombé sous les coups meurtriers des ennemis. Oui, le moment de ma plus grande félicité terrestre dure encore en moi, et mon bien-aimé revit dans le tendre gage d'une douce alliance !

Il sembla à la princesse que tout tournait autour d'elle, et qu'elle allait perdre la tête. La naïveté des expressions d'Herménégilde, son extase, son ton de vérité ne permettaient pas de l'accuser de perfidie, et son délire seul pouvait faire comprendre comment elle s'aveuglait elle-même sur l'étendue de sa faute.

Frappée de cette dernière idée, la princesse repoussa Herménégilde, et s'écria avec colère :

— Insensée ! un songe t'a-t-il mise dans cet état, qui nous voue tous à l'ignominie ? Crois-tu donc me donner le change par tes absurdes récits ? Réfléchis ; rassemble tous les souvenirs des jours passés ; l'aveu dicté par le repentir peut seul te réconcilier avec nous.

Baignée de larmes, abîmée dans la douleur, Herménégilde tomba aux genoux de la princesse :

— Ma mère, dit-elle d'une voix plaintive, toi aussi tu m'appelles visionnaire, toi aussi tu refuses de croire que l'Église m'a unie à mon Stanislas, que je suis sa femme ! Mais vois donc seulement cet anneau à mon doigt ? Que dis-je ? toi, tu connais mon état ; n'est-ce pas assez pour te convaincre que je n'ai pas rêvé ?

La princesse reconnut pour vrai, à son grand étonnement, que la pensée d'une faute n'était pas venue à Herménégilde, et qu'elle n'avait ni saisi ni compris ses reproches à ce sujet. Herménégilde, pressant avec ardeur sur son cœur les mains de sa mère adoptive, la supplia de croire à son mariage, dont son état ne permettait point d'ailleurs de douter; la bonne dame, toute déconcertée, hors d'elle-même, ne savait plus que dire à la pauvre enfant, et quel nouveau moyen employer pour saisir la trace du secret qui enveloppait Herménégilde.

Ce ne fut que plusieurs jours après que la princesse déclara au comte Népomucène qu'il était impossible de rien savoir de sa fille, qui croyait porter dans son sein un fruit de l'amour de son époux, et qui en avait même une conviction intime.

Les deux seigneurs irrités traitèrent Herménégilde d'hypocrite, et le comte Népomucène surtout jura que si les moyens de douceur ne parvenaient pas à dissiper son délire et à lui arracher l'aveu de son déshonneur, il userait de mesures rigoureuses.

Le princesse fut d'avis que l'emploi de la force serait aussi cruel qu'inutile. Elle était convaincue, disait-elle, qu'Herménégilde, loin d'y mettre de la fourberie, croyait de toute son âme ce qu'elle disait.

— Il y a encore dans le monde, ajouta-t-elle, plusieurs mystères que nous sommes tout à fait hors d'état de comprendre. Qui sait si l'union ardente de la pensée n'a pas une action physique, et si des rapports spirituels entre Stanislas et Herménégilde n'ont pas produit cet état qui nous semble incompréhensible?

Malgré toute la colère et tous les soucis de ce fatal moment, le prince et le comte Népomucène ne purent s'empêcher de rire, et parlèrent de cette idée de la princesse comme d'une des plus sublimes et des plus éthérées qu'eût produites le spiritualisme humain.

La princesse, le visage couvert d'une vive rougeur, dit que de semblables choses étaient hors de la portée de l'esprit grossier des hommes; mais, tout en étant persuadée de l'innocence de sa protégée, elle n'en jugeait pas moins sa position très-critique. Un voyage, qu'elle se proposait d'entreprendre avec Herménégilde, lui parut l'unique et le meilleur moyen de la soustraire à la honte et aux tourments.

Le comte Népomucène fut satisfait de cette proposition; car Herménégilde ne faisait aucun mystère de sa grossesse, et si elle voulait conserver sa réputation, elle devait s'éloigner volontairement du cercle de ses relations ordinaires.

Ce point étant réglé, tous se sentirent plus tranquilles. Le comte

Népomucène songea à peine davantage au funeste secret lorsqu'il vit la possibilité de le cacher au monde, dont le blâme était ce qu'il redoutait le plus. Le prince jugea avec beaucoup de raison que, vu le bizarre enchaînement des circonstances et le dérangement d'esprit d'Herménégilde, tout ce qu'on pouvait faire était d'attendre du temps le dénoûment de cette étrange aventure.

La délibération était close, et ils allaient se séparer, quand la soudaine arrivée du comte Xavier vint causer de nouveaux soucis et de nouveaux embarras.

Échauffé d'une course rapide, couvert de poussière, il se précipita dans la chambre avec l'empressement que donne une passion désordonnée, et sans saluer, sans faire attention à qui que ce fût, il s'écria d'une voix perçante :

— Il est mort! le comte Stanislas est mort! il n'a pas été fait prisonnier... non... il a été tué par l'ennemi : en voici les preuves!

A ces mots, il tira rapidement de sa poche plusieurs lettres qu'il remit au comte Népomucène. Leur contenu bouleversa le comte. La princesse jeta un coup d'œil sur l'une des lettres; mais à peine eut-elle lu quelques lignes, qu'elle leva les yeux au ciel, joignit les mains, et s'écria avec l'accent de la douleur :

— Herménégilde! pauvre enfant! quel inexplicable mystère!

Elle venait de voir que le jour de la mort de Stanislas était précisément celui de son entrevue avec Herménégilde, et que ces deux événements semblaient s'être passés simultanément [1].

— Il est mort, dit Xavier vivement et avec feu, Herménégilde est libre; aucun obstacle ne s'élève contre moi, qui l'aime plus que ma vie; je demande sa main!

Le comte Népomucène fut incapable de répondre. La princesse prit la parole, et déclara que certaines circonstances les mettaient dans l'impossibilité d'accueillir sa demande, que dans ce moment même il ne pouvait voir Herménégilde, et qu'on le priait de s'éloigner aussi vite qu'il était venu.

[1] Ainsi une espèce de vision aurait appris à Herménégilde la mort de Stanislas, et, sauf les détails qu'ajoute à la vérité son imagination égarée, l'aurait rendue spectatrice d'une scène qui se passait à une grande distance du lieu où elle était. Quelque étrange que paraisse la donnée adoptée par Hoffmann, les recueils d'observations physiologiques fournissent plusieurs exemples de faits analogues.

(*Note du trad.*)

Xavier répondit qu'il connaissait fort bien le désordre d'esprit d'Herménégilde, auquel vraisemblablement on voulait faire allusion, mais qu'il le considérait d'autant moins comme un obstacle, que son mariage avec la jeune fille devait mettre un terme à ce funeste état.

La princesse lui assura qu'Herménégilde avait juré de rester fidèle à Stanislas jusqu'à la mort, qu'elle repousserait toute autre alliance, et qu'au res-e, elle ne se trouvait plus au château.

Xavier se mit à rire; il dit que le consentement du père lui suffisait; et qu'il n'y avait qu'à lui laisser le soin de rétablir le calme dans le cœur d'Herménégilde.

Irrité au dernier point de l'impétueuse importunité du jeune homme, le comte Népomucène déclara qu'il était inutile de compter sur son consentement, et enjoignit à Xavier de quitter le château au plus tôt.

Le comte Xavier le regarda fixement, ouvrit la porte du vestibule, et cria au cocher d'apporter ses bagages, de desseller les chevaux et de les conduire à l'écurie. Puis il revint dans la chambre, et se jeta dans un fauteuil près de la fenêtre.

— La force seule, dit-il d'un ton calme et sévère, pourra m'arracher du château avant d'avoir vu Herménégilde, avant de lui avoir parlé.

— Alors vous pourrez y faire un long séjour, répondit le comte Népomucène; quant à moi, je vous cède la place, et je vous demanderai la permission de quitter ces lieux.

Aussitôt, le comte Népomucène, le prince et sa femme sortirent de l'appartement pour aviser au prompt départ d'Herménégilde.

Le hasard voulut qu'à cette heure-là, contre son habitude, elle se trouvât dans le parc. Xavier l'aperçut au loin par la fenêtre, courut dans le parc, et atteignit enfin la jeune fille au moment où elle entrait dans le fatal pavillon du sud. Son état était déjà visible presque à tous les yeux.

— O puissance du ciel! s'écria Xavier.

Il se précipita aux genoux d'Herménégilde, lui fit les plus brûlantes protestations d'amour, et la conjura de l'accepter pour époux.

— C'est un mauvais génie qui vous amène, répondit-elle éperdue de crainte et de surprise; ne cherchez pas à troubler mon repos; je serai fidèle jusqu'à la mort à mon bien-aimé; jamais, jamais je ne serai la femme d'un autre!

Xavier, voyant échouer les instances et les supplications, lui représenta qu'elle s'abusait elle-même, qu'elle lui avait déjà prodigué les plus douces preuves d'amour; mais lorsqu'il se releva et voulut la serrer dans ses bras, Herménégilde, pâle comme la mort, le repoussa avec horreur et dédain.

— Malheureux! s'écria-t-elle, fou présomptueux! tu ne pourras pas plus me déterminer à violer la foi promise que tu ne peux anéantir le gage de mon union avec Stanislas! fuis loin de mes yeux!

Xavier serra les poings, et partit d'un éclat de rire méprisant :

— Insensée, s'écria-t-il, n'as-tu pas rompu toi-même tes absurdes serments? Cet enfant que tu portes dans ton sein, c'est mon enfant; c'est moi qui t'ai pressée dans mes bras ici-même, à cette place! tu as été ma maîtresse, et ce titre restera le tien, si tu ne l'échanges contre celui d'épouse!

Herménégilde le regarda d'un œil où brillaient les flammes de l'enfer.

— Monstre! s'écria-t-elle; et comme frappée de mort subite, elle tomba sur le plancher du pavillon.

X.

Xavier retourna en courant au château; on eût dit qu'il était poursuivi par toutes les furies; il s'avança vers la princesse, qu'il rencontra, lui saisit la main, et l'entraîna dans le salon.

— Elle m'a repoussé avec horreur! moi, le père de son enfant!

— Au nom de tous les saints! toi, Xavier, mon Dieu! parle, comment est-ce possible?

— Me condamne qui voudra, dit Xavier un peu remis; mais quiconque aura dans les veines un sang bouillant comme le mien, sera comme moi coupable dans un pareil moment. Je trouvai Herménégilde dans le pavillon; son état était étrange et tel que je ne puis le décrire. Elle était étendue sur le canapé, et semblait rêver en dormant d'un profond sommeil. A peine fus-je entré, qu'elle se leva, vint à moi, me prit par la main, et me conduisit à travers le pavillon à pas lents et solennels. Elle s'agenouilla, je fis de même; elle pria, et je m'aperçus bientôt qu'elle s'imaginait voir un prêtre devant nous.

Elle tira de son doigt un anneau qu'elle présenta au prêtre. Je le pris, et donnai à Herménégilde un anneau d'or que j'ôtai de mon doigt. Puis elle se laissa tomber dans mes bras avec toutes les marques du plus brûlant amour... Lorsque je m'enfuis, elle était dans un profond assoupissement.

— Misérable ! crime horrible ! s'écria la princesse hors d'elle-même.

Le comte Népomucène et le prince entrèrent, apprirent en peu de mots les aveux de Xavier, et la délicatesse de la princesse fut vivement blessée quand ils déclarèrent que l'action criminelle de Xavier était très-excusable, et pouvait se réparer par son mariage avec Herménégilde.

— Non, dit la princesse, jamais Herménégilde n'accordera sa main à celui qui, comme un mauvais génie, a empoisonné par un crime odieux le plus sublime moment de sa vie.

Il faut qu'elle m'accorde sa main, dit le comte Xavier avec une hauteur froide et dédaigneuse, il le faut pour sauver son honneur. Je reste ici, et tout s'arrangera.

En ce moment s'éleva un bruit sourd; on rapportait au château Herménégilde que le jardinier avait trouvée sans vie dans le pavillon. On la posa sur le sopha; avant que la princesse pût l'en empêcher, Xavier s'avança et prit la main d'Herménégilde. Elle se leva en poussant un cri affreux qui n'avait rien d'humain, mais ressemblait au gémissement perçant d'une bête fauve. Immobile, roidie par une affreuse convulsion, elle fixa sur le comte des yeux étincelants. Celui-ci chancela sous l'impression de ce regard foudroyant, et murmura d'une voix à peine intelligible ;

— Des chevaux !

Sur un signe de la princesse, on lui en prépara.

— Du vin ! du vin ! s'écria-t-il.

Il en avala précipitamment quelques verres, sauta à cheval avec vigueur, et disparut.

L'état d'Herménégilde, dont le délire sombre semblait vouloir dégénérer en frénésie sauvage, changea les dispositions de Népomucène et du prince, qui reconnurent pour la première fois l'horreur de l'action irrémissible de Xavier ; on voulut envoyer chercher un médecin ; mais la princesse rejeta tous les secours de l'art, là où il n'y avait besoin peut-être que de consolations spirituelles. Au lieu d'un médecin, on manda donc le père Cyprien, moine de l'ordre mendiant des

Carmes et confesseur de la maison. Il réussit merveilleusement à tirer Herménégilde de son abattement et de son délire. Bien plus, bientôt calme et de sang-froid, elle tint à la princesse des discours fort suivis, et lui exprima le désir d'aller, après ses couches, vivre, pénitente et désolée, dans le couvent de l'ordre de Cîteaux, à Oppeln. Elle avait ajouté à ses habits de deuil un voile qui lui couvrait entièrement le visage, et qu'elle ne leva plus jamais.

Le père Cyprien quitta le château, mais il revint au bout de quelques jours. Cependant le prince Zapolski avait écrit au bourgmestre de Lilinitz, chez lequel Herménégilde devait attendre sa délivrance ; l'abbesse du couvent de l'ordre de Cîteaux, alliée de la maison, devait la mener à Lilinitz, pendant que la princesse ferait un voyage en Italie, accompagnée en apparence d'Herménégilde.

Il était minuit ; la voiture qui devait conduire Herménégilde au couvent était prête devant la porte. Accablé de douleur, Népomucène, le prince et sa femme attendaient la malheureuse enfant dont il leur fallait prendre congé. Elle parut, couverte de son voile, à côté du moine, qui tenait un flambeau dont la lumière éclaira le vestibule.

— La sœur Célestine a grièvement péché, dit Cyprien d'une voix solennelle, quand elle appartenait encore au monde, car le crime de Satan a souillé sa pureté ; mais un vœu qu'elle ne rompra jamais lui procurera des consolations, le calme et le bonheur éternel ! Jamais le monde ne reverra le visage dont la beauté a tenté le démon ! Regardez : ainsi Célestine commence et accomplit son expiation.

A ces mots, le moine leva le voile d'Herménégilde, et tous poussèrent un cri perçant ; car ils virent le pâle masque de mort sous lequel Herménégilde avait caché pour toujours l'angélique beauté de ses traits.

Sans proférer une seule parole, elle se sépara de son père, qui, brisé par la douleur, crut qu'il n'aurait plus la force de supporter la vie. Le prince, homme plus ferme, versa cependant des torrents de larmes, et la princesse seule, domptant de toute son énergie l'horreur que lui inspirait ce vœu fatal, parvint à rester maîtresse d'elle-même.

Comment le comte Xavier découvrit la retraite d'Herménégilde et apprit la consécration du nouveau-né à l'église, c'est ce qui reste inexpliqué. Il lui fut inutile d'avoir enlevé son fils ; car, lorsqu'il arriva à Praga, et voulut le remettre entre les mains d'une femme de confiance, l'enfant n'était pas évanoui de froid, comme Xavier l'avait cru, mais il avait cessé de vivre. Le comte Xavier disparut alors sans laisser de traces, et l'on pensa qu'il s'était donné la mort.

Plusieurs années s'étaient écoulées, lorsque le jeune prince Boleslas Zapolski, pendant un voyage qu'il fit à Naples, arriva au pied du mont Pausilippe. Là, au milieu de la plus délicieuse contrée, est placé le couvent des Camaldules. Le prince y monta pour jouir d'une vue qu'on lui avait dépeinte comme la plus magnifique de tout l'État napolitain.

Il était dans le jardin du couvent, et sur le point de gravir la cime d'un rocher élevé, d'où l'on pouvait voir le point de vue dans toute sa beauté, lorsqu'il remarqua un moine qui s'y était installé avant lui sur une large pierre. Ce moine avait un livre de prières ouvert sur les genoux, et ses regards étaient fixés sur l'horizon. Son visage, dont les traits étaient encore jeunes, portait l'empreinte d'un profond chagrin.

Un vague souvenir préoccupa le prince à mesure qu'il s'approchait du moine. Il se glissa auprès de lui, et s'aperçut que son livre de prières était écrit en polonais; il parla polonais au religieux; mais celui-ci se détourna avec effroi; et à peine eut-il regardé le prince qu'il se voila le visage, et, comme poussé par un mauvais génie, s'enfuit à travers les buissons.

Lorsque le prince Boleslas raconta cet incident au comte Népomucène, il lui assura que ce moine n'était autre que le comte Xavier.

LE COEUR DE PIERRE.

I.

En passant par un beau jour à une demi-heure de marche de la partie méridionale de la petite ville de Gotha, le voyagaur aperçoit à droite un château magnifique, orné de créneaux singulièrement peints, et qui le regarde par-dessus le sombre taillis. Ce taillis entoure un immense jardin, qui s'étend à perte de vue dans la vallée.

Si tu suis cette route, bien-aimé lecteur, ne crains pas de t'arrêter un moment dans ce château, descends de voiture, et, sauf à donner un modique pourboire au jardinier, fais-toi montrer la maison et le jardin, prétendant avoir connu parfaitement le propriétaire défunt de cette antique résidence, M. Reutlinger, conseiller aulique à la cour de Gotha.

Au reste, tu ne diras que la vérité si tu daignes lire jusqu'à la fin ce que je vais te raconter ; car, je l'espère, le conseiller aulique Reutlinger sera ensuite présent à tes yeux, avec ses actions et ses manières étranges, absolument comme si tu l'avais connu en personne.

A l'extérieur, le château est, d'après un genre antique et grotesque, barbouillé de peintures diverses. On blâme avec raison le mauvais goût de ces fresques pour la plupart vides de sens, mais, en les examinant de plus près ; on découvre dans ces pierres peintes une signification particulière, un esprit mystérieux, et c'est avec un léger frisson qu'on avance dans le large vestibule.

Sur les divers champs des murailles, qui sont revêtues de stuc, serpentent des arabesques peintes de vives couleurs, où des figures d'hommes et d'animaux, des fleurs, des fruits, des pierres, forment les groupes les plus singuliers, et l'on croit pouvoir en deviner le sens sans avoir besoin d'explication.

Une salle occupe toute la largeur du rez-de-chaussée, et s'étend en hauteur jusqu'au deuxième étage. Les objets que l'on vient de voir figurés par la peinture y sont reproduits par la plastique en images dorées.

Ton premier mouvement, mon bon lecteur, sera de critiquer le goût corrompu de l'époque de Louis XIV ; tu t'élèveras avec feu contre ce style baroque, lourd et excentrique ; mais si tu es tant soit peu de mon avis, et si, ce que je suppose, tu ne manques pas d'imagination, tu mettras bientôt un terme à des reproches qui toutefois peuvent n'être pas sans fondement. Tu concevras que ces images capricieuses et irrégulières ne sont qu'un jeu hardi de l'artiste, qui se rend maître de toutes les formes, exerce sur eux un empire illimité, et s'en sert pour cette raillerie amère des choses d'ici-bas, particulière aux âmes profondes et atteintes de quelque mortelle blessure.

Je te conseille, cher lecteur, de visiter les petites chambres du deuxième étage, qui entourent comme une galerie la grande salle sur laquelle s'ouvrent leurs fenêtres. Les ornements en sont simples ; mais on y voit gravées des inscriptions en allemand, en arabe et en turc, qu'on est assez étonné de trouver ensemble.

Le jardin, qui mérite d'être vu, comprend, suivant l'ancienne mode française, de longues et larges allées bordées de murailles d'ifs élevés, des statues, des fontaines et de vastes bosquets. Je ne sais, bien-aimé lecteur, si ces vieux jardins à la française ne te causent pas comme à moi une émotion grave et solennelle, et si tu ne préfères pas une œuvre semblable à ce mélange de petits objets hétérogènes, éléments ordinaires des jardins anglais, où l'on trouve des diminutifs de ponts, des abrégés de fleuves, des simulacres rabougris de temples et des grottes microscopiques.

Au bout du jardin, tu entres dans un sombre bois de saules pleureurs, de bouleaux et de pins de Weymouth. Le jardinier te dit que ce bois a la forme d'un cœur, comme on peut s'en convaincre en le regardant du haut de la maison. Au milieu est un pavillon bâti en marbre gris de Silésie, qui a également la forme d'un cœur. Le sol en est pavé de dalles de marbre blanc, et tu aperçois au centre un cœur de grosseur ordinaire. C'est une pierre d'un rouge foncé incrustée dans le marbre ; tu te penches, et découvres ces mots, gravés sur la pierre :

IL REPOSE.

Or c'était dans ce pavillon, près de ce cœur de pierre d'un rouge foncé, qui ne portait pas encore cette inscription, que se trouvaient un vieux monsieur de bonne mine et une dame âgée, le jour de la Nativité de la Vierge, autrement dit le 8 septembre de l'année 1801. Ces deux personnages étaient habillés richement et à la mode de 1760.

—Mais, dit la vieille dame, comment, cher conseiller, vous est venue l'idée bizarre, ou plutôt sinistre, de faire élever dans ce pavillon le tombeau de votre cœur, qui doit reposer un jour sous cette pierre rouge ?

— Gardons le silence là-dessus, chère conseillère privée! répondit le vieux monsieur. Appelez cette singularité le caprice maladif d'une âme blessée, appelez-la comme vous voudrez, mais retenez bien ce que je vais vous dire. La fortune m'a donné ce riche domaine comme on donne un jouet à un enfant pour lui faire oublier ses douleurs. Parfois néanmoins le chagrin le plus amer m'accable; le souvenir de mes maux passés renaît pour me déchirer... Eh bien! c'est dans cette enceinte que je viens chercher des consolations et du repos! Ce sont des gouttes de mon sang qui ont donné à cette pierre sa couleur rouge; mais elle est froide comme la glace, bientôt elle contiendra mon cœur, et rafraîchira l'ardeur funeste dont il est dévoré.

La vieille dame jeta sur le cœur de pierre un regard empreint de la plus profonde mélancolie, et en se penchant vers lui laissa tomber dessus deux grosses larmes brillantes comme des perles.

Le vieux monsieur s'empara vivement de la main de la dame. Ses yeux pétillèrent d'un feu juvénil. Comme une terre lointaine, dont les feux du soir colorent les fleurs et la riche végétation, une époque d'amour et de bonheur parut dans ses regards animés.

— Julie! Julie! et vous aussi, vous avez pu mortellement blesser ce pauvre cœur! s'écria le vieillard d'une voix à moitié étouffée par les plus tristes émotions.

— Ne m'accusez pas, répliqua la vieille dame avec douceur et tendresse, ne m'accusez pas, Maximilien! Vous étiez d'un caractère roide et inflexible; votre esprit rêveur croyait à des pressentiments, à d'étranges visions, à des présages de malheur; tout cela vous a éloigné de moi, et j'ai fini par donner, malgré moi, la préférence à un homme plus doux, plus traitable, qui demandait ma main en même temps que vous. Ah! Maximilien, vous deviez bien sentir combien vous étiez aimé! Mais votre persistance à vous tourmenter vous-même ne m'a-t-elle pas causé des douleurs que j'étais à peine capable de supporter?

Le vieux monsieur interrompit la dame, dont il laissa tomber la main :

— Oh! vous avez raison, dit-il, madame la conseillère privée ; il faut que je reste seul : il n'y a point de cœur humain qui ose se lier avec moi ; tous les efforts de l'amitié, tous ceux de l'amour viennent échouer contre ce cœur de pierre.

— Que d'amertume dans vos paroles! reprit la dame : que vous êtes injuste envers vous-même et les autres, Maximilien! qui ne vous connaît pour le plus sûr appui des malheureux, l'inébranlable défenseur du droit et de l'équité? quel mauvais génie a pu jeter dans votre âme cette horrible méfiance qui dans un mot, dans un regard, dans une circonstance quelconque indépendante de la volonté, vous fait pressentir une source de malheurs et de désastres?

— N'ai-je pas la tendresse la plus pure pour tout ce qui m'entoure? dit le vieux monsieur d'une voix plus faible et les larmes aux yeux ; mais cette tendresse même me déchire le cœu au lieu de lui servir d'aliment.

Ah! poursuivit-il en élevant la voix, l'impénétrable régulateur du monde a jugé à propos de me donner une pénétration qui m'a souvent fourni les moyens d'éviter la mort, et qui pourtant m'a fait cent fois mourir! Je suis comme le Juif errant : ce qui est invisible pour les autres ne l'est pas pour moi ; le signe que Caïn portait sur son front, je le vois sur celui du scélérat, malgré le masque d'hypocrisie dont il se couvre. Je connais les secrets avertissements, les conseils énigmatiques que souvent jette comme en se jouant sur notre passage ce roi mystérieux de l'univers désigné sous le nom de Hasard. Une céleste jeune fille nous contemple avec des yeux clairs et perçants ; mais si nous ne devinons pas ses énigmes, elle nous saisit de ses ongles puissants, et nous entraîne dans l'abîme.

— Toujours ces funestes rêveries! dit la vieille dame. Mais, dites-moi, qu'est devenu ce bel enfant, le fils de votre frère cadet, que vous avez si libéralement accueilli il y a quelques années, et qui vous témoignait tant d'attachement?

— Je l'ai chassé, répondit brusquement le vieillard ; c'était un scélérat, un serpent que je nourrissais dans mon sein pour me perdre.

— Un scélérat, cet enfant de six ans? demanda la dame interdite.

— Vous savez, reprit le vieux monsieur, l'histoire de mon frère cadet; vous savez qu'il me trompa plusieurs fois indignement, qu'étouffant dans son cœur tout sentiment fraternel, il se faisait une arme contre moi de tous mes bienfaits. C'est malgré lui, malgré ses efforts continuels, que j'ai conservé mon honneur et ma position sociale! Vous savez comment, il y a plusieurs années, plongé dans la plus profonde misère, il eut recours à ma bonté. Il feignit de se repentir de ses désordres, de me montrer de l'affection; il fut secouru par moi, et profita de son séjour dans ma maison pour m'enlever certaines pièces importantes... Mais n'en parlons plus. Son fils me plut, et je lui donnai asile, quand le misérable père fut obligé de s'enfuir, après d'inutiles manœuvres pour compromettre mon honneur dans un affreux procès criminel. Un avertissement du destin m'a délivré du scélérat.

— Et cet avertissement du destin était sans doute un de vos mauvais rêves? dit la vieille dame.

— Écoutez, Julie, reprit le vieux monsieur, écoutez et jugez. Vous savez que les maléfices diaboliques de mon frère m'ont donné le plus rude coup dont j'aie été atteint, sauf celui que vous-même... mais silence là-dessus... c'est probablement à mes souffrances morales qu'il faut attribuer la pensée que j'eus de faire préparer dans ce petit bois une tombe pour mon cœur. Elle est achevée, c'est assez. Le petit bois était planté de manière à former un cœur, le pavillon bâti, et les ouvriers s'occupaient de paver le sol. Je m'approchai pour examiner leur ouvrage. Je vis alors à quelque distance l'enfant, appelé Max comme moi, qui s'amusait en poussant de longs éclats de rire, à faire rouler un objet que je ne pouvais pas bien distinguer.

Un sombre pressentiment pénètre mon âme! Je m'avance, et je recule épouvanté en reconnaissant cette pierre sculptée en forme de cœur, qu'on allait placer au centre du pavillon. Il l'en avait enlevée avec beaucoup d'efforts et s'en servait comme d'un jouet!

— Mauvais garnement, lui dis-je, tu joues avec mon cœur, comme ton père!

Il s'approchait de moi en pleurant; mais je le repoussai avec horreur. Mon intendant reçut les ordres nécessaires pour l'éloigner, et je n'ai jamais revu cet enfant.

— Homme affreux! s'écria la vieille dame.

— L'énergie que le destin commande n'est pas de nature à plaire aux dames, répondit le vieux monsieur en faisant une gracieuse révérence.

A ces mots, il offrit son bras à la dame, la fit sortir du pavillon, et regagna le jardin en traversant le petit bois.

Le vieux monsieur était le conseiller aulique Reutlinger, et la vieille dame la conseillère privée Foerd.

Le jardin où ils entrèrent, présentait le spectacle le plus remarquable qu'il fût possible de voir. Une nombreuse compagnie de vieux messieurs, conseillers privés, conseillers auliques, etc., y étaient venus avec leurs familles des petites villes des environs. Tous, les jeunes gens et les demoiselles même, portaient des vêtements exactement taillés à la mode de l'an 1760, de grandes perruques, des habits bougranés, de hautes frisures, des paniers, etc.

L'effet de ces costumes était d'autant plus piquant, qu'ils étaient en harmonie avec le style du jardin. Chacun se croyait, comme par enchantement, retourné à une époque depuis longtemps passée. Cette mascarade était due à une idée singulière de Reutlinger. Tous les trois ans, le jour de la Nativité de la Vierge, il avait la coutume de célébrer la fête du vieux temps. Tous les voisins qui voulaient y venir étaient parfaitement reçus, mais obligés de se soumettre à une condition formelle : c'était de s'affubler du costume de l'année 1760. Les jeunes gens, auquel il eût été difficile de se procurer de semblables habits, mettaient à contribution la riche garde-robe du conseiller aulique.

Cette fête durait trois jours. En l'instituant il est probable que le conseiller s'était proposé de se livrer au plaisir en mémoire des jours lointains de sa jeunesse.

II.

Deux des invités, Ernest et Wilibald se rencontrèrent dans une allée latérale. Tous deux se regardèrent un moment en silence, et ne purent comprimer leur envie de rire démesurée.

— Tu te présentes à moi, s'écria Wilibald, comme le chevalier qui s'égare dans le labyrinthe de l'amour.

— A coup sûr, reprit Ernest, je t'ai vu figurer dans quelque roman.

— Mais au fait, poursuivit Wilibald, l'idée du vieux conseiller aulique n'est pas si mauvaise. Il veut se mystifier lui-même et évoquer une époque où il vivait réellement ; je ne prétends point dire par là qu'il ne soit pas bien conservé. C'est un vieillard robuste et de bonne tournure, fort au physique et au moral, d'un esprit vif, d'une imagination fraîche et active, et bien supérieur à plus d'un jeune homme usé prématurément. Ma foi ! il ne saurait craindre que personne sorte en paroles ou en actions du rôle que lui impose le costume ; car chacun de nous est empaqueté dans des vêtements qui rendent la chose tout à fait impossible. Vois avec quelle décence et quelle grâce nos jeunes dames piétinent dans leurs paniers, avec quel art elles se servent de l'éventail. Vraiment, moi-même, sous la perruque dont j'ai affublé mes cheveux à la Titus, je me sens une prédisposition toute particulière de courtoisie antique. C'est surtout quand je regarde cette enfant plein d'amour, la céleste Julie, la plus jeune fille du conseiller privé Foerd. Je ne sais ce qui m'empêche de m'approcher d'elle, de tomber à ses pieds et de lui exposer l'état de mon cœur : ah ! lui dirais-je, ravissante Julie ! quand donc me rendrez-vous le repos, qui me fuit depuis si longtemps, en m'accordant amour pour amour ? Il est impossible que le temple de votre beauté renferme une idole inanimée. La pluie creuse le marbre, le sang amollit le diamant, mais ton cœur est semblable à une enclume qui s'endurcit sous les coups ! oui, plus mon cœur bat, plus tu es insensible. Fais donc de moi le but de tes regards, vois quel feu remplit mon cœur, quelle soif dévorante consume mon âme, que peuvent seules rafraîchir tes bontés ! Ah ! veux-tu m'attrister par ton silence, âme insensible ? mais les rochers inanimés répondent par un écho à ceux qui les interrogent, et tu ne veux m'accorder aucune parole de consolation. O ravissante...

— Arrête, je t'en prie ! dit Ernest interrompant son ami, qui avait accompagné sa tirade de la plus étonnante pantomime ; tu ne remarques pas que tes folies nous ont privés de la société de Julie, qui s'approchait de nous amicalement. Elle ne t'a pas compris, et s'imagine sans doute, comme tout semble l'indiquer, que tu te moques d'elle sans miséricorde. Voilà comment tu confirmes l'opinion que l'on a de toi. Tu passes pour un railleur impitoyable, et tu me portes malheur dès mon entrée dans une réunion où je ne connais personne. Déjà on se parle à l'oreille, on me regarde de côté d'un air de soupçon, et l'on dit avec un sourire aigre-doux : C'est l'ami de Wilibald.

— Qu'importe? reprit Wilibald; je sais bien que beaucoup de gens, principalement les riches héritières de seize à dix-sept ans, m'évitent avec grand soin ; mais je connais le but où mènent tous les chemins, et je sais aussi que m'y rencontrant, ou plutôt m'y trouvant installé comme dans ma propre maison, elles me tendront la main avec la bienveillance la plus complète.

— Tu veux parler, Ernest, d'une réconciliation telle que celle qui aura lieu dans l'autre vie, quand toutes les passions terrestres sont éteintes.

— Oh! je t'en conjure, interrompit Wilibald, soyons raisonnables, et ne remettons pas sur le tapis fort mal à propos des choses vieilles et depuis longtemps rebattues. Je suis dans des dispositions peu favorables pour t'écouter, et je songe que nous n'avons rien de mieux à faire à cette heure que de nous abandonner aux impressions étranges des merveilles dont le caprice de Reutlinger nous environne comme d'un cadre. Vois-tu bien cet arbre, dont le vent agite les blanches grappes de fleurs? ce ne peut être le *cactus grandiflorus*, car il ne fleurit qu'à minuit, et je ne sens pas les parfums qui devraient parvenir jusqu'à nous. Dieu sait quel arbre merveilleux le conseiller aulique a transplanté dans son Tivoli d'Allemagne!

Les amis se dirigèrent vers l'arbre merveilleux, et furent bien étonnés de trouver un épais et sombre buisson de sureau, dont les fleurs étaient simplement des perruques poudrées à blanc accrochées aux rameaux, avez leurs bourses et leurs queues pendantes, jouet bizarre des caprices du vent du sud.

Le bruit des éclats de rire guida les deux amis vers ceux qui se trouvaient derrière le bosquet. Une compagnie de vieux messieurs dont l'âge n'avait point détruit les forces et l'ardeur, s'était réunie sur une large pelouse entourée de buissons en fleurs. Ils avaient ôté leurs habits et suspendu aux sureaux leurs lourdes perruques pour jouer au ballon. Mais personne ne surpassait dans cet exercice le conseiller aulique Reutlinger. Il lançait le ballon à une incroyable hauteur, et savait le diriger avec assez d'adresse pour le faire retomber chaque fois auprès de son adversaire.

Tout à coup se fit entendre une effroyable musique de petits fifres et de tambours. Les messieurs s'empressèrent de cesser le jeu et de reprendre leurs habits et leurs perruques.

— Qu'y a-t-il de nouveau? dit Ernest.

— Je parle, répondit Wilibald, que ce tintamarre nous annonce l'apparition de l'ambassadeur turc.

— L'ambassadeur turc? demanda Ernest tout ébahi.

— J'appelle ainsi, poursuivit Willibald, le baron d'Exter, qui s'est fixé à Gotha, et que tu as encore trop peu vu pour reconnaître en lui le plus singulier original qu'on puisse imaginer. Il a été autrefois ambassadeur de notre cour à Constantinople, et se réchauffe encore au soleil de cet heureux temps du printemps de sa vie. Sa description du palais qu'il occupait dans le faubourg de Péra surpasse celles des palais des fées des Mille et une Nuits; son luxe égalait celui du sage roi Salomon, auquel il prétend aussi ressembler par l'autorité qu'il possède sur les puissances inconnues de la nature. Au fait, malgré ses mensonges, ses fanfaronnades et son charlatanisme, ce baron d'Exter a quelque chose de mystique qui forme un contraste singulier avec son extérieur tant soit peu ridicule. Je ne saurais rendre l'impression qu'il me cause. Sa liaison avec Reutlinger vient de l'identité de leur penchant pour les sciences occultes, dans lesquelles celui-ci s'est jeté à corps perdu. Tous deux sont d'étranges rêveurs, chacun à sa manière, et d'intrépides partisans du magnétisme.

Pendant ce discours, les amis étaient arrivés à la grande porte du jardin, par laquelle l'ambassadeur turc faisait son entrée triomphale. C'était un petit homme rondelet, avec une belle pelisse turque et un turban élevé composé de châles de couleur; mais il n'avait pu renoncer à une queue étroitement serrée dans un ruban et terminée par une bourse, et l'habitude la lui avait fait garder. La nécessité l'avait empêché de quitter ses bottes de feutre, que la goutte lui rendait indispensables. Cette perruque et ces bottes juraient avec le reste de son costume oriental.

Les gens de sa suite, coupables de l'effroyable vacarme musical dont nous avons parlé, et dans lesquels Willibald, en dépit de leurs déguisements, reconnut le cuisinier et les autres domestiques du baron d'Exter, s'étaient transfigurés en Maures avec de la suie, et portaient des bonnets de papier peint pointus, semblables à des sanbenitos; ce qui formait un spectacle assez drôlatique.

Un vieil officier donnait le bras à l'ambassadeur turc. A en juger par son uniforme, on eût pu croire que ce nouveau personnage venait de se relever d'un champ de bataille de la guerre de sept ans; c'était le général Rixendorf, commandant de Gotha, qui, pour plaire au conseiller aulique, avait, ainsi que ses officiers, reprit son ancien costume.

— *Salama milek!* dit le conseiller au baron d'Exter en l'embrassant.

Le baron ôta son turban, et le remit par-dessus sa perruque, après avoir essuyé la sueur de son front avec un foulard des Indes.

Soudain se montra entre les branches d'un cerisier une masse brillante d'or qu'Ernest observait depuis longtemps sans pouvoir s'en former une idée précise.

C'était monsieur Harscher, conseiller privé de la chambre de commerce, en habit brodé d'or, avec des culottes pareilles, et une veste d'étoffe d'argent parsemée de bouquets de roses bleues. Il se dépêtra du feuillage du cerisier, et descendit l'échelle placée contre l'arbre avec une agilité assez remarquable pour son âge.

— *Ah! che vedo? Dio! che sento*[1]?

Il chanta ou plutôt cria ces paroles italiennes d'une voix grêle et passablement glapissante, et se précipita dans les bras de l'ambassadeur turc.

Le conseiller privé de la chambre de commerce avait été en Italie dans sa jeunesse; c'était un grand musicomane, et, en dépit d'un fausset, dont le temps avait détruit tous les agréments, il se piquait de chanter comme Farinelli.

— Je sais, dit Wilibald, que Harscher s'est rempli les poches de cerises, qu'il se propose de présenter aux dames en débitant d'un ton doucereux quelque madrigal. Mais comme il prend du tabac d'Espagne, et n'a, de même que Frédéric II, d'autre tabatière que sa poche, sa galanterie ne lui vaudra que des rebuffades et des grimaces.

L'ambassadeur turc et le héros de la guerre de sept ans avaient été accueillis de toutes parts par de joyeuses acclamations. La petite Julie Foerd alla au-devant du général Rixendorf dans une attitude pleine d'un respect filial, s'inclina profondément devant le vieillard et voulut lui baiser la main; mais l'ambassadeur turc se précipita brusquement entre eux.

— C'est une folie, une absurdité! s'écria-t-il; et il embrassa Julie avec véhémence, non sans marcher très-fort sur les pieds du con-

[1] Ah! que vois-je? O Dieu! qu'aperçois-je?

seiller de commerce Harscher, auquel la douleur arracha un tout petit miaulement.

L'ambassadeur turc prit ensuite le bras de Julie et l'entraîna à l'écart. On le vit faire avec les mains des gestes multipliés, ôter et remettre son turban.

— Qu'est-ce que ce vieux bonhomme a donc à dire à cette jeune fille? demanda Ernest.

— Il est de fait, répondit Wilibald, que l'affaire paraît importante; car, bien qu'Exter soit le parrain de Julie et plein de tendresse pour elle, il n'a pas l'habitude de s'éloigner avec elle et de brûler ainsi la politesse à la société.

En ce moment l'ambassadeur turc demeura immobile, étendit le bras droit devant lui, et dit en français d'une voix tonnante qui retentit dans tout le jardin :

— *Apporte!*

Wilibald partit d'un bruyant éclat de rire.

— Vraiment, dit-il, ce n'est rien moins que la remarquable histoire du chien de mer qu'Exter raconte à Julie pour la millième fois.

Ernest désira connaître la remarquable histoire.

Apprends donc, lui dit Wilibald, que le palais d'Exter donnait sur le Bosphore, et qu'un escalier du plus beau marbre de Carrare conduisait jusqu'à la mer. Un jour, Exter était sur la galerie plongé dans les réflexions les plus profondes; un cri perçant le tire de son rêve.

Il regarde en bas, et aperçoit un énorme chien de mer qui sort des flots, arrache un enfant des bras d'une pauvre femme turque assise sur les degrés de marbre, et disparaît avec sa proie.

Exter descend; la femme tombe à ses pieds en pleurant et en poussant des hurlements de désespoir. Exter ne balance pas : il s'avance sur la dernière marche de l'escalier, étend le bras, et s'écrie d'une voix perçante :

— *Apporte!*

Aussitôt le chien de mer sort des profondeurs du golfe, tenant dans sa large gueule l'enfant, qu'il remet sans accident au redoutable magicien; puis, toujours humble et soumis, l'animal se dérobe aux remercîments et plonge de nouveau dans l'abîme.

— C'est fort, c'est fort! s'écria Ernest.

— Vois-tu bien, poursuivit Wilibald, Exter ôter de son doigt une petite bague et la présenter à Julie? Un bienfait n'est jamais perdu!

Après avoir sauvé l'enfant de la femme turque, Exter apprit que son mari, pauvre portefaix, pouvait à peine gagner le pain quotidien; le baron fit donc présent à la femme de joyaux et de pièces d'or. A la vérité, la valeur de son cadeau ne s'élevait guère qu'à la bagatelle de vingt à trente mille thalers.

Alors la femme tira de son doigt un petit saphir et le donna à Exter, en lui déclarant que c'était un bijou de famille fort précieux pour elle, auquel elle ne renonçait qu'en faveur d'Exter et à cause de sa belle action. Exter prit la bague, qui lui sembla de peu de prix, et ne fut pas médiocrement étonné d'être instruit plus tard, par une inscription arabe à peine visible gravée sur le contour de l'anneau, qu'il portait à son doigt le sceau du grand Ali. Il s'en sert de temps en temps pour faire descendre du ciel les colombes de Mahomet et pour converser avec elles.

— Voilà des choses bien étonnantes! s'écria Ernest en riant; mais voyons ce qui se fait là-bas dans ce cercle au milieu duquel se démène et glapit un petit être semblable à un diable cartésien [1].

Les deux amis se dirigèrent vers un boulingrin, autour duquel étaient assis des dames et des messieurs de différents âges. Au milieu se trouvait une petite dame, dont les vêtements de couleur variée avaient quelque chose de ceux d'un arlequin. Elle avait à peine quatre pieds de haut, et sa tête en pomme de canne était trop grosse pour le reste de son corps. Elle faisait claquer ses doigts à défaut de castagnettes, et chantait d'une petite voix perçante :

Amenez vos troupeaux, bergères [2] !

— Croirais-tu bien, dit Wilibald, que ce poussah, qui a des prétentions à la grâce et à l'ingénuité, est la sœur aînée de Julie? Comme tu peux le remarquer, elle est malheureusement du nombre des femmes que la nature a mystifiées avec une amère ironie. Malgré leurs efforts, elles sont condamnées à une éternelle enfance. L'âge n'éteint point leur coquetterie; pour être d'accord avec leur figure et leur physique, elles minaudent, affectent une naïveté enfantine, sont à charge

[1] Un diable cartésien, ou *ludion*, est une petite figure en émail surmontée d'une boule de verre creuse, qui sert à faire des expériences sur la pesanteur de l'air.

[2] Cette phrase est en français dans l'original.

aux autres et à elles-mêmes, et s'exposent souvent à des railleries bien méritées.

La petite dame, avec son baragouin français, fit aux deux amis l'effet d'un cauchemar. Ils se sauvèrent à pas de loup comme ils étaient venus, et s'approchèrent de l'ambassadeur turc, qui les conduisit dans la salle où tout était préparé pour le concert. En effet, on devait faire de la musique le jour même, et le soleil était déjà couché.

III.

On ouvrit le piano, œuvre du célèbre facteur Oesterlein, et l'on plaça les pupitres devant la place de chacun des exécutants. La société arriva peu à peu, et l'on servit des rafraichissements dans des tasses de vieille et belle porcelaine de Saxe. Puis Reutlinger saisit un violon, et joua avec autant de vigueur que d'adresse une sonate de Corelli; le général Rixendorf l'accompagna sur le piano.

Malgré la roideur de son habit de brocart d'or, le conseiller Harscher soutint ensuite sa réputation d'excellent joueur de téorbe, et la conseillère privée Foerd chanta avec une rare expression une grande scène italienne d'Anfossi. Sa voix était cassée, tremblante et inégale; mais tous ces défauts étaient effacés par l'excellence de sa méthode. En l'écoutant, le souvenir d'une jeunesse depuis longtemps passée remplit d'un vif éclat les yeux de Reutlinger.

L'adagio était fini, Rixendorf commençait l'allégro, quand tout à coup la porte de la salle s'ouvrit, et un jeune homme bien mis et de jolie tournure vint, tout ému et hors d'haleine, se jeter aux pieds de Rixendorf.

— O monsieur le général, s'écria-t-il, vous m'avez sauvé!... vous seul... tout va bien!... O mon Dieu, comment puis-je vous témoigner ma reconnaissance?

Le général parut interdit, releva doucement le jeune homme, lui adressa quelques paroles pour le calmer, et le conduisit dans le jardin.

Cette scène avait intrigué la société au dernier point. Chacun avait reconnu dans le jeune homme le secrétaire de M. Foerd, le conseiller privé, et on regardait celui-ci d'un œil curieux. Il semblait n'y point prendre garde, se bourrait le nez de tabac, et causait en français avec sa femme. Enfin l'ambassadeur turc, s'adressant à lui, le mit en demeure d'éclaircir le mystère.

— Sur ma parole, répondit-il, je ne sais moi-même quel mauvais génie a poussé ici mon cher Max si précipitamment, et lui a inspiré ces remercîments exaltés; mais j'aurai bientôt l'honneur.....

A ces mots il s'esquiva lestement, et Wilibald le suivit.

Les trois rejetons de la famille de Foerd, c'est-à-dire Nannette, Clémentine et Julie, avaient chacun une contenance particulière. Nannette joua de l'éventail, parla d'*étourderie*, et essaya de se remettre à fredonner *Amenez vos troupeaux;* mais personne n'y fit attention.

Julie s'était retirée dans un coin et avait tourné le dos à la société. Elle essayait de cacher la rougeur de son visage, et même quelques larmes qu'on avait déjà vues rouler dans ses yeux.

Clémentine était une femme romanesque, elle aimait le pathos et l'emphase; elle avait lu Jean-Paul [1], et *jeanpaulisait* en parlant.

— Ah! s'écria-t-elle, la joie et la douleur blessent également le cœur de l'homme malheureux; mais la goutte de sang qui sort du doigt piqué par une épine ne colore-t-elle pas d'un rouge plus éclatant la rose pâlissante?

En disant ces mots, elle saisit en cachette la main d'un joli jeune homme blond, trop disposé à se débarrasser des chaînes de roses dont Clémentine menaçait de l'enlacer, et dans lesquelles il avait trouvé des épines un peu trop acérées.

— Oh! oui, mon amie!

La réponse du jeune homme blond se borna à ce peu de mots accompagnés d'un sourire assez fade; en même temps il regardait du coin de l'œil un verre de vin placé à sa portée, et qui lui semblait propre à lui faire digérer l'allocution sentimentale de Clémentine. Mais, par malheur, celle-ci tenait la main gauche de son amant, dont la main droite venait de prendre possession d'un morceau de gâteau.

En cet instant Wilibald entra dans le salon, et tout le monde s'élança vers lui.

— Eh bien! qu'y a-t-il? comment se fait-il?... par quelles raisons?

[1] Jean-Paul Ritcher, auteur moderne allemand.

Telles furent les questions dont on l'assaillit. Il prétendit d'abord ne rien savoir, mais l'expression de finesse de sa physionomie démentait ses assertions. On ne le laissa point tranquille; d'ailleurs on l'avait vu se promener dans le jardin avec le conseiller privé Foerd, le général Rixendorf et le secrétaire Max, et prendre une part active à leur conversation.

— S'il me faut, dit-il enfin, dévoiler prématurément tout ce qui s'est passé d'important, on doit me permettre préalablement d'adresser quelques questions aux dames et aux messieurs qui m'entourent.

On y consentit volontiers.

— Ne connaissez-vous pas, poursuivit-il d'un ton pathétique, le nommé Max, secrétaire de monsieur le conseiller privé Foerd, comme un jeune homme plein de bonnes qualités, et heureusement doué de la nature?

Oui, oui, oui! s'écrièrent à la fois toutes les dames.

— Ne connaissez-vous pas, demanda encore Wilibald, ses talents, ses connaissances en affaires, son instruction libérale?

— Oui, oui! s'écrièrent d'une commune voix les messieurs.

Wilibald demanda encore si Max n'était pas considéré comme un boute-en-train plaisant et éveillé; s'il n'avait pas la réputation d'un dessinateur tellement habile que Rixendorf, dont les esquisses annonçaient le mérite peu ordinaire, avait bien voulu lui-même le diriger et lui donner des leçons.

— Oui, oui, oui! répétèrent unanimement les dames et les messieurs.

— Il y a quelque temps, raconta Wilibald, qu'un jeune maître de l'honorable corporation des tailleurs donnait une fête pour sa noce. On entendait d'un bout à l'autre de la rue le ronflement des basses et le bruit retentissant des trompettes. Jean, domestique de monsieur le conseiller privé, voyait avec une juste douleur les fenêtres flamboyantes de la maison du tailleur. Il sentait son cœur se briser en croyant distinguer des pas des autres danseurs ceux de la petite Henriette, qu'il savait être de la noce. Mais lorsqu'il aperçut à la fenêtre la petite Henriette en chair et en os, il ne put y tenir plus longtemps, courut à la maison, mit ses habits de gala, et entra hardiment dans la salle de bal.

Il y fut reçu; mais à la pénible condition qu'à la danse chacun des tailleurs aurait la préférence sur lui, ce qui l'obligeait de s'accommoder des jeunes filles que leur laideur ou d'autres défauts condamnaient à faire tapisserie. Henriette était toujours invitée; mais, à l'aspect de son bien-aimé, elle oublia tous ceux auxquels elle avait promis. Le courageux Jean terrassa le misérable petit tailleur qui voulait lui ravir son Henriette, et le culbuta dans tous les sens. Ce fut le signal d'une mêlée générale. Jean se défendit comme un lion, distribua de tous côtés des bourrades et des soufflets; mais, cédant à la supériorité du nombre, il fut honteusement jeté du haut en bas des escaliers par les compagnons tailleurs.

Plein de rage et de désespoir, il voulait briser les vitres; il accablait ses adversaires d'invectives, et ses clameurs avaient attiré la garde, qui était sur le point de le mener en prison, quand Max en passant délivra le malheureux.

Jean déplorait sa mésaventure, et était préoccupé de l'idée d'en tirer une vengeance qui fît du bruit. Toutefois Max finit par l'apaiser; mais ce fut en lui promettant de se charger de sa cause, et de châtier les auteurs de l'outrage dont il avait été victime.

Wilibald s'arrêta tout à coup dans sa narration.

— Eh bien? eh bien? lui cria-t-on de tous côtés, qu'en résulta-t-il?... Voilà une noce de tailleurs... un couple amoureux... des horions... qu'est-ce que cela va donc devenir?

— Honorables auditeurs, continua Wilibald, permettez-moi de vous faire remarquer, en me servant des paroles du fameux auteur dramatique Weber Zettel, que dans cette comédie de Jean et d'Henriette il peut se trouver des choses de nature à vous déplaire. Certains détails sont susceptibles de blesser les bienséances.

— Vous gazerez, mon cher monsieur Wilibald! dit la vieille chanoinesse de Kraïn en lui frappant sur l'épaule; pour ma part, je ne suis pas bégueule.

— Le secrétaire Max, reprit Wilibald, se mit l'autre jour en besogne; il prit une grande et belle feuille de papier vélin, un crayon de mine de plomb et de l'encre, et dessina avec la vérité la plus complète un énorme bouc. Les traits de cet étrange animal auraient été un riche sujet d'études pour nos physionomistes. Il y avait dans ses regards une singulière expression de vie et d'intelligence. Toutefois un tremblement convulsif semblait agiter sa gueule et la barbe de son menton. Tout son ensemble dénotait une violente souffrance intérieure.

En effet, le bon bouc était occupé à mettre au monde, d'une manière très-naturelle, mais aussi très-douloureuse, de tout petits tailleurs, bien constitués, armés de ciseaux et de carreaux, qui prouvaient leur activité vitale en formant les groupes les plus étonnants.

Au bas de cette image était une pièce de vers que j'ai malheureusement oubliée. Elle commençait, si je ne me trompe, par ces mots :

« Eh! qu'est-ce donc que ce bouc a mangé? »

Je puis, au reste, vous affirmer que ce bouc merveilleux...

— Assez, s'écrièrent les dames, assez sur le compte de cette vilaine bête, nous voulons savoir l'histoire de Max.

— Le susdit Max, reprit Wilibald, donna à Jean le tableau entièrement terminé et complet sous tous les rapports.

Jean, enchanté de pouvoir enfin assouvir son ressentiment, prend le dessin et le colle adroitement à la porte de l'auberge des tailleurs. Pendant un jour entier, la foule s'amasse pour le voir, les gamins des rues en tressaillent de joie, jettent leurs bonnets en l'air, et poursuivent tous les tailleurs qu'ils rencontrent, en criant et en chantant :

« Eh! qu'est-ce donc que le bouc a mangé? »

Les peintres disent :

— « A coup sûr, l'auteur de ce dessin n'est autre que le secrétaire Max. »

Les maîtres d'écriture s'écrient :

— « Celui qui a écrit les paroles est à coup sûr le secrétaire Max. »

L'honorable corporation des tailleurs va aux informations, et prend les renseignements nécessaires. Max est accusé, et, dans l'impossibilité de nier son délit, se voit menacé d'aller en prison.

C'était une triste perspective : dans son désespoir, il alla chez tous les avocats de la ville. Ils froncèrent le sourcil, secouèrent la tête, et parlèrent d'une dénégation absolue, ce qui ne pouvait convenir à un garçon aussi plein d'honneur que le secrétaire Max. Enfin il courut chez son protecteur, le général Rixenfort.

— « Mon cher fils, lui dit celui-ci, tu as fait un pas de clerc! Les avocats ne te sauveraient pas; mais je me charge de te tirer d'affaire, uniquement parce qu'il y a dans ton tableau que j'ai vu exposé un dessin correct et une composition bien entendue. Le bouc, comme figure principale, est bien posé et plein d'expression; les tailleurs étendus par terre sont heureusement groupés en pyramide; leur agencement est riche et satisfait les yeux; tu as parfaitement réussi dans le principal personnage du groupe inférieur, ce tailleur écrasé sous le poids de ses frères et qui cherche à se dégager. Il y a du Laocoon dans sa figure! Il faut ajouter, à ta louange, que les tailleurs qui tombent n'ont pas l'air de se balancer en l'air, mais qu'ils tombent réellement, quoique ce ne soit pas du ciel. Plusieurs raccourcis hasardés sont masqués très-adroitement par les carreaux. Tu as également exprimé avec imagination l'attente de nouveaux enfantements... »

En ce moment les dames commencèrent à murmurer.

— Mais le procès de Max, mon cher? dit le conseiller broché d'or.

Willbald continua :

— Cependant, ajouta le général, ne le prends pas en mauvaise part, l'idée de ce tableau n'est pas à toi : elle est très-ancienne; et c'est là même ce qui te sauve.

A ces mots, le général chercha dans son vieux bureau, et en tira une blague à tabac, sur laquelle la pensée de Max était mise à exécution presque avec les mêmes détails. Il remit à son protégé cette preuve de son innocence, et tout alla bien.

— Comment cela? comment cela? répétèrent plusieurs voix.

Mais les juristes qui se trouvaient dans la société éclatèrent de rire; et le conseiller privé Foerd, qui entrait au moment, dit en souriant :

— Max nia l'*animum injuriandi*, l'intention d'offenser, et fut acquitté.

— C'est-à-dire, interrompit Wilibald, que Max plaida sa cause en ces termes : Je ne puis nier que le tableau ne soit de ma main; mais je l'ai fait innocemment, et sans la moindre intention d'injurier la respectable corporation des tailleurs. Je l'ai copié d'après l'original que voici sur cette blague à tabac, qui appartient au général Rixendorf, mon maître de dessin. S'il y a quelques légères variantes, je les dois aux écarts de mon imagination. Ce tableau est sorti d'entre mes mains; je ne l'ai montré à personne, et encore bien moins placardé. Sur le fait de l'affichage, qui constitue l'injure, j'attends le résultat de l'enquête.

— Les frais de cette enquête sont restés à la charge de l'honorable corporation des tailleurs, et Max a été acquitté aujourd'hui. De là ses remerciments et sa joie désordonnée.

On trouva généralement que l'espèce de délire avec lequel Max avait exprimé sa gratitude n'était pas entièrement motivé par les circonstances ci-dessus racontées.

— Ce jeune homme, dit d'une voix émue madame Foerd la conseillère privée, a le caractère excessivement léger, mais il tient plus à l'honneur que qui que ce soit. Il eût été vivement affligé de l'obligation de subir une punition corporelle, et se serait exilé pour toujours de Gotha.

— Peut-être, observa Wilibald, y a-t-il eu quelque motif particulier.

— C'est vrai, mon cher Wilibald! dit le général Rixendorf, qui entrait en cet instant, et avait entendu les paroles de la conseillère privée ; et plaise à Dieu que tout s'éclaircisse et se débrouille bientôt à la satisfaction générale !

Clémentine trouva toute l'histoire fort triviale, Nannette n'en pensa rien, mais Julie avait repris sa gaieté.

IV.

Cet incident terminé, Reutlinger invita la société à danser. Aussitôt quatre joueurs de téorbe, accompagnés de cornets à bouquin, de violons et de basses, jouèrent une sarabande pathétique. Les vieillards dansèrent, et les jeunes gens les regardèrent. Le conseiller broché d'or se fit remarquer par l'élégance et la hardiesse de ses pirouettes.

La soirée se passa gaiement, ainsi que la matinée du lendemain. Comme la veille, un concert et un bal devaient terminer la fête du jour. Le général Rixendorf était déjà au piano ; le conseiller broché d'or avait son téorbe sous le bras, et la conseillère privée Foerd sa partie de chant à la main. On n'attendait plus que le conseiller aulique Reutlinger, lorsqu'on entendit pousser des cris d'alarme dans le jardin.

On vit les domestiques y courir, et bientôt ils apportèrent le conseiller aulique le visage pâle et décomposé comme celui d'un spectre. Le jardinier l'avait trouvé gisant à terre, entièrement privé de ses sens, à peu de distance du pavillon en forme de cœur.

Rixendorf quitta sa place en jetant un cri de terreur. On eut recours aux spiritueux, et l'on commençait à frotter d'eau de Cologne le front du conseiller, étendu sur un canapé, quand l'ambassadeur turc fendit la presse.

— Arrière ! arrière ! s'écria-t-il précipitamment, gens ignorants et sans expérience ! Vous ne faites qu'affaiblir et tourmenter mon ami le conseiller !

A ces mots il lança son turban dans le jardin par-dessus toutes les têtes, et il fit prendre à sa pelisse le même chemin. Puis il décrivit avec les mains d'étranges cercles autour du conseiller, en en diminuant par degrés le rayon, de manière à toucher presque les tempes et la région du cœur de Reutlinger.

Enfin l'ambassadeur souffla sur son ami, qui ouvrit aussitôt les yeux et dit d'une voix faible :

— Exter, tu as mal fait de m'éveiller ! La puissance des ténèbres m'a présagé ma mort prochaine, et peut-être m'était-il accordé de passer de ce profond évanouissement au sommeil de la mort !

— Absurdités ! rêveries ! s'écria Exter ; ton heure n'a pas encore sonné. Regarde seulement où tu es, monsieur mon ami, et quels sont ceux qui t'entourent, et reprends cette gaieté qui te sied si bien.

Le conseiller aulique eut alors seulement conscience de l'endroit où il se trouvait. Il se leva brusquement du canapé, s'avança au milieu de la salle, et sourit gracieusement à la compagnie.

— Je vous ai donné un triste spectacle, messieurs ! Mais il n'a pas dépendu de moi d'empêcher ces lourdauds de me porter précisément dans le salon. Oublions promptement ce désagréable intermède ! Dansons !

La musique commença ; mais pendant que tout le monde marchait et tournait majestueusement en dansant le premier menuet, le conseiller aulique s'esquiva avec Exter et Rixendorf.

Quand ils furent arrivés dans une chambre éloignée, Reutlinger épuisé se jeta sur un fauteuil, se couvrit le visage de ses deux mains, et dit d'une voix étouffée par la douleur :

— O mes amis ! mes amis !

Exter et Rixendorf pensèrent avec raison qu'il était survenu au conseiller quelque chose d'épouvantable, et qu'il allait leur en faire part.

— Eh bien ! mon vieil ami, dit Rixendorf, il t'est arrivé malheur dans le jardin, Dieu sait de quelle manière !

— Mais, interrompit le baron Exter, je ne conçois pas comment il peut arriver malheur au conseiller, surtout pendant ces trois jours, car son étoile se montre plus pure et plus brillante que jamais.

— Pourtant, pourtant, commença le conseiller d'une voix sourde, Exter, bientôt je ne serai plus ! Je n'aurai pas impunément frappé aux portes sombres du royaume des esprits. Je te le répète, une puissance mystérieuse m'a laissé soulever un coin du voile... Une mort prochaine, horrible peut-être, m'est réservée !...

— Mais raconte-nous donc ce qui t'est arrivé, interrompit Rixendorf avec impatience ; je parie que le récit de tes peines est purement chimérique ; Exter et toi, vous êtes des songe-creux, et vous employez votre imagination à détruire le bonheur de votre existence.

— Apprenez donc, reprit le conseiller aulique en se levant de son fauteuil, et s'avançant entre ses deux amis, apprenez quel objet plein d'horreur m'a plongé dans ce profond évanouissement.

Vous étiez déjà rassemblés dans le salon, quand, je ne sais moi-même pourquoi, j'eus l'idée de faire encore un tour de jardin. Involontairement mes pas se dirigèrent vers le petit bois. Il me sembla entendre un léger et sourd battement, et des plaintes murmurées à voix basse; les sons paraissaient venir du pavillon. Je m'approche : la porte du pavillon est ouverte... J'aperçois .. qui ? Moi-même ! oui, moi-même ! mais tel que j'étais il y a trente ans, vêtu du costume que je portais le jour funeste où, dans mon désespoir, je voulais mettre fin à ma déplorable vie, le jour néfaste où Julie m'apparut comme un ange de lumière, parée de sa robe de fiancée... le jour de son mariage enfin !...

C'était mon image, ou plutôt moi-même ; j'étais à genoux devant le cœur ; je le frappais de manière à lui faire rendre un son creux ; c'était bien moi qui murmurais : — Cœur de pierre ! ne pourras-tu jamais, jamais t'amollir !...

En me voyant ainsi reproduit, je demeurai sans mouvement, et le froid de la mort vint glacer mes veines. Pour m'achever, Julie sort du bosquet, parée comme une fiancée, dans tout l'éclat des plus belles années de sa jeunesse ! Pleine d'un tendre désir, elle tend les bras à mon image, à moi-même redevenu jeune!... Je tombai à terre sans connaissance!...

A moitié évanoui pour la seconde fois, le conseiller aulique tomba dans son fauteuil; mais Rixendorf lui prit les deux mains, les secoua, et cria d'une voix forte :

— Tu n'as rien vu de plus, rien absolument, mon ami ? Victoire! Je vais faire tirer tes canons japonais! Ce présage de mort prochaine, cette apparition, tout cela n'est nullement inquiétant. Je te tirerai de tes mauvais rêves, et tu pourras vivre encore longtemps sur cette terre!

A ces mots, Rixendorf s'élança hors de la chambre avec toute la vitesse de ses jambes affaiblies par l'âge.

Le conseiller Reutlinger n'avait guère entendu les paroles du général, car il était assis les yeux fermés. Quant à Exter, il se promenait à grands pas et fronçait le sourcil d'un air mécontent.

— Je parie, disait-il, que cet homme cherchera à expliquer naturellement tous ces mystères, mais c'est une tâche bien difficile; n'est-ce pas, mon cher conseiller? nous nous entendons aux apparitions!... Je voudrais seulement avoir ma pelisse et mon turban.

Ayant formé ce souhait, il siffla avec force dans un petit sifflet d'argent qu'il portait constamment sur lui, et un Maure, se rendant à son appel, lui apporta le turban et la pelisse.

Bientôt après entra la conseillère privée Foerd, suivie du conseiller privé et de Julie.

Reutlinger se leva, et assura qu'il allait beaucoup mieux; ce qui était vrai. Il pria d'oublier cet accident, et tous se préparèrent à retourner ensemble au salon, excepté le baron Exter, qui s'était étendu sur le sofa dans son costume turc, buvait du café, et fumait dans une pipe d'une longueur immense, dont la tête, munie de roulettes, se promenait çà et là sur le plancher.

V.

Soudain la porte s'ouvrit, et le général Rixendorf entra précipitamment; il tenait par la main un jeune homme revêtu de l'ancien costume tartare.

C'était Max, à l'aspect duquel le conseiller aulique parut stupéfait.

— Tu vois ici, dit Rixendorf, ton moi, l'objet de tes rêveries. C'est grâce à moi qu'il s'est décidé à resser ici, et qu'il a obtenu de ton valet de chambre un habit de ta garde-robe, afin de pouvoir se présenter vêtu conformément à la circonstance. C'était lui qui était à genoux dans le pavillon devant le cœur ! Oui, c'est devant ton cœur de pierre, oncle dur et insensible, qu'était agenouillé ton neveu, chassé par toi sans pitié pour obéir à une rêverie. Le frère s'est mal conduit avec le frère, mais il en a été puni depuis longtemps, par une mort que la misère rendait plus cruelle ! Voilà l'orphelin, ton neveu, appelé Max comme toi, semblable à toi de corps et d'âme, comme un fils à son père. Enfant et jeune homme, il a dans sa vie essuyé bien des tempêtes, mais il a su se tenir ferme et inébranlable. Allons ! recueille-le maintenant; que ton cœur dur s'attendrisse ! Tends-lui une main secourable ; qu'il ait un appui contre les orages qui peuvent survenir.

Le jeune homme, les yeux baignés de larmes brûlantes, avait pris une attitude humble et soumise, et s'était approché de Reutlinger. Celui-ci, pâle comme un fantôme, les yeux animés, roide et silencieux, tenait fièrement la tête en arrière ; mais lorsque Max voulut lui prendre la main, le conseiller le repoussa à deux bras et fit deux pas en arrière.

— Misérable ! s'écria-t-il d'une voix tonnante, veux-tu me faire mourir?... Hors d'ici !... loin de mes yeux !... Oui, tu joues avec mon cœur, avec mon repos, avec moi !... Et toi aussi, Rixendorf, tu prends un rôle dans cette farce ridicule !... hors d'ici !... loin de mes yeux !... Toi, qui es né pour mon malheur, toi, fils du maudit, ici !...

— Arrête ! interrompit Max brusquement les yeux étincelants des feux de la rage et du désespoir; arrête, oncle dénaturé ! frère sans cœur et sans miséricorde ! Tu as amassé sur la tête de mon pauvre père les reproches, la honte et les outrages, et pourtant sa légèreté funeste n'alla jamais jusqu'au crime ! Insensé que j'étais, de croire à la possibilité d'émouvoir ton cœur de pierre, et d'effacer par ma tendresse le souvenir des fautes de mon père ! Misérable, abandonné de tous, excepté de son fils, il a terminé dans mes bras une existence orageuse. Il me disait à ses derniers moments : Max, conduis-toi bien, apaise un frère inflexible... deviens son fils!... Mais tu me repousses, comme tu repousses tous ceux qui s'approchent de toi avec amour et dévouement; tu leur préfères le diable même, qui te berce de folles rêveries! Eh bien, meurs donc seul et abandonné! Puissent d'avides domestiques épier l'instant de ta mort, et se partager tes dépouilles, avant même que tes yeux soient fermés! Au lieu des soupirs, au lieu des plaintes amères de ceux dont le fidèle amour eût fait la joie de tes derniers jours, puisses-tu entendre à ton lit de mort les rires sardoniques, les impudentes railleries des misérables qui te servaient parce que tu les avais achetés au prix d'un vil métal! Jamais, jamais tu ne me reverras!...

Le jeune homme allait sortir, quand Julie parut défaillir et se mit à sangloter. Max revint promptement sur ses pas, la prit dans ses bras, et la pressa avec force contre son sein.

— O Julie! Julie, tout espoir est perdu! s'écria-t-il avec l'accent déchirant d'une tristesse inconsolable.

Le conseiller aulique était resté là, muet et tremblant de tous ses membres; aucune parole ne pouvait s'échapper de ses lèvres serrées. Quand il vit Julie dans les bras de Max, il poussa des cris comme un homme en délire. Il s'avança vers eux d'un pas ferme, arracha Julie des bras de Max, et la souleva en l'air.

— Aimes-tu ce Max, Julie? demanda-t-il d'une voix à peine intelligible.

— Comme ma vie! répondit douloureusement la jeune fille; le coup dont vous lui percez le cœur pénètre également dans le mien.

Alors Reutlinger la laissa retomber lentement, et la fit asseoir avec précaution dans un fauteuil; puis il demeura immobile, le front enseveli dans les mains.

Un silence de mort régnait autour de lui. Tous les assistants étaient sans mouvement et sans voix.

Enfin Reutlinger tomba à genoux, son visage se colora, des larmes roulèrent dans ses yeux, il releva la tête, et tendit ses bras vers le ciel.

— Puissance éternelle et impénétrable qui es là-haut, dit-il d'une voix douce et solennelle, c'était donc ta volonté! ma vie agitée n'est donc que le germe qui, reposant dans le sein de la terre, donne naissance à un arbre nouveau, chargé de fleurs et de fruits? O Julie, Julie! pauvre fou, aveugle que je suis!

Reutlinger se cacha le visage, et on l'entendit pleurer pendant quelques minutes; puis il se leva tout à coup, s'élança vers Max interdit, le pressa contre sa poitrine, et s'écria comme hors de lui:

— Tu aimes Julie, tu es mon fils!... mieux que cela, tu es moi-même. Tout t'appartient, tu es riche, très-riche, tu as des terres, des maisons, de l'argent comptant. Laisse-moi demeurer auprès de toi; tu voudras bien m'accorder un peu de pain dans mes vieux jours, n'est-ce pas? tu m'aimes, j'en suis sûr! tu dois m'aimer, car tu n'es autre que moi-même! ne crains plus mon cœur de pierre : presse-moi seulement contre ta poitrine; les battements de ton cœur amolliront le mien! Max! Max!... mon fils!... mon ami, mon bienfaiteur!...

Ce langage étonna tous les témoins de cette scène, et ils appréhendèrent pour Reutlinger les effets de cet excès de sensibilité. Son sage ami Rixendorf réussit enfin à l'apaiser, et, devenu plus calme, Reutlinger envisagea pour la première fois dans toute leur étendue les excellentes qualités de son neveu. Il remarqua avec une émotion profonde que la conseillère privée Foerd voyait aussi dans l'union de sa Julie avec le neveu de son ancien amant une réminiscence d'une époque depuis longtemps écoulée.

Le conseiller privé Foerd témoignait une grande satisfaction. Il prenait beaucoup de tabac, et exprimait sa joie en langue française, employant toujours le mot propre et prononçant correctement.

Il fallait apprendre ces nouvelles aux sœurs de Julie, mais il fut impossible de les découvrir. On chercha la petite Nannette dans tous les grands vases du Japon rangés dans le vestibule, où elle aurait pu tomber en se penchant par-dessus le bord; mais cette investigation fut inutile. Enfin on trouva la petite endormie sous une touffe de rosiers, où on ne l'avait pas encore aperçue.

Quant à Clémentine, elle était dans une allée écartée, occupée à crier après l'inconstant jeune homme blond qu'elle avait vainement poursuivi.

— Oh! disait-elle à haute voix, l'homme voit souvent trop tard l'ardeur avec laquelle il fut aimé, l'étendue de son ingratitude, et la grandeur du cœur qu'il a méconnu!

Les deux sœurs furent assez mécontentes du mariage de Julie, dont elles étaient les aînées, mais qui les surpassait en beauté et en agréments. La médisante Nannette fit la moue en relevant son petit nez de carlin; mais Rixendorf la prit par le bras, et lui fit entendre qu'elle pourrait bien rencontrer un jour un mari plus riche et plus accompli. Cette insinuation lui rendit sa bonne humeur, et elle se remit à chanter :

Amenez vos troupeaux, bergères.

— Dans le bonheur domestique, dit Clémentine d'un ton grave, les plaisirs paisibles, enfermés dans l'étroite enceinte de quatre murs, ne sont qu'une circonstance indifférente. Sa force, son essence vitale consiste dans les sources de l'amour, liquides et brûlantes comme celles du naphte, qui coulent pour mêler leurs ondes de deux cœurs bien unis.

La société du salon, déjà instruite de ces étranges et heureux événements, attendait impatiemment les deux fiancés, pour leur adresser les vœux de bonheur futur usités en pareille circonstance. Le conseiller broché d'or, qui avait tout vu et tout entendu par la fenêtre, observa finement : — Je sais maintenant pourquoi ce bouc embarrassait si fort le pauvre Max ; s'il avait été une fois en prison, il perdait tout espoir de réconciliation.

Tout le monde applaudit à cette remarque, et Wilibald fut le premier à en vanter la justesse.

La petite compagnie réunie dans la chambre allait se rendre dans la grande salle ; l'ambassadeur turc se leva brusquement. Il était jusqu'alors resté sans mot dire sur le sofa, ne décelant la part qu'il prenait à cette scène que par d'étranges grimaces et les mouvements qu'il communiquait à sa tête de pipe.

Il vint se jeter entre les deux fiancés.

— Quoi ! quoi ! s'écria-t-il, se marier de suite ! se marier de suite ! J'honore tes talents et ton zèle, mon cher Max ; tu es un novice sans espérance, sans connaissance du monde, sans éducation. Tu marches les pieds en dedans, et tu es impoli dans tes discours, comme je l'ai remarqué lorsque tu as tutoyé ton oncle, le conseiller aulique Reutlinger. Va courir le monde ! à Constantinople ! là tu apprendras tout ce qu'il faut savoir pour bien vivre, et puis tu reviendras épouser cette chère enfant, la belle et aimable Julie.

Tous furent stupéfaits de cet étrange avis d'Exter. Mais celui-ci prit à part le conseiller aulique ; tous deux se placèrent vis-à-vis l'un de l'autre, se mirent les mains sur les épaules, et échangèrent quelques mots arabes.

A la suite de cette conversation, Reutlinger revint vers son neveu et lui prit la main :

— Mon cher et bon fils, mon bien-aimé Max, lui dit-il d'un ton doux et amical, fais-moi le plaisir de t'en aller à Constantinople ; ton voyage peut durer tout au plus six mois, et à ton retour on fera la noce ici.

Malgré toutes les protestations de sa fiancée, Max fut obligé de partir pour Constantinople.

Maintenant je puis, très-cher lecteur, finir bien à propos mon récit, car tu dois bien comprendre que Max épousa Julie à son retour de Constantinople, où il avait vu l'escalier de marbre sur lequel le chien de mer avait apporté l'enfant à Exter, et beaucoup d'autres choses extraordinaires. Tu tiens peu à connaître la toilette de la mariée et le nombre d'enfants que le couple a produits.

J'ajouterai que le jour de la Nativité de la Vierge de l'an 1806, Max et Julie étaient agenouillés dans le pavillon, en face l'un de l'autre, auprès du cœur de pierre. Leurs larmes tombaient en abondance sur la froide pierre, sous laquelle, hélas ! était le cœur trop souvent blessé de leur bon oncle.

Non pour imiter l'épitaphe de lord Horion, mais pour exprimer brièvement la vie et les souffrances de Reutlinger, son neveu Max avait de sa propre main gravé ces mots sur la pierre :

IL REPOSE !

LES ESPIONS.

Lorsqu'on venait à parler du dernier siége de Dresde[1], la figure d'Anselme, ordinairement pâle, devenait plus pâle encore. Il joignait les mains ; ses genoux s'entre-choquaient; ses regards fixes indiquaient l'agitation de son âme et le trouble de ses pensées.

— Bon Dieu ! disait-il en grommelant, comme je fourrai mes deux jambes dans mes bottes à l'écuyère ! Je ne fis attention ni à la mitraille ni aux grenades qui éclataient ; mais j'entrai dans la ville neuve par le nouveau pont. Et cet homme de haute taille que je rencontrai ! Qu'il est triste d'être enfermé dans cette maudite enceinte de remparts, de bastions, de parapets, de forts, de passages couverts ! Que de peines et de misères je fus obligé de supporter ! on n'avait rien à mettre sous la dent. Si en feuilletant le dictionnaire pour passer le temps l'on tombait sur le mot *manger*, on s'écriait avec étonnement : Manger ! qu'est-ce que cela ?... Des gens, qui avaient eu autrefois de l'embonpoint, boutonnaient leur propre peau comme une large camisole, comme un spencer naturel. O Dieu ! si l'archiviste Lindhorst avait encore vécu ! Popowicz voulait m'assommer, mais la nymphe argentée des eaux me sauva la vie... O Agafia !

A ce nom, Anselme avait coutume de s'élancer de sa chaise, de courir et de sautiller deux ou trois fois, et de se rasseoir ensuite. Il était parfaitement inutile de demander à Anselme ce que signifiaient ces simagrées et ces bizarres discours; il se contentait de répondre :

— M'est-il possible de vous raconter tout ce qui m'arriva avec Popowicz et Agafia sans me faire passer pour un fou ?

[1] Hoffmann fut témoin oculaire du siége de Dresde. Cette ville, où s'était retiré le détachement du comte de Lobau, le 9 octobre 1813, avait une garnison française de vingt-cinq mille hommes, que commandait le maréchal Gouvion-Saint-Cyr. Un corps d'armée russe, aux ordres du comte de Tolstoy, la bloqua jusqu'au 11 novembre, époque à laquelle une horrible famine et le manque de secours forcèrent nos troupes à capituler. (*Note du trad.*)

Alors sur tous les visages se montrait un sourire équivoque, qui voulait dire : — Eh ! mon cher, nous n'avons pas besoin de cela pour croire que vous avez perdu l'esprit.

Par une sombre et silencieuse soirée d'octobre, Anselme, que l'on croyait loin, entra à l'improviste chez un de ses amis. Il était profondément attendri, plus tendre et plus affectueux qu'à l'ordinaire, presque triste. Son humeur turbulente et quelquefois sauvage était adoucie et domptée par la puissance mystérieuse qui s'était emparée de son esprit.

Il était tout à fait nuit, et l'ami d'Anselme voulait demander de la lumière. Anselme le prit par les deux bras.

— Veux-tu une fois au moins, dit-il, agir à ma fantaisie? N'allume pas de flambeau; contentons-nous de la faible lueur de cette lampe, qui de ce cabinet nous envoie ses pâles rayons. Tu peux faire tout ce que tu voudras, boire du thé, fumer, pourvu que tu ne brises pas de tasse et que tu ne jettes pas d'amadou allumé sur ma veste neuve. Cela non-seulement me fâcherait, mais encore troublerait le calme et le silence de ce jardin enchanté dans lequel je suis entré aujourd'hui, et où je jouis de mille délices. Je vais m'asseoir sur ce sofa.

Il s'assit, et après une longue pause il commença en ces termes :

— Demain matin, à huit heures, il y a justement deux ans que le comte de Lobau sortit de Dresde avec douze mille hommes et vingt-quatre pièces de canon pour se frayer un passage vers les montagnes de Misnie.

— Parbleu, dit l'ami d'Anselme en riant aux éclats, il faut en convenir, en t'entendant parler de jardin enchanté je m'attendais dévotement à en voir s'échapper une apparition céleste. Que me fait ton comte de Lobau et sa sortie ? Comment as-tu retenu le compte exact des douze mille hommes et des vingt-quatre pièces de canon ? Depuis quand les faits militaires sont-ils si bien gravés dans ton cerveau ?

— Eh quoi ! reprit Anselme, ce temps si plein d'événements accumulés t'est-il déjà devenu étranger ? Ne sais-tu plus que nous fûmes tous saisis d'une velléité belliqueuse ? Le *noli turbare* ne nous en sauva pas, et nous ne voulions pas en être sauvés. Je ne sais quel démon nous déchirait la poitrine, nous éperonnait, nous excitait à combattre. Chacun se saisit pour la première fois d'une arme, non point pour se défendre, mais pour se consoler, pour chercher dans la mort le châtiment d'une honteuse faiblesse. Eh bien! ce fut cette ardeur étrange qui m'entraîna, loin des arts et des sciences, au milieu de la sauvage et sanglante mêlée; cette ardeur qui m'enflammait aux jours sombres de cette époque, je l'ai précisément ressentie cette nuit.

M'était-il possible de rester assis devant un bureau? Je me traînais dans les rues, je suivais aussi loin que je le pouvais les troupes qui faisaient des sorties, uniquement pour voir par moi-même et pour puiser l'espérance dans ce que je voyais, car je n'avais pas égard aux vaines affiches et aux proclamations ampoulées. Lorsque enfin se donna la bataille de Leipzig, toute l'Allemagne poussa des cris de joie, fière et heureuse d'avoir reconquis son indépendance; et nous, nous étions encore dans les chaînes de l'esclavage! Il me semblait que je devais, par une action extraordinaire, chercher à procurer de l'air et de la liberté à moi et à tous ceux qui étaient comme moi captifs. Cela peut te paraître plaisant, d'après le caractère que tu me supposes; mais j'eus la folle idée d'incendier et de faire sauter un fort où je savais que les Français avaient mis une forte provision de poudre.

L'ami d'Anselme ne put s'empêcher de sourire de l'héroïsme subit du pacifique Anselme; mais celui-ci ne put le remarquer à cause de l'obscurité, et poursuivit après un moment de silence :

— Vous m'avez tous dit très-fréquemment qu'une disposition particulière de mon esprit me fait mêler aux événements qui me frappent des circonstances fabuleuses auxquelles personne ne croit. Ces circonstances me semblent d'abord à moi-même le fruit de mon imagination; mais elles prennent bientôt une forme en dehors de mon être, comme symbole mystique du merveilleux, que dans la vie nous rencontrons à chaque pas. C'est ce qui m'arriva à Dresde il y a aujourd'hui deux ans.

Tout le jour se passa dans un silence triste et plein de pressentiments; tout demeura tranquille aux portes; on ne tira pas un seul coup de fusil. Le soir, vers les dix heures, je m'acheminai vers un café du vieux marché. Là, au fond d'un cabinet retiré et caché, dans lequel ne pouvait entrer aucun étranger, des amis de même opinion s'encourageaient, se consolaient entre eux et s'entretenaient de leurs espérances. Ce fut là que, malgré tous les mensonges officieux, nous furent communiqués les véritables rapports des batailles de la Katzbach et de Culm, et que notre ami R... nous annonça la victoire de Leipzig, qu'il avait apprise de je ne sais quelle manière mystérieuse.

En passant devant le palais de Bruhl, où demeurait le maréchal, j'avais remarqué une clarté extraordinaire dans les salons, et un grand tumulte dans le vestibule. Je le dis aux amis, en observant que sans doute les Français devaient machiner quelque chose. En ce moment, R*** entra avec précipitation tout essoufflé et tout échauffé.

— Ecoutez les nouvelles les plus récentes, nous cria-t-il en arrivant; on tient en ce moment même grand conseil de guerre chez le maréchal. Le général Mouton, comte de Lobau, va se retirer vers Meissen avec douze mille hommes et vingt-quatre pièces de canon. La sortie aura lieu demain matin.

On discuta beaucoup, et d'après l'avis de R*** on pensa que, grâce à la vigilance active des Russes, ce projet pouvait devenir funeste aux Français, forcer plus tôt le maréchal à une capitulation, et mettre ainsi un terme à nos maux.

En retournant chez moi vers minuit, je me mis à réfléchir :

— Comment, me dis-je, R*** peut-il avoir appris pendant la tenue même du conseil ce qu'on y avait décidé?

Bientôt, au milieu du funèbre silence de la nuit, j'entendis un sourd retentissement. Artillerie et caissons surchargés de fourrage passaient lentement devant moi en se dirigeant du côté du pont de l'Elbe.

— R*** a raison, ma foi! fus-je obligé de dire en moi-même.

Je suivis le convoi, et j'arrivai au milieu du pont, à l'arche qu'on avait fait sauter, et qui était remplacée par un échafaudage en bois. De chaque côté du plancher s'élevaient des fortifications solides avec de hautes palissades et des remparts de terre.

Je m'étais tapi auprès du parapet du pont pour ne pas être remarqué. Tout à coup il me sembla qu'une des hautes palissades se détachait de sa place, se remuait en divers sens, et se penchait vers moi en murmurant à voix basse des mots incompréhensibles. Le ciel était couvert de nuages, et l'épaisse obscurité de la nuit m'empêchait de rien distinguer. Mais lorsque l'artillerie fut passée et qu'un silence de mort régna sur le pont, j'entendis soudain les hoquets d'une respiration pénible et de sourds gémissements; le sombre morceau de bois se dressa et grandit, et une horreur glaciale pénétra tous mes sens. Épouvanté de ce cauchemar, il me fut impossible de me mouvoir, comme si j'avais été retenu par une masse de plomb.

Le vent de la nuit s'éleva, et chassa le brouillard derrière la montagne, et la lune jeta de faibles rayons à travers les nuages déchirés.

J'aperçus alors à peu de distance la figure d'un grand vieillard, avec une longue barbe et des cheveux d'un blanc argenté. Il portait un manteau qui atteignait à peine le milieu de ses reins et faisait des plis nombreux et épais sur ses épaules et sur sa poitrine. Il tenait à la main un long bâton blanc que son bras nu étendait au-dessus du fleuve.

C'était lui qui murmurait et gémissait ainsi.

En ce moment, je vis des fusils briller du côté de la ville, et j'entendis un bruit de pas. Un bataillon français passa sur le pont dans un profond silence. Le vieillard s'accroupit et se mit à se lamenter d'une voix plaintive, et tendant son bonnet aux passants comme pour demander l'aumône :

— *Voilà saint Pierre qui veut pêcher*[1], dit en riant un officier.

Celui qui le suivait s'arrêta, jeta de l'argent dans le bonnet du vieillard, et dit d'un ton très-sérieux :

— *Eh bien ! moi, pêcheur, je lui aiderai à pêcher.*

Plusieurs officiers et soldats sortirent des rangs, et jetèrent en silence de l'argent au vieillard : seulement la préoccupation d'une mort prochaine les faisait parfois soupirer tout bas. A chaque aumône, le vieillard inclinait la tête d'une façon singulière en poussant de sourds sanglots.

Enfin un officier général, que je reconnus pour le général Mouton, accourut si près du vieillard, que je craignis de voir celui-ci écrasé par le cheval écumant. Le général se retourna brusquement vers un adjudant en affermissant son chapeau sur sa tête :

— *Qui est cet homme?* demanda-t-il d'une voix forte.

Les cavaliers qui le suivaient demeurèrent tout silencieux; mais un vieux sapeur barbu, qui marchait hors des rangs, avec sa hache sur l'épaule, répondit tranquillement :

— *C'est un pauvre maniaque bien connu ici. On l'appelle Saint-Pierre pêcheur.*

Le convoi continua à passer. Mais cette marche n'était plus, comme celles d'autrefois, égayée par d'impertinentes plaisanteries. Elle était triste et taciturne. Dès que le dernier son se fut éteint, dès que la dernière lueur de l'armée eut disparu dans les ténèbres

[1] Ces mots sont en français dans l'original, ainsi que tous ceux qui sont indiqués plus loin en *italique*. (*Note du trad.*)

lointaines, le vieillard se leva lentement, et demeura debout la tête levée. Tenant son bâton en l'air avec une imposante majesté, il semblait vouloir commander aux flots orageux, comme un saint doué du don des miracles. L'Elbe écumait et bouillonnait avec une fureur toujours croissante, et paraissait troublé jusqu'au fond de ses abîmes.

Au milieu du bourdonnement des eaux, je crus entendre une voix sourde, qui partait du sein du fleuve et montait vers moi.

— Michaël Popowicz, Michaël Popowicz! ne vois-tu pas l'homme de feu? disait-on en langue russe.

Le vieillard marmottait je ne sais quoi qui ressemblait à une prière.

— Agafia! s'écria-t-il soudain.

En ce moment, son visage fut éclairé d'une lueur d'un rouge de sang que l'Elbe reflétait vers lui. Des tourbillons de flammes, qui s'élevaient dans les airs, brillaient sur les montagnes de Misnie, et leurs clartés, réfléchies par le miroir du fleuve, revenaient luire sur le visage du vieillard.

Enfin, tout près de moi, sous les madriers du pont, se fit entendre un clapotement semblable à celui que produit un nageur, et j'aperçus une sombre figure, qui grimpa péniblement le long d'un poteau, et s'élança avec une étonnante agilité par-dessus le parapet.

— Agafia! répéta le vieillard, ma fille! c'est par la volonté du ciel!

— Comment, Dorothée ici! m'écriai-je.

J'allais continuer; mais je me sentis étreindre et entraîner avec force.

— Oh! par Jésus, suis-moi, mon cher Anselme! car sans cela tu es mort! murmura la jeune fille, qui venait de sortir des flots. Elle était devant moi, tremblante et presque morte de froid. Ses longs cheveux noirs pendaient sur ses épaules; ses habits mouillés étaient collés à son corps svelte et dégagé. Elle tomba de fatigue, et dit doucement:

— Il fait si froid là-dessous! Prends garde de ne plus rien dire, mon cher Anselme; autrement nous péririons!

La lueur du feu illuminait son visage. C'était bien Dorothée, la jolie paysanne, qui, lorsque son village avait été pillé et son père égorgé, s'était réfugiée chez le maître de l'hôtel où je logeais.

— Ce serait une bonne personne, disait ordinairement mon aubergiste: mais malheureusement le malheur l'a rendue stupide.

Il avait raison. Car, outre qu'elle ne disait presque toujours que des choses confuses, un sourire insignifiant et désagréable altérait ses traits, qui avaient dû être charmants. Tous les matins elle m'apportait le café dans ma chambre, et je remarquais comme un fait positif que sa tournure, sa carnation, son teint, n'avaient aucun rapport avec ceux d'une paysanne.

— Eh ! monsieur Anselme, disait encore mon hôte, c'est la fille d'un fermier, et elle est de Saxe, qui plus est.

En voyant la jeune fille trempée jusqu'aux os, tremblante, respirant à peine, et à demi couchée à mes pieds, j'ôtai promptement mon manteau, et je l'en enveloppai.

— Réchauffe-toi, lui dis-je tout bas ; réchauffe-toi donc, chère Dorothée ! Sans cela tu succomberais. Mais que faisais-tu donc dans ce fleuve glacé ?

— Tais-toi donc, répondit la petite tout en ôtant le collet de manteau qui lui était tombé sur le visage, et en rejetant en arrière ses cheveux d'où l'eau ruisselait, tais-toi donc. Viens là-bas sur ce banc de pierre. Mon père ne nous entend pas : il parle en ce moment avec saint André [1].

Nous nous glissâmes doucement jusque-là. J'étais en proie aux émotions les plus bizarres. Transporté d'horreur et de ravissement, je pris la petite dans mes bras. Elle s'assit sans difficulté sur mes genoux ; elle passa son bras autour de mon cou ; je sentis l'eau froide couler de ses cheveux sur mes reins ; mais les gouttes d'eau qui tombent sur un brasier ne font qu'en augmenter la flamme ; à chaque instant les feux de l'amour et du désir prenaient en moi de nouvelles forces.

— Anselme, balbutia la jeune fille, tu es un bien brave jeune homme. Quand tu chantes, le son de ta voix me va au cœur ; et puis tu es bien poli. Tu ne me trahiras point, n'est-ce pas ? Qui donc ferait ton café ? Écoute, quand vous souffrirez tous de la famine, quand personne ne te donnera à manger, je viendrai chez toi la nuit, toute seule, à l'insu de tout le monde, et je te cuirai dans la poêle des mets délicieux. J'ai de la farine, de la fine fleur de farine, cachée dans ma petite chambre ; nous mangerons tous deux de beaux gâteaux de noces bien blancs.

[1] L'un des patrons de la Russie.

La jeune fille riait ; mais, en prononçant ces mots, elle se mit à sangloter.

— Ah ! reprit-elle, ce sera comme à Moscou ! O mon Alexis, mon Alexis ! mon beau fiancé ! Nage, nage, sors des flots ! Ta fidèle fiancée ne t'attend-elle pas ?

Elle baissa la tête ; sa voix s'affaiblit par degrés ; sa respiration s'entrecoupa de soupirs ; et elle parut s'endormir. Je regardai le vieillard. Il était toujours là, les bras croisés, et disait d'un ton lugubre :

— L'homme de feu vous fait signe, mes braves frères ! Regardez-le : voyez avec quelle force il secoue les mèches éclatantes de sa barbe de flammes ; avec quelle activité il allonge sur le sol ses colonnes de fumée ! N'entendez-vous pas ses pas retentissants ? Son souffle ne vous anime-t-il pas ? Ne marchez-vous pas vers le point où brillent ses étincelles ? Mes braves frères, courez !

Les accents de Popowicz ressemblaient aux sifflements des vents aux approches d'un ouragan. Pendant qu'il parlait, les signaux allumés sur les montagnes de Misnie continuaient à flamboyer.

— A mon aide, saint André, à mon aide ! balbutia la jeune fille en dormant.

Puis elle se leva comme saisie d'une frayeur soudaine, m'entoura fortement de son bras gauche, et me murmura à l'oreille :

— Anselme, j'aime mieux te tuer.

Je vis briller un couteau dans sa main droite. Je la repoussai épouvanté, et je jetai un grand cri.

— Insensée, que fais-tu ?

— Non, continua-t-elle, cela m'est impossible ; mais à présent tu es perdu.

Aussitôt le vieillard s'écria :

— Agafia ! avec qui parles-tu ? Et sans me donner le temps de la réflexion, il fut près de moi en une seconde, brandit son bâton, et en assena un coup si terrible qu'il m'aurait fracassé la tête si Agafia ne m'avait pris par derrière et entraîné violemment. Le bâton se brisa en mille morceaux sur le pavé ; Popowicz tomba sur les genoux.

— *Allons ! allons !* cria-t-on de toutes part. Je fus obligé de me lever, et de me ranger promptement, pour ne pas être écrasé par l'artillerie et les wagons qui passaient de nouveau. Le matin suivant, les Russes repoussèrent le malheureux général des montagnes dans l'intérieur de la place.

— C'est étrange, se disait-on ; les Russes connaissaient le projet de l'ennemi. Des feux allumés sur les montagnes de Misnie attiraient leurs troupes aux endroits où les Français pensaient les surprendre, pour leur résister et les vaincre.

Plusieurs jours se passèrent, et Dorothée ne m'apportait plus mon café. L'aubergiste, pâle de frayeur, me raconta qu'il avait vu conduire Dorothée et le fou mendiant du pont de l'Elbe avec une forte garde, de la maison du maréchal dans la ville neuve.

— O Dieu ! dit ici l'ami d'Anselme, ils furent découverts et exécutés ?

Mais Anselme sourit singulièrement, et répondit :

— Non ; Agafia fut sauvée, et, après la capitulation, je reçus de ses mains un joli pain de noces bien blanc qu'elle avait cuit elle-même.

Voilà tout ce que raconta Anselme de cette merveilleuse aventure. On n'en put jamais savoir davantage.

LE DIABLE A BERLIN.

En 1551, un homme d'un extérieur élégant et distingué se faisait voir souvent dans les rues de Berlin, surtout à la brune et pendant la nuit. Il portait un beau pourpoint bordé de zibeline, un large haut-de-chausses, des souliers fendus, et sur la tête une barrette garnie de velours et ornée d'une plume rouge.

Cet étranger avait des manières agréables et galantes, et saluait poliment tout le monde, mais principalement les femmes et les filles. Il avait coutume de parler en termes très-choisis et très-obligeants. Il disait aux dames de qualité : — Ordonnez à votre humble serviteur, formez un vœu quelconque, et il s'emploiera de ses faibles moyens à l'accomplir. Aux demoiselles : Le ciel vous veuille, disait-il, donner un mari digne en tout de vos charmes et de votre vertu!

Il ne se montrait pas moins poli avec les hommes. Aussi n'était-il pas étonnant que chacun l'assistât et s'empressât de venir à son secours quand il était devant un large ruisseau et ne savait comment le franchir. Car, malgré sa taille haute et bien proportionnée, il boitait d'un pied et était obligé de s'appuyer sur une canne en forme de béquille. Or, si quelqu'un lui donnait la main, il sautait avec lui en l'air à six aunes de hauteur, et revenait s'abattre à douze pas au moins au delà du ruisseau. A la vérité, cette manœuvre étonnait bien un peu les gens, et de temps à autre les complaisants s'en tiraient avec une entorse; mais l'étranger s'excusait en disant qu'autrefois, avant qu'il boitât, il avait été premier danseur de la cour du roi de Hongrie. Lors donc qu'on lui fournissait l'occasion de faire quelques sauts, il lui prenait envie, et il se trouvait même obligé de sauter en l'air à une hauteur considérable, et il lui semblait qu'il dansait encore comme par le passé. Cette explication tranquillisait les gens, et ils finirent par prendre plaisir à voir tantôt un conseiller, tantôt un ecclésiastique, ou tout autre vénérable personne, danser de la sorte avec l'étranger.

Malgré la bonne humeur dont l'étranger donnait des preuves, il y avait parfois dans sa manière d'être de bizarres inégalités. Ainsi, il lui arrivait de se promener la nuit dans les rues, et de frapper aux portes. Quand on ouvrait, on le voyait vêtu d'un blanc linceul, et on l'entendait avec une vive terreur pousser des cris lamentables. Mais le lendemain il s'en accusait, en assurant qu'il était forcé d'agir ainsi pour rappeler à lui-même et aux bons bourgeois que le corps est mortel et l'âme immortelle, et qu'il fallait songer au salut de celle-ci. En disant cela, il versait quelques larmes; ce qui touchait extraordinairement les fidèles.

L'étranger assistait à tous les enterrements, suivait le corbillard avec un maintien décent, et paraissait très-affligé. Ses pleurs et ses sanglots étaient si violents qu'il ne pouvait entonner les cantiques avec les autres assistants.

Mais si dans de pareilles occasions il s'abandonnait entièrement à des sentiments de douleur et de compassion, en revanche il était tout plaisir et joie aux noces des bourgeois, qui se célébraient alors avec beaucoup de pompe à l'hôtel de ville. Il possédait un répertoire varié de chansons, qu'il chantait d'une voix forte et agréable; il jouait du luth, dansait des heures entières avec la fiancée et les demoiselles, sautant sur sa bonne jambe, et tirant adroitement à lui sa jambe infirme. Mais ce qui valait mieux que tout cela, et le faisait rechercher à tous les mariages, c'était qu'il donnait en présent aux nouveaux époux des chaînes et boucles de métal précieux.

La probité, la libéralité, les vertus et la moralité de l'étranger ne pouvaient manquer d'être bientôt connues dans tout Berlin, et le bruit en vint aux oreilles de l'électeur lui-même. Celui-ci pensa qu'un homme aussi respectable serait l'ornement de sa cour, et lui fit demander s'il voulait y accepter une charge.

Mais l'étranger lui répondit par une lettre écrite en caractères de couleur de cinabre sur une petite feuille de parchemin d'une aune et demie de haut et d'autant de large. Il remerciait très-humblement l'électeur de l'honneur qu'on lui offrait; mais il priait son altesse excellentissime et sérénissime de lui permettre de jouir paisiblement de la vie bourgeoise, qui convenait si bien à ses goûts. Il avait, écrivait-il, choisi Berlin pour résidence entre beaucoup d'autres villes, parce qu'il n'avait trouvé nulle part un aussi grand nombre d'hommes probes et loyaux, et des mœurs aussi aimables et si bien à son gré.

L'électeur et toute la cour admirèrent le style brillant de la lettre de l'étranger, et l'affaire en resta là.

Il arriva qu'à cette époque l'épouse du conseiller Walther Lutkens fut enceinte pour la première fois. La vieille sage-femme Barbara Rollofin prédit que madame Lutkens, jolie et d'une bonne santé, mettrait certainement au monde un charmant garçon, et le mari était plein de joie et d'espérance.

L'étranger, qui avait été à la noce de messire Lutkens, avait coutume d'aller le voir de temps à autre, et une fois il entra à l'improviste, sur la brune, justement pendant que Barbara Rollofin était présente.

Aussitôt que la vieille Barbara eut aperçu l'étranger, elle poussa un bruyant cri de joie. Les rides profondes de son visage parurent se remplir, ses lèvres et ses joues blanches se colorer, comme si elle allait retrouver encore une fois sa jeunesse et sa beauté, auxquelles elle avait dit adieu depuis longtemps.

— Ah! ah! monseigneur, est-ce vous en personne que je crois voir? Eh! je vous salue de tout mon cœur.

Après avoir prononcé ces mots, la vieille sembla prête à se jeter aux genoux de l'étranger; mais celui-ci lui répondit brusquement et avec colère, et des flammes jaillirent de ses yeux. Personne toutefois n'entendit ce qu'il dit à la vieille, qui, pâle et ridée comme devant, se retira dans un coin en se lamentant tout bas.

— Mon cher monsieur Lutkens, dit alors l'étranger au conseiller, prenez-garde qu'il n'arrive un malheur dans votre maison, et surtout que tout se passe le mieux possible à l'accouchement de votre aimable femme. La vieille Barbara Rollofin n'est pas aussi habile dans son art que vous le supposez. Je la connais depuis longtemps, et je sais par plus d'un exemple qu'elle a nui souvent à l'accouchée et à l'enfant.

Messire Lutkens et sa femme n'entendirent point cet avis sans terreur, et soupçonnèrent la vieille de magie, surtout en se rappelant le changement singulier qu'elle avait éprouvé en présence de l'étranger. Ils lui interdirent donc l'entrée de leur maison, et cherchèrent une autre sage-femme.

L'ivresse et les douces espérances de messire Lutkens se changèrent en désolation, quand, au lieu du joli garçon que la vieille Barbara Rollofin avait annoncé, sa femme mit au monde un monstre abominable. Ce phénomène était tout brun, avait deux cornes, de grands et gros yeux, point de nez, une bouche colossale, une langue blanche et contournée, et point de cou. Sa tête se trouvait fichée entre les épaules, son corps était ridé et gonflé; ses bras étaient attachés aux reins, et ses cuisses étaient grêles et minces.

Messire Lutkens éclata en plaintes et en sanglots : — Juste ciel! s'écria-t-il, qu'est-ce que cela va devenir? Mon fils sera-t-il jamais digne de son père? A-t-on jamais vu un conseiller tout brun avec deux cornes sur la tête?

L'étranger fit tous ses efforts pour consoler le pauvre Lutkens. — Une bonne éducation, dit-il, peut réparer en quelque sorte le tort de la nature. Quoique le nouveau-né fût très-hétérodoxe quant à son extérieur, au dire de l'étranger, il promenait autour de lui ses gros yeux d'un air très-capable, et il y avait sur son front, outre les cornes, assez de place pour loger un jugement sain. Peut-être ne pourrait-il pas remplir l'emploi de conseiller; mais il lui était possible de prendre place au nombre des savants auxquels un peu de laideur va parfaitement et procure même de la considération.

Messire Lutkens ne pouvait manquer d'attribuer son malheur à la vieille Babara Rollofin, surtout quand il apprit qu'elle s'était tenue assise sur le seuil de la porte lors de l'accouchement. Madame Lutkens avouait que, pendant les douleurs de l'enfantement, elle avait eu constamment devant les yeux la vilaine figure de la vieille Barbara, et qu'elle n'avait pu s'en débarrasser.

Il est vrai que les soupçons de messire Lutkens avaient trop peu de fondement pour faire mettre Barbara Rollofin en accusation; mais des circonstances particulières, où l'intercession du ciel se faisait sentir, mirent au grand jour les crimes de la vieille sorcière.

Il s'éleva quelque temps après, à l'heure de midi, un orage épouvantable et un vent impétueux; des personnes qui se trouvaient dans les rues virent Barbara Rollofin, en allant visiter une femme en couche, entraînée à travers les airs par-dessus les maisons et les clochers. Elle fut déposée à terre dans une prairie voisine de Berlin.

Dès lors il n'y eut plus de doute sur les sortiléges infernaux de la vieille Barbara Rollofin. Messire Lutkens la fit citer devant le tribunal, et la vieille fut mise en prison.

Elle nia tout avec opiniâtreté, jusqu'à ce qu'on employât la torture. Alors, incapable d'en supporter les douleurs, elle avoua qu'elle avait depuis longtemps fait un pacte avec Satan. Elle avait ensorcelé la pauvre madame Lutkens, et avait substitué un monstre à son enfant. En outre, de concert avec deux autres sorcières de Blumberg, auxquelles le diable avait tordu le cou quelque temps auparavant, elle avait tué et fait bouillir beaucoup de petits enfants chrétiens pour amener la disette dans le pays.

La vieille sorcière fut condamnée à être brûlée vive sur la place du Marché-Neuf.

Le jour de l'exécution, la vieille Barbara fut conduite au milieu d'une foule immense à l'échafaud dressé sur la place du Marché-Neuf. On lui ordonna de quitter la belle pelisse qu'elle avait mise, mais elle s'y refusa obstinément. Elle insista pour que les bourreaux l'attachassent au poteau tout habillée comme elle était, ce qui fut exécuté.

Le feu était déjà mis aux quatre coins du bûcher, lorsqu'on aperçut l'étranger, s'élevant au-dessus de la foule comme un géant, qui jetait sur la vieille des regards étincelants. Des nuages de fumée montèrent en tourbillons épais; les flammes pétillaient, et enveloppaient déjà la robe de la vieille. En ce moment elle poussa des cris perçants et horribles.

— Satan, Satan! dit-elle, est-ce ainsi que tu accomplis le pacte que tu as fait avec moi? Au moins, Satan, au secours! mon temps n'est pas encore écoulé!

L'étranger avait disparu, et tout à coup, à l'endroit où il s'était tenu, s'éleva une grosse chauve-souris. Elle se précipita dans les flammes, saisit la pelisse de la vieille, et l'emporta en criant. Le bûcher s'écroula avec fracas et s'éteignit.

Tout le monde frémissait d'effroi. Chacun comprit alors que ce bel étranger n'était autre que le diable en personne. On pensa qu'il devait avoir eu de mauvais desseins contre les bons Berlinois, puisque, pendant si longtemps, il s'était conduit avec piété et douceur; et qu'à l'aide d'artifices diaboliques, il avait trompé le conseiller Walther Lutkens et beaucoup de personnes de bien des deux sexes.

Telle est la puissance du diable, des maléfices duquel la grâce du ciel veuille nous préserver tous!

FIN.

TABLE.

FIN DE LA TABLE.

PANTHÉON POPULAIRE ILLUSTRÉ

Bibliothèque économique à 20 centimes la livraison

[illegible]

OUVRAGES COMPLETS PUBLIÉS

FABLES DE LA FONTAINE
illustrées par Bertall.
Album orné de 25 gravures, 90 c.

ŒUVRES DE MOLIÈRE
illustrées par Janet-Lange.
1 beau vol. album de 140 gr. 4 fr.

FABLES DE FLORIAN
illustrées par Bertall.
Album orné de 13 grav. 50 c.

ŒUVRES DE RACINE
illustrées par [illegible].
1 vol. album de 35 grav. 2 fr. 50 c.

ŒUVRES DE CORNEILLE
illustrées par [illegible].
1 vol. album de 35 grav. 2 fr. 50 c.

ŒUVRES DE BOILEAU
illustrées par Bertall.
Album orné de 25 grav. 90 c.

LE JARDIN DES PLANTES
[illegible]
1 vol. album orné de [illegible] fr.

HISTOIRE DE CHARLES XII
illustrée par [illegible].
Album orné de 19 grav. 70 c.

LES FABULISTES POPULAIRES
illustrés par Bertall.
Album orné de 19 grav. 70 c.

HISTOIRE DE FRANCE
illustrée par [illegible].
1 vol. album orné de 124 grav. 4 fr.

PHYSIOLOGIE DU GOÛT
[illegible]
Album de 31 grav. [illegible]

VOYAGES DE [illegible]
[illegible]
Album de [illegible]

CAPTIVITÉ DE [illegible]
[illegible]
[illegible] album de 35 gr. 90 c.

NOUVELLES [illegible]
[illegible]
Album orné de 25 grav. [illegible]

MÉMORIAL DE STE-HÉLÈNE
illustré par Janet-Lange.
1 vol. album orné de 120 grav. 4 fr.
Seconde série.

MÉMORIAL DE STE-HÉLÈNE
Par M. O'Meara, [illegible]
[illegible]
1 vol. album orné de 120 grav. 4 fr.

ŒUVRES DE [illegible]
[illegible]
1 vol. album de 70 grav. [illegible]

ŒUVRES D'[illegible]
Contes [illegible]
[illegible]
Album orné de 31 grav. 1 fr. 10 c.

ROBINSON CRUSOÉ
[illegible]
Album orné de [illegible]

Imprimerie de Ch. Lahure (ancienne maison Crapelet),
rue de Vaugirard, [illegible]

www.ingramcontent.com/pod-product-compliance
Lightning Source LLC
Chambersburg PA
CBHW050753170426
43202CB00013B/2407
* 9 7 8 2 0 1 2 6 4 4 3 5 9 *